Excel professionell: Automatisierung mit VBA

Karl Josef Klein, Dominik Klein

Excel professionell: Automatisierung mit VBA

mitp

Bibliografische Information Der Deutschen Nationalbibliothek
Die Deutsche Nationalbibliothek verzeichnet diese Publikation in der
Deutschen Nationalbibliografie; detaillierte bibliografische
Daten sind im Internet über <http://dnb.d-nb.de> abrufbar.

Bei der Herstellung des Werkes haben wir uns zukunftsbewusst für
umweltverträgliche und wiederverwertbare Materialien entschieden.
Der Inhalt ist auf elementar chlorfreiem Papier gedruckt.

ISBN 978-3-8266-5606-4
1. Auflage 2010

E-Mail: kundenbetreuung@hjr-verlag.de

Telefon: +49 89/2183-7928
Telefax: +49 89/2183-7620

www.mitp.de

© 2010 mitp, eine Marke der Verlagsgruppe Hüthig Jehle Rehm GmbH
Heidelberg, München, Landsberg, Frechen, Hamburg

Lektorat: Ernst-Heinrich Pröfener
Sprachkorrektorat: Jürgen Dubau
Satz: III-satz, Husby, www.drei-satz.de
Druck: Beltz Druckpartner GmbH und Co. KG, Hemsbach

Inhaltsverzeichnis

Vorwort

Mit Office 2007 hat die Firma Microsoft viele Nutzer überrascht. Die Menüstruktur hat sich grundlegend geändert. Hier war ein Umdenken angesagt. Es brauchte einige Zeit, um sich an das neue Office zu gewöhnen. Diese neue Struktur ist auch in Office 2010 geblieben, sodass Umsteiger von Office 2003 zu Office 2010 sich erst an die neue Menüstruktur gewöhnen müssen. Für Nutzer von Office 2007 bringt der Umstieg zu Office 2010 keine großen Neuerungen.

Zu den Dingen, die unverändert geblieben sind, gehört der Umgang mit VBA. Hier sind die alten gewohnten Tastenkombinationen wie z.B. `Alt`+`F11` zum Umschalten in den VBA-Editor geblieben. Auch in Zukunft kann man auf Bewährtes zurückgreifen.

Mit diesem Buch wollen wir vor allen Dingen drei Dinge deutlich machen:

1. Viele Abläufe lassen sich in Excel automatisieren. Das macht zunächst Mühe, erspart dann aber im weiteren Umgang mit der Arbeitsmappe Zeit und manchen Ärger.

2. Gerade bei der über den Sachbearbeiter hereinbrechenden Datenflut rationalisiert die Automatisierung durch ein VBA-Programm den Umgang mit den großen Datenmengen.

3. Viele unnötige Tipp- und Auswertungsfehler können durch ein wohlüberlegtes VBA-Programm vermieden und ausgemerzt werden. Beim Erstellen des Programms kann man diese Fehler abfangen.

Die ausgewählten Beispiele geben gerade im Bereich des Steuerrechtes nur den augenblicklichen Stand wider. Ein Buch kann hier nur exemplarisch darstellen, wie man in einem derartigen Fall vorgehen kann. In diesem Fall muss der geneigte Leser eigene Anpassungen vornehmen. Ganz allgemein sollen die Beispiele den Leser dazu anregen, es einmal mit der VBA-Programmierung zu versuchen. Vielleicht gibt es im privaten wie im beruflichen Umfeld Abläufe, die durch ein kleines VBA-Programm die Arbeit wesentlich erleichtern.

Dem Leser wünschen wir, dass er vieles gebrauchen kann, manches als Ideenanstoß empfindet und vereinzelt sogar regelrechte Freude durch die Programme erfährt.

Menden im Sauerland und Nomi City (Japan) im Januar 2010
Karl Josef und Dominik Klein

Kapitel 1

Eine kurze Einführung in die Programmierung mit VBA

Ein VBA-Programm besteht aus verschiedenen Komponenten:

1. *Variablen, Konstanten und Aufzählungen* speichern einzelne Werte. Die Werte können zu einem anderen Zeitpunkt im Programm wieder abgerufen werden.

2. Mit *Operatoren* und Werten lassen sich Ausdrücke bilden, die dann wiederum zur Auswertung herangezogen werden können.

3. *Arrays* speichern mehrere Werte des gleichen Typs.

4. *Bedingte Anweisungen* und *Schleifen* unterstützen die Steuerung des Ablaufs eines Programms.

5. *Prozeduren* und *Funktionen* gruppieren den Programmcode und sind notwendig für die Bereitstellung wiederkehrender Funktionalität.

6. *Module* dienen zur Gruppierung von Prozeduren und Funktionen.

7. *Klassen* fassen Daten wie Variablen, Konstanten und Aufzählungen sowie Prozeduren und Funktionen zusammen.

1.1 Variable

Variable können als eine Art Container oder Behälter für Werte verstanden werden. Ein Wert kann dabei in den Container abgelegt oder auch wieder herausgeholt werden. Es kann auch ein neuer Wert abgelegt werden, wobei dann der alte Wert überschrieben wird. Um eine Variable zu verwenden, muss sie zunächst deklariert werden. Dabei wird im Speicher ein Bereich reserviert, der abhängig ist von der Art des abzulegenden Wertes. Zum Beispiel deklariert

```
Dim x as Integer
```

eine Variable mit dem Namen x vom Datentyp integer. integer umfasst den Zahlenraum der ganzen Zahlen, also 0, 1, -1, 2, -2 ... usw. In VBA wird für die Variable x nun per Voreinstellung 16 Bit Speicher reserviert. Da jedes Bit zwei Zustände annehmen kann, nämlich 0 und 1, kann also im Speicher zwischen

$2*2*2* \ldots = 2^{16} = 65536$ verschiedenen Zuständen unterschieden werden. Korrespondiert nun jeder Speicherzustand mit einer Zahl, heißt das, dass zwischen 65536 verschiedenen Zahlen unterschieden werden kann. Für den Datentyp integer verschiebt VBA hierbei den Wertebereich auf -32768 bis 32767.

Hinweis

Nach Eingabe der Dateien schalten Sie mit ALT + F11 zum VBA-Editor. Sie können die Beispielprogramme mit F5 starten. Im Gegensatz zu den Beispielen hier findet sich meistens der Befehl MsgBox "Der Wert ist " & x, , "Ausgabe" am Ende eines Programms. Diese Zeile dient der Ausgabe des Inhalts der Variable x und dem Verständnis des Programmcodes. Sie können & x beliebig ersetzen, z.B. durch & y, um den Inhalt der Variable y anzeigen zu lassen.

Kurzum: Die Variable x kann also Werte zwischen -32768 und 32767 speichern. Tabelle 1.1 enthält eine Übersicht über die wichtigsten Datentypen in Visual Basic for Applications. Auf die Angabe der exakten möglichen Wertebereiche für Datentypen mit reserviertem Speicher von mehr als 32 Bit wurde aufgrund der enorm großen Zahlen verzichtet.

Datentyp	Größe	Wertebereich / Bedeutung
Boolean	16 Bit	Kann nur die beiden Werte True (bzw. Wahr oder 0) oder False (bzw. Falsch oder -1) annehmen
Byte	8 Bit	Ganze Zahlen von 0 ... 255
Integer	16 Bit	Ganze Zahlen von -32768 ... 32767
Single	32 Bit	Fließkommazahlen mit einfacher Präzision
Double	64 Bit	Fließkommazahlen mit doppelter Präzision
String	32 Bit	Zeichenketten wie z.B. »hello world«, »Dies ist ein String!«
Currency	64 Bit	Zur Repräsentation von Geldwerten
Object	32 Bit	Verweist auf den Speicherbereich einer Instanz einer Klasse (siehe dazu auch den Abschnitt über Klassen und Module)

Tabelle 1.1: Die wichtigsten Datentypen in VBA

Zunächst wurde die Variable mit obigem Befehl nur deklariert, nicht aber definiert. Nach obiger Anweisung ist Speicher für die Variable reserviert; was jedoch konkret an dieser Stelle im Speicher steht, ist völlig offen. Der Variablen kann nun mit

```
x = 5
```

ein Wert zugewiesen werden. Dabei hat hier das Gleichheitszeichen nicht die übliche Bedeutung aus der Mathematik. Es ist als eine Zuweisung zu verstehen, die folgendermaßen funktioniert: Zunächst wird der Ausdruck auf der rechten Seite des Gleichheitszeichens ausgewertet. In diesem Fall besteht der Ausdruck lediglich aus dem Wert 5. Dann wird an der Stelle des Speichers, die mit der Variablen x assoziiert ist, der ausgewertete Ausdruck gespeichert. Oder einfach gesagt: Die Variable x hat jetzt den Wert 5.

Hinweis

Variablennamen können relativ beliebig gewählt werden. Es gibt allerdings einige Einschränkungen: Variable müssen mit einem Buchstaben beginnen, wobei Groß- und Kleinschreibung keine Rolle spielt. Weiterhin ist die Länge eines Namens auf 255 Zeichen beschränkt. Variable dürfen keine Sonderzeichen wie $, &, ^ usw. enthalten. Und zuletzt dürfen Variable auch nicht wie Schlüsselwörter der Programmiersprache benannt werden, also etwa DIM, INTEGER, OBJECT oder wie die anderen Elemente der Sprache, die Sie nach und nach kennenlernen werden.

Betrachten wir nun das folgende Programm:

```
Dim x As Integer
Dim y As Integer
x = 4
y = 5
x = y
x = x + y
```

Listing 1.1:   Variablenzuweisungen

Welchen Wert enthält nun die Variable x, nachdem alle Zeilen von Listing 1.1 ausgeführt wurden? Welchen Wert enthält die Variable y? Die Antwort ist 10 respektive 5. Zunächst werden den Variablen x und y die Werte 4 und 5 zugewiesen. In Zeile 5 wird dann der Ausdruck rechts des Gleichheitszeichens ausgewertet – das heißt, es wird geprüft, welchen Wert die Variable y enthält. Dieser Wert, nämlich 5, wird nun an die Stelle der Variable x in den Speicher geschrieben und damit der vorherige Wert der Variablen, nämlich 4, überschrieben. Nach Zeile 5 enthalten also beide Variablen x und y den Wert 5.

In Zeile 6 wird wiederum der Ausdruck rechts des Gleichheitszeichens ausgewertet. Die Variable x enthält 5, die Variable y enthält 5, was zu 10 addiert wird. Dieser Wert 10 wird nun an die Stelle der Variablen x in den Speicher geschrieben.

Variable gleichen Typs können auch als Aufzählung definiert werden. So reserviert der Befehl

```
Dim x, y, z As Integer
```

Speicherplatz für drei Variablen vom Typ Integer mit Namen x, y und z. So kann etwas Schreibarbeit gespart werden.

Wichtig

Variable *sollten* vor der ersten Verwendung immer *deklariert* werden. Würden in Listing 1.1 die ersten beiden Zeilen fehlen, so entstünde beim Versuch, das Programm auszuführen, zwar keine Fehlermeldung. Es ist dann aber gerade bei komplexeren Programmen sehr schwierig, später den Überblick zu bewahren, welche Variablen welchen Typ hat. Weiterhin können sich sehr leicht schwierig zu findende Fehler im Programm einschleichen, wie wir später im Kapitel 1.4 *Programmflusskontrolle* noch sehen werden. Andere Programmiersprachen verbieten sogar explizit die Verwendung von nicht deklarierten Variablen. Wird an den Anfang des Programms der Befehl OPTION EXPLICIT gestellt, so *müssen* Variablen immer deklariert werden, bevor sie verwendet werden. Der Befehl OPTION EXPLICIT sollte daher normalerweise immer verwendet werden. Wie man diese Einstellung im VBA-Editor automatisiert, wird im Abschnitt 1.9 gezeigt.

Variable *sollten* vor der ersten Verwendung *initialisiert* werden. Das heißt, dass ihnen vor bzw. bei der ersten Verwendung ein Wert zugewiesen wird. Bei der Deklarierung wird jeder Variable ein voreingestellter Wert zugewiesen – im Falle von ganzen Zahlen ist das 0. Wenn also in Listing 1.1 die vierte Zeile fehlt, so enthält x nach der sechsten Zeile ebenfalls den Wert 0. Wenn aber mit solchen impliziten Annahmen gearbeitet wird, macht das den Programmcode oft schwer und mühsam nachvollziehbar.

1.1.1 Typkonversion

Betrachten wir zunächst folgendes Programm:

```
Dim x As Integer
Dim y As Single
y = 1.4
x = y
```

Listing 1.2:   Typkonversion zwischen Integer und Single-Variablen

Nach Ausführung der vier Programmzeilen enthält die Variable x den Wert 1 vom Typ Integer. Bei der Speicherung des Wertes der Variablen y, nämlich 1.4 in den

Speicherbereich der Variable x, entsteht ein Problem: Die Variablen sind von unterschiedlichem Typ. Der VBA-Interpreter versucht nun, die Situation zu retten, und konvertiert den Wert 1.4 in einen Integer-, also Ganzzahlenwert. 1.4 wird auf die nächste ganze Zahl gerundet, in diesem Fall 1. Eine solche Konversion eines Datentyps ist aber nicht immer möglich, wie das nächste Beispiel zeigt:

```
Dim x As Integer
Dim strSatz As String
strSatz = "Ein erster Test"
x = strSatz
```

Listing 1.3:   Inkompatible Typkonversion

In Listing 1.3 ist eine Konversion des Typs `string` in eine Zahl vom Typ `integer` nicht möglich – es gibt ja auch keinen naheliegenden Zusammenhang zwischen dem Wert des Strings STRSATZ und einer ganzen Zahl. Der Versuch, das Programm zu starten, wird vor dem Start mit dem »Laufzeitfehler ‚13‘ Typen unverträglich« quittiert.

1.1.2   Konstanten und Aufzählungen

Konstanten können als eine spezielle Art von Variablen verstanden werden, die einmalig deklariert und definiert werden, danach ihren Wert jedoch nicht mehr verändern. Der Datentyp der Konstanten wird dabei automatisch ermittelt, nämlich anhand der Zuweisung.

```
Const WOCHENTAGE = 7
Dim x As Integer
x = WOCHENTAGE
```

Listing 1.4:   Definition von Konstanten

Listing 1.4 zeigt, dass eine Konstante mit dem Schlüsselwort Const definiert wird. Im späteren Ablauf des Programms kann über den Namen der Konstanten auf den Wert zugegriffen werden. In diesem Fall hat die Variable x nach der dritten Zeile den Wert 7. Der Vorteil von Konstanten liegt auf der Hand: Falls beim weiteren Programmieren die Notwendigkeit besteht, einen anderen Wert für WOCHENTAGE zu benutzen (sei es zum Beispiel, dass im konkreten Programm Arbeitsabläufe analysiert werden und dafür sechs Wochentage in Frage kommen), kann der Wert zentral im Programmcode an einer Stelle verändert werden. Zum anderen ist der Wert für Wochentage fixiert, sodass ein versehentliches Ändern des Wertes nicht möglich ist.

Es gibt noch eine weitere, spezialisierte Art von Konstanten, sogenannte Aufzählungen oder Enumerations. Enumerations ordnen einer Menge von Konstanten jeweils einen Ganzzahlwert (vom Typ `long`) zu. Anstatt beim Programmieren also direkt mit diesen Nummern zu arbeiten, definiert man am Anfang eines Programms einmalig eine Enumeration und arbeitet fortan dann mit den durch das Enum definierten Begriffen.

```
Enum Wochentage
 Montag
 Dienstag
 Mittwoch
 Donnerstag
 Freitag
 Samstag
 Sonntag
End Enum
Dim x As Integer
x = Wochentage.Dienstag
```

Listing 1.5:   Definition einer Enumeration

In Listing 1.5 werden also Konstanten »Montag«, »Dienstag« definiert und ihnen Ganzzahlen zugeordnet, beginnend mit dem Wert 0. Nach Ablauf des Programms hat die Variable x den Wert 1. Beachten Sie auch die Datentypkonvertierung, die in diesem Fall in der letzten Zeile stattfindet.

Anstatt die Werte automatisch beginnend mit 0 durchnummerieren zu lassen, können auch explizit Werte zugewiesen werden (auch wenn das in der Praxis eher unüblich ist). So definiert z.B.

```
Enum Apfel
 GoldenDelicious = 2
 CoxOrange = 4
End Enum
```

eine Enumeration, die nicht strikt aufzählend ist.

In Visual Basic for Applications gibt es zahlreiche vordefinierte Konstanten und Enumerations, die Sie in der Online-Hilfe nachschlagen können. Zum Beispiel existiert eine Enumeration für Wochentage: Tippen Sie vbDayOfWeek, so schlägt die Autovervollständigung alle möglichen Konstanten der Enumeration vbDayOf-Week wie etwa vbDayOfWeek.vbFriday vor.

1.2   Arrays

Arrays dienen zur Speicherung von einer Gruppe von Variablen gleichen Typs. Will man zum Beispiel in einem Programm die Umsätze einer Woche speichern, so könnte dies folgendermaßen geschehen:

```
Dim umsatzMontag As Single
Dim umsatzDienstag As Single
Dim umsatzMittwoch As Single
. . .
Dim umsatzSonntag As Single
umsatzMontag = 400.34
umsatzDienstag = 502.253
```

Es müssen also sieben einzelne Variable definiert werden, die jeweils die Umsätze speichern. Das ist zum einen sehr umständlich, und zum anderen gehören die Umsätze für die jeweiligen Tage ja inhaltlich gewissermaßen zusammen. Wenn man statt dieser umständlichen Variante ein Array nutzt, so lautet der Befehl folgendermaßen:

```
Dim Umsaetze(7) As Single
Umsatze(0) = 400.34
Umsatze(1) = 502.253
```

Bei der Definition eines Arrays in der ersten Zeile gibt die Klammer hinter dem Namen die *Dimension* des Arrays an. Danach wird die Art der zu speichernden Daten definiert. In diesem Fall wird also im Speicher Platz für sieben Variable vom Typ Single angelegt, wobei diese im Array mit Namen Umsaetze gruppiert sind. Der Zugriff auf gespeicherte Werte funktioniert, indem man in Klammern hinter dem Namen des Arrays den *Index* spezifiziert. An Position 0 im Array wird also die Zahl 400.23 gespeichert. Gespeicherte Werte in Arrays können analog zu Variablen verwendet werden:

```
Dim x As Single
x = Umsaetze(0)
Umsaetze(1) = Umsaetze(0) + Umsaetze(0)
```

Hier wird eine Variable vom Typ Single definiert, auf den Wert 400.23 zugegriffen, indem auf den Index 0 des Arrays Umsaetze zugegriffen wird, um dann den Wert in der Variable x zu speichern. Danach wird der Wert von Umsaetze(0) ausgewertet, mit sich selbst addiert und dann im Array unter Index 1 abgespeichert. Umsaetze(1) enthält also den Wert 1004.506. Beachten Sie, dass ein Zugriff wie Umsaetze(23) zu einer Fehlermeldung führt: Es sind nur sieben Speicherplätze angelegt worden (eigentlich sind acht Speicherplätze angelegt worden, siehe auch die nachfolgende Infoxbox dazu).

Vorsicht

VBA beginnt bei 0 zu zählen. Der Befehl »Dim Umsaetze(7) As Single« legt eigentlich Speicherplatz für *acht* Werte vom Typ Single an – der Zugriff auf diese Werte funktioniert über »Umsaetze(0)« bis »Umsaetze(7)«. Die meisten Programmiersprachen würden von 0 bis 7-1 = 6 zählen. Dies führt jedoch häufig zu Problemen, denn bei einem Array der Größe 7 greift man intuitiv auf den letzten Wert mit Umsaetze(7) zu. Dies würde jedoch in einer solchen Programmiersprache zu einer Fehlermeldung führen. VBA fängt dies auf und legt zur Sicherheit einen Speicherplatz mehr an – überlegen Sie sich, bevor Sie ein Programm schreiben, einmalig eine Konvention, wo Sie zu zählen anfangen (bei 0 oder bei 1), um später Verwirrungen und Fehler zu vermeiden.

An dieser Stelle sei auch auf einen Anwendungszweck für Konstanten und Enumerations hingewiesen. Beim wiederkehrenden Arbeiten mit bestimmten Arrays kann es sinnvoll sein, Konstanten und Enumerations zu definieren. Dass kann den Programmcode übersichtlicher machen. In Listing 1.6 sehen Sie eine solche Verwendung. Die Enumeration Wochentage kodiert hier die Zahlen eins bis sieben, über die dann später auf die Werte des Arrays zugegriffen wird. Ferner wird eine Konstante mit Wert sieben definiert, die die Anzahl der Wochentage kodiert. Über diese Konstante wird dann ein Array mit der Dimension sieben erstellt. Der Zugriff auf die Enumeration wird hier abgekürzt: Statt Wochentage.Dienstag reicht es, Dienstag zu schreiben. Dies ist möglich, wenn die Enumeration lokal »sichtbar« ist. Ignorieren Sie das zunächst; Sichtbarkeit ist Thema des Abschnitts 1.7.

```
Enum Wochentage
  Montag = 1
  Dienstag = 2
  Mittwoch = 3
  Donnerstag = 4
  Freitag = 5
  Samstag = 6
  Sonntag = 7
End Enum
Const TageInWoche = 7

Dim Umsaetze(TageInWoche) As Single
Umsaetze(Montag) = 400.23
Umsaetze(Dienstag) = 534.23
Umsaetze(Mittwoch) = 120
MsgBox "Der Wert für Dienstag ist " & Umsaetze(Dienstag), , "Ausgabe"
```

Listing 1.6: Definition und Zugriff auf Arrays mit Hilfe von Enumerations und Konstanten

Natürlich hängt eine solche Verwendung stark von der Art des Arrays im Programm ab. Wird das Array nur kurz benutzt oder enthält es für die Logik des Programms weniger wichtige Daten, so ist die explizite Verwendung von Konstanten und/oder Enumerations natürlich nicht wichtig. Beim Lesen und Nachvollziehen von Programmen ist es jedoch immer schwierig, wenn plötzlich »magische Nummern« auftauchen. So ist in Listing 1.6 intuitiv klar, dass das Array Umsaetze die Umsätze für Wochentage speichert.

1.2.1 Multidimensionale Arrays

Arrays können auch mehr als eine Dimension haben. Die häufigste Verwendung ist jedoch mit ein oder zwei Dimensionen. Ein zweidimensionales Array kann man sich dabei wie ein Schachbrett vorstellen: Ein Schachbrett ist durch eine horizontale und eine vertikale Komponente gekennzeichnet. Gibt man eine Koordinate an, so spezifiziert das genau ein Feld auf dem Schachbrett. Ein Feld enthält dann den Wert. Genau dies geschieht auch bei der Verwendung eines zweidimensionalen Arrays. Stellen wir uns vor, wir wollten ein kleines Schachprogramm schreiben, so könnten wir ein Array benutzen, um den aktuellen Zustand des Spiels zu speichern.

```
Dim Schachbrett(8, 8) As String
Schachbrett(1, 4) = "weisser König"
Schachbrett(8, 4) = "schwarzer König"
Dim str_ausgabe As String
str_ausgabe = "Auf Feld (8,4) steht ein " & Schachbrett(8, 4)
MsgBox str_ausgabe, , "Ausgabe"
```

In der ersten Zeile wird ein zweidimensionales Array angelegt. Es wird also im Speicher Platz für 8*8=64 Strings angelegt. Jede Kombination steht dabei für ein Feld. Mit SCHACHBRETT(1,4) wird dabei auf Zeile Null und Spalte 4 zugegriffen – dort soll ein weißer König stehen.

In diesem Listing fügen wir die einzelnen Ausgabewerte zuerst in einer Stringvariable zusammen, bevor der MsgBox-Befehl ausgeführt wird. Der sogenannte Operator & steht dabei für das Zusammenfügen von einzelnen Strings.

> **Wichtig**
>
> Überlegen Sie bei multidimensionalen Arrays gut, welche Dimension für welchen logischen Teil Ihres Programms steht. Schachbrett(3,7) könnte für das Feld auf dem Schachbrett mit Zeile 3 und Spalte 7 stehen – oder aber auch eben für das Feld mit Spalte 3 und Zeile 7. Wie Sie das logisch für sich festlegen, bleibt Ihnen überlassen – wenn Sie aber später im Programm wieder auf das Array zugreifen, ist Vorsicht angesagt. Beim Verwechseln der Dimensionen könnte sonst ein Schachprogramm plötzlich die Figuren durcheinanderbringen.

1.3 Operatoren

Operatoren verbinden Variablen, Konstanten sowie Rückgabewerte von Funktionen (siehe Abschnitt 1.5) zu **Ausdrücken**. Die **Auswertung** eines Ausdrucks liefert dann einen Ergebniswert.

Sie haben Ausdrücke schon kennengelernt, z.B. in Listing 1.1 und Listing 1.6. Ausdrücke stehen mit wenigen Ausnahmen rechts neben der Variablenzuweisung. In Listing 1.1 wird der Operator + benutzt. Dieser Operator benötigt zwei Werte gleichen Typs, hier vom Typ `Integer`: einen, der links neben + steht, und einen rechts davon. In der Zeile x+y werden nun zunächst die Variablen x und y ausgewertet – dies liefert jeweils die Werte der Variablen und wertet dann durch die mit + definierte Operation zur Summe der beiden Werte aus. Wie schon beschrieben, wird bei unterschiedlichen Typen versucht, durch Konvertierung zu einem Ergebnis zu kommen. Bei der Auswertung des Ausdruck 1 + 2.5 wird zunächst die 1 in 1. vom Typ `Single` konvertiert, um dann den Ausdruck zu 3.5 auswerten zu können.

Ganz analog funktioniert der Operator & in Listing 1.6. Er erwartet zwei Werte vom Typ `String`: einen links neben &, einen rechts neben &, um diese beiden Strings dann zu einem gemeinsamen String zu verwenden. Genauso wie + kann auch & mehrfach kombiniert werden.

```
Dim x, y As Integer
Dim s1, s2 As String
x = 4
y = 3
x = x + y + y + 4
x = x + y * 3
y = (y + y) * 5
s1 = "Dieser Satz"
s2 = "ein Verb."
s1 = s1 & " hat " & s2
Dim gr As Boolean
gr = x > y
```

Listing 1.7: Operatoren

In Listing 1.7 hat x nach der fünften Zeile zum Beispiel den Wert 14. In der sechsten Zeile ist die Auswertung jedoch ambivalent. Hier gilt jedoch die übliche Punkt-vor-Strich-Rechnung. Das heißt, x hat nach der sechsten Zeile den Wert 21.

Möchte man jedoch eine andere Auswertung erzwingen, also zuerst Addition und dann Multiplikation auswerten lassen, so kann dies mit Klammerung der Werte wie in Zeile 7 geschehen. Hier bekommt y den Wert 30.

Argumenttyp	Zahlen, also Integer, Single etc., ggf. Typkonversion
+	Addition zweier Zahlen
-	Subtraktion zweier Zahlen
*	Multiplikation zweier Zahlen
/	Division (Achtung: Ganzzahldivision ohne Rest)
Mod	Modulo (Ergebnis ist der Rest einer Ganzzahldivision)

Tabelle 1.2: Arithmetische Operatoren

Argumenttyp	Zahlen, also Integer, Single[*] etc., ggf. Typkonversion
=	Wahr, wenn beide Argumente gleich sind, sonst Falsch
<>	Wahr, wenn beide Argumente ungleich sind, sonst Falsch
> (>=)	Wahr, wenn der linke Wert größer (größer gleich) als der rechte
< (<=)	Wahr, wenn der rechte Wert größer (größer gleich) als der linke

[*]) Die Verwendung des = und des <> -Operator bei Gleitkommazahlen ist problematisch: Da sich bei komplexen Operationen zwei Zahlen durch winzige Rundungsfehler unterscheiden können, liefert = eventuell Falsch, obwohl die mathematische Operation theoretisch den gleichen Wert liefert. Gleiches gilt für <> und Wahr.

Tabelle 1.3: Vergleichsoperatoren

Argumenttyp	Boolean
Not*	Wahr, wenn das Argument zu Falsch auswertet, sonst Falsch
And	Wahr, wenn beide Argumente zu True auswerten, sonst Falsch
Or	Wahr, wenn mindestens eines Argumente Wahr, sonst Falsch
Xor	Wahr, wenn genau eines der Argumente Wahr (das andere Falsch)

[*]) Not erwartet im Gegensatz zu den anderen Operatoren nur ein Argument.

Tabelle 1.4: Logische Operatoren

Weitere wichtige Operatoren sind vergleichende Operatoren, die immer zu Wahr oder Falsch, also zu einem Booleschen Ausdruck, auswerten. Darunter fallen Vergleiche wie »Ist der Wert von Variable x größer als der von Variable y?«. In der letzten Zeile wertet der Ausdruck x > y zu Falsch aus, denn x ist 23 und y ist 30, und somit ist der Ausdruck bzw. die Behauptung, x sei größer als y falsch. Einen Überblick über die wichtigsten Operatoren liefern Tabellen 1.2, 1.3 sowie 1.4.

Vorsicht

= ist nicht gleich mit =. Dieser etwas paradoxe Satz meint, es ist wichtig, nicht den Vergleichsoperator mit der Zuweisung zu verwechseln. Bei der Zuweisung »=« steht links eine Variable, ein Array oder ein Objekt. Rechts steht ein Ausdruck, der ausgewertet einen gleichen Datentyp (also den Datentyp der Variable, des Arrays oder des Objekts) ergibt. Bei dem Vergleich »=« stehen links und rechts Ausdrücke, und insgesamt wird zu Wahr oder Falsch ausgewertet. So ist Listing 1.8 kurioser, aber korrekter Programmcode. Das linke »=« ist die Zuweisung, es steht also rechts ein Ausdruck, der zu Boolean auswertet und in der Variable istGleich gespeichert wird. Der Ausdruck wiederum besteht aus dem Vergleich der beiden Werte x und y. Dieser wertet (hier) zu Falsch aus, und istGleich ist somit Falsch. Aus dem Kontext heraus ist jedoch eindeutig klar, ob an der Stelle im Programmcode eine Zuweisung oder der Vergleichsoperator steht. Wäre das zweite = eine Zuweisung und das erste der Vergleichsoperator, so würde einem Booleschen Ausdruck etwas zugewiesen. Die linke Seite einer Zuweisung muss jedoch immer eine Variable sein. Genau deswegen können auch nicht beide = Zuweisungen sein. Und auch der Fall, dass in dieser Zeile beide = Vergleichsoperatoren sind, ist unmöglich, denn Ausdrücke können nur auf der rechten Seite einer Zuweisungen oder anderen speziellen Stellen im Code (siehe Abschnitt 1.4 *Programmflusskontrolle*) auftreten.

```
Dim x, y As Integer
Dim istGleich As Boolean
x = 4
y = 3
istGleich = x = y
```

Listing 1.8:   istGleich wird der Wert False/Falsch zugewiesen.

1.4   Programmflusskontrolle

1.4.1   If-Then-Else

Um komplexere Programme schreiben zu können, ist es notwendig, Einfluss auf den Ablauf eines Programms zu nehmen. Dafür stehen in VBA verschiedene Sprachkonstrukte zur Verfügung. Zunächst einmal wäre da die bedingte Verzweigung, die If Then Else-Anweisung. Die allgemeine Form dieser Anweisung sieht dabei so aus:

```
If Bedingung Then
    ` (1) Führe Anweisungen aus
{ElseIf weitere Bedingung Then
    ` (2) Führe andere Anweisungen aus}
```

```
{ElseIf noch eine Bedingung Then
    ` (4) Führe andere Anweisungen aus}
{Else
    ` (5) Führe Anweisungen aus }
End If
```

Listing 1.9:   If-Then-Else-Anweisung

Bedingung muss dabei ein Ausdruck sein, d.h. entweder eine Variable vom Typ
`bool` oder ein aus Operatoren zusammengesetzter Ausdruck, der dann zum Typ
`bool` auswertet. Alle Programmblöcke in geschweiften Klammern sind optional.

Wenn die Auswertung von Bedingung Wahr ergibt, dann wird der Programmteil,
der mit (1) markiert ist, ausgeführt und der Rest des gesamten Programmblocks
übersprungen. Sonst werden nacheinander die Bedingungen der `ElseIf`-Anwei-
sungen geprüft, und sobald eine davon zu `True` ausgewertet wird, ausgeführt.
Falls keine `ElseIf`-Anweisungen vorhanden ist oder falls alle Bedingungen zu
`False` auswerten, so wird, falls die `Else`-Anweisung vorhanden ist, der Programmteil (5) ausgewertet. Zur Illustration ein paar Beispiele, die die verschiedenen Verwendungen illustrieren:

```
Sub if_abfrage1()
  Dim x As Integer
  x = 4
  If x = 3 Then
    MsgBox "x = 4"
  Else
    MsgBox "x ist nicht 4"
  EndIf
```

Listing 1.10:   Die Ausgabe ist hier: »x ist nicht 4«.

```
Sub if_abfrage2()
  Dim x As Integer
  If x = 3 Then
    MsgBox "x=4"
  EndIf
```

Listing 1.11:   Hier erfolgt keine Ausgabe, und das Programm wird nach EndIf fortgesetzt.

```
Sub if_abfrage3()
  Dim x, y As Integer
  x = 4
  y = 5
  If x = 3 Then
    MsgBox "BlockIf"
  ElseIf x = 4 Then
```

```
    MsgBox "BlockElseIf1"
  ElseIf y = 5 Then
    MsgBox "BlockElseIf2"
  Else
    MsgBox "BlockElseIf3"
EndSub
```

Listing 1.12: Komplexere If-Abfrage

Die Ausgabe des Listings 1.12 ist »BlockElseIf1«. Nachdem die Bedingung des ersten ElseIf-Blocks zutrifft, wird der Rest des Programmblocks ignoriert (obwohl z.B. y=5 zutrifft).

Bei Verwendung der If Then Else-Anweisung wird auch klar, warum die OPTION EXPLICIT bzw. das Deklarieren von Variablen wichtig ist:

```
Lohnsteuerbetrag = 90
. . .
If Lohnsteuerbetrag < 100 Then
   ` Führe Anweisungen aus
Else
   ` Führe andere Anweisungen aus
EndIf
```

Listing 1.13: Fehler bei nicht deklarierten Variablen

Bei der If-Abfrage hat sich ein kleiner Tippfehler eingeschlichen. Somit wird bei der Auswertung der If-Abfrage eine neue Variable mit dem Namen Lohnsteuerbertrag angelegt, die zunächst mit dem Wert 0 initialisiert wird. Allerdings ist 0 < 100, und somit wird in den Else-Teil des Programmblocks gesprungen, obwohl dies nicht passieren soll. Die Option Explicit hätte dies verhindert, denn durch den Tippfehler würde an der Stelle eine nicht deklarierte Variable verwendet und das Programm mit einer entsprechenden Fehlermeldung abgebrochen. Man beachte auch, wie schwierig so ein Fehler zu finden ist, wenn die Zuweisung Lohnsteuerbetrag = 90 und der If-Block im Programm weiter voneinander entfernt stehen.

1.4.2 Select-Case

Für komplexere Abfragen eines Wertes steht die Select-Case-Anweisung zur Verfügung. Die allgemeine Form lautet:

```
Select Case Variable
  Case Is Bedingung1
     ` Führe Anweisung aus
  Case Is Bedingung2
     ` Führe Anweisung aus
```

```
. . .
{Case Else
   ` Führe Anweisung aus}
End Select
```

Listing 1.14: Select-Case-Abfrage

Die Programmblock wird dabei von oben nach unten abgearbeitet, d.h. zunächst wird Bedingung1 geprüft, dann Bedingung2 usw. Sobald eine Bedingung zutrifft, werden die zugehörigen Anweisungen ausgeführt – der Rest des Programmblocks wird dabei ignoriert, auch wenn spätere Bedingungen zutreffen. Trifft keine der Bedingungen zu, so werden die Anweisungen des optionalen Case Else ausgeführt. Das folgende Beispiel illustriert die Verwendung:

```
Dim wochentag As Integer
wochentag = 3
Select Case wochentag
  CaseIs wochentag = 1
    MsgBox "Es ist Montag"
  CaseIs wochentag = 2
    MsgBox "Es ist Dienstag"
  CaseIs wochentag = 3
    MsgBox "Es ist Mittwoch"
CaseIs wochentag = 4
    MsgBox "Es ist Donnerstag"
CaseIs wochentag = 5
    MsgBox "Es ist Freitag"
  CaseElse
    MsgBox "Wochenende!"
EndSelect
```

Listing 1.15: Heute ist also Mittwoch

1.5 Schleifen

Schleifen dienen dazu, Anweisungen zu wiederholen. Es gibt in VBA im Wesentlichen zwei Schleifenarten. Die erstere eignet sich, wenn vor Start des Programms klar ist, wie oft die entsprechenden Anweisungen wiederholt werden sollen. Dies ist die For-Next-Schleife. Wie oft die entsprechende Anweisung wiederholt werden soll, wird durch eine weitere Variable bestimmt.

Bei dem anderen Schleifentyp wird anhand einer Bedingung nach jedem Durchlauf entschieden, ob die Anweisungen noch einmal wiederholt werden sollen: die Do-While-Schleife.

Man stelle sich vor, ein Array der Größe 5 soll auf folgende Art verändert werden: Bis auf den Wert des Arrays an Indexposition 3 sollen alle anderen Werte auf 1 gesetzt werden. Natürlich lassen sich die Zugriffe einfach sequentiell als Programm formulieren:

```
Dim werte(5) As Integer
…
werte(1) = 1
werte(2) = 2
werte(3) = 3
werte(4) = 1
werte(5) = 1
```

Das ist natürlich äußerst mühselig, zumal fast immer die gleiche Anweisung ausgeführt wird: der Zugriff auf das Array. Der einzige Unterschied ist die jeweilige Indexposition. Stattdessen kann auch eine For-While-Schleife benutzt werden.

```
Dim i As Integer
Dim werte(5) As Integer
For i = 1 To 5
 If i = 3 Then
   werte(i) = 3
 Else
   werte(i) = 1
 End If
Next
```

Die Variable I legt hier fest, wie oft der Block zwischen For und Next ausgeführt wird. Nach jeder Ausführung des Blocks zwischen For und Next wird die Variable i um genau eins erhöht, bis fünf erreicht wird.

Gleichzeitig wird die Variable i benutzt, um die jeweilige Indexposition des Arrays werte zu spezifizieren. Der Codeblock innerhalb der Schleife prüft bei jedem Durchlauf, ob im Moment der dritte Durchlauf stattfindet, also ob die Variable i momentan den Wert drei hat. Falls dem so ist, wird im Array werte an dieser Stelle auch der Wert drei gespeichert, sonst wird der Wert eins gespeichert.

Die allgemeine Form der For-Next-Schleife ist

```
For Zählvariable = Startwert To Stopwert {Step Schrittweite}
  ' führe Anweisungen aus
  {If besondere Abbruchbedingung Then Exit For}
Next
```

Der optionale Parameter *Step* kann dazu benutzt werden, den Wert festzulegen, um den nach jedem Schritt die Zählvariable erhöht wird. Ein `Step 2` im obigen Beispiel würde z.B. dazu führen, dass die Zählvariable i nicht die Werte eins, zwei, drei, vier und fünf annimmt, sondern eins, drei und fünf.

Mit `Exit For` wird die Schleife sofort abgebrochen. In Verbindung mit einer optionalen `If`-Bedingung kann für bestimmte Fälle die Abarbeitung der Schleife beschleunigt werden.

Die `Do-While`-Schleife ist hingegen nützlich, wenn eine Anweisung immer wieder ausgeführt werden soll, allerdings nicht klar ist, wie oft, weil dies z.B. von Benutzereingaben abhängt. Im folgenden Beispiel wird über eine `InputBox` eine Benutzereingabe erzeugt, hier ein String. In der `If`-Abfrage wird geprüft, ob der String nicht leer ist, also keine Zeichen enthält. Falls ein String eingegeben wurde, wird eine `MsgBox` erzeugt und der eingegebene String ausgegeben. Wenn hingegen kein String eingegeben wurde, der String also leer ist, so wertet str <> »« zu Falsch aus – der String ist nicht ungleich dem leeren String. Die `Loop`-Bedingung, die Schleife weiter auszuführen, ist somit nicht erfüllt, und die Ausführung der `Do …While` Schleife wird beendet.

```
Dim InputStr As String
Do
 InputStr = InputBox("Schreiben Sie irgendetwas.", "Eingabefenster")
 If InputStr <> "" Then
   MsgBox "Sie haben gerade " & InputStr & " eingegeben", , "Ausgabefens-
ter"
Loop While InputStr <> ""
```

Allgemein hat die `Do … While`-Schleife folgende Syntax:

```
Do {While Bedingung}
 ` Führe Anweisungen aus
 If besondere Abbruchbedingung Then Exit Do
Loop {While Bedingung}
```

Die Schleifenbedingung kann dabei entweder direkt hinter `Do` stehen oder am Ende der Schleife hinter `Loop`. Steht die Bedingung direkt hinter `Loop`, wird die Bedingung geprüft, bevor die Schleife das erste Mal ausgeführt wird. Ist die Bedingung `Falsch`, dann wird daher die Schleife nicht ausgeführt.

Steht die Bedingung dagegen am Ende der Schleife hinter `Loop`, so werden, auch wenn die Bedingung `Falsch` ist, die Anweisungen in der Schleife genau einmal ausgeführt, bevor die Ausführung der Schleife beendet wird.

1.6 Prozeduren

Prozeduren dienen zum Gruppieren von Programmcode und zum Berechnen von Funktionen. Prozeduren können Werte übergeben werden, mit denen die Berechnungen durchgeführt werden, und Prozeduren können Ergebnisse dieser Berechnungen zurückgeben. Es gibt drei wesentliche Arten von Prozeduren in VBA:

1. Sub-Prozeduren, denen Werte übergeben werden können, die aber keinen Rückgabewert liefern.

1. Function-Prozeduren, denen Werte übergeben werden können und die genau einen Rückgabewert liefern.

1. Event-Prozeduren, die für bestimmte Nutzereingaben Programmcode ausführen. Event-Prozeduren sind Thema des nächsten Abschnitts.

Mit einer Function-Prozedur lässt sich zum Beispiel die mathematische Funktion x^5 definieren:

```
Function hoch_5 (x As Integer)
  hoch_5 = x * x * x * x
End Function
```

Die Function-Prozedur mit Namen hoch_5 hat genau einen Übergabewert, nämlich eine Variable vom Typ Integer mit Namen x. Der Rückgabewert der Function-Prozedur wird mit einer Zuweisung des Namens der Prozedur festgelegt. Dies ist zugleich die letzte Anweisung, die in einer Function-Prozedur ausgeführt wird. Diese Prozedur kann dann später aufgerufen und zur Berechnung von x^5 für einen beliebigen Wert benutzt werden.

```
resultat = hoch_5(4)
```

Die Variable result hätte nun den Wert $4^5 = 1024$.

Nur Function-Prozeduren können explizit einen Rückgabewert zurückliefern. Daher können auch nur Function-Prozeduren auf der rechten Seite des Zuweisungsoperators = stehen.

Während nur Function-Prozeduren explizit einen Wert zurückliefern können, gibt es eine weitere Möglichkeit, um Werte einer Funktion implizit zurückzugeben. Dies ist begründet in der Art und Weise, wie Eingabewerte in VBA an Prozeduren übergeben werden.

Beim Übergabeverfahren Call-by-reference wird beim Aufruf der Prozedur nicht eine Kopie der Übergabewerte angelegt und an die Prozedur übergeben. Stattdessen wird die Speicheradresse übergeben, an der der Wert der Variablen gespeichert ist. Dies bedeutet: Wenn innerhalb der Prozedur der Wert der übergebenen Variablen verändert wird, so hat das Auswirkungen außerhalb der Prozedur – der Wert der übergebenen Variable ist nach der Ausführung der Prozedur ein anderer. Call-by-reference ist das Standardverhalten in Excel-VBA. Dieser Mechanismus kann benutzt werden, um entweder in einer Function-Prozedur mehr als einen Wert zurückzugeben, oder in einer Sub-Prozedur, um überhaupt einen oder mehrere Werte zurückzugeben.

Bei dem Übergabeverfahren Call-by-value wird beim Aufruf der Prozedur eine echte Kopie der Übergabewerte gemacht. Das heißt, Änderungen dieser Werte innerhalb der Prozedur wirken sich nicht auf Änderungen außerhalb der Prozedur aus.

```
Sub Prozedur1 (x as Integer)
 x = x - 2
End Sub

...

Dim y As Integer
y = 10
Prozedur1 y
MsgBox y
```

Listing 1.16: Übergabe mit Call-by-reference

In Listing 1.16 hat die Variable y am Ende den Wert 8. In dem Moment, wo Prozedur1 aufgerufen wird, wird die Adresse übergeben, an der die Variable y gespeichert ist. Die Anweisung x = x – 2 innerhalb von Prozedur1 wirkt sich daher auf die übergebene Variable aus – an dem Ort, wo der Wert der Variable y im Speicher steht, steht jetzt 8. Obwohl die Anweisung x = x – 2 innerhalb von Prozedur1 steht, hat sie also Auswirkungen auf andere Programmteile. Man nennt dies auch einen *Seiteneffekt*.

```
Sub Prozedur2 (ByVal x as Integer)
 x = x - 2
End Sub

...

Dim y As Integer
y = 10
Prozedur1 y
MsgBox y
```

Listing 1.17: Übergabe mit Call-by-value

In Listing 1.17 dagegen wird für den Übergabewert x explizit das Übergabeverfahren Call-by-value gewählt. Wenn in Prozedur2 dann die Variable y an Prozedur1 übergeben wird, wird nicht die Adresse des Speicherortes für den Wert von y übergeben, sondern der Wert von y ausgelesen und eine lokale Kopie erzeugt, mit der dann innerhalb der Prozedur gearbeitet wird. Die Anweisung x = x − 2 hat daher überhaupt keine Auswirkung außerhalb der Prozedur. Die Variable hat nach Aufruf der Prozedur nach wie vor den Wert 10. Da auch sonst keine Berechnungen in Prozedur2 durchgeführt werden, ist der Aufruf von Prozedur2 immer ohne jeglichen Effekt auf den Rest des Programms.

Die Funktion hoch_5 lässt sich durch Call-by-reference daher auch mit einer Sub-Prozedur erstellen. Der Aufruf ist dann allerdings etwas nicht intuitiv, weil die Berechnung des Wertes nicht explizit passiert:

```
Sub hoch_5 (x As Integer)
 x = x * x * x * x
End Sub
```

Die Potenz x^5 kann dann für eine Variable später wie folgt berechnet werden:

```
Dim y As Integer
y = 4
hoch_5(4)
```

Durch Call-by-reference hat die Variable y nach dem Aufruf hoch_5(4) den Wert 1024.

An eine Prozedur können auch mehrere Eingabewerte übergeben werden, diese werden dann durch Kommata getrennt. Zum Beispiel berechnet die folgende Function Prozedur die Summe zweier Zahlen und addiert zusätzlich 5:

```
Function summe_plus_5(x As Integer, y As Integer)
 summe_plus_5 = x + y + 5
End Function
```

Es können aber nicht nur mehrere Eingabewerte an eine Prozedur übergeben werden, es ist auch möglich, Übergabewerte als optional zu markieren. Die Übergabewerte können, müssen aber nicht übergeben werden:

```
Function summe(x As Integer, Optional y As Integer)
 summe = x + y + 5
End Function
```

Die Funktion summe kann entweder mit einem Argument oder mit zwei Argumenten aufgerufen werden. So liefert summe(3) den Wert 8, summe(3,4) hingegen den Wert 12.

1.7 Module und Objekte

Prozeduren können wiederkehrende oder zusammengehörige Anweisungen gruppieren. Oft gibt es allerdings Funktionen und Daten in Form von Variablen, die vom Programmdesign eigentlich zusammengehören. Ein gutes Beispiel dafür sind Elemente des grafischen Benutzersystems wie etwa Fenster. Beim Ablauf eines Programms müssen vielleicht zahlreiche Fenster erzeugt und z.B. nach Eingabe des Benutzers wieder geschlossen werden.

Jedes Fenster benötigt dabei ähnliche Funktionen wie zum Beispiel das Verändern der Größe. Gleichzeitig hat jedes Fenster ähnliche Variable, zum Beispiel Variable, die die momentane Größe speichern. Die Idee hinter Objekten und Modulen ist, diese Funktionalität in einer Struktur zu bündeln.

In Excel gibt es dafür zwei Mechanismen: Objekte und Module. Der wesentliche Unterschied ist, dass für Objekte beim Programmstart kein Speicher reserviert wird. Das Objekt existiert direkt beim Programmstart noch nicht. Die Funktionen und Variablen werden in einer Klasse definiert. Eine Instanz dieser Klasse muss dann explizit mit der new-Anweisung im Speicher erzeugt werden. Eine solche Instanz einer Klasse ist ein Objekt.

Module dagegen existieren direkt vom Programmstart und müssen nicht explizit erzeugt werden. Auf die Funktionalität, also auf die Prozeduren der Module und auf die Variablen der Module kann direkt zugegriffen werden. Jedes VBA-Programm ist zunächst ein Modul, in dem dann selbstprogrammierte Funktionen existieren können, eigene Definitionen von Klassen, aus denen dann Objekte erzeugt werden etc.

Die Prozeduren, Variablen, Enumerations etc. eines Objekts oder eines Moduls werden als Member des Objekts oder Moduls bezeichnet. Der Zugriff darauf erfolgt mit der . Notation. Excel selbst benutzt Objekte, um Zugriff auf die Funktionalität von Excel zu erlauben. Die in einer Arbeitsmappe existierenden Worksheets sind ein Objekt (das wiederum Unterobjekte enthält, nämlich die einzelnen Worksheets), auf dessen Members zugegriffen werden kann.

```
Dim x As Integer
x = Worksheets.Count
MsgBox x
```

Die Membervariable Count vom Worksheets-Objekt enthält die Anzahl der momentan existierenden Worksheets. Wird ein neues Worksheet erstellt, so wird die Variable Count automatisch von Excel aktualisiert.

Die vorhandenen Klassen in Excel können im Objektbrowser, der innerhalb des VBA-Editors mit F2 aktiviert wird, angezeigt werden. In der linken Spalte finden sich sowohl die Klassen, die von Excel bereitgestellt werden, als auch die vom Programmierer hinzugefügten Klassen. In der rechten Spalte finden sich die Elemente dieser Klassen (die Member).

Außer bei sehr umfangreichen Projekten werden Sie selten selbst Objekte erstellen, zumal das gesamte Objektmodell im Gegensatz zu anderen Programmiersprachen sehr eingeschränkt ist. In den meisten Fällen genügt es, die umfangreiche Bibliothek von Excel selbst zu nutzen, das heißt auf existierende Member von Modulen und Klassen zuzugreifen.

Einen besonderen Typ von Klasse werden Sie allerdings häufiger benutzen und auch Objekte dieser Klasse erzeugen, nämlich grafische Elemente oder Forms. Excel stellt allerdings einen grafischen Formulareditor bereit, mit dem ebensolche grafischen Komponenten viel bequemer erstellt werden können. In Abschnitt 1.9 erlernen Sie den Umgang mit dem Formeleditor.

Sichtbarkeit

In den bisherigen Beispielen wurden Variable oft unterschiedlich benannt. Das ist nicht immer nötig: Variablennamen innerhalb von Prozeduren sind von »außen« nicht sichtbar. Zum Beispiel ist folgendes absolut gültiger Code:

```
Sub Prozedur2 (ByVal x as Integer)
 x = x - 2
End Sub

…

Dim x As Integer
x = 10
Prozedur1 x
MsgBox x
```

Der Variablenname x kollidiert hier nicht, denn der Name x innerhalb von Prozedur2 ist von außen nicht sichtbar – Seiteneffekte außen vor gelassen. Die Sichtbarkeit von Variablen ist durch Excel so festgelegt.

Die Sichtbarkeit von Prozeduren innerhalb von Modulen und Objekten selbst kann mit Schlüsselwörtern gesteuert werden, die der Funktionsdefinition vorangestellt werden. Statt `Sub Prozedur2` schreibt man zum Beispiel `Private Sub Prozedur2`.

- Prozeduren, die `Private` sind, können nur innerhalb des gleichen Moduls oder der gleichen Klasse aufgerufen werden. Sie sind nur innerhalb des gleichen Moduls sichtbar.

- Prozeduren, die `Public` sind, können von jedem Modul und jeder Klasse der Arbeitsmappe aufgerufen werden, in denen sie deklariert wurden. Wenn kein Schlüsselwort angegeben wird, sind Prozeduren immer `Public`.

1.8 Events

Events sind nichts anderes als Ereignismelder. Sobald ein bestimmtes Ereignis auftritt, wird von Excel ein bestimmter Event ausgelöst und zu einer bestimmten Stelle im Programm gesprungen, nämlich dem Eventhandler. Der Eventhandler ist eine Prozedur, in der beliebige Anweisungen stehen, die ausgeführt werden sollen, wenn das entsprechende Ereignis auftritt.

Sie werden im Folgenden oft auf Ereignisse reagieren wollen, die im Zusammenhang mit grafischen Benutzerelementen, also Forms, Buttons etc. auftreten. Nehmen wir an, Sie haben eine Eingabemaske erstellt, auf der ein Button mit der Aufschrift BEENDEN steht. Klickt der Benutzer auf den Button, so soll die gesamte Anwendung beendet werden.

Excel stellt für all das bereits Funktionalität bereit. Es gilt nun, all diese vorhandene Funktionalität zu verbinden, das heißt:

- Für den Event »Benutzer klickt auf Button« muss eine Funktion implementiert werden, die die Anwendung schließt.

- Excel stellt dafür das Objekt `Application` zur Verfügung. In diesem Objekt gibt es die Member(funktion) `Quit`.

- Der Name für die Prozeduren, die auf bestimmte Events reagieren, folgt einem bestimmten Namensschema. Das Praktische ist, dass für grafische Benutzerelemente der Formulareditor benutzt werden kann, um automatisch Prozedurhüllen zu erzeugen, die dann nur noch mit Anweisungen gefüllt werden müssen.

- Falls der Button EXIT_BUTTON heißt, sähe ein Eventhandler in etwa so aus:

```
Private Sub exit_button_click()
  Application.Quit
End Sub
```

Auch wenn Eventhandler (= Prozeduren, die die gewünschten Anweisungen, die auf ein Event folgen sollen) manuell implementiert werden können, ist es viel bequemer, soweit wie möglich den grafischen Editor dafür zu benutzen. Sie werden in den nächsten Kapiteln anhand der Beispiele sehen, wie Eventhandler für verschiedenste Events implementiert werden.

1.9 Der VBA-Editor

Wie in allen Microsoft-Programmen führen viele Wege zum VBA-Editor. Ein Weg führt über die Multifunktionsleiste mit der Befehlsfolge

```
Entwicklertools → Code → Visual Basic
```

Der kürzeste Weg, um in den VBA-Editor zu gelangen, ist der Aufruf über die Tastenkombination $\boxed{\text{Alt}}$+$\boxed{\text{F11}}$. Der dritte Weg kann über einen Klick mit der rechten Maustaste auf ein Steuerelement in einem Tabellenblatt oder einen Klick auf einen Registerreiter für ein Tabellenblatt genommen werden. Das nachfolgende Kontextmenü öffnet sich.

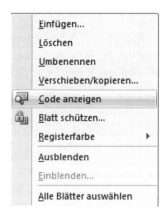

Abb. 1.1:   Kontextmenü nach Klick mit rechter Maustaste

Aus diesem Kontextmenümenü wählen Sie die Option CODE ANZEIGEN aus. Jeder der drei beschriebenen Wege öffnet den VBA-Editor.

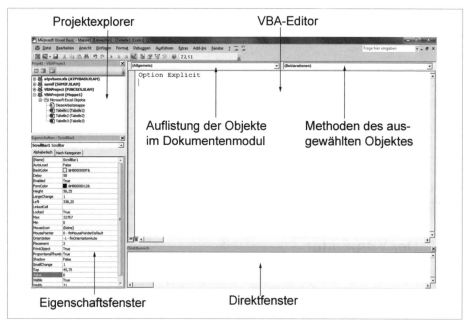

Abb. 1.2:   Die VBA-Entwicklungsumgebung

1.9.1 Der Projektexplorer

Standardmäßig enthält der Projektexplorer die Microsoft-Excel-Objekte

- DieseArbeitsmappe (Workbook)

- Die Tabellenblätter (Worksheets)

- Für jedes Tabellenblatt der Arbeitsmappe wird ein Klassenmodul aufgelistet (z.B. Tabelle 2 (Tabelle2)). Der Name des Klassenmoduls, im Beispiel Tabelle 1, kann im Eigenschaftsfenster in der Zeile (Name) geändert werden. In der Arbeitsmappe finden Sie im Projektexplorer statt des Namens TABELLE 1 den Namen START vor. Benennen Sie nun das Tabellenblatt in der Registerkarte um in STARTCENTER, so wird der geänderte Tabellenblattname angezeigt. Die nachfolgende Abbildung verdeutlicht dies.

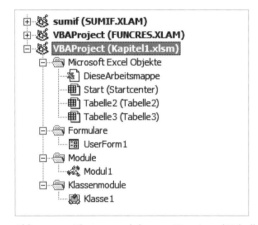

Abb. 1.3: Klassenmodulname (Start) und Tabellenblattname (Startcenter)

Die anderen Typen wie Formulare, Module und Klassenmodule fügen Sie mit der Befehlsfolge

```
Einfügen → UserForm / Modul / Klassenmodul
```

ein. Mit Formularen und Modulen wird beispielsweise in Kapitel 2 gearbeitet.

1.9.2 Eigenschaftsfenster

Die Elemente des Eigenschaftsfensters variieren je nach Objekt. Ein Tabellenblatt besitzt eben andere Eigenschaften als eine Arbeitsmappe oder ein Steuerelement. Die nachfolgende Abbildung listet die beispielsweise die Eigenschaften des Klassenmoduls START (Worksheet) auf.

(Name)	Start
DisplayPageBreaks	False
DisplayRightToLeft	False
EnableAutoFilter	False
EnableCalculation	True
EnableFormatConditionsCalcul	True
EnableOutlining	False
EnablePivotTable	False
EnableSelection	0 - xlNoRestrictions
Name	Startcenter
ScrollArea	
StandardWidth	10,71
Visible	-1 - xlSheetVisible

Abb. 1.4:   Eigenschaften des Klassenmoduls Start

Ändern Sie beispielsweise in der Zeile Name den Eintrag von Tabelle 2 in ÜBUNGS-
BLATT, wird nach Umschalten nach Excel in der Registerkarte ÜBUNGSBLATT angezeigt. Eine etwas umständliche Art, den Namen des Tabellenblattes zu ändern.

1.9.3   Direktbereich

In der Regel wird der Direktbereich nicht angezeigt. Sie können ihn mit der
Befehlsfolge

```
Ansicht → Direktfenster
```

einblenden. Kürzer kann das mit der Tastenkombination [Strg]+[G] geschehen.
Das Direktfenster setzt man ein, um den Inhalt von Variablen mit dem Befehl
Debug.Print zu überprüfen. Das nachfolgende Listing finden Sie im Modul 1:

```
Sub Test()
Dim strBez As String
strBez = "58710" & " " & "Menden"
Debug.Print strBez
End Sub
```

Klicken Sie doppelt auf Modul 1 und setzen den Cursor in das Programm. Mit [F5]
führen Sie das Programm aus. Im Direktfenster erscheint als Ergebnis 58710
Menden.

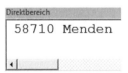

Abb. 1.5:   Ausgabe im Direktfenster

1.9.4 VBA-Editor

In den VBA-Editor schreiben Sie Ihren VBA-Code. In Abbildung 1.2 finden Sie im VBA-Editor schon eine Befehlszeile vor. Die Zeile `Option Explicit` zwingt Sie dazu, alle Variablen mit dem Befehlswort DIM zu deklarieren. Meist sind es kleine Tippfehler, die einem das Programmieren erschweren. Deshalb einige Tipps:

- Vergeben Sie Variablennamen immer mit einem Großbuchstaben, z.B. `strBez`.

- Deklarieren Sie alle verwendeten Variablen, sonst verlieren Sie irgendwann den Überblick.

- Beim Eintippen des Namens im Programmcode schreiben Sie den Variablennamen nur mit Kleinbuchstaben. Schalten Sie in die nächste Programmzeile, wandelt der Editor den Namen in die richtige Schreibweise um. So wird aus `strbez` beim Wechsel in die nächste Zeile `strBez`.

- VBA-Befehle wie z.B. `PivotTable` geben Sie auch nur in Kleinbuchstaben ein. Beim Zeilenwechsel ändert der Editor die Eingabe in die richtige Schreibweise um. So wird aus `pivottable` `PivotTable`. Sollte das nicht der Fall sein, liegt ein Tippfehler vor.

- Das nachfolgende Programm provoziert einen Fehler:

```
Sub Fehler()
Dim strFehler As String
strFehler = "Das führt zu einem Fehler"
Debug.Print strfeler
zahl = zahl + 5
Debug.Print zahl
End Sub
```

- Das Programm befindet sich im Modul 1 und führt beim Ausführen zu der Fehlermeldung:

Abb. 1.6: Fehlermeldung

In Zeile 4 sehen Sie den Tippfehler. Fehler wurde ohne den Buchstaben h geschrieben. Korrigieren Sie diesen Fehler, werden Sie erneut die obige Fehlermeldung erhalten, weil die Variable ZAHL nicht definiert wurde. Den Fehler zeigt der Editor an:

```
Sub Fehler()
Dim strFehler As String

strFehler = "Das führt zu einem Fehler"
Debug.Print strfeler

zahl = zahl + 5
Debug.Print zahl

End Sub
```

Abb. 1.7:   Fehler im Programm Fehler in der Zeile Debug.Print strfeler

Ohne den Befehl OPTION EXPLICIT würde das Programm im Direktfenster keinen Wert für die Variable strfeler anzeigen, denn die ist ja leer. Nun kann die Fehlersuche beginnen, die beim Verwenden von OPTION EXPLICIT nicht nötig gewesen wäre.

Ein weiterer Vorteil des Editors besteht darin, dass nach Eingabe eines Befehlswortes eine Liste mit weiteren Befehlen angezeigt wird (IntelliSense-Funktion). So hat man nach Eingabe von Debug. nur die Auswahl zwischen Print und Assert, wie die nachfolgende Abbildung zeigt:

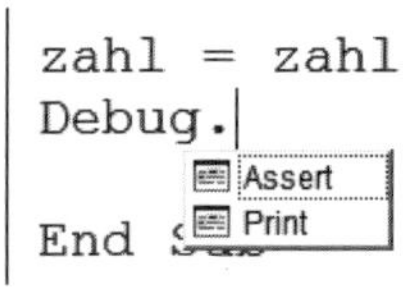

```
zahl = zahl + 5
Debug.|
       Assert
       Print
End
```

Abb. 1.8:   Vorschlag des Editors

1.9.5   Einstellungen des VBA-Editors

Mit dem Befehl OPTION EXPLICIT wird die Variablendeklaration zwingend vorgeschrieben. Dieser Befehl kann als Voreinstellung für den VBA-Editor festgelegt werden. Sie befinden sich im VBA-Editor. Dort rufen Sie mit der Befehlsfolge

```
Extras → Optionen
```

die Einstellmöglichkeiten für den VBA-Editor auf. Das Fenster OPTIONEN öffnet sich. Im Bereich CODE-EINSTELLUNGEN setzen Sie den Haken bei VARIABLENDE-KLARATION ERFORDERLICH. Wenn diese Option aktiviert ist, wird der Befehl OPTION EXPLICIT automatisch im VBA-Editor eingefügt.

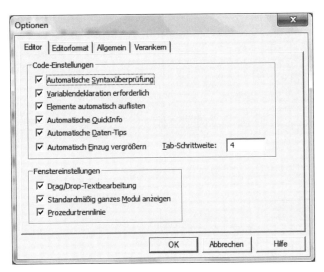

Abb. 1.9:   Fenster OPTIONEN - EDITOR

Weitere nützliche Editor-Einstellungen:

Einstellung	Bedeutung
Automatische Syntaxprüfung	Nachdem Sie die Codezeile vollständig eingegeben haben, wird automatisch überprüft, ob der Code korrekt eingetippt wurde.
Variablendeklaration erforderlich	Siehe oben
Elemente automa-tisch auflisten	Geben Sie im Quellcode ein VBA-Befehlswort ein, gefolgt von einem Punkt, wird über die IntelliSense-Funktion automatisch eine Liste von weiteren zugehörigen Schlüsselwörtern angezeigt. Ein Beispiel zeigt die Abbildung 1.8.
Automatisch Einzug vergrößern	Der Quellcode sollte strukturiert dargestellt werden. So werden bei-spielsweise alle logisch zusammengehörigen Befehle eingerückt. Mit der ⇥-Taste wird die Codezeile eingerückt. Ein Codebeispiel finden Sie im Anschluss an diese Tabelle.
Prozedurtrennlinie	Damit wird eine Trennlinie zwischen den Prozeduren eingefügt.

Das Editierformat des VBA-Editors können Sie im Register EDITIERFORMAT ändern.

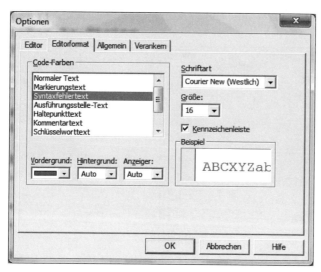

Abb. 1.10: Fenster OPTIONEN - EDITIERFORMAT

Fehler in der Syntax werden in roter Schrift dargestellt. Kommentare erhalten die Schriftfarbe Grün. Diese Einstellungen sollten Sie nicht ändern.

Im Register ALLGEMEIN sollten Sie ebenfalls keine Änderungen vornehmen.

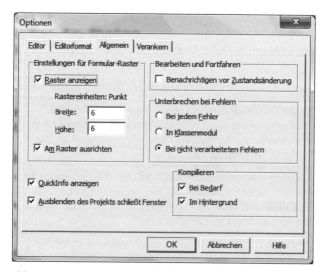

Abb. 1.11: Fenster OPTIONEN - ALLGEMEIN

Falls Sie mit Formularen (USERFORM) arbeiten, können Sie die leere Formularfläche bezüglich der Rasterung ändern. Ansonsten sollten Sie die Einstellungen beibehalten.

Die Elemente in der VBA-Umgebung können auch neu angeordnet werden. Falls Ihnen die Anordnung des Projektexplorers links oben nicht gefällt, können Sie ihn an einer Ihnen genehmen Position platzieren. Die meisten Elemente des VBA-Editors sind verankert. Sie haben einen festen Platz. So finden Sie Projektexplorer und das Eigenschaftsfenster am linken Rand. Beide sind dort verankert. Die Verankerung kann jedoch in der Registerkarte VERANKERN aufgehoben werden.

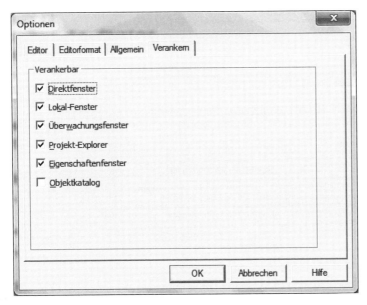

Abb. 1.12:   Fenster OPTIONEN - VERANKERN

Diese Einstellungen sollten Sie allerdings belassen. Heben Sie die Verankerung des Eigenschaftsfensters beispielweise auf, schwirrt das Eigenschaftsfenster über dem Codefenster herum und überlagert es. Sie müssen es an die Seite schieben, verkleinern und neu platzieren. Diese Arbeit kann man sich ersparen.

1.9.6 VBA-Hilfe

Die Hilfe-Funktion unter Excel haben Sie sicherlich schon häufig benutzt. Auch im VBA-Editor gibt es Hilfen. Grundsätzlich stehen drei Wege zur Verfügung.

Weg Nr. 1:

Markieren Sie im Quellcode das Befehlswort, zu dem Sie Hilfe benötigen, und drücken dann die Taste F1 . Die Erläuterung zum Befehlswort wird angezeigt oder es erscheint eine Liste mit Hyperlinks zum Befehlswort. Die nachfolgende Abbildung zeigt am Beispiel des Befehlswortes INPUTBOX die Hilfe zum Thema.

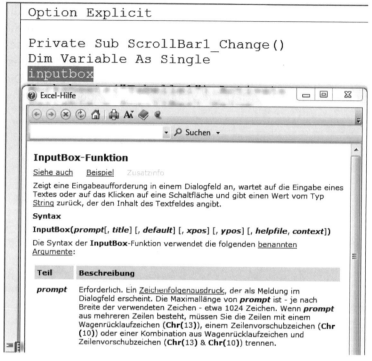

Abb. 1.13: Hilfe zum Befehlswort Inputbox

Weg Nr. 2:

Sie rufen mit der Befehlsfolge

```
? → Microsoft Visual Basic Hilfe F1
```

die Hilfefunktion auf und tippen in die Suchzeile Ihren gesuchten Begriff ein. Diese Eingabe schließen Sie mit Enter ab. Die Hilfethemen werden aufgelistet .

Weg Nr. 3:

Im VBA-Editor befindet sich oben rechts in der Menüleiste ein Eingabefeld. In dieses Eingabefeld geben Sie den gewünschten Suchbegriff ein und schließen die Eingabe mit Enter ab. Die Hilfethemen werden aufgelistet.

Abb. 1.14: Hilfethemen

Abb. 1.15: Eingabefeld in der Menüleiste

1.9.7 Fehler beseitigen

Keine Programmierung wird reibungslos und ohne Fehler verlaufen. Grundsätzlich können Sie mit dem Befehl ON ERROR RESUME NEXT Fehler in Ihren Programmen übergehen. Der Befehl übergeht den Fehler in Ihrem Programm und macht mit der nächsten Programmzeile weiter. Deshalb gehört dieser Befehl eigentlich nicht in ein Programm.

An einem kleinen Beispiel soll nun demonstriert werden, welche Ursachen Fehler haben können, wie man auf diesen Fehler stößt und wie man ihn beseitigen kann. Dazu wurde im Tabellenblatt STARTCENTER der Arbeitsmappe KAPITEL1.XLSM eine kleine Bildlaufleiste eingerichtet. Diese Bildlaufleiste hat den Namen ScrollBar1 erhalten. Dem Change-Ereignis der Bildlaufleiste wurde ein kleines VBA-Programm zugeordnet, das nachfolgend aufgelistet wird.

```
Option Explicit
Private Sub ScrollBar1_Change()
Dim Variable As Single
Worksheets("Tabelle1").Activate
Variable = ScrollBar1.Value
ScrollBar1.FontName = "Arial"
MsgBox "Die Bildlaufleiste hat den Wert: " & Variable
End Sub
```

Wenn Sie nun den Schieber der Bildlaufleiste im Tabellenblatt STARTCENTER betätigen, wird in den VBA-Editor verzweigt, und es erscheint die Fehlermeldung

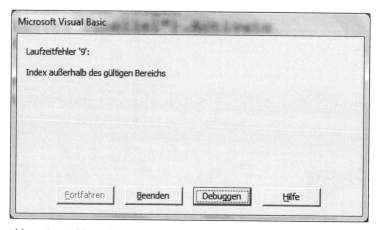

Abb. 1.16: Fehlermeldung

Klicken Sie nun auf DEBUGGEN, wird die fehlerhafte Zeile gelb hinterlegt.

```
ScrollBar1                                    ▼  Change
Option Explicit
Private Sub ScrollBar1_Change()
Dim Variable As Single
⇨ Worksheets("Tabelle1").Activate
Variable = ScrollBar1.Value
ScrollBar1.FontName = "Arial"
MsgBox "Die Bildlaufleiste hat den Wert: " & Variable
End Sub
```

Abb. 1.17: Fehlerhafte Zeile

Schnell werden Sie feststellen, dass es kein Tabellenblatt (Worksheet) im Projekt-explorer mit dem Namen TABELLE1 gibt. Dort heißt das erste Tabellenblatt START-CENTER. Sie ändern den Text zwischen den Anführungszeichen in STARTCENTER und setzen den Editor zurück. Dazu klicken Sie das entsprechende Icon an. Die Abbildung 1.18 zeigt, wo Sie klicken müssen. Danach starten Sie einen neuen Versuch.

Abb. 1.18:   Icon Zurücksetzen

Sie erhalten die nächste Fehlermeldung.

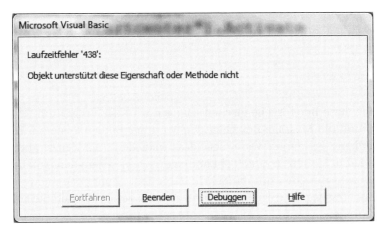

Abb. 1.19:   Fehlermeldung 438

Auch in diesem Fall klicken Sie auf DEBUGGEN und erhalten die fehlerhafte Zeile angezeigt.

```
Option Explicit
Private Sub ScrollBar1_Change()
Dim Variable As Single
Worksheets("Startcenter").Activate
Variable = ScrollBar1.Value
ScrollBar1.FontName = "Arial"
MsgBox "Die Bildlaufleiste hat den Wert: " & Variable
End Sub
```

Abb. 1.20:   Fehlerhafte Zeile

Das Objekt SCROLLBAR1 unterstützt bzw. besitzt die Eigenschaft FONTNAME nicht. Es ist eigentlich eine Selbstverständlichkeit, dass einer Bildlaufleiste keine Schriftart zugewiesen werden kann. Dieser Fehler hätte vermieden werden können, wenn man die IntelliSense-Möglichkeit des Editors benutzt hätte. Bei der Eingabe des Objektnamens SCROLLBAR1 mit anschließendem Punkt werden die Eigenschaften der SCROLLBAR aufgelistet. Unter dem Buchstaben F findet man nur die Eigenschaft FORECOLOR, wie die nachfolgende Abbildung zeigt.

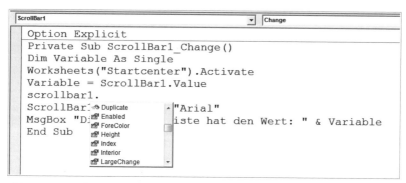

Abb. 1.21: IntelliSense zu ScrollBar1

Deshalb können Sie diese Befehlszeile löschen. Danach wird das Programm fehlerfrei ausgeführt, und die Message-Box zeigt den Wert der Bildlaufleiste an. In diesem Zusammenhang sei darauf verwiesen, dass man derartige Zeilen auch auskommentieren kann. Sie setzen ein Hochkomma ([Shift]+[#]) an den Anfang der Zeile. Die Zeile wird mit einer grünen Schrift dargestellt. Wollen Sie mehrere Zeilen auskommentieren, was häufiger vorkommt, als man denkt, können Sie auf diese Icons zurückgreifen.

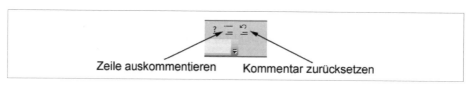

Zeile auskommentieren   Kommentar zurücksetzen

Abb. 1.22: Icons Kommentare

Sollten diese Icons nicht in Ihrer Menüzeile auftauchen, können Sie sie problemlos dort einfügen. Dabei gehen Sie wie folgt vor:

1. Sie öffnen mit der Befehlsfolge Ansicht → Symbolleisten → Anpassen das Fenster ANPASSEN.

2. Sie wählen das Register BEFEHLE und im Listenfeld KATEGORIEN die Option BEARBEITEN aus.

3. Im Listenfeld BEFEHLE scrollen Sie solange nach unten, bis die Icons erscheinen.

4. Die Icons ziehen Sie in Ihre Menüleiste im VBA-Editor.

Abb. 1.23: Fenster Anpassen

1.9.8 Arbeit mit dem Objektkatalog

Ein sehr nützliches Feature im Visual Basic-Editor ist der Objektkatalog. Im Objektkatalog können Sie sich alle Ihnen zur Verfügung stehenden Objekte, Eigenschaften, Methoden und Ereignisse anzeigen lassen. Vom Objektkatalog aus finden Sie auch schnell und einfach die Onlinehilfe zu jedem im Katalog angezeigten Element. Klicken Sie dazu einfach mit der rechten Maustaste auf das Objekt, die Eigenschaft, die Methode oder das Ereignis, und wählen Sie aus dem Kontextmenü die Option HILFE, um detaillierte Hilfeinformationen zu diesem Element zu erhalten. Der Objektkatalog bietet einen übersichtlichen Einblick in die Objekthierarchie. Hinter dem Icon 🔭 verbirgt sich der Objektkatalog. Ein Klick auf dieses Icon öffnet das nachfolgende Fenster.

Im Objektkatalog finden Sie folgende Symbole vor:

Symbol	Bedeutung
	Bibliothek von Befehlen für MSForms, Office etc.
	Klasse, z.B. ComboBox oder Start (Tabellenblatt)
	Methode bzw. Funktion, z.B. AddItem oder Copy
	Eigenschaft, z.B. BackColor, BackStyle
	Ereignis, z.B. Click oder Change
	VBA-Konstante, z.B. vbBlack oder xl3DEffects1
	Auflistung von VBA-Konstanten, z.B. Constants
	Modul, z.B. Conversion (wandelt Werte in andere Formate um)
	Global, enthält alle Methoden und Eigenschaften

In der Praxis werden Sie häufig nach Funktionen bzw. Eigenschaften von Objekten suchen. Öffnen Sie dazu den Objektkatalog und geben Sie links neben dem Fernglas den Suchbegriff ein. Ein Klick auf das Fernglas listet die Suchergebnisse auf. Unterhalb werden die Klassen und Elemente von ComboBox (Methoden und Eigenschaften) aufgelistet.

Suchen Sie z.B. Informationen zum Begriff BackColor, dann markieren Sie diesen Begriff und klicken anschließend das gelbe Fragezeichen oberhalb an. Das Hilfefenster zu diesem Thema mit ausführlichen Informationen und Codebeispielen wird geöffnet. Verborgene Elemente können Sie sich anzeigen lassen, indem Sie mit der rechten Maustaste in das Objektkatalog-Dialogfeld (<Alle Bibliotheken>) klicken und aus dem Kontextmenü die Option VERBORGENE ELEMENTE ANZEIGEN anklicken. Die verborgenen Elemente werden in hellgrauer Schrift angezeigt.

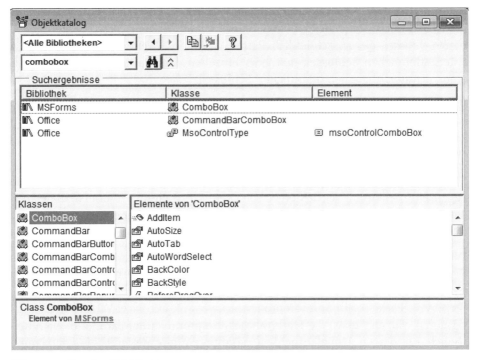

Abb. 1.24: Fenster Objektkatalog

1.10 Digitale Signaturen und Excel-Sicherheitseinstellungen

Da digitale Signaturen auf asymmetrischer Verschlüsselung beruhen, sei das Prinzip an dieser Stelle kurz erklärt: Bei der symmetrischen Verschlüsselung sind zwei Parteien involviert, wobei Partei A eine geheime Nachricht an Partei B schicken möchte. Die Nachricht wird über einen Schlüssel kodiert, sodass sie für Außenstehende, auch wenn ihnen die Nachricht in die Hände fällt, nicht lesbar ist.

Kodiert und dekodiert wird die Nachricht mit dem gleichen Schlüssel. Ein typisches Beispiel ist das Permutieren von Buchstaben im Alphabet, sodass man z.B. statt »a« den Buchstaben »h« schreibt, für »b« den Buchstaben »i«, kurz: dass das Alphabet um sieben Buchstaben verschoben wird.

Ein Nachteil dabei ist, dass beide Parteien den geheimen Schlüssel zu irgendeinem Zeitpunkt austauschen müssen – beide müssen den geheimen Schlüssel kennen. Im Online-Zeitalter und insbesondere im Internet gestaltet sich das oft als schwierig, weil sich beide Parteien nicht kennen oder physikalisch nicht treffen können. Trotzdem soll der Datenverkehr zwischen beiden Parteien geheim bleiben.

Asymmetrische Verschlüsselung löst das Problem, indem, basierend auf mathematischen Verfahren, vier Schlüssel im Spiel sind. Partei A besitzt einen geheimen Schlüssel, der ausschließlich Partei A bekannt. Weiterhin besitzt Partei A einen öffentlichen Schlüssel, den jeder einsehen darf. Partei B besitzt ebenfalls einen privaten und einen öffentlichen Schlüssel.

Will jetzt Partei A eine Nachricht an Partei B schicken, kodiert Partei A die Nachricht mit dem öffentlichen Schlüssel von Partei B. Diese so kodierte Nachricht kann nur mit dem privaten Schlüssel von Partei B dekodiert werden – dieser ist aber nur Partei B bekannt.

So müssen nur die beiden öffentlichen Schlüssel ausgetauscht werden, um sich gegenseitig geheime Nachrichten zu schicken. Fallen diese Schlüssel in die Hände des Angreifers, ist das unbedenklich, denn mit den öffentlichen Schlüsseln kann man nur Nachrichten kodieren, nicht dekodieren.

Diese Art von Verschlüsselung hat einen weiteren praktischen Einsatz: die digitale Signatur. Eine digitale Signatur ist in etwa eine Art digitale Unterschrift, die zu elektronischen Dokumenten oder auch Programmen hinzugefügt werden kann. Wenn z.B. Partei A ein Softwareprogramm wie z.B. ein Excel-VBA-Skript digital signieren will, also quasi die Herkunft des Programms (und damit z.B. auch persönlich für dessen Ungefährlichkeit garantieren möchte) mit seinem Namen bestätigen will, so berechnet Partei A zunächst – ebenfalls mit mathematischen Methoden – anhand des Programms eine eindeutige Ziffernkombination für dieses Programm. Diese Ziffernkombination, der sogenannte Hashwert, wird dann mit dem privaten Schlüssel von Partei A verschlüsselt.

Lädt jetzt Partei B das Programm von Partei A, so kann Partei B einfach nachprüfen, ob das Programm wirklich von Partei A stammt und nicht unterwegs manipuliert wurde. Partei B nutzt einfach den öffentlichen Schlüssel von Partei A, um die kodierte Ziffernkombination wieder zu dekodieren. Dann wird der dekodierte Hashwert mit dem Programm verglichen: Passt der Hashwert eindeutig zum Programm, so ist das Programm tatsächlich 1:1 so von Partei A geschrieben worden; passt der Hashwert nicht zum Programm, so ist von einer Manipulation auszugehen.

Und wiederum ist es so, dass Partei A dabei niemandem seinen privaten Schlüssel mitteilen muss, nur der öffentliche Schlüssel ist bekannt – dies ist jedoch unbedenklich.

Es gibt aber noch einen Haken an der Sache: Wie kann Partei B im obigen Beispiel sicher sein, dass der öffentliche Schlüssel von Partei A, der vielleicht über das Internet geladen wurde, wirklich der Schlüssel von Partei A ist? Es könnte sich ja auch um einen Hacker handeln, der seinen öffentlichen Schlüssel als den von Partei A ausgibt?

Dafür gibt es sogenannte digitale Zertifikate, die von Firmen vergeben werden. Ein digitales Zertifikat ist fälschungssicher und sagt nicht mehr oder weniger als: »Der öffentliche Schlüssel XYZ ist tatsächlich der öffentliche Schlüssel von Partei A. Partei A hat seine Identität unserer Firma gegenüber bestätigt und uns seinen öffentlichen Schlüssel genannt.«

Was bedeutet all das für die VBA-Entwicklung?

Excel bzw. sämtliche VBA-Programme nutzen solche digitalen Zertifikate als eine Art Sicherheitsmechanismus. Per Voreinstellung werden nur VBA-Programme ausgeführt, die digital signiert sind. Wenn Sie als Anwender auf unsignierte Programme treffen, bleibt Ihnen nur die Wahl, das Programm entweder nicht zu starten oder die Sicherheitseinstellungen zu ändern.

Bedenken Sie dabei: Ein digitales Zertifikat sagt zunächst nur aus, dass das VBA-Programm wirklich so von Person XY programmiert und verbreitet wurde. Es sagt nichts darüber aus, ob es Schadcode enthält oder nicht – auch wenn es unwahrscheinlich ist, dass sich ein Hacker die Mühe macht, seine Identität gegenüber einer Firma bestätigen zu lassen.

Die Programme, die auf der CD und online zu diesem Buch verfügbar sind, sind allesamt nicht signiert. Um die Programme auszuführen, müssen daher die Sicherheitseinstellungen in Excel geändert werden.

Klicken Sie dazu auf die Office-Schaltfläche, dort auf EXCEL-OPTIONEN, dort auf VERTRAUENSEINSTELLUNGSCENTER, weiter auf EINSTELLUNGEN FÜR DAS VERTRAUENSEINSTELLUNGSCENTER und dort wiederum setzen Sie unter EINSTELLUNGEN FÜR MAKROS UMSTELLEN unter »ALLE MAKROS AKTIVIEREN« einen Haken setzen, um dem Zugriff auf das VBA-Projektobjektmodell zu vertrauen.

Sie müssen unserem Programmcode an dieser Stelle vertrauen – Sie sollen den Code der Beispiele ja gerade verstehen und vertrauen lernen. Sollten Sie jedoch des Öfteren unbekannten Programmcode ausführen bzw. nicht von Ihnen erstellte Excel-Dokumente öffnen, dann empfiehlt es sich, die Einstellungen wieder restriktiver zu setzen.

Was bedeutet all das für mich als Entwickler?

Schreiben Sie kommerziell Software, die Sie z.B. an viele verschiedene Endanwender verkaufen möchten, ist es eventuell von Vorteil, selbst ein digitales Zertifikat zu kaufen, damit die Anwender Ihr Programm ohne Probleme starten können.

Schreiben Sie ein bestimmtes Projekt für einen bestimmten Klienten, kann der Klient vielleicht die entsprechenden Sicherheitseinstellungen auf seinem Rechner vornehmen – dass der Programmcode von Ihnen stammt, sollte in einem solchen Zusammenhang klar sein.

Entwickeln Sie viel Programmcode und testen Sie viel auf Ihrem Rechner, so gibt es noch einen dritten Weg: Sie können kostenlos mit einem Microsoft Office beiliegenden Tool selbst ein Zertifikat für sich erstellen. Um den Zweck von Zertifikaten nicht entgegenzulaufen, ist dieses Zertifikat nur auf Ihrem eigenen Rechner für Ihre eigenen Programme gültig.

Der Vorteil dabei ist, dass Sie Ihre eigenen Programme digital signieren können, um die Sicherheitseinstellungen bei Excel nicht herabsetzen zu müssen, wenn Sie oft mit eigenen, aber auch mit fremden Programmen arbeiten.

Zuletzt eine persönliche Empfehlung: Wenn Sie ernsthaft mit Excel und VBA Programme entwickeln möchten, sollten Sie die Sicherheitseinstellungen wie oben beschrieben herabsetzen. Es empfiehlt sich natürlich, bei Programmen unbekannter Herkunft Vorsicht walten zu lassen – aber als Programmierer werden Sie sich so oder so mit dem entsprechenden Code auseinandersetzen.

Kapitel 2

Die Lohnabrechnung

2.1 Allgemeine Vorbemerkungen

In Unternehmen mit einer großen Mitarbeiterzahl erfolgt die Lohn- und Gehaltsabrechnung mithilfe eines EDV-Programms. Beschäftigt ein kleineres Unternehmen dagegen nur einige wenige Mitarbeiter, rechnet sich die Anschaffung eines komplexen Programms nicht, das sämtliche Fälle der Lohn- und Gehaltsabrechnung berücksichtigt.

Am Beispiel eines Unternehmens mit drei Mitarbeitern soll verdeutlicht werden, wie man mit Excel eine kleine Lohn- und Gehaltsabrechnung erstellen und durchführen kann. Auch die Vorgehensweise bei der Neueinstellung bzw. beim Ausscheiden eines Mitarbeiters wird beispielhaft durchgespielt. Für das Unternehmen gilt:

1. Alle Mitarbeiter beziehen ein festes Gehalt.

2. Akkordlöhne werden nicht gezahlt.

3. Lohnpfändungen stehen nicht an.

4. Eine Mitarbeiterin ist geringfügig beschäftigt.

Im Fall unseres Kleinunternehmens bietet sich folgende Vorgehensweise bei der Erstellung der Lohn- und Gehaltsabrechnung an:

- Über zwei Formulare werden die notwendigen Mitarbeiterdaten verwaltet. Diese Formulare werden zunächst angelegt, und die Formularsteuerung wird programmiert.

- Die Formulare werden danach auf Korrektheit getestet.

- Sind die Mitarbeiterdaten vorhanden, wird das Lohnkonto mit entsprechenden Formeln versehen.

- Dann wird die Funktion LSTBERECHNEN programmiert, getestet und in das Tabellenblatt Lohnkonto des jeweiligen Mitarbeiters eingebunden.

- Ebenso wird für jeden Mitarbeiter ein Tabellenblatt mit einem Formular für die monatliche Abrechnung bereitgestellt.

■ Abschließend wird noch ein Startcenter angelegt, über das die Steuerung der Arbeitsmappe erfolgt.

2.2 Mitarbeiterverwaltung

Zunächst muss geklärt sein, welche Informationen vom jeweiligen Mitarbeiter erfasst und für die Lohn- und Gehaltsabrechnung bereitgestellt werden müssen. Im zweiten Schritt werden dann die Funktionen festgelegt, über die das Formular verfügen soll.

Folgende Mitarbeiterdaten sollen erfasst werden:

1. Name, Vorname, Familienstand, Straße, Postleitzahl und Ort

2. Religionszugehörigkeit

3. Krankenkasse mit Beitragssatz

4. VL-Vertragsnr., VL-Betrag, VL-Gesellschaft

5. Vers.-Nr., Tätigkeits-Nr., Beruf

6. Steuerfreibetrag, Steuerklasse, Kinderzahl, evtl. Kinderfreibeträge

Die Berechnung wegen Günstigerstellung zwecks Kinderfreibetrag oder Kindergeld nimmt das Finanzamt beim Lohnsteuerjahresausgleich vor.

Bei den persönlichen Daten der Mitarbeiter handelt es sich um höchst sensible Daten, die vor unbefugten Blicken geschützt werden sollen. Dies kann man dadurch erreichen, dass man die Daten über ein Formular auf ein verstecktes Tabellenblatt schreibt. Deshalb richtet man ein Startcenter ein, von dem aus alle weiteren Schritte durch Schaltflächen bzw. Kombinationsfelder gesteuert werden.

2.3 Formulare einrichten

Auf der CD finden Sie im Verzeichnis KAPITEL2 die Arbeitsmappe LOHNABRECHNUNG2009.XLS vor. Diese Excel-Arbeitsmappe laden Sie, wenn Sie die Lohnabrechnung in allen Schritten nachvollziehen wollen. In dieser Arbeitsmappe haben wir die Tabellenblätter einschließlich der notwendigen Formulare mit Formeln schon bereitgestellt.

Zunächst aber soll die Funktionsweise der Mitarbeiterstammdatenverwaltung erläutert werden.

1. Die nicht veränderlichen Personaldaten werden im Tabellenblatt STAMMDATEN hinterlegt. Dieses Tabellenblatt können Sie bei Bedarf ausblenden, damit die Daten nicht von unberechtigten Dritten eingesehen werden können.

2. Die Manipulation der Daten geschieht nicht direkt im Tabellenblatt STAMMDA-TEN, sondern erfolgt über zwei Formularklassen. Die erste Formularklasse mit dem Namen FMOVERVIEW wird im Startcenter durch Klick auf den Button MIT-ARBEITERDATEN aufgerufen. Gleichzeitig mit dem Aufruf des Formulars wird eine Listbox der Formularklasse FMOVERVIEW mit den Namen der Mitarbeiter gefüllt. Aus dieser Liste kann der Mitarbeiter ausgewählt werden, dessen Daten geändert werden sollen. Dazu klickt man auf den Button EDIT des Formulars. Dadurch wird ein zweites Formularklasse mit dem Namen FMMITARBEITER auf-gerufen. In diesem Formular können dann die Daten des jeweiligen Mitarbei-ters geändert werden. Änderungen können verworfen werden, indem man auf den Button CANCEL des Formulars klickt. Sollen die Änderungen gespeichert werden, klickt man den Button SAVE & EXIT an. In beiden Fällen kehrt man zum Formular FMOVERVIEW zurück.

3. Ein neuer Mitarbeiter wird durch Klick auf den Button NEW des Formulars FMOVERVIEW aufgerufen. Es meldet sich wieder das Formular FMMITARBEITER. Nun sind allerdings alle Felder leer und der Benutzer kann seine Eingaben vor-nehmen. Gespeichert werden die neuen Daten dann im Tabellenblatt STAMM-DATEN durch Klick auf den Button SAVE & EXIT.

2.3.1 Formular fmOverview

Das Formular für die Auswahl der Mitarbeiterdaten können Sie im VBA-Editor anlegen und programmieren. Den VBA-Editor starten Sie mit der Befehlsfolge:

```
Alt + F11  oder Entwicklertools → Visual Basic
```

Mit der Befehlsfolge

```
Einfügen → UserForm
```

fügen Sie eine leere Formularfläche ein. Gleichzeitig wird auch die Toolbox (Werk-zeugsammlung) geöffnet. Mit den Steuerelementen der Toolbox wird dann die leere Formularfläche bestückt.

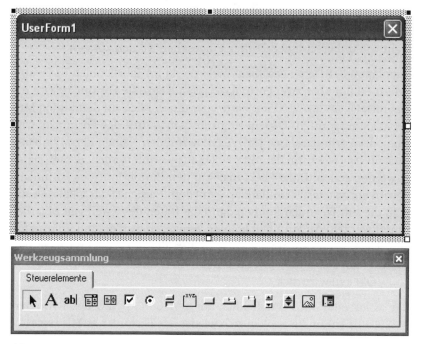

Abb. 2.1: Leeres UserForm mit Toolbox

Im VBA-Editor werden die leere Formularfläche (Abbildung 2.1), die Werkzeug-sammlung und das Eigenschaftsfenster angezeigt. Falls nur die Formularfläche und die Werkzeugsammlung angezeigt wird, blenden Sie die fehlenden Elemente wie das Eigenschaftsfenster und die Werkzeugsammlung wie folgt ein:

```
Die Werkzeugsammlung durch Klick auf das Symbol Hammer und Schrauben-
schlüssel.
```

Das Eigenschaftsfenster über die Funktionstaste F4 oder mit der Befehlsfolge

```
Ansicht → Eigenschaftsfenster
```

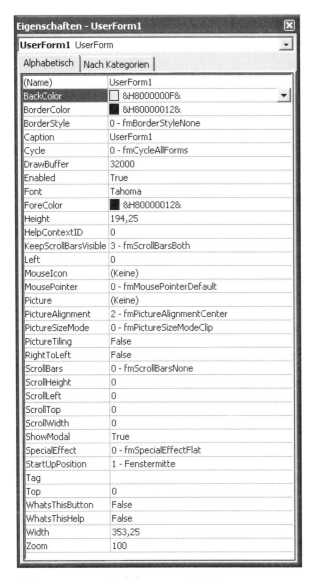

Abb. 2.2: Eigenschaftsfenster von UserForm1

In das Eigenschaftsfenster des Objektes USERFORM1 tragen Sie folgende Texte ein:

Eigenschaft	Text
(Name)	fmOverview
CAPTION:	Mitarbeiterverwaltung

Damit erhält das Formular den Namen FMOVERVIEW und kann unter diesem Namen aufgerufen werden. In der Titelleiste wird die Überschrift MITARBEITER-VERWALTUNG angezeigt.

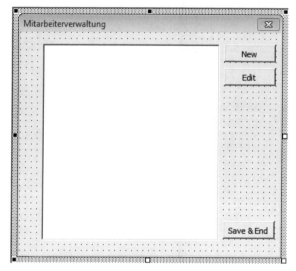

Abb. 2.3:   Formular FMOVERVIEW

Nun muss das Formular mit Steuerelementen gefüllt werden. Die leere Formular-fläche vergrößern Sie und bestücken Sie mit den oben angezeigten Steuerelementen. Zum Einsatz kommen:

- Ein Listenfeld (Listbox) mit dem Namen LSMITARBEITER.

- Ein Button (Befehlsschaltfläche) mit der Caption NEW und dem Namen CBNEW.

- Ein Button (Befehlsschaltfläche) mit der Caption EDIT und dem Namen CBE-DIT.

- Ein Button (Befehlsschaltfläche) mit der Caption SAVE & EDIT und dem Namen CBEND.

Nun wäre es sehr mühselig, wenn man jedes einzelne Steuerelement bzgl. Höhe und Breite, Schriftgröße und Ausrichtung festlegen müsste. Diese Arbeit kann man vereinfachen, indem man die Steuerelemente markiert, die diese Eigenschaf-ten gemeinsam haben. So markiert man z.B. alle Befehlsschaltflächen und klickt mit der rechten Maustaste in die Markierung. Im Kontextmenü kann man nun die Eigenschaften Ausrichten (links, rechts etc.), die Größe (Breite, Höhe und beides) und die Eigenschaften im Eigenschaftsfenster festlegen.

Im Hinblick auf die Programmierung des Formulars sollte man nicht die Namen der Steuerelemente verwenden, die Excel vorgegeben hat. Wer weiß schon, was sich hinter der LISTBOX2 verbirgt? Eher kennt man die Bedeutung des Wortes Mitarbeiter. Die Kombination des Wortes Mitarbeiter mit den drei Buchstaben lst zum Begriff LSTMITARBEITER ist dann schon aussagekräftiger. Deshalb werden die für die Programmierung entscheidenden Steuerelemente mit mnemotechnischen Namen versehen.

■ Die Listbox erhält den Namen LSMITARBEITER für Liste der Mitarbeiter.

■ Die Befehlsschaltflächen erhalten den Namen CBNEW für den CommandButton NEW, CBEDIT für den CommandButton EDIT und CBEND für den CommandButton END.

■ Nun müssen das Formular und die Befehlsschaltflächen mit entsprechenden Ereignissen verknüpft werden, da es sich im Bereich von VBA um eine ereignisorientierte Programmierung handelt. Klickt man mit der linken Maustaste beispielsweise auf den Button EDIT, wird das Click-Ereignis dieser Befehlsschaltfläche aufgerufen und die Befehle, die man zwischen PRIVATE SUB und END SUB programmiert hat, werden abgearbeitet. Auch Formulare haben bestimmte Ereignisse, die man für die Programmierung nutzen kann. Einen Ausschnitt aus der Liste mit Ereignissen, die für Formulare gelten, zeigt die Abbildung 2.4.

Abb. 2.4: Ereignisse von UserForm (Formular)

Das Ereignis Activate, das beim Aufruf des Formulars ausgelöst wird, ruft man im VBA-Editor auf, indem man in einen leeren Bereich des Formulars klickt. Der VBA-Editor öffnet ein leeres Fenster mit den Befehlszeilen:

```
Private Sub UserForm_Activate()
End Sub
```

Zwischen diese beiden Zeilen kommt nun der Befehl

```
Me.init
```

ME steht für ein Objekt – im Beispiel das Objekt FMOVERVIEW –, in dem der VBA-Code ausgeführt wird. Mit INIT wird das Programm

```
Sub init()
End Sub
```

aufgerufen. Dieses Programm enthält die nachfolgenden Befehlszeilen:

```
Sub init()
Dim i As Integer
Dim Name As String
Worksheets("Stammdaten").Activate
Worksheets("Stammdaten").Range("A5").Select
Set linksoben = ThisWorkbook.Worksheets("Stammda-
ten").Range("A5").Cells(1, 1)
mitarbeiteranzahl = linksoben.CurrentRegion.Rows.Count
 Me.lsMitarbeiter.Clear
 For i = 1 To mitarbeiteranzahl Step 1
  Name = (linksoben.Cells(i, Spalte.Nachname) + ", " + linksoben.Cells(i,
Spalte.Vorname))
  Me.lsMitarbeiter.AddItem Name
  Next
  lsMitarbeiter.Selected(0) = True
End Sub
```

In diesem Programmcode wird u.a. die Aufzählung SPALTE benutzt. Die Enumeration SPALTE wird im Modul DATAEDIT definiert mit den Befehlszeilen:

```
Public Enum Spalte
  NullSpalte
  PersNr
  Nachname
  Vorname
  Strasse
  Plz
  Ort
  Religion
  StKlasse
  FamStand
  KrKasseName
  KrKasseprozent
  SFB
  Kinderzahl
  VersNr
```

```
  TkNr
  Beruf
  VertragNr
  VLBetrag
  VLGes
  VLab
  KFB
  GebDatum
  GebOrt
  EinDat
  istMitarbeiter
End Enum
```

Das Befehlswort ENUM deklariert eine Aufzählung (Enumeration) und definiert die Werte (Member) in dieser Aufzählung. So erhält z.B. Nachname den Wert 2, Kinderzahl den Wert 13 zugewiesen. Man verwendet diese Möglichkeit, wenn eine Gruppe unveränderlicher Werte, die logisch zusammengehören, fortlaufend nummeriert werden. Denn die Namen der Member (Elemente der Liste) sind einprägsamer als die Werte 1, 2 etc. Die Werte werden benötigt, um den Befehl CELLS(ZEILE, SPALTE) mit korrekten Werten zu bedienen und die entsprechenden Werte in die richtige Spalte des Tabellenblattes STAMMDATEN zu schreiben.

Das Programm INIT() aktiviert mit der ersten Befehlszeile das Tabellenblatt STAMMDATEN und wählt mit dem zweiten Befehl die Zelle A5 des Tabellenblattes als Startpunkt der Liste für die Mitarbeiter aus. Da es in Excel kein Zellobjekt gibt, wird mit dem SET-Befehl die Objektvariable LINKSOBEN definiert und die Zelle A5 des Tabellenblattes STAMMDATEN als Objekt festgelegt. Mit dem Befehl LINKS-OBEN.CURRENTREGION.ROWS.COUNT werden die Zeilen (ROWS) der aktuellen Umgebung (CURRENTREGION) der Zelle A5 (LINKSOBEN) gezählt (COUNT) und in der Variablen MITARBEITERANZAHL gespeichert. Im Anschluss daran wird die List-box LSMITARBEITER des Formulars FMOVERVIEW mit dem Befehl CLEAR geleert. Mit einer FOR-NEXT-Schleife werden dann die Namen aller Mitarbeiter in diese Listbox eingelesen. Mit dem Befehl LINKSOBEN.CELLS(ZEILE, SPALTE.NAME) bzw. LINKSOBEN.CELLS(ZEILE, SPALTE.VORNAME) werden die Namen und Vornamen der Mitarbeiter in die Variable NAME geschrieben und mit dem Befehl LSMITARBEI-TER.ADDITEM NAME als Zeile der Listbox zugefügt. Sind alle Mitarbeiter in die List-box eingelesen, wird die FOR-NEXT-Schleife beendet. Der Focus wird dann mit dem Befehl LSMITARBEITER.SELECTED(0) = TRUE auf die erste Zeile der Listbox gesetzt. Wenn dieses Programm abgeschlossen ist, wird das Formular FMOVER-VIEW am Bildschirm angezeigt. Sie können nun einen Mitarbeiter im Listenfeld anklicken und dann z.B. den gewählten Mitarbeiter editieren.

Wird die Option EDIT angeklickt, wird das nachfolgende Programm ausgelöst.

```
Private Sub cbEdit_Click()
 Dim fmEdit As New fmMitarbeiter
 'Bestimme momentan ausgewählten Mitarbeiter
 selectedIndex = lsMitarbeiter.ListIndex
 fmEdit.init_edit (selectedIndex)
 fmEdit.Show
 Me.init
End Sub
```

In der DIM-Anweisung des Programms wird ein neues Objekt des Formulars FMMITARBEITER (Formular zur Anzeige der Mitarbeiterdaten) erzeugt. Danach wird die Zeilennummer der ausgewählten Zeile im Listenfeld LSMITARBEITER des Formulars FMOVERVIEW abgefragt (LSMITARBEITER.LISTINDEX) und in die Variable SELECTEDINDEX übernommen. Dieser Wert wird dann an die neue Instanz FMEDIT des Formulars FMMITARBEITER und das Programm INIT_EDIT übergeben. Damit ist gewährleistet, dass die Daten des ausgewählten Mitarbeiters übergeben werden. Der Befehl SHOW zeigt dann das Formular mit den Mitarbeiterdaten am Bildschirm an.

Klicken Sie die Option NEW an, wird das nachfolgende Programm abgearbeitet:

```
Private Sub cbNew_Click()
 Dim fmEdit As New fmMitarbeiter
 selectedIndex = Me.lsMitarbeiter.ListCount + 1
 fmEdit.init_new (selectedIndex)
 fmEdit.Show
 Me.init
End Sub
```

Für diesen Fall wird die Anzahl (LISTCOUNT) der Listeneinträge der Listbox LSMITARBEITER des Formulars FMOVERVIEW abgefragt. Da der neue Mitarbeiter am Ende der Liste im Tabellenblatt STAMMDATEN eingetragen wird, muss die Zahl der Listeneinträge um 1 erhöht werden und an das Programm INIT_EDIT der Instanz FMEDIT des Formulars FMMITARBEITER übergeben werden. Das Formular wird dann mit leeren Feldern angezeigt.

Beim Klick auf die Befehlsschaltfläche SAVE & END des Formulars FMOVERVIEW wird das Formular geschlossen und zum Tabellenblatt STARTCENTER zurückgekehrt. Dies geschieht mit den nachfolgenden Befehlen:

```
Private Sub cbEnd_Click()
 Unload Me
```

```
Worksheets("Startcenter").Activate
Sheets("Startcenter").Range("A1").Select
End Sub
```

Der Befehl UNLOAD entfernt das Objekt (FMOVERVIEW) aus dem Speicher.

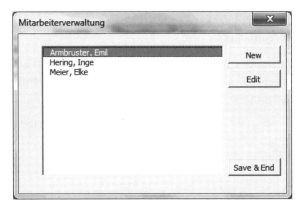

Abb. 2.5:   Das Formular FMOVERVIEW zur Laufzeit

2.3.2   Formular fmMitarbeiter erstellen

Das Formular für die Anzeige der Mitarbeiterdaten können Sie im VBA-Editor anlegen und programmieren. Den VBA-Editor starten Sie mit der Befehlsfolge:

```
Alt + F11   oder  Entwicklertools → Visual Basic
```

Mit der Befehlsfolge

```
Einfügen → UserForm
```

fügen Sie eine leere Formularfläche ein. Klicken Sie nun in die leere Formularfläche und rufen das Eigenschaftsfenster des Formulars auf. Tragen Sie dort in die Zeile (NAME) den Namen FMMITARBEITER ein. In die Zeile CAPTION kommt der Text FORMULAR MITARBEITERSTAMMDATEN.

Gleichzeitig wird auch die Toolbox (Werkzeugsammlung) geöffnet. Mit den Steuerelementen der Toolbox wird dann die leere Formularfläche bestückt.

■   Die Befehlsschaltflächen erhalten die Namen CBCANCEL mit der Caption CANCEL und CBSAVEEXIT und der Caption SAVE & EXIT.

■   Die Textfelder erhalten die Namen: txtName, txtVorname, txtStrasse, txtPlz, txtOrt, txtSFB, txtKiZahl, txtVersNr, txtTkNr, txtBeruf, txtVertragNr, txtVLBetrag, txtVLGes, txtVLab, txtEinDat, txtAusDat, txtGebDat, txtGebOrt, txtKfB.

- Die Optionsfelder für die Religionszugehörigkeit werden dem Frame FRAME-
  RELIGION zugeordnet und erhalten die nachfolgenden Namen: OPTRELKATHO-
  LISCH für rk, OPTRELEVANGELISCH für ev, OPTRELKEINE für keine Religionszu-
  gehörigkeit und OPTANDERE für andere.

- Die Optionsfelder für die Steuerklassen werden dem Frame FRAMESTKL zugeordnet. Hier steht OPTSTEUERKLASSE1 für StKl1, OPTSTEUERKLASSE2 für StKl2,
  OPTSTEUERKLASSE3 für StKl3, OPTSTEUERKLASSE4 für StKl4, OPTSTEUERKLASSE5
  für StKl5 und OPTSTEUERKLASSE6 für StKl6.

- Die Optionsfelder des Familienstandes werden dem FRAMEFAMILIENSTAND zugeordnet und heißen OPTFAMVERHEIRATET für verh, OPTFAMGESCHIEDEN für
  gesch., OPTFAMLEDIG für ledig und OPTFAMVERWITWET für verw.

- Die entsprechenden Optionsfelder zieht man in das jeweilige Frame. Sie haben
  den Vorteil, dass nur eine Option gewählt werden kann. Im Gegensatz dazu
  können mehrere Kontrollkästchen in einem Frame aktiviert werden.

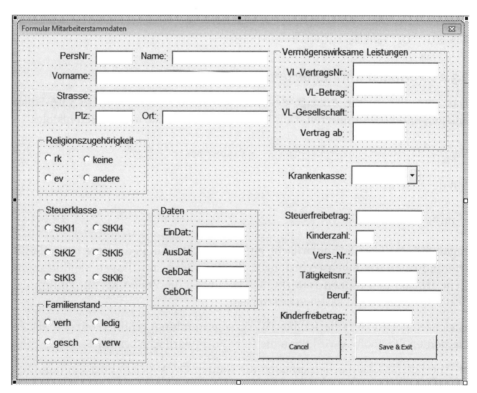

Abb. 2.6:   Das Formular FMMITARBEITER in der Entwurfsansicht

Nun gilt es, das Kombinationsfeld COMBOBOX1 des Formulars einzurichten. Bevor man die Eigenschaften der COMBOBOX1 festlegt, richtet man im Tabellenblatt STARTCENTER eine Liste mit zwei Spalten ein. In die erste Spalte kommt das Kürzel für die Krankenkasse (z.B. AOK). Die zweite Spalte nimmt die Beitragssätze auf (z.B. 14,8 %). Den Bereich – hier im Beispiel die Zellen I1:J4 des Tabellenblattes STARTCENTER – markiert man und belegt diesen Bereich mit dem Namen KLISTE. Auch hier gibt es zwei Wege:

- Im Namenfeld – links oben, wo die Zellen z.B. E4 angezeigt werden – tippt man den Namen KLISTE ein und schließt die Eingabe mit RETURN ab. Öffnet man das Namenfeld, erscheint in der Liste der Name KLISTE.

- Mit der Befehlsfolge Formeln → Namens-Manager → Neu öffnet man das Fenster NAMENS-MANAGER.

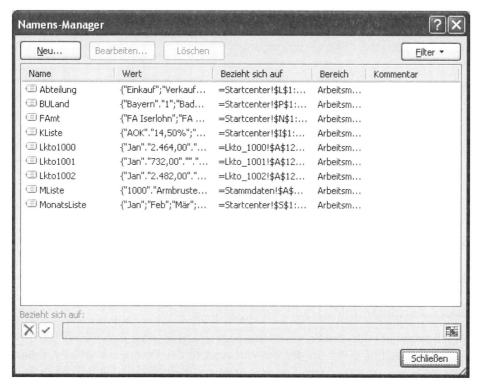

Abb. 2.7: Fenster NAMENSMANAGER

- Beim Klick auf NEU öffnet sich das Fenster NEUER NAME. In die Eingabezeile trägt man den Namen KLISTE ein.

Abb. 2.8: Fenster NEUER NAME

Dann schaltet man in den VBA-Editor mit der Tastenkombination [Alt]+[F11], ruft das Formular FMMITARBEITER auf und klickt das Kombinationsfeld an. Die Eigenschaftsliste der CBKRANKENKASSE wird angezeigt. In diesem Eigenschaftsfenster nimmt man folgende Eintragungen vor:

Eigenschaft	Wert	Bedeutung
(Name)	cbKrankenkasse	Name der ComboBox
BOUNDCOLUMN	1	der Wert der ersten Spalte der ausgesuchten Zeile wird ausgegeben.
COLUMNCOUNT	2	Anzahl der Spalten der KListe (Spalte 1: Kürzel; Spalte 2: Beitragssatz)
COLUMNWIDTHS	30pt ;30pt	Breite der jeweiligen Spalte
ROWSOURCE	KListe	Datenherkunft für das Kombinationsfeld

Damit sind die Steuerelemente des Formulars eingerichtet.

2.3.3 Formular fmMitarbeiter programmieren

Den Startpunkt bildet das Ereignis USERFORM_ACTIVATE des Formulars FMMITARBEITER. Sie befinden sich in der Entwurfsansicht des Formulars im VBA-Editor. Um das Formular mit diesem Ereignis zu verknüpfen, klicken Sie mit der rechten Maustaste in einen leeren Bereich der Formularfläche. Aus dem Kontextmenü, das sich öffnet, wählen Sie die Option CODE ANZEIGEN. Der VBA-Editor öffnet sich mit den Befehlszeilen

```
Sub UserForm_Activate()
End Sub
```

Zwischen diese beiden Zeilen kommt nun der nachfolgende Quellcode:

```
Sub UserForm_Activate()
Worksheets("Startcenter").Range("I1").CurrentRegion.Name = "KListe"
Me.cbKrankenkasse.RowSource = "KListe"
End Sub
```

Die erste Zeile weist der aktuellen Umgebung (CURRENTREGION) der Zelle I1 des Tabellenblattes STARTCENTER den Namen KLISTE zu. Danach wird mit dem Befehl ROWSOURCE dem Kombinationsfeld als Datenherkunft der Tabellenbereich KLISTE des Tabellenblattes STARTCENTER zugewiesen.

Nun müssen zwei Fälle unterschieden werden.

1. Der Benutzer hat im Formular FMOVERVIEW auf den Button EDIT geklickt. In diesem Fall wird das Programm PRIVATE SUB CBEDIT_CLICK() aufgerufen. In diesem Programm erfolgt ein Programmaufruf FMEDIT.INIT_EDIT (SELECTEDINDEX). Dieser Programmaufruf übergibt den Wert der Variablen SELECTEDINDEX – Zeilennummer der ausgewählten Zeile des Listenfeldes LSMITARBEITER des Formulars FMOVERVIEW an das Programm PUBLIC SUB INIT_EDIT(N) des Formulars FMEDIT. Wichtig ist auch zu wissen, dass FMEDIT eine Instanz des Formulars FMMITARBEITER ist.

2. Die gleiche Vorgehensweise erfolgt beim Klick auf den Button NEW des Formulars FMOVERVIEW. Allerdings wird ein anderer Wert übergeben und das Programm PRIVATE SUB CBNEW_CLICK() des Formulars FMOVERVIEW aufgerufen. In diesem Programm wird mit FMEDIT.INIT_NEW (SELECTEDINDEX) ein Programm aufgerufen, das einen Wert an das Programm PUBLIC SUB INIT_NEW(N) der Instanz FMEDIT des Formulars FMMITARBEITER übergibt. Im beschriebenen Fall Nr. 1 wird der Wert der ausgewählten Zeile im Listenfeld (LISTINDEX) übergeben. Im vorliegenden Fall wird die um 1 erhöhte Anzahl der Einträge im Listenfeld (LISTCOUNT + 1) übergeben. Man erhält somit ein leeres Formular, in das man sofort Einträge vornehmen kann.

3. Das Programm INIT_NEW enthält nur eine Programmzeile. Sie weist der Variablen CURWSIDX den Wert von N zu.

    ```
    Public Sub init_new(n)
    curWSIdx = n
    End Sub
    ```

Das Programm INIT_EDIT enthält schon wesentlich mehr Quellcode, da ja die Daten des ausgewählten Mitarbeiters in das Formular eingetragen werden müssen.

```
Public Sub init_edit(n)
curWSIdx = n + 1
Worksheets("Stammdaten").Activate
Worksheets("Stammdaten").Range("A5").Select
Dim linksoben As Object
Set linksoben = ThisWorkbook.Worksheets("Stammdaten").Range("A5")
Me.txtPersNr.Value = linksoben.Cells(curWSIdx, Spalte.PersNr)
Me.txtName.Text = linksoben.Cells(curWSIdx, Spalte.Nachname)
Me.txtVorname.Text = linksoben.Cells(curWSIdx, Spalte.Vorname)
Me.txtStrasse.Text = linksoben.Cells(curWSIdx, Spalte.Strasse)
Me.txtPlz.Text = linksoben.Cells(curWSIdx, Spalte.Plz)
Me.txtOrt.Text = linksoben.Cells(curWSIdx, Spalte.Ort)
Select Case linksoben.Cells(curWSIdx, Spalte.Religion)
    Case Religion.Katholisch
    Me.FrameReligion.optRelKatholisch = True
    Case Religion.Evangelisch
    Me.FrameReligion.optRelEvangelisch = True
    Case Religion.KeineReligion
    Me.FrameReligion.optRelKeine = True
    Case Religion.AndereReligion
    Me.FrameReligion.optRelAndere = True
End Select
Select Case linksoben.Cells(curWSIdx, Spalte.StKlasse)
    Case Steuerklasse.Klasse1
    Me.FrameStkl.optSteuerklasse1 = True
    Case Steuerklasse.Klasse2
    Me.FrameStkl.optSteuerklasse2 = True
    Case Steuerklasse.Klasse3
    Me.FrameStkl.optSteuerklasse3 = True
    Case Steuerklasse.Klasse4
    Me.FrameStkl.optSteuerklasse4 = True
    Case Steuerklasse.Klasse5
    Me.FrameStkl.optSteuerklasse5 = True
    Case Steuerklasse.Klasse6
    Me.FrameStkl.optSteurklasse6 = True
End Select
Select Case linksoben.Cells(curWSIdx, Spalte.FamStand)
    Case Familienstand.Verheiratet
    Me.FrameFamilienstand.optFamVerheiratet = True
    Case Familienstand.Geschieden
    Me.FrameFamilienstand.optFamGeschieden = True
    Case Familienstand.Ledig
    Me.FrameFamilienstand.optFamLedig = True
```

```
      Case Familienstand.Verwitwet
         Me.FrameFamilienstand.optFamVerwitwet = True
   End Select
   Me.cbKrankenkasse.Value = linksoben.Cells(curWSIdx, Spalte.KrKasseName)
   Me.txtSFB.Text = linksoben.Cells(curWSIdx, Spalte.SFB)
   Me.txtKiZahl.Text = linksoben.Cells(curWSIdx, Spalte.Kinderzahl)
   Me.txtVersNr.Text = linksoben.Cells(curWSIdx, Spalte.VersNr)
   Me.txtTkNr.Text = linksoben.Cells(curWSIdx, Spalte.TkNr)
   Me.txtBeruf.Text = linksoben.Cells(curWSIdx, Spalte.Beruf)
   Me.txtVertragNr.Text = linksoben.Cells(curWSIdx, Spalte.VertragNr)
   Me.txtVLBetrag.Text = CCur(linksoben.Cells(curWSIdx, Spalte.VLBetrag))
   Me.txtVLGes.Text = linksoben.Cells(curWSIdx, Spalte.VLGes)
   Me.txtVLab.Value = linksoben.Cells(curWSIdx, Spalte.VLab)
   Me.txtKfB.Value = linksoben.Cells(curWSIdx, Spalte.KFB)
   Me.txtGebDat.Value = linksoben.Cells(curWSIdx, Spalte.GebDatum)
   Me.txtGebOrt.Value = linksoben.Cells(curWSIdx, Spalte.GebOrt)
   Me.txtEinDat.Value = linksoben.Cells(curWSIdx, Spalte.EinDat)
   If linksoben.Cells(curWSIdx, Spalte.istMitarbeiter) = "-" Then
      Me.txtAusDat = "-"
   Else
      Me.txtAusDat = linksoben.Cells(curWSIdx, Spalte.istMitarbeiter)
   End If
   Me.Repaint
   End Sub
```

Zunächst muss der übergebene Wert von N um 1 erhöht werden. Die Variable N enthält den Index des gerade ausgewählten Mitarbeiters in FMOVERVIEW. N ist um den Wert 1 verschoben, da der Listboxindex bei 0 anfängt zu zählen, wir hier aber bei 1 anfangen. Dieser Wert wird der Variablen CURWSIDX = N + 1 zugewiesen.

Danach wird das Tabellenblatt STAMMDATEN aktiviert und die Zelle A5 (Startpunkt der Mitarbeiterliste) mit dem SET-Befehl als Objekt mit dem Namen LINKSOBEN definiert.

Mit dem Befehl ME.STEUERLEMENT.VALUE = LINKSOBEN.CELLS(ZEILE, SPALTE) wird einem Steuerelement der entsprechende Wert aus der Mitarbeiterliste des Tabellenblattes STAMMDATEN zugeteilt. Beispielsweise wird die Personal-nummer mit dem Befehl ME.TXTPERSNR.VALUE = LINKSOBEN.CELLS(CURWSIDX, SPALTE.PERSNR) in das Textfeld des Formulars eingetragen. Der Wohnort des Mit-arbeiters beispielsweise wird mit ME.TXTORT.TEXT = LINKSOBEN.CELLS(CURWSIDX, SPALTE.ORT) in das Formular übertragen. Für den korrekten Zugriff im Tabellen-blatt STAMMDATEN wird wieder mit der Enumeration SPALTE gearbeitet. Sie befin-det sich im Modul DATAEDIT.

Im Fall des Rahmens für Religionszugehörigkeit muss zunächst unterschieden werden, welcher Wert sich in der Zelle der Tabelle befindet. Handelt es sich z.B. um den Wert 1, dann wird der OptionButton OPTRELKATHOLISCH des Frames FRA-

MERELIGION aktiviert. Dieser Wert wird mit dem Befehl SELECT CASE LINKSO-BEN.CELLS(CURWSIDX, SPALTE.RELIGION) ermittelt und in eine Fallunterscheidung eingebunden. Danach werden die einzelnen Fälle unterschieden. Für den Fall, dass der Mitarbeiter katholisch ist, lautet die Fallunterscheidung CASE RELIGION.KATHOLISCH. Hier kommt eine weitere Enumeration des Moduls DATAEDIT zum Einsatz.

```
Public Enum Religion
  Katholisch = 1
  Evangelisch = 2
  KeineReligion = 3
  AndereReligion = 4
End Enum
```

Gehört der Mitarbeiter keiner Religion an, lautet die Fallunterscheidung CASE RELIGION.KEINERELIGION. Die entsprechende Optionsschaltfläche des Formulars wird dann mit ME.FRAMERELIGION.OPTRELKEINE = TRUE aktiviert.

Im Fall der Steuerklassen wird die Fallunterscheidung mit dem BEFEHL SELECT CASE LINKSOBEN.CELLS(CURWSIDX, SPALTE.STKLASSE) eingeleitet. LINKSOBEN.CELLS ermittelt den Wert im Tabellenblatt STAMMDATEN. SELECT CASE leitet die Fallunterscheidung ein. Liegt beispielsweise die Steuerklasse 3 vor, erfolgt die Fallunterscheidung mit dem Befehl CASE STEUERKLASSE.KLASSE3. Die Aktivierung des OptionButtons der Steuerklasse 3 wird mit dem Befehl ME.FRAMESTKL.OPTSTEUERKLASSE3 = TRUE ausgeführt. Im Beispiel wird auch die Aufzählung STKLASSE des Moduls DATAEDIT verwendet.

```
Public Enum Steuerklasse
  Klasse1 = 1
  Klasse2 = 2
  Klasse3 = 3
  Klasse4 = 4
  Klasse5 = 5
  Klasse6 = 6
End Enum
```

Im Fall des Frames FRAMEFAMILIENSTAND geht man in gleicher Weise vor. Hier greift man auf die Aufzählung FAMILIENSTAND des Moduls DATAEDIT zurück.

```
Public Enum Familienstand
  Verheiratet = 1
  Geschieden = 2
```

```
Ledig = 3
Verwitwet = 4
End Enum
```

Mit dem Befehl ME.REPAINT wird die Anzeige im Formular aktualisiert.

Sind Sie mit der Eingabe der Daten eines neuen Mitarbeiters fertig oder haben Sie alle Änderungen eines Mitarbeiters vollzogen, müssen die Daten wieder in die Tabelle STAMMDATEN geschrieben werden. Dieses Ereignis lösen Sie durch einen Klick auf den Button SAVE & EXIT aus. Das Klick-Ereignis dieses Buttons muss nun programmiert werden. Dazu klicken Sie in der Entwurfsansicht des Formulars FMMITARBEITER mit der rechten Maustaste auf die Befehlsschaltfläche und wählen aus dem Kontextmenü die Option CODE ANZEIGEN aus. Im VBA-Editor erscheinen die Befehlszeilen

```
Private Sub cbSaveExit_Click()
End Sub
```

Zwischen diese beiden Zeilen kommt der nachfolgende Quelltext:

```
Private Sub cbSaveExit_Click()
If Me.txtPersNr.Value Then
 Me.DatensatzSpeichern (curWSIdx)
 Unload Me
Else
 MsgBox "Keine gültige Personalnummer"
End If
End Sub
```

Das Programm besteht aus seiner IF-Abfrage, die in den Ja-Zweig schaltet, wenn in das Textfeld TXTPERSNR der Formularinstanz FMEDIT etwas eingetragen wurde. Sollte dies der Fall sein, wird das Programm DATENSATZSPEICHERN aufgerufen und das Formular geschlossen. Andernfalls wird eine Meldung mit dem Hinweis »Keine gültige Personalnummer« ausgegeben. Danach wird das Programm beendet.

Der Quellcode für dieses Programm lautet:

```
Sub DatensatzSpeichern(n)
 linksoben.Range(Cells(1, 1), Cells(1, Spalte.istMitarbeiter)).Copy
 Sheets("Stammdaten").Paste linksoben.Cells(n, 1)
With Me
    linksoben.Cells(n, Spalte.PersNr) = .txtPersNr.Text
    linksoben.Cells(n, Spalte.Nachname) = .txtName.Text
```

```
linksoben.Cells(n, Spalte.Vorname) = .txtVorname.Text
linksoben.Cells(n, Spalte.Strasse) = .txtStrasse.Text
linksoben.Cells(n, Spalte.Plz) = .txtPlz.Text
linksoben.Cells(n, Spalte.Ort) = .txtOrt.Text


If .FrameReligion.optRelKatholisch = True Then
  linksoben.Cells(n, Spalte.Religion) = Religion.Katholisch
End If
If .FrameReligion.optRelEvangelisch = True Then
  linksoben.Cells(n, Spalte.Religion) = Religion.Evangelisch
End If
If .FrameReligion.optRelKeine = True Then
  linksoben.Cells(n, Spalte.Religion) = Religion.KeineReligion
End If
If .FrameReligion.optRelAndere = True Then
  linksoben.Cells(n, Spalte.Religion) = Religion.AndereReligion
End If
If .FrameStkl.optSteuerklasse1 = True Then
  linksoben.Cells(n, Spalte.StKlasse) = Steuerklasse.Klasse1
End If
If .FrameStkl.optSteuerklasse2 = True Then
  linksoben.Cells(n, Spalte.StKlasse) = Steuerklasse.Klasse2
End If
If .FrameStkl.optSteuerklasse3 = True Then
  linksoben.Cells(n, Spalte.StKlasse) = Steuerklasse.Klasse3
End If
If .FrameStkl.optSteuerklasse4 = True Then
  linksoben.Cells(n, Spalte.StKlasse) = Steuerklasse.Klasse4
End If
If .FrameStkl.optSteuerklasse5 = True Then
   linksoben.Cells(n, Spalte.StKlasse) = Steuerklasse.Klasse5
End If
If .FrameStkl.optSteuerklasse6 = True Then
   linksoben.Cells(n, Spalte.StKlasse) = Steuerklasse.Klasse6
End If
If .FrameFamilienstand.optFamVerheiratet = True Then
   linksoben.Cells(n, Spalte.FamStand) = Familienstand.Verheiratet
End If
If .FrameFamilienstand.optFamGeschieden = True Then
   linksoben.Cells(n, Spalte.FamStand) = Familienstand.Geschieden
End If
If .FrameFamilienstand.optFamLedig = True Then
```

```
      linksoben.Cells(n, Spalte.FamStand) = Familienstand.Ledig
   End If
   If .FrameFamilienstand.optFamVerwitwet = True Then
      linksoben.Cells(n, Spalte.FamStand) = Familienstand.Verwitwet
   End If
   If .cbKrankenkasse.Value = "" Then
      linksoben.Cells(n, Spalte.KrKasseName) = ""
      linksoben.Cells(n, Spalte.KrKasseprozent) = ""
   Else
      linksoben.Cells(n, Spalte.KrKasseName) = .cbKrankenkasse.Value
      linksoben.Cells(n, Spalte.KrKasseprozent) = .cbKrankenkasse.Column(1)
      linksoben.Cells(n, Spalte.KrKasseprozent).NumberFormat = "0.00%"
   End If
   If .txtSFB.Text = "" Then
      linksoben.Cells(n, Spalte.SFB) = 0
      linksoben.Cells(n, Spalte.SFB).NumberFormat = "#,##0.00 €"
   Else
      linksoben.Cells(n, Spalte.SFB) = .txtSFB.Text
      linksoben.Cells(n, Spalte.SFB).NumberFormat = "#,##0.00 €"
   End If
   If .txtKiZahl.Text = "" Then
      linksoben.Cells(n, Spalte.Kinderzahl) = 0
   Else
      linksoben.Cells(n, Spalte.Kinderzahl) = .txtKiZahl.Text
   End If
   linksoben.Cells(n, Spalte.VersNr) = .txtVersNr.Text
   linksoben.Cells(n, Spalte.TkNr) = .txtTkNr.Text
   linksoben.Cells(n, Spalte.Beruf) = .txtBeruf.Text
   linksoben.Cells(n, Spalte.VertragNr) = .txtVertragNr.Text
   linksoben.Cells(n, Spalte.VLBetrag) = .txtVLBetrag.Value
   linksoben.Cells(n, Spalte.VLBetrag).NumberFormat = "#,##0.00 €"
   linksoben.Cells(n, Spalte.VLGes) = .txtVLGes.Text
   linksoben.Cells(n, Spalte.VLab) = .txtVLab
   If .txtKfB.Value = "" Then
      linksoben.Cells(n, Spalte.KFB) = 0
   Else
      linksoben.Cells(n, Spalte.KFB) = .txtKfB.Value
   End If
   linksoben.Cells(n, Spalte.GebDatum) = .txtGebDat.Value
   linksoben.Cells(n, Spalte.GebOrt) = .txtGebOrt.Value
   linksoben.Cells(n, Spalte.EinDat) = .txtEinDat.Value
   If .txtAusDat = "" Then
```

```
        linksoben.Cells(n, Spalte.istMitarbeiter) = "-"
    Else
        linksoben.Cells(n, Spalte.istMitarbeiter) = .txtAusDat
    End If
End With
linksoben.CurrentRegion.Name = "MListe"
End Sub
```

Mit der ersten Programmzeile wird die erste Zeile der Mitarbeiterliste kopiert und in die entsprechende Zeile der Liste des Tabellenblattes STAMMDATEN eingefügt. Damit ist sichergestellt, dass die Formatierung einer neuen Zeile bzw. einer vorhandenen Zeile übernommen wird. Danach werden die Werte des Formulars in die entsprechenden Zellen des Tabellenblattes STAMMDATEN übertragen. Dies geschieht mit dem Befehl ME.LINKSOBEN.CELLS(N, SPALTE.NUMMER) = .STEUERELE-MENT.TEXT. In diesem Befehl kommt wieder die Enumeration SPALTE zum Tragen. Für den Eintrag der Postleitzahl lautet der Befehl beispielsweise Me.LINKSO-BEN.CELLS(N, SPALTE.PLZ) = .TXTPLZ.TEXT.

Im Fall der Optionsschaltflächen muss man für jeden OptionButton abfragen, ob dieser aktiv (TRUE) ist oder nicht. Sollte dieser der Fall sein, wird der entsprechende Wert der Enumeration in die entsprechende Zelle des Tabellenblattes STAMMDATEN eingetragen. Sollte der Mitarbeiter z.B. katholisch sein, wird im Formular die Optionsschaltfläche OPTRELKATHOLISCH des Frames FRAMERELIGION den Wert TRUE haben. Dann wird in die Spalte RELIGION der Wert der Enumeration RELIGION der Zeile KATHOLISCH eingetragen. Die Befehle lauten:

```
If .FrameReligion.optRelKatholisch = True Then
    linksoben.Cells(n, Spalte.Religion) = Religion.Katholisch
End If
```

Im Fall der anderen Optionsschaltflächen geht man in gleicher Weise vor. Das Kombinationsfeld CBKRANKENKASSE verlangt eine ähnliche Vorgehensweise. Sollte keine Krankenkasse gewählt worden sein, wird nichts in die Zellen für den Krankenkassennamen und den Krankenkassenbeitragssatz eingetragen. Wurde aber dem Mitarbeiter eine Krankenkasse zugewiesen, erfolgt mit dem Befehl LINKSO-BEN.CELLS(N, SPALTE.KRKASSENAME) = ME.CBKRANKENKASSE.VALUE der Eintrag in die Spalte für den Namen der Krankenkasse. Der Name der Krankenkasse steht in Spalte 0 des Kombinationsfeldes CBKRANKENKASSE, die gleichzeitig die BOUNDCO-LUMN darstellt. Der Wert dieser Spalte der ausgewählten Zeile wird automatisch zurückgeliefert. Der Beitragssatz steht in Spalte 1 des Kombinationsfeldes und muss gesondert abgefragt werden. Er steht nicht automatisch zur Verfügung. Deshalb lautet der Befehl LINKSOBEN.CELLS(N, SPALTE.KRKASSEPROZENT) =

ME.CBKRANKENKASSE.COLUMN(I). Der Prozentsatz wird in der Tabelle STAMMDA-
TEN als Dezimalzahl ausgewiesen. Für die Darstellung als Prozentzahl muss das
Zahlenformat entsprechend geändert werden. Dies geschieht mit dem Befehl
LINKSOBEN.CELLS(N, SPALTE.KRKASSEPROZENT).NUMBERFORMAT = "0.00%".

Mit dem letzten Befehl wird der Tabellenbereich MLISTE aktualisiert. Der Befehl
lautet: LINKSOBEN.CURRENTREGION.NAME = "MLISTE".

Der Button CANCEL wird mit dem Klick-Ereignis der Befehlsschaltfläche verknüpft. Dazu klicken Sie die Befehlsschaltfläche mit der rechten Maustaste an und
wählen aus dem Kontextmenü die Option CODE ANZEIGEN aus. Im VBA-Editor
erscheinen die Befehlszeilen

```
Private Sub cbCancel_Click()
End Sub
```

Dazwischen kommt nur noch der Befehl UNLOAD ME.

```
Private Sub cbCancel_Click()
 Unload Me
End Sub
```

2.4   Startcenter einrichten

Nun soll die Programmierung getestet werden. Dazu muss das Formular FMOVER-
VIEW aufgerufen und am Bildschirm angezeigt werden. Dies soll über ein Klick-
Ereignis einer Befehlsschaltfläche im Tabellenblatt STARTCENTER geschehen. Des-
halb richtet man im Tabellenblatt STARTCENTER eine Befehlsschaltfläche ein. Sollte
die Steuerelement-Toolbox nicht angezeigt werden, kann man diese mit der
Befehlsfolge

```
Entwicklertools → Einfügen → ActiveX-Steuerelemente
```

aufrufen.

Abb. 2.9:   Steuerelement-Toolbox

Mit einer Schaltfläche (FORMULARSTEUERELEMENT) oder Befehlsschaltfläche (ACTI-VEX-STEUERELEMENT) können Vorgänge wie das Drucken eines Arbeitsblatts, das Filtern von Daten oder die Durchführung von Berechnungen automatisiert werden. Schaltflächen und Befehlsschaltflächen ähneln sich in Aussehen und Funktionalität, allerdings bestehen einige Unterschiede. Einem FORMULARSTEUER-ELEMENT können Sie ein Makro zuordnen. Dieses Makro wird beim Klick auf das FORMULARSTEUERELEMENT ausgeführt. Ein ACTIVEX-STEUERELEMENT kann direkt mit einem Ereignis verbunden werden. Beim Klick auf dieses ACTIVEX-STEUERELE-MENT wird dann das Klick-Ereignis ausgelöst, und die VBA-Befehle werden abgearbeitet. Die Unterschiede werden auch deutlich in den Kontextmenüs. Beim ACTIVEX-STEUERELEMENT existiert die Option CODE ANZEIGEN, beim FORMULAR-STEUERELEMENT erscheint nur die Option MAKRO ZUWEISEN. Deshalb nimmt man für die ereignisorientierte Programmierung ActiveX-Steuerelemente.

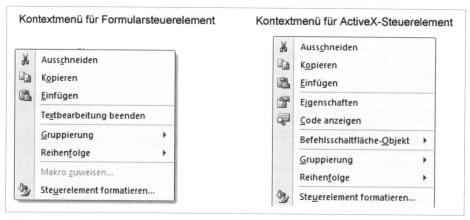

Abb. 2.10:   Die Kontextmenüs

Die Steuerelemente kennen zwei Zustände. Ist das Symbol ENTWURFSMODUS in der Registerkarte ENTWICKLERTOOLS aktiviert, befindet man sich im Entwurfsmodus und kann die Eigenschaften des Steuerelementes bearbeiten bzw. das Steuerelement selbst vergrößern oder verkleinern.

Abb. 2.11:   Aktivierter Entwurfsmodus

Durch Klick mit der rechten Maustaste auf das jeweilige Steuerelement wird das Kontextmenü aktiviert.

Abb. 2.12: Kontextmenü für ActiveX-Steuerelement

Im Eigenschaftsfenster kann man die Eigenschaften (Farbe, Schriftart, Schriftgröße etc.) der Befehlsschaltfläche verändern. Ist der Entwurfsmodus deaktiviert,
wird das Lineal nicht umrahmt, und durch Klick auf die Schaltfläche wird das
Click-Ereignis ausgelöst.

Man aktiviert nun den Entwurfsmodus durch Klick auf das Symbol ENTWURFSMO-
DUS in der Registerkarte ENTWICKLERTOOLS. Dann klickt man mit der rechten
Maustaste auf die Befehlsschaltfläche und aktiviert so das Kontextmenü. Hier
wählt man die Option EIGENSCHAFTEN und trägt in die Zeile CAPTION den Text
MITARBEITERDATEN ein. Ferner erhält diese Befehlsschaltfläche den Namen CBE-
DITMITARBEITER. Diesen Text tragen Sie in die Zeile (NAME) ein. Nach erneutem
Klick mit der rechten Maustaste auf den Button erscheint wieder das Kontext-
menü. Hier wählt man nun die Option CODE ANZEIGEN. Der VBA-Editor öffnet
sich mit den Befehlszeilen:

```
Private Sub cbEditMitarbeiter_Click()
End Sub
```

Damit ist die Verknüpfung zum Button und dem Click-Ereignis hergestellt. Zwischen die obigen Zeilen kommt nun der nachfolgende Quellcode.

```
Private Sub cbEditMitarbeiter_Click()
DataEdit.editiere_mitarbeiter
End Sub
```

Die Befehlszeile ruft das Programm EDITIERE_MITARBEITER des Moduls DATAEDIT
auf. Dieses Programm verfügt über folgende Befehlszeilen:

```
Sub editiere_mitarbeiter()
Dim fmOv As New fmOverview
fmOv.Show
End Sub
```

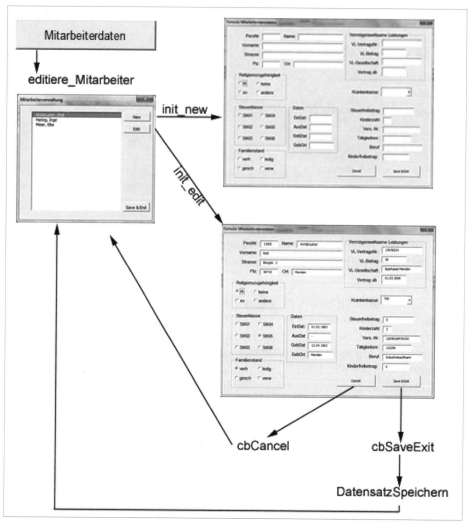

Abb. 2.13:   Übersicht über Ablauf

Dieses Programm erstellt zunächst mit dem Befehl DIM FMOV AS NEW FMOVER-VIEW eine neue Instanz des Formulars FMOVERVIEW mit dem Namen FMOV. Der zweite Befehl sorgt dafür, dass das Formular mit den Mitarbeiternamen auf dem Bildschirm erscheint. Nach Abschalten des Entwurfsmodus kann man nun testen, ob die Programme wie geplant ablaufen. Durch Klick auf den Button MITARBEITER-DATEN im Tabellenblatt STARTCENTER wird das Programm EDITIERE_MITARBEITER des Moduls DATAEDIT aufgerufen. Die Formularinstanz FMOV mit den Namen der Mitarbeiter erscheint auf dem Bildschirm. Nach Auswahl eines Mitarbeiters klickt man auf EDIT und löst das Programm INIT_EDIT aus, das die Tabellendaten des Tabellenblatts STAMMDATEN in die Formularinstanz FMEDIT einliest. Ein Klick auf

NEW ruft das Programm INIT_NEW auf, das ebenfalls die Formularinstanz FMEDIT ohne Daten anzeigt. Die Formularinstanz FMEDIT verfügt über die Befehlsschaltflächen CANCEL und SAVE & EXIT. Ein Klick auf CANCEL ruft das Programm CBCANCEL auf, das die Formularinstanz FMEDIT schließt und zur Formularinstanz FMOV zurückkehrt. Klicken Sie nun die Befehlsschaltfläche SAVE & EXIT an, wird zunächst das Programm CBSAVEEXIT ausgelöst, das wiederum das Programm DATENSATZSPEICHERN aufruft. Dieses Programm schreibt die Daten in das Tabellenblatt STAMMDATEN. Nach Programmende wird die Zeile UNLOAD ME im Programm CBSAVEEXIT abgearbeitet. Die Formularinstanz FMEDIT wird geschlossen, und es wird zur Instanz FMOV zurückgekehrt. Die nachfolgende Abbildung verdeutlicht diesen Ablauf.

Nach erfolgreichem Test richtet man im Tabellenblatt Startcenter noch ein Listenfeld ein. Es erhält den Namen LSTTABELLEN im Eigenschaftsfenster. Es handelt sich um ein ActiveX-Steuerelement. Es soll alle Namen der Tabellenblätter auflisten, und durch einen Klick auf einen Tabellenblattnamen soll das ausgewählte Tabellenblatt aktiviert werden. Da die Tabellenblattnamen nach dem Laden der Arbeitsmappe schon vorhanden sein müssen, wird das Füllen des Listenelementes mit dem Ereignis WORKBOOK_OPEN der Arbeitsmappe verknüpft. Dazu schalten Sie mit der Tastenkombination [Alt]+[F11] in den VBA-Editor. Nach einem Doppelklick auf DIESEARBEITSMAPPE im Projektexplorer öffnet sich die Eingabefläche für die Programme. Sie wählen im Kombinationsfeld oberhalb die Option WORKBOOK. Das Ereignis OPEN wird automatisch eingestellt mit den Befehlszeilen

```
Private Sub Workbook_Open()
End Sub
```

Die nachfolgende Abbildung zeigt den Ablauf.

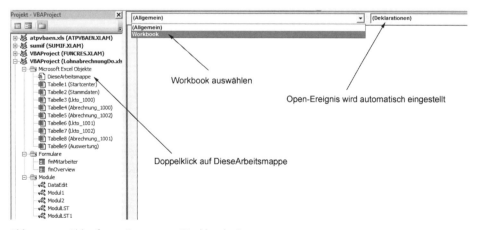

Abb. 2.14: Ablauf zum Programm Workbook_Open

Zwischen diese Zeilen kommt das nachfolgende Programm:

```
Private Sub Workbook_Open()
Dim ws As Worksheet
For Each ws In Worksheets
    Worksheets("Startcenter").lstTabellen.AddItem ws.Name
Next ws
Worksheets("Startcenter").lstTabellen.Value = "Startcenter"
End Sub
```

Zunächst wird ein Tabellenblattobjekt (WORKSHEET) eingerichtet. Mit einer FOR EACH–NEXT WS-Schleife werden alle Tabellenblätter der Arbeitsmappe durchlaufen. Mit dem Befehl WORKSHEETS("STARTCENTER").LSTTABELLEN.ADDITEM WS.NAME werden dann die Tabellenblattnamen (WS.NAME) dem Listenfeld LSTTABELLEN hinzugefügt (LSTTABELLEN.ADDITEM). Zum Ende des Programms wird die Option STARTCENTER des Listenfeldes ausgewählt.

Das Listenfeld im Startcenter wird danach mit seinem Klick-Ereignis verbunden. Dazu klickt man mit der rechten Maustaste im Entwurfsmodus auf das Listenfeld und wählt aus dem Kontextmenü die Option CODE ANZEIGEN aus. Im VBA-Editor erscheinen die Befehlszeilen

```
Private Sub lstTabellen_Click()
End Sub
```

Zwischen diese Zeilen kommt der nachfolgende Quelltext:

```
Private Sub lstTabellen_Click()
Dim strWSName As String
strWSName = lstTabellen.Value
Worksheets(strWSName).Activate
End Sub
```

Zunächst wird der Wert der ausgewählten Zeile im Listenfeld in die Variable STRWSNAME geschrieben. Danach wird mit dem Befehl WORKSHEETS(STRWS-NAME).ACTIVATE das entsprechende Tabellenblatt aktiviert. Nach einem Klick auf die Zeile STAMMDATEN im Listenfeld LSTTABELLEN gelangt man in das Tabellenblatt STAMMDATEN. Möchte man von dort wieder durch einen Klick zurück in das Tabellenblatt STARTCENTER, bleibt nur der Weg über eine Befehlsschaltfläche. Im jeweiligen Tabellenblatt richtet man eine Befehlsschaltfläche ein, die man mit ihrem Klick-Ereignis verknüpft. Der Befehlsschaltfläche geben Sie im Eigenschaftsfenster den Namen CMDZURUECK. Die Befehle für die Rückkehr zum Tabellenblatt STARTCENTER lauten:

```
Private Sub cmdZurueck_Click()
With Worksheets("Startcenter")
    .Activate
    .Range("A1").Select
    .lstTabellen.Value = "Startcenter"
End With
End Sub
```

Da sich alle Befehle auf das Tabellenblatt Startcenter beziehen, arbeitet man mit dem Gliederungselement WITH – END WITH. Es wird das Tabellenblatt STARTCENTER aktiviert, die Zelle A1 des Tabellenblattes selektiert und die Zeile des Listenfeldes LSTTABELLEN ausgewählt, die den Text STARTCENTER enthält. Das Tabellenblatt STARTCENTER ist eingerichtet.

2.5   Das Lohnkonto

2.5.1   Lohnkontodaten eintragen

Die Daten, mit denen das Lohnkonto (siehe Abb. 2.11) gefüllt werden soll, sind schon in der Tabelle STAMMDATEN vorhanden. Da jedem Mitarbeiter eine Personalnummer zugewiesen wurde, können alle Merkmale anhand der Personalnummer aus dem Tabellenbereich MListe herausgefiltert werden. Excel stellt für eine Suche in einer Liste und das Herausfiltern eines bestimmten Merkmals aus dieser Liste den Befehl SVERWEIS zur Verfügung.

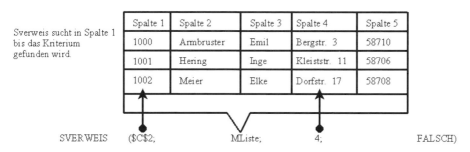

Abb. 2.15:   Funktionsweise der Excel-Funktion SVERWEIS

Der Befehl ist wie folgt aufgebaut:

```
SVERWEIS(Suchkriterium;Matrix;Spaltenindex;Bereich_Verweis)
```

- **Suchkriterium:** Die Liste (MListe) der Mitarbeiter wird anhand der Personalnummer durchsucht.
- **Matrix:** Darunter versteht man alle Daten der Liste. Dieser Bereich wurde mit MListe benannt.
- **Spaltenindex:** Der Inhalt dieser Spalte wird in die Zielzelle geschrieben.
- **Bereich_Verweis:** Listen können sortiert sein, dann kann man Wahr eintragen. Im Fall einer unsortierten Liste trägt man Falsch ein.

Die Funktion durchsucht anhand des Kriteriums die erste Spalte der Liste und stoppt mit der Suche, sobald Suchkriterium und der Wert in Spalte 1 übereinstimmen. In dieser Zeile geht dann die Funktion in die angegebene Spalte und überträgt den Wert dieser Spalte in die Zielzelle. Sie erhalten die Fehlermeldung #NV, wenn die Funktion keine Übereinstimmung in ersten Spalte findet. Wenn die Funktion SVERWEIS kein Suchergebnis erzielt, kann man mit der Abfrage der Funktion ISTNV() die Fehlermeldung #NV in der Zielzelle vermeiden. Stattdessen wird nichts ausgegeben.

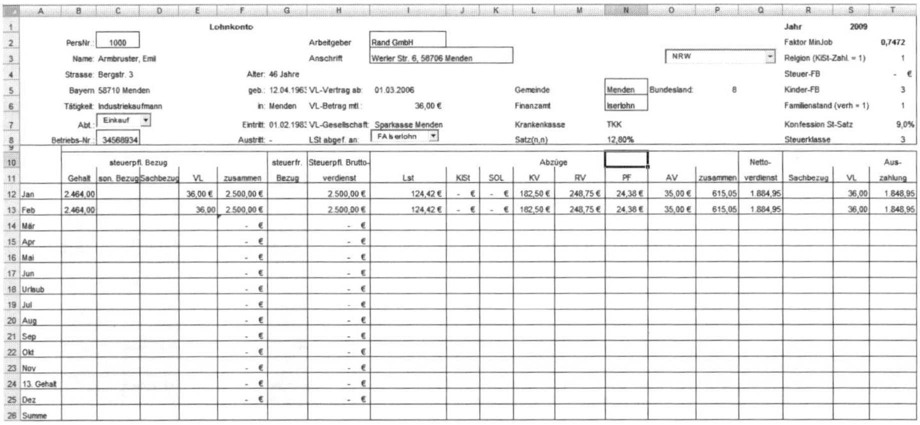

Lohnkonto

PersNr.: 1000 | Arbeitgeber: Rand GmbH | Jahr: 2009
Name: Armbruster, Emil | Anschrift: Werler Str. 6, 58706 Menden | NRW | Faktor MinJob: 0,7472
Strasse: Bergstr. 3 | Alter: 46 Jahre | Religion (KiSt-Zahl. = 1): 1
Bayern: 58710 Menden | geb.: 12.04.196: | VL-Vertrag ab: 01.03.2006 | Gemeinde: Menden | Bundesland: 8 | Steuer-FB: - €
Tätigkeit: Industriekaufmann | in: Menden | VL-Betrag mtl.: 36,00 € | Finanzamt: Iserlohn | Kinder-FB: 3
Abt.: Einkauf | Eintritt: 01.02.198: | VL-Gesellschaft: Sparkasse Menden | Krankenkasse: TKK | Familienstand (verh = 1): 1
Betriebs-Nr.: 34568934 | Austritt: - | LSt abgef. an: FA Iserlohn | Satz(n,n): 12,80% | Konfession St-Satz: 9,0% | Steuerklasse: 3

	steuerpfl. Bezug					steuerfr.	Steuerpfl. Brutto-	Abzüge								Netto-			Aus-
	Gehalt	son. Bezug	Sachbezug	VL	zusammen	Bezug	verdienst	Lst	KiSt	SOL	KV	RV	PF	AV	zusammen	verdienst	Sachbezug	VL	zahlung
Jan	2.464,00			36,00 €	2.500,00 €		2.500,00 €	124,42 €	- €	- €	182,50 €	248,75 €	24,38 €	35,00 €	615,05	1.884,95		36,00	1.848,95
Feb	2.464,00			36,00	2.500,00 €		2.500,00 €	124,42 €	- €	- €	182,50 €	248,75 €	24,38 €	35,00 €	615,05	1.884,95		36,00	1.848,95
Mär					- €		- €												
Apr					- €		- €												
Mai					- €		- €												
Jun					- €		- €												
Urlaub					- €		- €												
Jul					- €		- €												
Aug					- €		- €												
Sep					- €		- €												
Okt					- €		- €												
Nov					- €		- €												
13. Gehalt					- €		- €												
Dez					- €		- €												
Summe																			

Abb. 2.16: Beispiel für ein Lohnkonto

Beispielhaft wird die Formel für die Suche nach dem Namen und dem Vornamen vorgestellt:

```
=WENN(ISTNV($C$2);"";SVERWEIS($C$2;MListe;2;FALSCH) & ", " & SVER-
WEIS($C$2;MListe;3;FALSCH))
```

Der erste Verweis gibt den Namen des Mitarbeiters aus. Zum Namen werden noch ein Komma und ein Leerschritt addiert. Hinzu kommt der Vorname. Für die Personalnummer 1000 ergibt dies als Ergebnis Armbruster, Emil. Die anderen benötigten Daten werden analog gesucht. Als weiteres Beispiel soll noch das Geburtsdatum herausgesucht werden:

```
=WENN(ISTNV($C$2);"";SVERWEIS($C$2;MListe;22;FALSCH))
```

Die Daten ABT.:, LST ABGEF. AN: und BUNDESLAND werden über ein Kombinationsfeld ausgegeben. Dazu richtet man in der Tabelle STARTCENTER drei Listen ein, wie in der Abbildung gezeigt wird.

I	J	K	L	M	N	O	P	Q	R	S
AOK	14,50%		Einkauf		FA Iserlohn		Bayern	1		Jan
DAK	12,80%		Verkauf		FA Unna		Baden-Württemberg	2		Feb
BEK	13,80%		Lager		FA Dortmund		Berlin	3		Mär
TKK	12,80%		Produktion				Bremen	4		Apr
TZK	14,80%						Brandenburg	5		Mai
MKK	17,90%						Hamburg	6		Jun
							Hessen	7		Urlaub
							NRW	8		Jul
							Niedersachsen	9		Aug
							Mecklenburg-Vorpommern	10		Sep
							Rheinland-Pfalz	11		Okt
							Saarland	12		Nov
							Sachsen	13		13. Gehalt
							Sachsen-Anhalt	14		Dez
							Schleswig-Holstein	15		
							Thüringen	16		

Abb. 2.17: Die Daten der Listen

- Die Liste der Abteilung erstreckt sich über die Zellen L1:L4 und erhält den Namen ABTEILUNG.

- Die Finanzamtsliste umfasst die Zellen N1:N3 und wird mit dem Namen FAMT versehen.

- BULAND heißt die Liste der Bundesländer. Sie erstreckt sich über den Bereich P1:P16.

Sie ziehen nun in der Zelle C7 das Kombinationsfeld für die Abteilung auf. Falls die Steuerelement-Toolbox nicht angezeigt wird, können Sie sie mit der Befehlsfolge

```
Entwicklertools → Einfügen
```

auf dem Bildschirm sichtbar machen.

Mit einem Klick mit der rechten Maustaste auf das Kombinationsfeld rufen Sie das Kontextmenü auf und wählen die Option EIGENSCHAFTEN. Im Fenster EIGENSCHAFTEN des Kombinationsfeldes nimmt man folgende Eintragungen vor:

Eigenschaft	Wert	Bedeutung
BOUNDCOLUMN	1	Der Wert der ersten Spalte der ausgewählten Zeile wird in die LINKEDCELL geschrieben.
COLUMNCOUNT	1	Das Kombinationsfeld soll nur eine Spalte enthalten.
COLUMNWIDTH	2cm	Die Spaltenbreite beträgt 2cm. Excel wandelt sie in 56,7 Pt. um.
LINKEDCELL	C7	Hierhin wird der Wert der ersten Spalte der gewählten Zeile geschrieben.
LISTFILLRANGE	Abteilung	Das Kombinationsfeld wird mit den Werten des hier angegebenen Tabellenbereichs gefüllt.

Durch Klick auf das Symbol ENTWURFSANSICHT im Ribbon ENTWICKLERTOOLS stellen Sie den Entwurfsmodus aus. Sie können dann das Kombinationsfeld verwenden. Falls das nicht möglich sein sollte, steht die Sicherheitsstufe der Excel-Anwendung auf SEHR HOCH. Die Ausführung von Makros etc. ist dann nicht möglich. Sie gehen wie folgt vor:

- Mit Klick auf den WINDOWS-KREIS öffnen Sie das Menü mit den ZULETZT VERWENDETEN DOKUMENTEN. Hier wählen Sie die Option EXCEL OPTIONEN. Im Fenster EXCEL-OPTIONEN wählen Sie den Menüpunkt VERTRAUENSSTELLUNGS-CENTER.

- In diesem Fenster klicken Sie auf die Option EINSTELLUNGEN FÜR DAS VERTRAUENSSTELLUNGSCENTER und wählen den Menüpunkt EINSTELLUNGEN FÜR MAKROS. Klicken Sie auf die Option ALLE MAKROS MIT BENACHRICHTIGUNG DEAKTIVIEREN.

- Die Einstellungen aktiviert man durch Klick auf den OK-Button. Dann speichert man die Arbeitsmappe und ruft sie erneut auf.

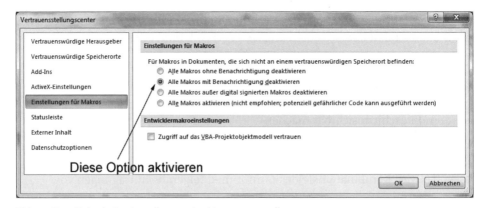

Abb. 2.18: Sicherheitseinstellungen im Vertrauensstellungscenter

■ Die Sicherheitswarnung der Abb. 2.19 erscheint. Diese ruft man auf, indem man OPTIONEN anklickt.

Nach dem Öffnen hier die Makros aktivieren!

Abb. 2.19: Sicherheitswarnung

■ Klickt man nun auf OPTIONEN, öffnet sich das Fenster mit den Sicherheitsoptionen. In diesem Fenster wählen Sie die Option DIESEN INHALT AKTIVIEREN. Sie können nun die Makros und auch die Steuerelemente benutzen.

Abb. 2.20: Sicherheitswarnung

Die beiden letzten Schritte müssen Sie bei jedem Öffnen einer Arbeitsmappe durchführen.

Auch die Finanzämter sollen über ein Kombinationsfeld ausgewählt werden. Schreibfehler bzw. verschiedene Schreibweisen eines Finanzamtes werden

dadurch vermieden. Die Vorgehensweise für das Einrichten eines Kombinationsfeldes für die Auswahl eines Finanzamtes ändert sich nicht. Die Einstellungen für
dieses Kombinationsfeld lauten:

Eigenschaft	Wert	Bedeutung
BOUNDCOLUMN	1	Der Wert der ersten Spalte der ausgewählten Zeile wird in die LinkedCell geschrieben.
COLUMNCOUNT	1	Das Kombinationsfeld soll nur eine Spalte enthalten.
COLUMNWIDTH	2cm	Die Spaltenbreite beträgt 2 cm. Excel wandelt sie um in 56,7 Pt.
LINKEDCELL	I8	Hierhin wird der Wert der ersten Spalte der gewählten Zeile geschrieben.
LISTFILLRANGE	FAmt	Das Kombinationsfeld wird mit den Werten des hier angegeben Tabellenbereichs gefüllt.

Die Einstellungen für das Kombinationsfeld, das die Liste mit den Bundesländern
enthält, werden wie folgt vorgenommen:

Eigenschaft	Wert	Bedeutung
BOUNDCOLUMN	1	Der Wert der ersten Spalte der ausgewählten Zeile wird in die LinkedCell geschrieben.
COLUMNCOUNT	2	Das Kombinationsfeld soll zwei Spalten enthalten.
COLUMNWIDTH	3cm;0cm	Die Spaltenbreite der ersten Spalte beträgt 3 cm. Excel wandelt sie um in 70,85 Pt. Die zweite Spalte erhält als Breite den Wert 0. Sie wird im Kombinationsfeld angezeigt, und der Wert dieser Spalte (BOUNDCOLUMN = 1) in der ausgewählten Zeile wird in die LINKEDCELL geschrieben. Wird also Bayern gewählt, erscheint in der LINKED-CELL P5 der Wert 1.
LINKEDCELL	P5	Hierhin wird der Wert der ersten Spalte der gewählten Zeile geschrieben.
LISTFILLRANGE	BuLand	Das Kombinationsfeld wird mit den Werten des hier angegebenen Tabellenbereichs gefüllt.

Beim Ausdruck des Lohnkontos wäre es störend, wenn die Kombinationsfelder
mitgedruckt würden. Den Ausdruck eines Steuerelements kann man unterdrü-
cken, indem man das Steuerelement entsprechend formatiert. Die Befehlsfolge
lautet:

- In der Entwurfsansicht mit der rechten Maustaste das Steuerelement anklicken und dann im Kontextmenü die Option STEUERELEMENT FORMATIEREN anklicken

- Die Option EIGENSCHAFTEN wählen und dort das Kontrollkästchen OBJEKT DRUCKEN deaktivieren.

Abb. 2.21:   Fenster STEUERELEMENT FORMATIEREN

Beim Druck erscheint nun der Wert von LINKEDCELL des Kombinationsfeldes auf dem Papier und nicht das Kombinationsfeld.

Die Prozentsätze der Kirchensteuer unterscheiden sich von Bundesland zu Bundesland. In Bayern und Baden-Württemberg müssen Arbeitnehmer nur 8 % Kirchensteuer zahlen. In den übrigen Bundesländern dagegen sind es 9 %. Dem muss man Rechnung tragen, indem man in der Zelle T7 je nach Wahl des Bundeslandes 8 % oder 9 % einträgt. Die Formel lautet:

```
=WENN(T3>2;0;WENN(ODER(P5=1;P5=2);8%;9%))
```

Die Funktion ODER(...) besagt, dass nur eine der beiden Bedingungen in der Klammer erfüllt sein muss, dann tritt die Ja-Option der Wenn-Funktion ein, andernfalls wird der Wert der Nein-Option in die Zielzelle geschrieben. Die Bedingung T3 > 2 fragt ab, ob der Mitarbeiter einer Religionsgemeinschaft angehört, an die er Kirchensteuer zu zahlen hat. Hierbei steht 1 für rk und 2 für ev.

Ebenfalls von Bedeutung ist das Alter des Mitarbeiters. Hat der Mitarbeiter sein 64. Lebensjahr vollendet, steht ihm der Altersfreibetrag zu. Deshalb wird in der Zelle G4 das Alter des Mitarbeiters mit der nachfolgenden Formel berechnet:

=JAHR(HEUTE())-JAHR(G5)

Die Vorarbeiten sind erledigt. Es gilt nun das Programm zur Lohnsteuerberechnung, der Kirchensteuer und des Solidaritätszuschlages zu programmieren.

2.5.2 Function LStBerechnen

Auf der Internetseite des Bundesfinanzministeriums findet man den Programmablaufplan für die maschinelle Berechnung der vom Arbeitslohn einzubehaltenden Lohnsteuer. Dieser Programmablaufplan bildet die Grundlage für die Funktion LStBerechnen. Die im Programmablaufplan verwendeten Variablennamen werden auch in der Funktion LStBerechnen verwendet.

Das Steuersystem der Bundesrepublik Deutschland ist kompliziert. Ebenso kompliziert gestaltet sich auch die Programmierung des Programms LStBerechnen. Zunächst müssen die Werte bestimmte werden, die an das Programm übergeben werden müssen. Die Abbildung Abb. 2.17 erläutert das Verfahren und zeigt, welche Werte an welche Variable übergeben werden.

Der Programmablauf geschieht in folgenden Schritten gemäß Programmablaufplan des Bundesfinanzministeriums:

- Zunächst wird überprüft, ob bei Vorliegen der Steuerklasse II ein Kinderfreibetrag eingetragen wurde. Ist dies nicht der Fall, wird das Programm abgebrochen und verlassen.

- Die Beitragsbemessungsgrenzen in der Renten-/Arbeitslosenversicherung werden festgelegt. Für die neuen Bundesländer gilt die Grenze RVBEMEOST. RVBEMEWEST heißt die Beitragsbemessungsgrenze für die alten Bundesländer. Die Beitragsbemessungsgrenze für die Kranken-/Pflegeversicherung gilt für alle Bundesländer.

- Danach wird das Jahreseinkommen berechnet. Da nur Monatseinkommen vorausgesetzt wurden, gilt die Formel *Monatseinkommen * 12 + sonstige Bezüge* (Weihnachts-/Urlaubsgeld falls im jeweiligen Monat gezahlt).

- Dann wird der in der Lohnsteuerkarte eingetragene Steuerfreibetrag auf das Jahr hochgerechnet.

- Falls der Mitarbeiter 64 Jahre oder älter ist, steht ihm ein Altersfreibetrag zu. Dazu wird die Funktion ALTERSFREIBETRAG(ZRE4, ALTER1, STKL) aufgerufen. An die Funktion werden die Variablen ZRE4 (Jahreseinkommen), ALTER1 (Alter1: vor 1941 geboren=1, 1941=2, danach=0), STKL (Steuerklasse) an die Funktion übergeben.

■ Die Steuerfreibeträge werden abhängig von der Steuerklasse berechnet und in der Variablen ZTABFB (Summe aller Steuerfreibeträge für die jeweilige Steuerklasse) gespeichert. Außerdem wird festgelegt, nach welchem Tarif (KZTAB = 2 Splittingtarif, KZTAB = 1 kein Splittingtarif) die Steuern berechnet werden sollen.

■ Anschließend muss die Vorsorgepauschale berechnet werden. Sie wird in der Variablen VSP gespeichert. Dazu wird die Funktion VORSORGEPAUSCHALE(ZRE4, KZTAB, STKL, GRENZE, ZTABFB) aufgerufen.

■ Nachdem alle Freibeträge festliegen, errechnet sich das zu versteuernde Einkommen ZVE durch Abzug aller Freibeträge vom auf das Jahr hochgerechneten Jahreseinkommen.

■ Das Programm zur Berechnung der Lohnsteuer der Steuerklassen V und VI wird mit der Funktion MST5_6(ZVE, KZTAB, STKL) berechnet.

■ Für die restlichen Steuerklassen wird die Funktion UPTAB09(ZVE, KZTAB) benutzt.

■ Die Solidarität mit den neuen Bundesländern berechnet die Funktion MSOLZ(X, KZTAB, KIST). An die Funktion werden die Variablen X (Lohnsteuer), KZTAB und KIST (Prozentsatz zur Kirchensteuerberechnung) übergeben. Für Bayern und Baden-Württemberg beträgt der Satz 8 %. Alle übrigen Bundesländer haben einen Kirchensteuersatz von 9 %.

■ Der letzte Teil des Programmes sorgt dafür, dass die Werte, die berechnet wurden, auch in die richtige Spalte eingetragen werden. Bei Übergabe des Wertes 1 in die Variable I der Funktion LStBerechnen wird in die Zielzelle die Lohnsteuer, bei Übergabe von 2 die Kirchensteuer und im Fall von 3 der Solidaritätszuschlag eingetragen.

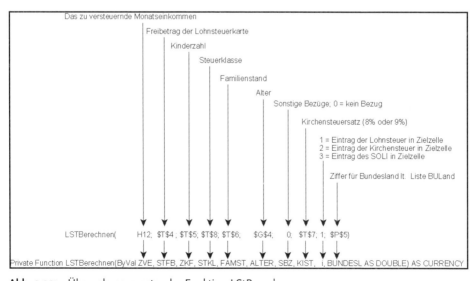

Abb. 2.22: Übergabeparameter der Funktion LStBerechnen

Die Bedeutung der Variablen wird als Kommentar im Programm erläutert.

```
Private Function LStBerechnen(ByVal ZVE, STFB, ZKF, STKL, FAMST, ALTER,
SBZ, KIST, i, BUNDESL As Double) As Currency
Dim X, Y, ST, RW, Z As Double
Dim VSP, RV, KV, AV, PV As Double
Dim ZRE4, ZRE4VP, ZVBEZ, ZTABFB, SOLI, STKI, SVZRE4, BEMESS, SVZVE As
Double
Dim KZTAB, ALTER1 As Single
Dim TABNAME As String
Const ANP = 920, SAP = 36, EFA = 1308, KFB = 3012, LZZ = 2, GRENZE = 64800
'ZRE4: Das Jahreseinkommen
'ZVE: Zu versteuerndes Einkommen
'STFB: Auf der Lohnsteuerkarte eingetragener Steuerfreibetrag
'STKL: Steuerklasse lt. Lohnsteuerkarte
'ZKF: Zahl der Kinderfreibeträge
'FAMST: Familienstand 1 = verh bzw. 2 = sonst
'ALTER: Alter des Mitarbeiters wegen Altersfreibetrag ab 64
'SBZ: Sonstiger Bezug wie Urlaubs-/Weihnachtsgeld
'KIST: Kirchensteuersatz; in BY und BW 8% sonst 9%
'i: Dient zur Auswahl für den Tabelleneintrag
'Berechnung der Freibeträge
'BUNDESL:In Sachsen berechnet sich wegen des Buss- und Bettages der Pfle-
gesatz anders,
'Auch die Beitragsbemessungsgrenzen sind unterschiedlich zwischen Ost und West
'ANP = Arbeitnehmerpauschbetrag
'EFA = Entlastungsbetrag für Alleinerziehende
'SAP = Sonderausgabenpauschbetrag
'KZTAB = Kennzahl für die Einkommensteuertarifarten
'KFB = Kinderfreibetrag
'Alter1 vor 1941 geboren=1, 1941=2, danach=0
If STKL = 2 And ZKF = 0 Then
    MsgBox "Im Fall der Steuerklasse II muss ein Kinderfreibetrag" &
Chr(13) & " eingetragen werden!!!"
    Exit Function
End If
'Auswahl der Beitragsbemessungsgrenzen
Select Case BUNDESL
Case 5, 10, 13, 14, 16
    BEMESS = RVBEMEOST
Case Else
    BEMESS = RVBEMWEST
End Select
'Berechnung des Jahreseinkommens
If SBZ > 0 Then
```

```
    ZRE4 = ZVE * 12
Else
    ZRE4 = ZVE * 12 + SBZ
End If
'Auf das Jahr hochgerechneter Steuerfreibetrag
STFB = STFB * 12
'Steht dem Mitarbeiter ein Altersfreibetrag zu
If ALTER >= 64 Then
    ALTER1 = 1 'Dem Mitarbeiter steht ein Altersfreibetrag zu
Else
    ALTER1 = 0 'Der Mitarbeiter bekommt keinen Freibetrag
End If
ZRE4 = ZRE4 - ALTERSFREIBETRAG(ZRE4, ALTER1, STKL)
'Berechnung der Freibeträge und des Einkommensteuertarifes
'ANP = Arbeitnehmerpauschbetrag
'EFA = Entlastungsbetrag für Alleinerziehende
'SAP = Sonderausgabenpauschbetrag
'KZTAB = Kennzahl für die Einkommensteuertarifarten 1 = Grundtarif und 2 =
Splittingtarif
'KFB = Kinderfreibetrag
'ZTABFB = Summe der Freibeträge für die Steuerklasse

Select Case STKL
  Case Is = 1
  ZTABFB = SAP + ANP
  KZTAB = 1
Case Is = 2
  ZTABFB = SAP + ANP + EFA
  KZTAB = 1
Case Is = 3
  ZTABFB = 2 * SAP + ANP
  KZTAB = 2
Case Is = 4
  ZTABFB = SAP + ANP
  KZTAB = 1
Case Is = 5
  ZTABFB = ANP
  KZTAB = 1
Case Is = 6
  ZTABFB = 0
  KZTAB = 1
End Select
'Berechnung der Vorsorgepauschale
VSP = VORSORGEPAUSCHALE(ZRE4, KZTAB, STKL, GRENZE, ZTABFB)
```

```
'Zu versteuerndes Einkommen berechnen
'Zu versteuerndes Einkommen minus Freibeträge
ZVE = ZRE4 - ZTABFB - VSP
If STKL > 4 Then
'Berechnung der Steuern für die Steuerklassen 5 und 6
    X = MST5_6(ZVE, KZTAB, STKL)
Else
'Berechnung der Steuern für die Steuerklassen 1,2,3 und 4
    X = UPTAB09(ZVE, KZTAB)
End If
'Berechnung von SOLIdaritätszuschläge und KIrchenSTeuer (STKI)
SOLI = MSOLZ(X, KZTAB, KIST)
STKI = KISTEUERN(X, KZTAB, KIST)
'Auswahl, in welche Zelle welcher Wert geschrieben werden soll
Select Case i
Case Is = 1
    LSTBerechnen = Round(X / 12, 2)
Case Is = 2
    LSTBerechnen = STKI
Case Is = 3
    LSTBerechnen = SOLI
End Select
End Function
```

In der Funktion werden verschiedene Unterprogramme aufgerufen: zuerst wird die Funktion zur Berechnung des Altersfreibetrages programmiert. Dieses Programm benutzt zwei Tabellen des Programmablaufplanes des Bundesfinanzministeriums. Zur Berechnung wird die Funktion MINWERT herangezogen. An sie werden zwei Werte übergeben Int(TAB4(ALTER1) * ZRE4 + 0.9) / 100 und TAB5(ALTER1). Die Funktion gibt den niedrigeren von beiden Werten zurück. Die Formel Int(TAB4(ALTER1) * ZRE4 + 0.9) / 100 besagt, dass ein entsprechender Wert aus dem Array TAB4 gezogen wird und mit dem Jahreseinkommen multipliziert wird. Ist der Arbeitnehmer vor 1941 geboren, hat die Variable ALTER1 den Wert 1. Zum Tragen kommt der Wert 40 aus der Tabelle. Das Array beginnt mit dem Zählen bei Null. Bei einem Geburtsjahr von 1941 wird der zweite Wert gewählt und 38,4 herausgesucht. Ist man vor 1941 geboren worden, erhält man keinen Altersfreibetrag. Im nächsten Jahr wird sich diese Berechnung entsprechend verändern.

```
Private Function ALTERSFREIBETRAG(ZRE4, ALTER1, STKL)
Dim BMG, FREIBETRAEGE As Variant
BMG = 0
'Tabelle TAB4 S. 14 des PAP des Bundesfinanzministeriums
```

```
TAB4 = Array(0, 40, 38.4, 36.8, 35.2, 33.6, 32, 30.4, 28.8, 27.2, 25.6, 24,
22.4, 20.8, 19.2, 17.6, 16)
'Tabelle TAB5 S. 14 des PAP des Bundesfinanzministeriums
TAB5 = Array(0, 1900, 1824, 1748, 1672, 1596, 1520, 1444, 1368, 1292, 1216,
1140, 1064, 988, 912, 836, 760)
  If ALTER1 > 0 Then
    'auf Cent aufrunden
    BMG = MINWERT(Int(TAB4(ALTER1) * ZRE4 + 0.9) / 100, TAB5(ALTER1))
End If
  FREIBETRAEGE = ZRE4 - BMG
End Function
```

Die Funktion zur Berechnung der Vorsorgepauschale VORSORGEPAU-
SCHALE(ZRE4, KZTAB, STKL, GRENZE, ZTABFB) wird nachfolgend aufgelistet.
Der Ablauf zur Berechnung orientiert sich an den Vorgaben des Bundesfinanzmi-
nisteriums (S. 19 - 21):

```
Private Function VORSORGEPAUSCHALE(VZRE4, VKZTAB, STKL, GRENZE, ZTABFB) As Double
Dim VSP1, VSP2, VSPN, VSPO, VSPVOR, VSPMAX1, VSPMAX2, VHB, VSP, VSPKURZ,
VSPREST As Variant
Dim ZRE40VP, ZRE4VP   As Variant
'Berechnung der Vorsorgepauschale
'Auf Beitragsbemessungsgrenze der Rentenversicherung 64800 Euro begrenzen
ZRE40VP = MINWERT(GRENZE, VZRE4)
VSP1 = 0.36 * ZRE40VP
VSP1 = VSP1 * 0.0995
VSP2 = 0.11 * ZRE40VP
VHB = 1500 * VKZTAB
VSPN = MINWERT(VSP2, VHB)
VSPN = VSP1 + VSP2
VSPN = Round(VSPN, 0)
'Günstigerstellung
VSPO = ZRE40VP * 0.2
VSPVOR = 3068 * VKZTAB
VSPMAX1 = 1334 * VKZTAB
VSPMAX2 = 667 * VKZTAB
VSPKURZ = 1134 * VKZTAB
'Vorsorgepauschale
VSPVOR = VSPVOR - ZRE40VP * 0.16
If VSPVOR < 0 Then VSPVOR = 0
If VSPO > VSPVOR Then
    VSP = VSPVOR
    VSPREST = VSPO - VSPVOR
    If VSPREST > VSPMAX1 Then
```

```
            VSP = VSP + VSPMAX1
            VSPREST = (VSPREST - VSPMAX1) / 2
            VSPREST = Round(VSPREST, 0)
            If VSPREST > VSPMAX2 Then
                VSP = VSP + VSPMAX2
                VSP = Fix(VSP)
            Else
                VSP = VSP + VSPREST
                VSP = Fix(VSP)
            End If
        Else
            VSP = VSPREST + VSP
            VSP = Fix(VSP)
        End If
    Else
        VSP = VSP0
        VSP = Fix(VSP)
    End If
    If VSP > 0 Then
        If VSP2 < 1500 * VKZTAB Then
            VHB = ZVRE40VP * 0.11
        Else
            VHB = 1500 * VKZTAB
        End If
        If (VSP1 + VHB) > VSP Then
            VSP = Round(VSP1 + VHB, 0)
        End If
    Else
        VHB = 0
        VSP1 = 0
        VSP = 0
    End If
    If STKL > 4 Then VSP = 0
    VORSORGEPAUSCHALE = VSP
End Function
```

Der Programmablaufplan befindet sich auf Seite 22 des Programmablaufplanes
des Bundesfinanzministeriums.

```
Private Function MST5_6(X, KZTAB, STKL) As Double
Dim ZZX, ZX, VERGL, HOCH As Double
ZZX = X
If ZZX > 26276 Then
    ZX = 26276
```

```
    ST = UP5_6(ZX, KZTAB)
        If ZZX > 200320 Then
            ST = ST + (200320 - 26276) * 0.42
            ST = CCur(Fix(ST + (ZZX - 200320) * 0.45))
        Else
            ST = ST + (200320 - 26276) * 0.42
        End If
MST5_6 = ST
Else
    ST = UP5_6(ZX, KZTAB)
    If ZZX > 9225 Then
        VERGL = ST
        ZX = 9225
        ST = UP5_6(ZX, KZTAB)
        HOCH = CCur(Fix(ST + (ZZX - 9225) * 0.42))
    Else
        ST = VERGL
    End If
    ST = MINWERT(HOCH, VERGL)
End If
ST = MST5_6
End If
End Function
```

Auf Seite 28 des Programmablaufplanes des Bundesfinanzministeriums befindet sich auch der Ablaufplan für die Funktion UPTAB09(X, KZTAB) As Currency. Als Rückgabewert liefert sie einen Wert im Währungsformat.

```
Private Function UPTAB09(X, KZTAB) As Currency
Dim ST, Y, RW As Double
Select Case X
  Case 0 To 7835
    ST = 0
  Case 7835 To 13140
    Y = (X - 7834) / 10000
    RW = Y * 939.68
    RW = RW + 1400
    ST = RW * Y
  Case 13140 To 52552
    Y = (X - 13139) / 10000
    RW = Y * 228.74
    RW = RW + 2397
    RW = RW * Y
    ST = RW + 1007
```

```
   Case 52552 To 250401
      ST = X * 0.42 - 8064
   Case Else
      ST = X * 0.45 - 15576
End Select
ST = Int(ST * KZTAB)
UPTAB09 = ST
End Function
```

Mit dem Befehl LStBerechnen = Round(X / 12, 2) im Fall von i = 1 wird die Lohn-steuer in die Zielzelle eingetragen. Die Vorgaben für die Berechnung von Solidari-tätszuschlag (Function MSOLZ(X, KZTAB, KIST) As Double) und Berechnung der Kirchensteuer (Function KISTEUERN(X, KZTAB, KIST) As Double) findet man auf Seite 23 des Programmablaufplanes des Bundesfinanzministeriums.

```
Private Function MSOLZ(X, KZTAB, KIST) As Double
Dim SOLZFREI, JBMG, SOLZJ, SOLZMIN, SOLZLZZ, JW, R, BK, STKI As Double
SOLZFREI = 972 * KZTAB
JBMG = X
If JBMG > SOLZFREI Then
    SOLZJ = Fix(JBMG * 0.055)
    SOLZMIN = (JBMG - SOLZFREI) * 0.2
    JW = Fix(MINWERT(SOLZMIN, SOLZJ) * 100)
    SOLZLZZ = Fix(MINWERT(SOLZMIN, SOLZJ) * 100)
Else
    SOLZLZZ = 0
End If
SOLZLZZ = Int(SOLZLZZ / 12) / 100
If KIST > 0 Then
    STKI = Int(Round(JW * KIST * 100) / 100) / 100
Else
    STKI = 0
End If
MSOLZ = SOLZLZZ
End Function
```

```
Private Function KISTEUERN(X, KZTAB, KIST) As Double
Dim SOLZFREIK, JBMGK, SOLZJK, SOLZMINK, SOLZLZZK, JWK, STKI As Double
SOLZFREIK = 972 * KZTAB
JBMGK = X
If JBMGK > SOLZFREIK Then
    SOLZJK = Fix(JBMGK * 0.055)
    SOLZMINK = (JBMGK - SOLZFREIK) * 0.2
    JWK = Fix(MINWERT(SOLZMINK, SOLZJK) * 100)
```

```
    SOLZLZZK = Fix(MINWERT(SOLZMINK, SOLZJK) * 100)
Else
    SOLZLZZK = 0
End If
SOLZLZZK = Int(SOLZLZZK / 12) / 100
If KIST > 0 Then
    STKI = Int(Round(JWK * KIST * 100) / 100) / 100
Else
    STKI = 0
End If
KISTEUERN = STKI
End Function
```

2.5.3 Sozialversicherungsbeiträge berechnen

Auch die Berechnung der Sozialversicherungsbeträge gestaltet sich zum Hindernislauf. Es gelten unterschiedliche Beitragsbemessungsgrenzen für neue und alte Bundesländer im Fall von Renten- und Arbeitslosenversicherung. Für die Krankenversicherung wurde eine einheitliche Beitragsbemessungsgrenze für alle Bundesländer festgesetzt. Diese Bemessungsgrenzen gelten jeweils für ein Jahr und werden jährlich angepasst. Da das Bundesland Sachsen den Buß- und Bettag als Feiertag nicht abgeschafft hat, gelten für dieses Bundesland gesonderte Prozentsätze für die Pflegeversicherung. Hinzu kommt, dass ledige Arbeitnehmer einen erhöhten Beitrag zur Pflegeversicherung zu leisten haben.

Arbeitnehmer mit einem Monatseinkommen bis zu 800,00 € zahlen keine Steuern. Im Bereich der Sozialversicherungen trägt der Arbeitgeber die Versicherungsbeiträge bei einem Verdienst bis zu 400,00 €. Im Bereich zwischen 400,00 € und 800,00 € (Gleitzone) hat man eine besondere Formel zur Berechnung festgelegt:

$$F \bullet 400 + (2 - F) \bullet (AE - 400)$$

AE bedeutet Arbeitsentgelt. Der Faktor F berechnet sich nach folgender Formel:

$$F = \frac{30\%}{RVSatz + AVSatz + PVSatz + ALLGKVSatz}$$

Hierbei bedeuten:

- RVSATZ: Prozentsatz in der Rentenversicherung - zurzeit 19,9 %

- AVSATZ: Prozentsatz in der Arbeitslosenversicherung - zurzeit 2,8 %

- ALLGKVSATZ: Allgemeiner Prozentsatz in der Krankenversicherung - zurzeit 15,5 %

- PVSATZ: Prozentsatz in der Pflegeversicherung - zurzeit 1,95 %

Dieser errechnete Prozentsatz ist auf vier Stellen nach dem Komma zu runden. In jedem Lohnkonto findet man den Faktor in Zelle T2 und hat im Jahr 2009 den Wert 0,7472. Der Wert wird an die jeweilige Funktion übergeben. Die Formel lautet:

```
=RUNDEN(0,3/MITTELWERT(0,028+0,199+0,155+0,0195);4)
```

In der Berechnung der Rentenversicherungsbeiträge geht man wie folgt vor:

- Zunächst wird der für die gültige Beitragsbemessungsgrenze für das im Kombinationsfeld gewählte Bundesland bestimmt. Für die neuen Bundesländer (Länderziffern 5, 10, 13, 14, 16) gilt die Bemessungsgrenze RVBEMEOST und für die alten Bundesländer die Bemessungsgrenze RVBEMWEST.

- Dann beginnt die Gleitzone zwischen 400 € und 800 €. Allerdings gilt dies nicht für die Steuerklasse VI. Deshalb die Bedingung STKL < 6.

- Danach wird mithilfe der oben beschrieben Formel das zu versteuernde Einkommen MINZVE berechnet. Das Ganze wird aufs Jahr hochgerechnet (12 * 400 = 4800).

- Die Bemessungsgrenze zur Berechnung des Rentenversicherungsbetrages wird auf den Monat BEMESSG = MINZVE / 12 umgerechnet. Dann wird der Rentenversicherungsbetrag laut Formel SVRENTE = Round(BEMESSG * RV-SATZ / 2, 2) * 2 - Round(VERDIENST * RVSATZ / 2, 2) berechnet.

- Für Arbeitnehmer, die mehr als 800 € im Monat verdienen, gelten andere Bestimmungen. Zunächst wird mithilfe der Funktion MINWERT der Höchstwert für die Berechnung des Versicherungsbeitrages auf die Beitragsbemessungsgrenze festgesetzt und gleichzeitig der kleinere Wert von Jahresverdienst und Beitragsbemessungsgrenze gewählt.

- Dann wird der Jahreslohn mit dem Prozentsatz der Rentenversicherung multipliziert, auf den Monat heruntergebrochen und auf zwei Stellen nach dem Komma gerundet. Die Formel lautet: RVBETRAG = Round(SVBETRAG * RV-SATZ / 24, 2).

```
Private Function SVRENTE(VERDIENST, BUNDESL, STKL, F) As Currency
Dim RVBETRAG, SVBETRAG, BEMESSG As Double
Const RVBEMWEST = 64800, RVBEMEOST = 54600, RVSATZ = 0.199
Select Case BUNDESL
Case 5, 10, 13, 14, 16
    BEMESS = RVBEMEOST
Case Else
    BEMESS = RVBEMWEST
End Select
If STKL < 6 And VERDIENST * 12 < 9600.1 Then
```

```
  MINZVE = (F * 4800) + (2 - F) * (VERDIENST * 12 - 4800)
  BEMESSG = MINZVE / 12
  SVRENTE = Round(BEMESSG * RVSATZ / 2, 2) * 2 - Round(VERDIENST * RVSATZ /
2,2)
Else
  SVBETRAG = MINWERT(BEMESS, 12 * VERDIENST)
  RVBETRAG = Round(SVBETRAG * RVSATZ / 24, 2)
  SVRENTE = RVBETRAG
End If
End Function
```

Gleiches gilt auch für die Funktion zur Berechnung der Arbeitslosenversicherung:

```
Private Function SVALO(VERDIENST, BUNDESL, STKL, F) As Currency
Dim AVBETRAG, SVBETRAG, MINZVE, BEMESSG As Double
Const RVBEMWEST = 64800, RVBEMEOST = 54600, AVSATZ = 0.028
Select Case BUNDESL
Case 5, 10, 13, 14, 16
    BEMESS = RVBEMEOST
Case Else
    BEMESS = RVBEMWEST
End Select
If VERDIENST * 12 < 9600.1 And STKL < 6 Then
   MINZVE = (F * 4800) + (2 - F) * (VERDIENST * 12 - 4800)
   BEMESSG = MINZVE / 12
   SVALO = Round(BEMESSG * AVSATZ / 2, 2) * 2 - Round(VERDIENST * AVSATZ /
2, 2)
Else
   SVBETRAG = MINWERT(BEMESS, VERDIENST * 12)
   AVBETRAG = Round(SVBETRAG * AVSATZ / 24, 2)
   SVALO = AVBETRAG
End If
End Function
```

Auch die Berechnung der Krankenkassenbeiträge geht gleichermaßen vor sich:

```
Private Function SVKV(VERDIENST, BUNDESL, KVSATZ, STKL, F) As Currency
Dim KVBETRAG, SVBETRAG, BMESSG As Double
Const BEMESS = 44100, ZUKV = 0.009
If VERDIENST * 12 < 9600.1 And STKL < 6 Then
   MINZVE = (F * 4800) + (2 - F) * (VERDIENST * 12 - 4800)
   BEMESSG = MINZVE / 12
   SVKV = Round(BEMESSG * KVSATZ / 2, 2) * 2 + Round(BEMESSG * ZUKV, 2) -
   Round(VERDIENST * KVSATZ / 2, 2)
Else
   SVBETRAG = MINWERT(BEMESS, VERDIENST * 12)
```

```
    KVBETRAG = Round(SVBETRAG * KVSATZ / 24, 2) + Round(SVBETRAG * ZUKV / 12, 2)
    SVKV = KVBETRAG
End If
End Function
```

Bei der Berechnung der Beiträge zur Pflegeversicherung muss beachtet werden, dass der Freistaat Sachsen andere Beitragssätze als die übrigen Bundesländer hat. Außerdem zahlen Ledige höhere Beiträge als Verheiratete. Dies berücksichtigt die Funktion Function SVPV(VERDIENST, BUNDESL, KFB, STKL, F). Zu Beginn der Funktion wird abgefragt, ob es sich um das Bundesland Sachsen (Kennzahl 13) handelt. Dementsprechend werden die Beitragssätze festgelegt. Ansonsten richtet sich der Programmablauf nach dem der Funktion zur Berechnung der Rentenversicherungsbeiträge.

```
Private Function SVPV(VERDIENST, BUNDESL, KFB, STKL, F)
Dim KVBETRAG, SVBETRAG, BMESSG As Double
Const BEMESS = 44100
'Sachsen hat wegen des Feiertages Buß- und Bettag höhere Sätze
If BUNDESL = 13 And KFB > 0 Then PVSATZ = 1.475 / 100
If BUNDESL = 13 And KFB = 0 Then PVSATZ = 1.725 / 100
If BUNDESL <> 13 And KFB > 0 Then PVSATZ = 0.975 / 100
If BUNDESL <> 13 And KFB = 0 Then PVSATZ = 1.225 / 100
If VERDIENST * 12 < 9600.1 And STKL < 6 Then
    MINZVE = (F * 4800) + (2 - F) * (VERDIENST * 12 - 4800)
    BEMESSG = MINZVE / 12
    SVPV = Round(BEMESSG * PVSATZ, 2) * 2 - Round(VERDIENST * PVSATZ, 2)
Else
SVBETRAG = MINWERT(BEMESS, VERDIENST * 12)
PVBETRAG = Round(SVBETRAG * PVSATZ / 12, 2)
SVPV = PVBETRAG
End If
```

Zum Abschluss tragen Sie die Funktionen in die entsprechenden Zellen ein. Für die Zelle I12 lautet der Eintrag:

```
=WENN((H14)>0;lstberechnen(H14;$T$4;$T$5;$T$8;$T$6;$G$4;0;$T$7;1;$P$5);"")
```

Die Abfrage, ob in der Zelle H14 ein Wert größer Null vorhanden ist, verhindert, dass ein unsinniger Wert berechnet wird. Im Fall, dass kein Gehalt eingegeben wurde, soll auch nichts berechnet werden. Nur dann, wenn in der entsprechenden Zelle ein Wert vorhanden ist, soll die Funktion LSTBERECHNEN ausgeführt werden.

Beispielsweise lautet der Eintrag für den Krankenversicherungsbeitrag:

```
=WENN(H12>0;svkv(H12;$P$5;$N$8;$T$8;$T$2);"")
```

Für die anderen Berechnungen gilt Gleiches.

2.5.4 Das Abrechnungsformular

Am Monatsende wird abgerechnet. Dann erhält der Mitarbeiter einen Ausdruck seiner Abrechnung. Meist ist das Entsetzen groß, weil vom Bruttolohn nicht mehr viel übrig bleibt. Zur Abrechnung wird das in Abb. 2.18 abgebildete Formular verwendet. Die nachfolgend aufgelisteten Schritte haben sich bei der Erstellung des Formulars bewährt:

- Zunächst richtet man in der Tabelle STARTCENTER eine Monatsliste ein. Kopieren Sie dazu einfach die Monatsnamen Jan bis Dez einschließlich Urlaubsgeld und Weihnachtsgeld in den Bereich S1:S4 des Tabellenblattes STARTCENTER. Den Bereich belegen Sie mit dem Namen MONATSLISTE. Die Befehlsfolge lautet:

```
Bereich markieren → Formeln → Namens-Manager → Neu → Namen in Zeile
Name eingeben
```

Eine andere Möglichkeit besteht darin, in das Namenfeld den Namen einzugeben. Die Eingabe schließt man mit Return ab.

- Anschließend zieht man im Feld I2 ein Kombinationsfeld auf. Mit einem Klick der rechten Maustaste auf das Kombinationsfeld, das sich in der Entwurfsansicht befindet, öffnet sich das Kontextmenü. Sie wählen die Option EIGENSCHAFTEN und nehmen folgende Einstellungen vor:

Eigenschaft	Wert
BOUNDCOLUMN	1
COLUMNCOUNT	1
COLUMNWIDTH	2cm
LINKEDCELL	I2
LISTFILLRANGE	Monatsliste

In der Zelle I4 richten Sie ein weiteres Kombinationsfeld ein. Dieses Kombinationsfeld hat folgende Einstellungen:

Eigenschaft	Wert	Bedeutung
BOUNDCOLUMN	1	
COLUMNCOUNT	2	
COLUMNWIDTH	0cm;2,5cm	Die erste Spalte wird versteckt, aber ausgegeben in die Zelle I4.
LINKEDCELL	I4	
LISTFILLRANGE	MListe	

Nun kann man mit der Funktion SVERWEIS die Mitarbeiterdaten aus der Mitarbeiterliste MLISTE auslesen. Da evtl. ein Fehler beim Auslesen auftreten kann, erfolgt in der Formel die Abfrage auf den Fehler #NV. Liegt der Fehler nicht vor, soll nach dem Mitarbeiter gesucht und sollen die Daten ausgegeben werden. Für den Namen und den Vornamen des Mitarbeiters lautet die Formel:

```
=WENN(ISTNV(SVERWEIS($I$4;MListe;2));"";(SVERWEIS($I$4;MListe;2)&", "&
SVERWEIS($I$4;MListe;3)))
```

Diese Formel kopieren Sie in das Feld D6. Die Steuerklasse befindet sich in Spalte 8 der Mitarbeiterliste. Diese Anpassung nehmen Sie in der SVERWEIS-Funktion vor. Die Abfrage bzgl. des Fehlers #NV bleibt. Die Steuerklasse soll als römische Ziffer ausgegeben werden. Hier verfügt Excel über die Funktion RÖMISCH(). In die Klammern dieser Funktion kommt der SVERWEIS.

```
=WENN(ISTNV(SVERWEIS($I$4;MListe;8));"";RÖMISCH(SVER-
WEIS($I$4;MListe;8)))
```

Für die Anzeige der Religionszugehörigkeit wählt man die nachfolgende Formel:

```
=WENN(ISTNV(SVERWEIS($I$4;MListe;7)); ""; WENN(SVERWEIS($I$4;MListe;7)=1; "rk";
    WENN(SVERWEIS($I$4;MListe;7)=2; "ev";"keine")))
```

Liegt der Fehler #NV vor, wird in die Zelle I6 nichts eingetragen. Andernfalls wird abgefragt, welche Ziffer der SVERWEIS liefert. Im Fall von 1 wird in die Zelle I6 der Text rk eingetragen, bei 2 der Text ev und sonst keine.

In die Zelle I8 kommt die Formel JETZT(). Sie trägt das Datum ein. Das Abrechnungsdatum soll allerdings nicht erscheinen. Deshalb wählt man als Format für diese Zelle die Option März 01. Mit der Tastenkombination [Strg]+[1] rufen Sie das Fenster ZELLEN FORMATIEREN auf und wählen die entsprechende Formatierung aus.

Die mit der Farbe Gelb hinterlegten Felder sind Eingabefelder. In diese Zellen müssen die Daten von Hand eingetragen werden.

Die Daten der Lohnabrechnung für den jeweiligen Monat liegen in der Tabelle Lkto_1000 etc. vor. Sie sollen mittels SVERWEIS in das Abrechnungsformular gelesen werden. Dazu belegt man in der jeweiligen Tabelle den Bereich mit den Abrechnungsdaten - A12:T25 - mit einem Namen. Folgende Namen sollen vergeben werden:

- Der Bereich A12: T25 der Tabelle LKTO_1000 soll den Namen LKTO1000 erhalten.

- Der Bereich A12: T25 der Tabelle LKTO_1001 soll den Namen LKTO1001 erhalten.

- Der Bereich A12: T25 der Tabelle LKTO_1002 soll den Namen LKTO1002 erhalten.

Nun werden die Daten des jeweiligen Lohnkontos mittels SVERWEIS übernommen. Suchkriterium ist der Monatsname des Feldes I2. Dorthin schreibt das Kombinationsfeld mit den Monatsnamen den Monatsnamen. Die Suchliste ist der jeweilige Lohnkontenbereich, der mit dem obigen Namen belegt wurde.

```
=WENN(ISTNV(SVERWEIS($I$2;Lkto1000;2));"";SVERWEIS($I$2;Lkto1000;2))
```

Alle anderen Werte werden entsprechend übernommen.

Das Drucken des Abrechnungsformulars verlangt wieder ein Anklicken von Menüs. Das kann man vermeiden, indem man eine Befehlsschaltfläche einrichtet und ein kleines Programm mit der Befehlsschaltfläche verknüpft. Die Befehlsfolge lautet:

```
Private Sub CommandButton1_Click()
'Auswahl des Druckbereiches
Range("A1:J44").Select
'Ausdruck von zwei Kopien des Druckbereiches
ActiveWindow.SelectedSheets.PrintOut Copies:=2, Collate:=True
'Zellzeiger wird auf die Zelle A1 gesetzt
Range("A1").Select
End Sub
```

Die Steuerelemente im Tabellenblatt sollen nicht ausgedruckt werden. Deshalb markiert man nun in der Entwurfsansicht die beiden Kombinationsfelder und die Befehlsschaltfläche und klickt mit der rechten Maustaste auf irgendein Steuerelement. Im Kontextmenü wählt man die Option STEUERELEMENT FORMATIEREN. Das

Fenster STEUERELEMENT FORMATIEREN öffnet sich. In der Option EIGENSCHAFTEN deaktiviert man das Kontrollkästchen OBJEKT DRUCKEN.

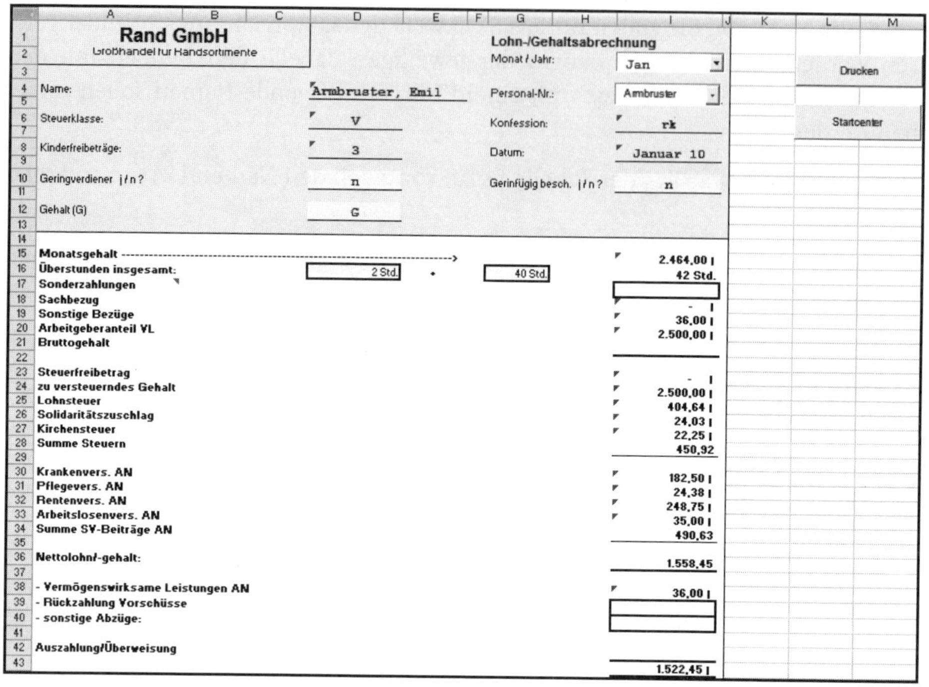

Abb. 2.23: Abrechnungsformular

2.5.5 Auswertung

In der Tabelle AUSWERTUNG sollen die Abrechnungsdaten zusammengefasst werden. Excel stellt dafür die Option KONSOLIDIEREN zur Verfügung. Bevor man die Daten jedoch von Excel zusammenfassen lässt, richtet man die Tabelle AUSWERTUNG ein:

- Aus der Tabelle LKTO_1000 kopiert man die Zeilen 10 und 11 in die Zeilen 4 und 5 des Tabellenblattes AUSWERTUNG.

- Der Bereich A12:A26 der Tabelle Lkto_1000 wird in den Bereich A6:A20 des Tabellenblattes Auswertung kopiert.

Nach Abschluss dieser Arbeiten setzt man den Zellzeiger in die Zelle B6 des Tabellenblattes AUSWERTUNG und beginnt mit der Zusammenfassung der Daten. Mit der Befehlsfolge

```
Daten → Konsolidieren
```

öffnet man das Fenster KONSOLIDIEREN .

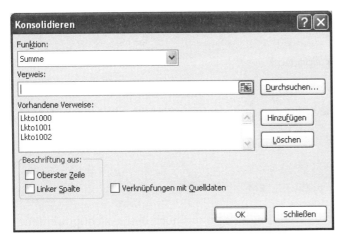

Abb. 2.24: Das Fenster KONSOLIDIEREN

Im Fenster werden folgende Einstellungen vorgenommen:

- In der Zeile FUNKTION: gibt man die Option SUMME vor.

- In die Eingabezeile VERWEIS: trägt man die durch Namen festgelegten Bereiche LKTO1000, LKTO1001, LKTO1002 ein. Nach jedem Eintrag muss ein Klick auf den Button HINZUFÜGEN erfolgen. Excel trägt dann den hinzugefügten Verweis in die Liste VORHANDENE VERWEISE: ein.

Die Konsolidierung schließt man dann mit Klick auf OK ab. Die Daten werden dann ab Zelle B6 in die Zeile für den Januar eingetragen. Die Aktualisierung der Daten erfolgt über die Befehlsfolge

```
Daten → Konsolidieren → Ok
```

Von Interesse könnten noch folgende Kennziffern aus dem Personalbereich sein:

$$\varnothing\ Stundenlohn = \frac{Lohnsumme}{Arbeitsstunden}$$

$$\varnothing\ Lohnquote = \frac{Lohnkosten}{Umsatz}$$

$$\varnothing\ Personal\ int\ ensit\ddot{a}t = \frac{Personalaufwand}{Betriebsleistung}$$

$$\varnothing\ Gehalt = \frac{Gehaltssumme}{Anzahl\ Mitarbeiter}$$

Die Beispiele in der Tabelle AUSWERTUNG sind fiktiv. Hier müssen in der Praxis die tatsächlichen Werte der GuV-Rechnung eingetragen werden. Im Beispiel wird von folgenden Werten ausgegangen:

- Anzahl der Mitarbeiter : 3

- Umsatz pro Monat: 65.000,00 €

- Betriebsleistung pro Monat: 45.000,00 €

- Durchschnittliche Arbeitsstunden im Monat: 100 Std. für alle Mitarbeiter

Die Formeln lauten dann:

```
Ø Stundenlohn =U6/$E$23
Ø Lohnquote=(I6+SUMME(M6:P6))/$I$23
```

Der Arbeitgeberanteil zur Sozialversicherung muss noch berücksichtigt werden.

```
Ø Personalintensitaet=(I6+SUMME(P6:S6))/$L$23
Ø Gehalt=(I6+SUMME(M6:P6))/$P$23
```

Weitere Informationen zu Kennziffern erhalten Sie unter:

http://www.controllingportal.de/Fachinfo/Kennzahlen/

2.6 Lohnberechnung für 2010

Ab dem 01.01.2010 hat sich die Berechnung der Lohnsteuer, des Solidaritätszuschlages und der Kirchensteuer in einigen Punkten wesentlich geändert. Wegen des Bürgerentlastungsgesetzes Krankenversicherung sind nun bei der Berechnung der Vorsorgepauschale die Krankenversicherungsbeiträge zu berücksichtigen. Die Funktion LSTBERECHNEN – sie berechnet Lohnsteuer, Kirchensteuer und Solidaritätszuschlag – wurde deshalb in einigen Punkten abgeändert. Die Lohnabrechnung für das Jahr 2010 finden Sie in der Arbeitsmappe LOHNABRECHNUNG2010.XLSM. Es gelten folgende Voraussetzungen:

- Alle Arbeitnehmer sind gesetzlich krankenversichert.

- Der Lohn wird monatlich ausgezahlt (LZZ = 2).

- Das Faktorverfahren findet keine Berücksichtigung.

- Grundlage für die Berechnungen ist der Programmablaufplan für die maschinelle Berechnung der vom Arbeitslohn einzubehaltenden Lohnsteuer, des Solidaritätszuschlags und der Maßstabsteuer in 2010 des Bundesfinanzministeriums. Dieser Programmablaufplan kann von der Internetseite des Bundesfinanzministeriums heruntergeladen werden. Die Adresse lautet:

http://www.bundesfinanzministerium.de/nn_290/DE/BMF__Startseite/Ak-
tuelles/BMF__Schreiben/Veroffentlichungen__zu__Steuerarten/lohnsteu-
er/008__a,templateId=raw,property=publicationFile.pdf

Kapitel 3

Fehleranalyse in der Produktion

Produktionscontrolling hat die Daten bereitzustellen, die über die Betriebsabrechnung hinausgehen. Mit diesen Daten sollen Kennziffern errechnet werden, die das Geschehen in der Produktion abbilden und analysieren. Im Produktionscontrolling geht es darum, Fehlerquellen, Besonderheiten und Engpässe in der Produktion aufzuspüren, um diese gezielt zu analysieren und zu beseitigen.

In einem heimischen Unternehmen, das Industrieregale herstellt, treten bei der Produktion immer wieder Bearbeitungsfehler auf. Es soll eine Fehleranalyse mit Excel durchgeführt werden, die Aufschluss darüber gibt, wo die Fehler auftreten und wodurch sie verursacht werden. Diese Fehleranalyse soll so durchgeführt werden, dass auch ein ungeübter Benutzer die Analyse durchführen kann. Die Daten wurden in der Datenbank FEHLER.MDB gespeichert und können dort abgerufen werden. Diese Datenbank setzt sich aus den in Abbildung 3.1 abgebildeten Tabellen zusammen.

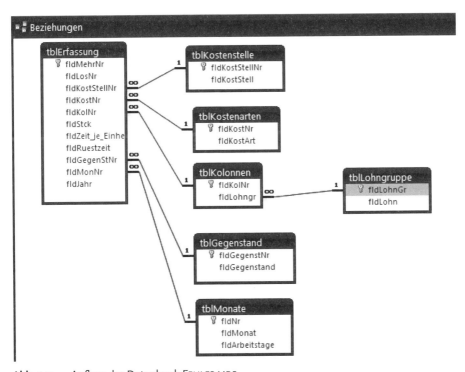

Abb. 3.1: Aufbau der Datenbank FEHLER.MDB

Aus diesen Tabellen wird nun die nachfolgende Abfrage QRYVWEXCEL erstellt:

KostStellNr	KostenStelle	KostArtNr	Fehler	KolNr	GegenStandNr	Gegenstand	Stck	Zeit	Kosten	Monat	Jahr
3000	Verzinkerei	10	Fehlerhaftes Material	A3000	20	HT Holm	25	69,5	18,07	Dez	2008
3100	Rollformer	10	Fehlerhaftes Material	A3000	20	HT Holm	13	44,5	11,57	Aug	2008
3000	Verzinkerei	10	Fehlerhaftes Material	A3000	20	HT Holm	8	56,6000004	14,7160001	Jul	2008
3100	Rollformer	10	Fehlerhaftes Material	A3000	20	HT Holm	23	161,5	41,99	Jul	2008
3000	Verzinkerei	10	Fehlerhaftes Material	A3000	20	HT Holm	25	119,5	31,07	Jun	2008
3000	Verzinkerei	10	Fehlerhaftes Material	A3000	20	HT Holm	27	126,900002	32,9940004	Apr	2008
3000	Verzinkerei	10	Fehlerhaftes Material	A3000	20	HT Holm	25	94,5	24,57	Mai	2008
3400	Tauchbecken	10	Fehlerhaftes Material	C3500	20	HT Holm	22	120,400002	31,90600040	Jun	2009
3400	Tauchbecken	10	Fehlerhaftes Material	C3500	20	HT Holm	22	132,5	35,1125	Dez	2009
3400	Tauchbecken	10	Fehlerhaftes Material	C3500	20	HT Holm	22	215	56,975	Nov	2009
3100	Rollformer	10	Fehlerhaftes Material	A3000	20	HT Holm	10	33,5	8,71	Dez	2008
3000	Verzinkerei	10	Fehlerhaftes Material	A3000	20	HT Holm	25	94,5	24,57	Mai	2009
3100	Rollformer	10	Fehlerhaftes Material	A3000	20	HT Holm	28	91,7999954	23,86799881	Apr	2008
3000	Verzinkerei	10	Fehlerhaftes Material	A3000	20	HT Holm	25	95,75	24,895	Mrz	2008
3100	Rollformer	10	Fehlerhaftes Material	A3000	20	HT Holm	10	41,5	10,79	Mrz	2008
3100	Rollformer	10	Fehlerhaftes Material	A3000	20	HT Holm	10	47	12,22	Jun	2008
3400	Tauchbecken	10	Fehlerhaftes Material	C3500	20	HT Holm	15	83,75	22,19375	Mai	2009
3000	Verzinkerei	10	Fehlerhaftes Material	A3000	20	HT Holm	25	93,75	24,375	Feb	2008
3400	Tauchbecken	10	Fehlerhaftes Material	C3500	20	HT Holm	27	110,699997	28,78199921	Aug	2009
3000	Verzinkerei	10	Fehlerhaftes Material	A3000	20	HT Holm	22	215	56,975	Nov	2008
3000	Verzinkerei	10	Fehlerhaftes Material	A3000	20	HT Holm	25	169,5	44,07	Okt	2008
3100	Rollformer	10	Fehlerhaftes Material	A3000	20	HT Holm	10	37	9,62	Okt	2008
3000	Verzinkerei	10	Fehlerhaftes Material	A3000	20	HT Holm	25	95,75	24,895	Nov	2008
3100	Rollformer	10	Fehlerhaftes Material	A3000	20	HT Holm	10	39,5	10,27	Jan	2008
3100	Rollformer	10	Fehlerhaftes Material	A3000	20	HT Holm	10	37	9,62	Nov	2008
3000	Verzinkerei	10	Fehlerhaftes Material	A3000	20	HT Holm	27	110,699997	28,78199921	Aug	2008
3100	Rollformer	10	Fehlerhaftes Material	A3000	20	HT Holm	10	40,5	10,53	Feb	2008

Datensatz: ◄ ◄ 1 von 552 ► ►I ►* Kein Filter | Suchen

Abb. 3.2:   Abfrage QRYVWEXCEL

Diese Abfrage umfasst 552 Datensätze, die in Excel zur Verfügung stehen müssen und dort ausgewertet werden. Der Controller soll Zugang zu den Daten haben, um diese weiterzuverarbeiten. Das Unternehmen hofft, dadurch Klarheit über die möglichen Fehlerursachen zu bekommen und in diesem Bereich durch Fehlerbeseitigung Kosten einzusparen.

3.1   Startcenter einrichten

Erstellen Sie zunächst eine neue Arbeitsmappe mit dem Namen FEHLER_ANALYSE und richten dort die in der Abbildung 3.3 aufgeführten Befehlsschaltflächen ein.

Rufen Sie dazu den Ribbon ENTWICKLERTOOLS auf und klicken dort auf die Option EINFÜGEN. Aus der Rubrik ACTIVEX-STEUERELEMENTE wählen Sie das Icon für die Befehlsschaltfläche aus. Die Maus wird zum Fadenkreuz. Bei gedrückter linker Maustaste ziehen Sie die Befehlsschaltfläche auf.

Abb. 3.3:   Tabellenblatt START

Icon Befehlsschaltfläche

Abb. 3.4:   ActiveX-Steuerelemente

Aktivieren Sie den ENTWURFSMODUS, in dem Sie auf das Symbol ENTWURFSMO-
DUS der Leiste ENTWICKLERMODUS klicken. Mit einem Klick der rechten Maustaste
auf den ersten Button öffnen Sie ein Kontextmenü, aus dem Sie die Option EIGEN-
SCHAFTEN auswählen.

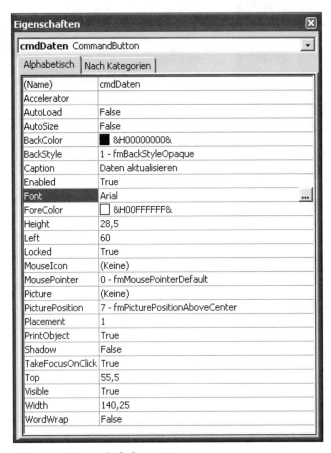

Eigenschaften	☒

cmdDaten CommandButton	▾

Alphabetisch | Nach Kategorien

(Name)	cmdDaten
Accelerator	
AutoLoad	False
AutoSize	False
BackColor	■ &H00000000&
BackStyle	1 - fmBackStyleOpaque
Caption	Daten aktualisieren
Enabled	True
Font	Arial ...
ForeColor	☐ &H00FFFFFF&
Height	28,5
Left	60
Locked	True
MouseIcon	(Keine)
MousePointer	0 - fmMousePointerDefault
Picture	(Keine)
PicturePosition	7 - fmPicturePositionAboveCenter
Placement	1
PrintObject	True
Shadow	False
TakeFocusOnClick	True
Top	55,5
Visible	True
Width	140,25
WordWrap	False

Abb. 3.5:   Eigenschaftsfenster Button CMDDATEN

Für die jeweiligen Befehlsschaltflächen tragen Sie die Daten der nachfolgenden
Tabelle ein:

Befehlsschaltfläche	Eigenschaft (Name)	Eigenschaft Caption
DATEN AKTUALISIEREN	CMDDATEN	DATEN AKTUALISIEREN
KOSTENSTELLENANALYSE	CMDKOSTEN	KOSTENSTELLENANALYSE
KOSTENARTENANALYSE	CMDKOSTENARTEN	KOSTENARTENANALYSE

Befehlsschaltfläche	Eigenschaft (Name)	Eigenschaft Caption
ZEITANALYSE	CMDZEIT	ZEITANALYSE
HÄUFIGKEITSANALYSE	CMDANZAHL	HÄUFIGKEITSANALYSE
ZEITLICHE VERTEILUNG (GRAFIK)	CMDGRAFIK1	ZEITLICHE VERTEILUNG (GRAFIK)
FEHLERURSACHEN (GRAFIK)	CMDGRAFIK2	FEHLERURSACHEN (GRAFIK)

In der Arbeitsmappe sollen folgende Tabellen sollen angelegt werden:

■ Tabellenblatt START: Bildet das Regiezentrum für die Arbeitsmappe.

■ Tabellenblatt DATENADO: In dieser Tabelle werden die Daten abgelegt.

■ Tabellenblatt KOSTENSTELLE: Hier soll eine Pivot-Tabelle erstellt werden, die die Daten unter den Gesichtspunkten Zeit und Kostenstelle untersucht.

■ Tabellenblatt KOSTEN: In dieser Tabelle soll untersucht werden, wie sich die Kostenarten auf die zu bearbeitenden Gegenstände verteilen.

■ Tabellenblatt ZEITANALYSE: Gegenstand der Untersuchung ist die Verteilung der Fehler auf die Kolonnen.

■ Tabellenblatt HÄUFIGKEITSANALYSE: In dieser Tabelle wird der Frage nachgegangen, wie oft Fehler in welcher Verteilung auftreten.

Die Vorbereitungen sind nun abgeschlossen, und die Übernahme der Daten kann programmiert werden.

3.2   Datenübernahme

Zunächst soll die Datenübernahme aus einer Access-Datenbank nach Excel programmiert werden. Dazu greift man auf die Abfrage QRYVWEXCEL in der Datenbank FEHER.MDB zu. Das Programm läuft nach folgendem Muster ab:

■ Man stellt die Verbindung zur Datenbank her, öffnet die Datenbank und greift dann auf die Abfrage oder Tabelle zu.

■ Die im Tabellenblatt DATENADO vorhandenen Daten werden gelöscht und die Überschriften für die einzelnen Spalten gesetzt. Soll eine Auswertung mittels Pivot-Tabelle vorgenommen werden, dienen diese Überschriften als Spaltenbezeichnungen.

■ Eine Laufvariable INTI wird initialisiert, und es wird mit der Datenübernahme begonnen. Die Laufvariable dient nach Beendigung der Datenübernahme da-

zu, in einer Meldung dem Benutzer mitzuteilen, wie viele Datensätze übernommen wurden.

■ Die Spalten werden formatiert, die Schriftbreite etc. wird festgelegt.

■ Der gesamte Datenbereich wird mit einem Namen belegt. Auf diesen Namen
kann man bei der Erstellung der Pivot-Tabellen zurückgreifen. Eine Meldung
über die Anzahl der eingelesenen Datensätze wird ausgegeben.

■ Die Pivot-Tabellen werden aktualisiert.

■ Die Bereiche der Spalten D, I und J, soweit sie Daten enthalten, werden mit Na-
men versehen. Dies erleichtert die Auswertung der Daten im Tabellenblatt
HÄUFIGKEITSANALYSE und dient gleichzeitig dazu, dass immer auf die aktuelle
Anzahl von Datensätzen zugegriffen wird. Kommen nämlich beispielsweise
Daten bei der Übernahme hinzu, müssen die Formeln der Funktion HÄUFIG-
KEIT bzgl. des Datenbereichs angepasst werden. Oft wird das vergessen, was
dann zu Fehlern in der Auswertung führt. Mit der bei der Datenübernahme automatisch erfolgten Anpassung des jeweiligen Datenbereichs wird dieser Feh-
ler vermieden.

Bei Bedarf kann man das Tabellenblatt, das die Daten aufnimmt, noch vor dem
Benutzer verstecken. In der Regel wird dies nicht notwendig sein. Das nachfol-
gende Programm wird mit dem Button CMDDATEN verknüpft, indem man den
ENTWURFSMODUS der Leiste ENTWICKLERTOOLS aktiviert und den Button mit der
rechten Maustaste anklickt. Aus dem Kontextmenü wählt man die Option CODE
ANZEIGEN. Excel fügt in den VBA-Editor eine leere Seite mit dem Code

```
Private Sub cmdDaten_Click()
End Sub
```

ein. Nun sollte man nicht sofort mit der Programmierung beginnen, sondern erst
die notwendigen Bibliotheken laden. Ohne die Bibliothek MICROSOFT ACCESS
OBJECT LIBRARY kann man zum Beispiel auf den Befehlsumfang von Access in
Excel nicht zugreifen. Das ist erst dann möglich, wenn man einen Verweis auf
diese Bibliothek gesetzt hat. Neben der angeführten Bibliothek sollten noch weitere Verweise gesetzt werden. Dies geschieht im VBA-Editor. Dort rufen Sie mit
der Befehlsfolge:

```
Extras → Verweise...
```

das Fenster VERWEISE - VBAPROJECT auf. In diesem Fenster finden Sie alle für die
Datenübernahme von Access nach Excel notwendigen Bibliotheken. Aktivieren
Sie die im Fenster angezeigten Bibliotheken der Abbildung 3.6.

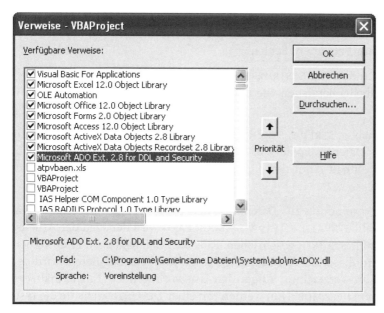

Abb. 3.6: Das Fenster VERWEISE - VBAPROJECT

MICROSOFT ADO 2.8 lädt die Befehle, die notwendig sind, um auf ein RECORDSET-Objekt zugreifen zu können. Dazu gehören u.a. Befehle wie CONNECTION, RECORDSET, ADODB, MOVEFIRST etc. Ohne die Aktivierung dieser Bibliothek können Datensätze nicht angesteuert und ausgelesen werden. Nach dem Setzen der Verweise werden dann die Variablen deklariert:

```
Private Sub cmdDaten_Click()
Dim cnn As New ADODB.Connection
Dim rst As New ADODB.Recordset
Dim intI, intZ As Integer
Dim lngZaehler As Long
Dim strBereich As String
Dim strFile As String, strEndung As String, strPath, strName, cnnString As String
```

Die Variablen haben folgende Bedeutung:

- DIM CNN AS NEW ADODB.CONNECTION: Ein Verbindungsobjekt (CONNECTION) mit dem Namen CNN wird definiert.

- DIM RST AS NEW ADODB.RECORDSET: legt ein RECORDSET-Objekt mit dem Namen RST fest.

- DIM INTI, INTZ AS INTEGER: reserviert Speicher für die Laufvariablen INTI und INTZ. Der Datentyp ist INTEGER.

- DIM LNGZAEHLER AS LONG: Die Variable LNGZAEHLER zählt die Anzahl der übernommenen Datensätze und muss vom Typ LONG sein. Ein anderer Typ, z.B. INTEGER, führt zu einem Fehler.

- DIM STRBEREICH AS STRING: STRBEREICH ist vom Typ STRING und dient zur Definition von Tabellenbereichen wie z.B. Bereich BEREICH="C7:C" & LNGZAEHLER

- Die String-Variablen STRFILE, STRENDUNG, STRPATH und STRNAME dienen zur Ermittlung des Datenbankpfades und des Namens der Datenbank. Die Variable CNNSTRING enthält dann den kompletten Verbindungs-String zur Datenbank.

Danach wird die Verbindung zur Datenbank hergestellt und das Recordset geladen. Mit dem Befehl STRPATH = THISWORKBOOK.PATH wird der Pfad der Arbeitsmappe in die Variable STRPATH geschrieben. Falls die Pfadangabe am Ende keinen SLASH enthält, wird dieser an den Pfad angehängt. Mit dem DIR-Befehl wird der erste Dateiname im Verzeichnis aufgerufen. Im vorliegenden Fall enthält der String den Namen FEHLER.MDB. Nun werden mit einer DO-UNTIL-Schleife die restlichen Dateien des Verzeichnisses durchlaufen. Sollte die Dateiendung auf MDB, ACCDB oder TXT lauten, wird der vollständige Pfad der Datenbank einschließlich Semikolon in der Variablen STRNAME festgehalten. Die Variable CNNSTRING nimmt dann den kompletten Verbindungs-String auf. Der Befehl CNN.OPEN CNNSTRING stellt dann die Verbindung zur Datenbank her. Mit RST.OPEN QRYVWEXCEL wird dann das Recordset geöffnet.

```
strPath = ThisWorkbook.Path
If Right(strPath, 1) <> "\" Then strPath = strPath & "\"
    strEndung = "*.*"
    strFile = Dir(strPath & strEndung)
    Do Until strFile = ""
        If Right(strFile, 3) = "mdb" Or Right(strFile, 5) = "accdb" Then
            strName = strPath & strFile & ";"
        End If
      strFile = Dir()
    Loop
If Right(strFile, 3) = "mdb" Or Right(strFile, 3) = "txt" Then
    cnnString = "Provider=Microsoft.Jet.OLEDB.4.0; Data Source=" & strName
End If
If Right(strFile, 3) = "accdb" Then
    cnnString = "Provider=Microsoft.ACE.OLEDB.12.0; Data Source=" & strName
End If
'Verbindung herstellen
cnn.Open cnnString
rst.Open "qryvwExcel", cnn, adOpenKeyset, adLockOptimistic
```

Das Tabellenblatt DATENADO wird angesteuert (ACTIVATE), und als Startzelle für die Datenübertragung wird die Zelle A6 (SELECT) ausgewählt.

```
Worksheets("DatenADO").Activate
Sheets("DatenADO").Range("A6").Select
```

Die Aktion sauberer Bildschirm wird gestartet, indem die aktuelle Umgebung (CURRENTREGION) von Zelle A6 geleert (CLEARCONTENTS) wird.

```
Sheets("DatenADO").Range("A6").CurrentRegion.ClearContents
```

Der Datensatzanzeiger wird auf den ersten Datensatz (MOVEFIRST) des Recordset QRYVWEXCEL gesetzt.

```
rst.MoveFirst
```

Mit einer FOR-NEXT-Schleife werden die Feldnamen des Recordsets (RST.FIELDS(INTZ).NAME) in die Zeile 6 des Tabellenblattes gelesen. Der Zellzeiger wird programmmäßig solange um eine Spalte nach rechts verschoben (ACTIVE-CELL.OFFSET(0, INTZ)), bis alle Feldnamen eingelesen worden sind. Der Befehl (ACTIVECELL.OFFSET(1, 0).SELECT) setzt den Zellzeiger eine Zeile tiefer. Allgemein lautet der Befehl ACTIVECELL.OFFSET(ZEILE, SPALTE):

- Zeile: Ein positiver Wert setzt den Zellzeiger nach unten; dagegen bewegt ein negativer Wert den Zellzeiger nach oben.

- Spalte: Ein positiver Wert setzt den Zellzeiger nach rechts; dagegen bewegt ein negativer Wert den Zellzeiger nach links.

- So heißt OFFSET(1,-3): Gehe eine Zeile tiefer und drei Spalten nach links.

```
For intZ = 0 To rst.Fields.Count - 1
    ActiveCell.Offset(0, intZ).Value = rst.Fields(intZ).Name
Next
ActiveCell.Offset(1, 0).Select
```

Die Variable, die die Anzahl der Datensätze aufnehmen soll, erhält den Wert 0 zugewiesen.

```
intI = 0
```

Die Datenübernahme aus dem RECORDSET nach Excel wird gestartet. Mit einer DO-WHILE-Schleife, die dann gestoppt wird, wenn der letzte Datensatz (RST.EOF) erreicht ist, werden die Daten Feld für Feld (RST!FELDNAME) eingelesen. Mit dem Befehl ACTIVECELL.OFFSET(0, 7).NUMBERFORMAT = "#.###0.00 ""MIN.""" wird ein benutzerdefiniertes Format erstellt. Die Zählvariable INTI wird um 1 erhöht. Anschließend wird der Datensatzzeiger auf den nächsten Datensatz (RST.MOVE-NEXT) gesetzt. Nach Beendigung der Schleife wird das RECORDSET (RST.CLOSE) geschlossen und dann die Verbindung zur Datenbank (CNN.CLOSE) beendet.

```
Do While Not rst.EOF
     ActiveCell.Value = rst!KoststellNr
     ActiveCell.Offset(0, 1).Value = rst!KostenStelle
     ActiveCell.Offset(0, 2).Value = rst!KostArtNr
     ActiveCell.Offset(0, 3).Value = rst!Kostenart
     ActiveCell.Offset(0, 4).Value = rst!KolNr
     ActiveCell.Offset(0, 5).Value = rst!GegenstandNr
     ActiveCell.Offset(0, 6).Value = rst!Gegenstand
     ActiveCell.Offset(0, 7).Value = rst!Stck
     ActiveCell.Offset(0, 7).NumberFormat = "#,##0.00 ""Stck."""
     ActiveCell.Offset(0, 8).Value = rst!Zeit
     ActiveCell.Offset(0, 8).NumberFormat = "#,##0.00 ""Min."""
     ActiveCell.Offset(0, 9).Value = CCur(rst!Kosten)
     ActiveCell.Offset(0, 10).Value = rst!Monat
     ActiveCell.Offset(0, 11).Value = rst!Jahr
     intI = intI + 1
     rst.MoveNext
     ActiveCell.Offset(1, 0).Select
  Loop
rst.Close
cnn.Close
```

Es erfolgt die Ausgabe der Meldung über die Anzahl der übernommenen Datensätze.

```
MsgBox "Es wurden " & intI & " Datensätze übernommen!"
```

Danach erfolgt die Formatierung der Spalten der aktuellen Umgebung von Zelle A6. Die Hintergrundfarbe (INTERIOR.COLORINDEX = 15) erhält den Wert 15 (grau), der Schriftfarbe (FONT.COLORINDEX = 49) wird der Wert 49 (dunkelblau) zugewiesen und die Schriftauszeichnung (FONT.BOLD = TRUE) wird auf Fett gesetzt. AUTO-FIT passt die Spaltenbreite an.

```
Worksheets("DatenADO").Range("A6:L6").Select
Selection.Interior.ColorIndex = 15
Selection.Font.ColorIndex = 49
Selection.Font.Bold = True
Worksheets("DatenADO").Range("A6").CurrentRegion.Columns.AutoFit
```

Danach wird der Tabellenbereich mit den gesamten Daten des Tabellenblattes
DATENADO mit dem Namen DATENADOQUELLE belegt.

```
Worksheets("DatenADO").Range("A6").Select
Worksheets("DatenADO").Range("A6").CurrentRegion.Name = "DatenADO-
quelle"
```

Der PivotCache, Datenpuffer für die Daten der Pivot-Tabelle, wird erneuert, sodass
auch neue Datensätze in die jeweilige Pivot-Tabelle einbezogen werden. Da die
Pivot-Tabellen noch nicht erstellt worden sind, sollte man die nachfolgenden Zeilen für einen Probelauf auskommentieren. Erst nach dem Anlegen der Pivot-
Tabellen kann man dann die Kommentierung wieder rückgängig machen.

```
Worksheets("Auswertung").Activate
Sheets("Auswertung").Range("C11").Select
ActiveSheet.PivotTables("Tabelle_2").PivotCache.RefreshOnFileOpen = True
Worksheets("Kosten").Activate
Sheets("Kosten").Range("A7").Select
ActiveSheet.PivotTables("Tabelle_1").PivotCache.RefreshOnFileOpen = True
Worksheets("Zeitanalyse").Activate
Sheets("Zeitanalyse").Range("A8").Select
ActiveSheet.PivotTables("Tabelle_3").PivotCache.RefreshOnFileOpen =
True
```

Für die Auswertungen im Tabellenblatt HÄUFIGKEITSANALYSE werden nun die Spalten D (FEHLER1), I (ZEIT1), J (KOSTEN1) mit Namen belegt. Die Spaltenüberschriften
wie z.B. Kosten dürfen wegen der Befehlssyntax der jeweiligen Excel-Funktion
nicht einbezogen werden. Mit dem Befehl (CURRENTREGION.ROWS.COUNT) wird
die Zeilenzahl der aktuellen Umgebung der Zelle A6 bestimmt. Oberhalb von A6
bleiben 5 Zeilen frei. Diese 5 Zeilen muss man zur Zeilenzahl addieren, um an das
Ende des Datenbereichs zu gelangen. Beträgt die Zeilenzahl z.B. 31 und der Datenbereich beginnt bei A6, endet er bei A31 + 5, also bei A36. Der Befehl STRBEREICH =
"D7:D" & LNGZAEHLER definiert z.B. den Textstring D7:D558, wählt den Bereich
(SHEETS("'DATENADO"').RANGE(BEREICH).SELECT) aus und belegt die Auswahl mit
dem Namen FEHLER1. Diese Vorgehensweise wird auch bei den anderen Tabellenbereichen angewendet.

```
Worksheets("DatenADO").Activate
Sheets("DatenADO").Range("A6").Select
lngZaehler = Worksheets("DatenADO").Range("A6").CurrentRegion.Rows.Count + 5
strBereich = "D7:D" & lngZaehler
Sheets("DatenADO").Range(strBereich).Select
Selection.Name = "Fehler1"
strBereich = "I7:I" & lngZaehler
```

```
Sheets("DatenADO").Range(strBereich).Select
Selection.Name = "Zeit1"
strBereich = "J7:J" & lngZaehler
Sheets("DatenADO").Range(strBereich).Select
Selection.Name = "Kosten1"
Worksheets("Start").Select
Sheets("Start").Range("B6").Select
```

Die Abbildung 3.7 verdeutlicht anhand einer Grafik den Zusammenhang von CUR-RENTREGION und ausgewählter Zelle.

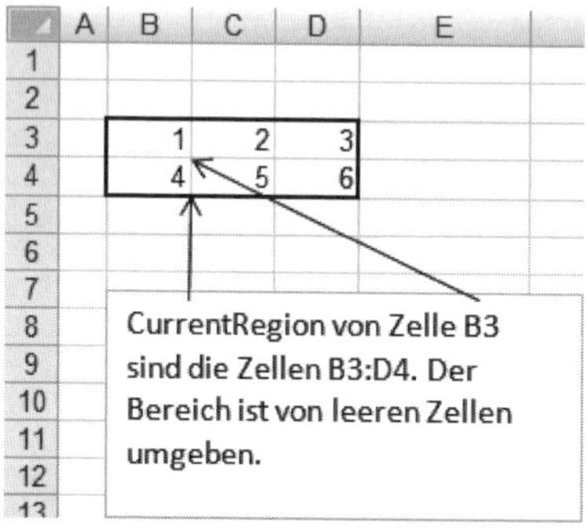

Abb. 3.7:   Beispiel für CURRENTREGION

3.3   Pivot-Tabellen erstellen

Für das Erstellen der ersten Pivot-Tabelle schalten Sie in die Tabelle AUSWERTUNG um und wählen dort das Feld A5 aus. Ab Zelle A5 soll eine Pivot-Tabelle erstellt werden, die eine Aussage darüber ermöglicht, welche Fehler bei welchem Gegenstand zu welchen Nachbearbeitungszeiten bzw. Nachbearbeitungskosten in welchem Jahr und Monat geführt haben. Diese Kurzbeschreibung legt den Aufbau der Pivot-Tabelle fest. Fehler und Gegenstand bilden die Zeilen bzw. Spalten der Pivot-Tabelle. Auszuwertende Daten sind Kosten bzw. Nachbearbeitungszeiten. Jahre und Monate bilden die Seitenfelder (Filter). Zum Erstellen der Pivot-Tabelle wechseln Sie in den Befehlsleiste EINFÜGEN, klicken dort auf PIVOTTABLE und wählen im Menü die Option PIVOTTABLE aus. Damit rufen Sie das Fenster PIVOT-TABLE ERSTELLEN auf. Hier geben Sie den Namen DATENADOQUELLE in die Zeile TABELLE/BEREICH ein.

Nach Bestätigung durch OK erscheint am rechten Rand die PIVOTTABLE-FELDLISTE. Excel richtet dann eine leere Pivot-Tabelle ein, die es mit Feldern zu füllen gilt. Es ist nicht mehr wie unter Excel 2003 nötig, den Assistenten zu durchlaufen. Sie müssen jetzt nur die gewünschten Felder an die von Ihnen gewünschte Stelle ziehen.

Abb. 3.8: Das Fenster PivotTable erstellen

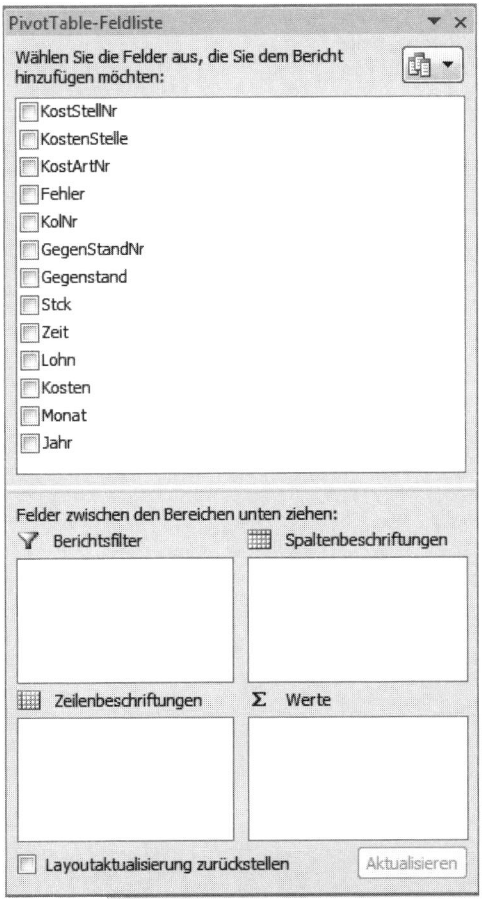

Abb. 3.9: Die leere PivotTable-Feldliste

In den BERICHTSFILTER ziehen Sie bei gedrückter Maustaste die Felder JAHR und MONAT. Als SPALTENBESCHRIFTUNG wählen Sie GEGENSTAND. Das Feld FEHLER ziehen Sie in das Kästchen ZEILENBESCHRIFTUNGEN. In die Rubrik WERTE kommt das Feld ZEIT. Damit haben Sie die erste Pivot-Tabelle erstellt. Die Abbildung 3.10 zeigt die leere eingerichtete Pivot-Tabelle.

Abb. 3.10: Die gleichzeitig eingerichtete leere Pivot-Tabelle

Die PivotTable-Feldliste sollte danach so aussehen:

Abb. 3.11: Gefüllte Bereiche der PIVOTTABLE-FELDLISTE

Der fertigen Pivot-Tabelle (Abbildung 3.12) sieht man nicht an, ob es sich im Datenbereich um Nachbearbeitungskosten oder Nachbearbeitungszeiten handelt, denn im Datenbereich findet man nur Dezimalzahlen ohne die Dimensionen Min oder Euro vor. Ein Wechsel der Datenbasis von Nachbearbeitungskosten zu Nachbearbeitungszeiten erfordert immer auch eine Formatierung der Datenbasis. Zu diesem Zweck richtet man ein Kombinationsfeld ein, das einen komfortablen Austausch der Datenbasis der Pivot-Tabelle einschließlich der Formatierung der Zahlenwerte ermöglicht.

Häufig stellt sich auch die Frage: Wie verteilen sich die Nachbearbeitungszeiten der Fehlerarten prozentual auf den Gegenstand X? Wie verteilt sich die gesamte Nachbearbeitungszeit prozentual auf alle Fehlerarten und Gegenstände? Wie verteilt sich die Fehlerart X auf alle Gegenstände? Tritt die Fehlerart X prozentual gesehen besonders häufig beim Gegenstand Y auf? Auch diese Problemstellung wird durch ein kleines VBA-Programm gelöst, das einem Kombinationsfeld zugeordnet wird.

Außerdem wird noch eine Befehlsschaltfläche im Tabellenblatt eingerichtet, die nach ihrem Anklicken das Tabellenblatt START aktiviert.

Jahr	(Alle) ▼
Monat	(Alle) ▼

Summe von Zeit	Gegenstand ▼					
Fehler ▼	Holm 13/45	HT Holm	Pfosten FS-63	Pfosten/FS-23	Ständer 12/96	Gesamtergebnis
Entfetten	36,00 Min.		3.234,26 Min.	2.034,55 Min.	1.328,50 Min.	6.633,31 Min.
Entrosten	2.734,95 Min.			4.050,60 Min.	2.667,19 Min.	9.452,74 Min.
Falsche Arbeitsunterlagen			1.857,30 Min.	2.269,25 Min.	5.203,72 Min.	9.330,27 Min.
Fehlerhaftes Betriebsmittel	5.280,32 Min.	3.196,00 Min.	2.843,60 Min.		2.597,40 Min.	13.917,32 Min.
Fehlerhaftes Material		7.311,65 Min.				7.311,65 Min.
Gesamtergebnis	8.051,27 Min.	10.507,65 Min.	7.935,16 Min.	8.354,40 Min.	11.796,81 Min.	46.645,29 Min.

Abb. 3.12: Die fertige Pivot-Tabelle Tabelle_2

Nachdem die Pivot-Tabelle erstellt wurde, wird nun zuerst die Befehlsschaltfläche eingerichtet. Sie bereitet den geringsten Aufwand. Fügen Sie zunächst im oberen Bereich der Tabelle eine Befehlsschaltfläche ein. Dies geschieht mit der Befehlsfolge

```
Entwicklertools → Einfügen → ActiveX-Steuerelemente
```

Im Eigenschaftsfenster geben Sie in die Zeile CAPTION den Text ZURÜCK ZUM START ein. Durch Klick auf den Button soll man zurück zum Tabellenblatt START gelangen. Klicken Sie nach dem Eintrag der Überschrift im Eigenschaftsfenster mit der rechten Maustaste wiederum auf den Button und wählen Sie aus dem Kontextmenü die Option CODE ANZEIGEN aus. Im VBA-Editor richtet Excel die beiden Codezeilen

```
Private Sub CommandButton1_Click()
End Sub
```

ein. Dazwischen kommt der folgende Programmcode:

```
Worksheets("Start").Activate
```

In der Tabelle AUSWERTUNG richten Sie danach ein Kombinationsfeld ein, das man an den Text des Bereichs L1:L2 bindet. In Zelle L1 steht der Text ZEIT. In das Feld L2 tragen Sie KOSTEN ein. Dem Kombinationsfeld geben Sie den Namen CBOBOX1. Durch Klick mit der rechten Maustaste auf das Kombinationsfeld – Sie befinden sich im Entwurfsmodus – öffnet sich das Kontextmenü. Aus diesem wählen Sie die Option EIGENSCHAFTEN aus. Im geöffneten Eigenschaftsfenster tragen Sie in die Zeile (NAME) CBOBOX1 ein. In Zelle O1 steht der Text ZEIT und in O2 KOSTEN. Diese Texte binden Sie an das Kombinationsfeld, indem Sie im Eigenschaftsfenster in der Zeile LISTFILLRANGE den Tabellenbereich O1:O2 eintragen. Dieses Kombinationsfeld verknüpft man nun mit dem Change-Ereignis. Wählt man im Kombinationsfeld die Option ZEIT, soll die Nachbearbeitungszeit in Minuten im Datenbereich erscheinen. Wird die Option KOSTEN im Kombinationsfeld ausgesucht, sollen im Datenbereich die Kosten in € angezeigt werden. Dazu wird nun das Kombinationsfeld mit dem Change-Ereignis verknüpft. Klicken Sie mit der rechten Maustaste im Entwurfsmodus auf das Kombinationsfeld und wählen die Option CODE ANZEIGEN aus dem Kontextmenü. Excel schaltet in den VBA-Editor und richtet dort die zwei Zeilen

```
Private Sub cboBox1_Change()
End Sub
```

ein. Damit wurde das Kombinationsfeld mit dem nachfolgenden Programm verknüpft. Hier werden dann im ersten Schritt wieder die Variablen definiert.

```
Private Sub cboBox1_Change()
Dim PivotGrup As PivotTable
Dim ListInhalt, VarList As String
```

Dazu benötigt man die Variable PIVOTGRUP AS PIVOTTABLE, die ein Objekt vom Typ Pivot-Tabelle definiert, und zwei Textvariablen. Die Variable LISTINHALT nimmt den gewählten Wert des Kombinationsfeldes auf. Die Variable VARLIST enthält den Namen des Datenfeldes der Pivot-Tabelle. Den Aufbau einer Pivot-Tabelle zeigt die Abbildung 3.13. Für die Manipulation einer Pivot-Tabelle sollte man diesen Aufbau im Gedächtnis behalten.

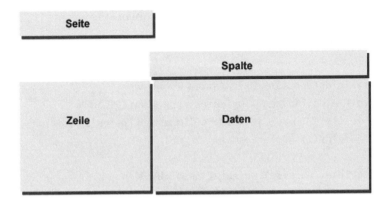

Abb. 3.13:   Schematischer Aufbau einer Pivot-Tabelle

Danach wird das Pivot-Tabellen-Objekt mit dem Befehl SET definiert. Das Tabel-lenblatt KOSTEN (WORKSHEETS("AUSWERTUNG").ACTIVATE) wird aktiviert, und mit dem Befehl (LISTINHALT = CBOBOX1.VALUE) schreibt man den gewählten Wert des Kombinationsfeldes in die Variable LISTINHALT. Der Name des Datenfeldes der Pivot-Tabelle (PIVOTGRUP.DATAFIELDS(1).NAME) wird in der Variablen VARLIST gespeichert. Die Zelle A8 wird ausgewählt mit RANGE("A8").SELECT. Das Listing zeigt die Befehlsfolge.

```
Set PivotGrup = Worksheets("Auswertung").PivotTables("Tabelle_1")
Worksheets("Auswertung").Activate
ListInhalt = cboBox1.Value
VarList = PivotGrup.DataFields(1).Name
Range("A8").Select
```

Anschließend wird eine Fallunterscheidung gemäß Auswahl des Kombinationsfel-des (SELECT CASE LISTINHALT) getroffen. Wurde die Option KOSTEN gewählt, tritt der Fall (CASE "KOSTEN") ein. Wird die Option ZEIT (CASE "ZEIT") ausgewählt, wer-den die Befehle dieses Falles abgearbeitet. In beiden Fällen ergibt sich ein gleicher Ablauf.

Zunächst wird das aktive Datenfeld versteckt (PIVOTGRUP. DATAFIELDS(VAR-LIST).ORIENTATION = XLHIDDEN). Danach wird das gewünschte Datenfeld (hier: KOSTEN) aktiviert (PIVOTGRUP.PIVOTFIELDS("KOSTEN"). ORIENTATION = XLDATA-FIELD). Die Dateneinträge der Pivot-Tabelle (PIVOTGRUP. PIVOT-FIELDS("DATEN").PIVOTITEMS("SUMME VON KOSTEN").POSITION = 1) werden an

Position 1 gesetzt und anschließend formatiert (PivotGrup.DataFields(1). NumberFormat = "#,##0.00 €"). Das Listing zeigt den Ablauf.

```
Select Case ListInhalt
Case "Kosten"
    PivotGrup.DataFields(VarList).Orientation = xlHidden
    PivotGrup.PivotFields("Kosten").Orientation = xlDataField
    PivotGrup.PivotFields("Daten").PivotItems("Summe von Kosten").Position = 1
    PivotGrup.DataFields(1).NumberFormat = "#,##0.00 €"
Case "Zeit"
    PivotGrup.DataFields(VarList).Orientation = xlHidden
    PivotGrup.PivotFields("Zeit").Orientation = xlDataField
    PivotGrup.PivotFields("Daten").PivotItems("Summe von Zeit").Position = 1
    PivotGrup.DataFields(1).NumberFormat = "#,##0.00 ""Min."""
End Select
Range("A2").Select
End Sub
```

Nun wäre es ziemlich zeitraubend, wenn Sie für eine Änderung der Zahlendarstellung in Prozenten durch zahlreiche Menüs klicken müssten. Deshalb wird ein zweites Kombinationsfeld mit dem Ziel eingerichtet, eine Darstellung der Werte im Datenbereich als Prozentwerte darzustellen. Auch dieses Kombinationsfeld wird mit einem entsprechenden Programm verknüpft. Das Kombinationsfeld soll den Namen CBOBOX2 erhalten und als LISTFILLRANGE den Tabellenbereich P1:P4 erhalten. Folgende Tabellenfelder enthalten die nachfolgend angegebenen Texte:

- **Zelle P1**: % der Zeile

- **Zelle P2**: % der Spalte

- **Zelle P3**: % Gesamt

- **Zelle P4**: Normal

In der Entwurfsansicht klickt man nun mit der rechten Maustaste auf das Kombinationsfeld und wählt die Option EIGENSCHAFTEN. Im Eigenschaftsfenster nehmen Sie folgende Eintragungen vor:

Eigenschaft	Wert
(Name)	cboBox2
BoundColumn	1
ColumnCount	1

Eigenschaft	Wert
COLUMNWIDTH	3cm;
LINKEDCELL	
LISTFILLRANGE	P1:P4

Nach Vornahme dieser Eintragungen klicken Sie in der Entwurfsansicht wiederum mit der rechten Maustaste auf das Kombinationsfeld und wählen die Option CODE ANZEIGEN aus. Excel schaltet in den VBA-Editor um und fügt die beiden Befehlszeilen

```
Private Sub cboBox2_Change()
End Sub
```

ein. Damit ist die Verknüpfung von Befehlsschaltfläche und Programm gewährleistet. Der erste Teil des Programms läuft wie oben beschrieben ab. Hier werden wieder im ersten Schritt die Variablen definiert:

```
Private Sub cboBox1_Change()
Dim PivotGrup As PivotTable
Dim ListInhalt, VarList As String
```

Dazu benötigt man die Instanz PIVOTGRUP AS PIVOTTABLE, die ein Objekt vom Typ Pivot-Tabelle definiert, und zwei Textvariablen. Die Variable LISTINHALT nimmt den gewählten Wert des Kombinationsfeldes auf. Die Variable VARLIST enthält den Namen des Datenfeldes der Pivot-Tabelle.

```
Private Sub cboBox2_Change()
Dim PivotGrup As PivotTable
Dim Listing As String
```

Im Anschluss daran wird dann die Instanz PIVOTGRUP definiert. Das Tabellenblatt AUSWERTUNG wird aktiviert und die Zelle C10 ausgewählt. Danach wird der Inhalt vom Kombinationsfeld CBOBOX1 der Variablen LISTING zugewiesen. Je nach Auswahl im Kombinationsfeld wird die Variable LISTING auf SUMME VON KOSTEN oder SUMME VON ZEIT gesetzt. Der Inhalt der Variablen wird in einem späteren Schritt benötigt, um die Formatierung der Zahlenwerte anzupassen. Hat der Benutzer im Kombinationsfeld CBOBOX1 die Option ZEIT gewählt, erhalten die Zahlenwerte im Datenbereich der Pivot-Tabelle die Dimension MIN. Hat der Benutzer dagegen KOSTEN ausgesucht, bekommen die Zahlenwerte die Dimension EURO zugewiesen. Dies geschieht allerdings nur dann, wenn der Benutzer im Kombinationsfeld CBOBOX2 die Option NORMAL wählt.

```
Set PivTab = Worksheets("Auswertung").PivotTables("Tabelle_2")
Worksheets("Auswertung").Activate
Range("C10").Select
Listing = cboBox1.Value
If Listing = "Kosten" Then
    Listing = "Summe von Kosten"
Else
        Listing = "Summe von Zeit"
End If
```

Nun werden die Auswahlmöglichkeiten des Kombinationsfeldes CBOBOX2 untersucht. Mit einer SELECT-CASE-Fallunterscheidung werden die verschiedenen Fälle untersucht.

```
Select Case cboBox2.Value
    Case "Normal"
    PivTab.DataFields(1).Calculation = xlNormal
    If Listing = "Summe von Kosten" Then
        PivTab.DataFields(1).NumberFormat = "#.###.00 €"
    Else
        PivTab.DataFields(1).NumberFormat = "#,##0.00 ""Min."""
    End If
    Case "% der Zeile"
    With PivTab.PivotFields(Listing)
        .Calculation = xlPercentOfRow
        .NumberFormat = "#,##0.00%"
    End With
    Case "% der Spalte"
    With PivTab.PivotFields(Listing)
        .Calculation = xlPercentOfColumn
        .NumberFormat = "#,##0.00%"
    End With
    Case "% Gesamt"
    With PivTab.PivotFields(Listing)
        .Calculation = xlPercentOfTotal
        .NumberFormat = "#,##0.00%"
    End With
End Select
```

Je nach Auswahl im Kombinationsfeld CBOBOX2 werden die Spalten mal schmaler oder breiter sein. Häufig bleiben dann unschöne Formatierungen zurück. Für diesen Fall werden alle Zellen des Tabellenblattes ausgewählt und mit der Hintergrundfarbe weiß eingefärbt.

```
    Cells.Select
    Selection.Interior.ColorIndex = 2
Range("C10").Select
End Sub
```

Die zweite Pivot-Tabelle wird im Tabellenblatt KOSTEN eingerichtet (Abb. 3.14). Aus der Abbildung können Sie auch ersehen, dass wiederum zwei Kombinationsfelder und eine Befehlsschaltfläche eingerichtet werden sollen.

Im Tabellenblatt KOSTEN richten Sie wieder einen Button ein. Diesem Button geben Sie den Namen UEBER_DATEN. In der Entwurfsansicht klicken Sie dazu mit der rechten Maustaste auf die Befehlsschaltfläche und wählen die Option EIGEN-SCHAFTEN aus. In die Zeile (NAME) des Eigenschaftsfensters geben Sie dann den Namen ein. Sie verknüpfen die Befehlsschaltfläche mit dem nachfolgenden Programm, indem Sie mit der rechten Maustaste auf die Befehlsschaltfläche klicken und aus dem Kontextmenü die Option CODE ANZEIGEN auswählen. Dort geben Sie den nachfolgend aufgelisteten Quellcode ein.

```
Private Sub Ueber_Daten_Click()
Worksheets("Start").Activate
End Sub
```

Durch Klick auf die Befehlsschaltfläche gelangen Sie wieder zurück zum Tabellenblatt START.

Danach richten Sie zwei Kombinationsfelder ein. Für das Kombinationsfeld 1 legt man folgende Eigenschaften fest:

- (Name): CBOBOX1
- ListFillRange: L1:L2

Das Kombinationsfeld 2 erhält die nachfolgenden Eigenschaften:

- (Name): CBOBOX2
- ListFillRange: M1:M2

Monat	Abkantpresse	Gesenkbiegepresse	Holmpulveranlage	Rollformer	Spritzkabine	Tauchbecken	Verzinkerei	Rollbahnstrahlanlage	Gesamtergebnis
Jan	6,96%	4,69%	6,92%	5,46%	7,86%	8,43%	8,22%	3,05%	6,70%
Feb	7,03%	5,00%	6,23%	5,60%	8,22%	7,90%	7,43%	3,05%	6,57%
Mrz	7,16%	5,56%	6,55%	5,74%	7,59%	6,70%	7,05%	7,96%	6,76%
Apr	11,09%	10,08%	11,43%	15,57%	11,87%	11,85%	12,62%	18,11%	11,91%
Mai	6,34%	6,13%	10,57%	12,31%	7,15%	7,64%	7,23%	7,29%	7,52%
Jun	9,46%	10,91%	6,76%	6,50%	7,44%	6,77%	7,56%	8,02%	8,30%
Jul	14,09%	22,75%	9,75%	22,34%	12,75%	13,25%	8,44%	15,18%	14,57%
Aug	8,11%	6,61%	13,51%	6,15%	8,38%	8,57%	9,28%	6,98%	8,66%
Sep	7,13%	6,25%	5,90%	5,46%	6,31%	4,90%	6,31%	7,76%	6,25%
Okt	6,98%	6,13%	7,66%	5,12%	7,57%	7,66%	10,98%	5,81%	7,38%
Nov	7,73%	6,44%	6,41%	5,12%	8,04%	9,49%	8,44%	9,50%	7,72%
Dez	7,93%	9,45%	8,31%	4,63%	6,81%	6,84%	6,45%	7,29%	7,66%
Gesamtergebnis	100,00%	100,00%	100,00%	100,00%	100,00%	100,00%	100,00%	100,00%	100,00%

Abb. 3.14: Pivot-Tabelle Tabelle_1

Das Kombinationsfeld 1 mit dem Namen CBOBOX1 wird mit dem nachfolgenden Programm verknüpft. Den Quellcode kopiert man vom Tabellenblatt KOSTEN des Kombinationsfeldes CBOBOX1 im Tabellenblatt AUSWERTUNG und passt ihn entsprechend an. Die Zeilen, die angepasst werden müssen, werden mit der Textauszeichnung FETT angezeigt.

```
Private Sub cboBox1_Change()
Dim PivotGrup As PivotTable
Dim ListInhalt, VarList As String
Set PivotGrup = Worksheets("Kosten").PivotTables("Tabelle_2")
Worksheets("Kosten").Activate
ListInhalt = cboBox1.Value
VarList = PivotGrup.DataFields(1).Name
Range("C11").Select
Select Case ListInhalt
Case "Kosten"
    PivotGrup.DataFields(VarList).Orientation = xlHidden
    PivotGrup.PivotFields("Kosten").Orientation = xlDataField
    PivotGrup.PivotFields("Daten").PivotItems("Summe von Kosten").Position = 1
    Select Case cboBox2.Value
        Case "Normal"
        PivotGrup.DataFields(1).Calculation = xlNormal
        PivotGrup.DataFields(1).NumberFormat = "#,##0.00 €"
        Case "% der Zeile"
        PivotGrup.DataFields(1).Calculation = xlPercentOfRow
        Case "% der Spalte"
        PivotGrup.DataFields(1).Calculation = xlPercentOfColumn
        Case "% Gesamt"
        PivotGrup.DataFields(1).Calculation = xlPercentOfTotal
    End Select
Case "Zeitlicher Mehraufwand"
    PivotGrup.DataFields(VarList).Orientation = xlHidden
    PivotGrup.PivotFields("Zeit").Orientation = xlDataField
    PivotGrup.PivotFields("Daten").PivotItems("Summe von Zeit").Position = 1
    Select Case cboBox2.Value
        Case "Normal"
        PivotGrup.DataFields(1).Calculation = xlNormal
        PivotGrup.DataFields(1).NumberFormat = "#,##0.00 ""Min."""
        Case "% der Zeile"
        PivotGrup.DataFields(1).Calculation = xlPercentOfRow
        Case "% der Spalte"
        PivotGrup.DataFields(1).Calculation = xlPercentOfColumn
```

```
      Case "% Gesamt"
      PivotGrup.DataFields(1).Calculation = xlPercentOfTotal
   End Select
End Select
   Cells.Select
   Selection.Interior.ColorIndex = 2
Range("G6").Select
End Sub
```

Für das Kombinationsfeld CBOBOX2 können Sie auch die Kopie des Quellcodes von Tabellenblatt AUSWERTUNG von CBOBOX2 verwenden. Allerdings ergibt sich eine kleine Abweichung. Bei der Auswahl von Prozenten stellt Excel das Zahlenformat falsch dar. Deshalb werden die Zeilen

```
      With PivTab.PivotFields(Listing)
         .Calculation = xlPercentOfRow
         .NumberFormat = "#,##0.00%"
      End With
```

eingefügt. Mit dem Befehl WITH PIVTAB.PIVOTFIELDS(LISTING) - END WITH wendet man die nachfolgenden Befehle .CALCULATION = XLPERCENTOFROW und .NUMBERFORMAT = "#,##0.00%" auf das hinter WITH genannte Objekt an. Die Kopie passt man dem nachfolgenden Listing an. Die anzupassenden Zeilen werden mit der Textauszeichnung FETT herausgestellt.

```
Private Sub cboBox2_Change()
Dim PivTab As PivotTable
Dim Listing As String
Set PivTab = Worksheets("Auswertung").PivotTables("Tabelle_2")
Worksheets("Auswertung").Activate
Range("C10").Select
Listing = cboBox1.Value
If Listing = "Kosten" Then
   Listing = "Summe von Kosten"
Else
      Listing = "Summe von Zeit"
End If
   Select Case cboBox2.Value
      Case "Normal"
      PivTab.DataFields(1).Calculation = xlNormal
      If Listing = "Summe von Kosten" Then
         PivTab.DataFields(1).NumberFormat = "#.###.00 €"
      Else
```

```
            PivTab.DataFields(1).NumberFormat = "#,##0.00 """Min."""
        End If
        Case "% der Zeile
        With PivTab.PivotFields(Listing)
            .Calculation = xlPercentOfRow
            .NumberFormat = "#,##0.00%"
        End With
        Case "% der Spalte"
        With PivTab.PivotFields(Listing)
            .Calculation = xlPercentOfColumn
            .NumberFormat = "#,##0.00%"
        End With
        Case "% Gesamt"
        With PivTab.PivotFields(Listing)
            .Calculation = xlPercentOfTotal
            .NumberFormat = "#,##0.00%"
        End With
    End Select
    Cells.Select
    Selection.Interior.ColorIndex = 2
Range("C10").Select
End Sub
```

Im Tabellenblatt ZEITANALYSE richten Sie auch wieder eine Befehlsschaltfläche und zwei Kombinationsfelder ein. Die Befehlsschaltfläche verknüpfen Sie mit dem Programm:

```
Private Sub CommandButton1_Click()
Worksheets("Start").Activate
End Sub
```

Danach richten Sie die nachfolgende Pivot-Tabelle ein:

	A	B	C	D	E	F	G	H	I
1									
2									
3		Jahr	(Alle) ▼						
4		Monat	(Alle) ▼						
5									
6		Summe von Kosten	KolNr ▼						
7		Fehler ▼	A3000	C3500	B3200	A3100	D3512	E3624	Gesamtergebnis
8		Entfetten		72.547,93 €	33.335,88 €				105.883,81 €
9		Entrosten	41.608,16 €		65.214,81 €	42.391,74 €			149.214,71 €
10		Falsche Arbeitsunterlagen			67.146,02 €		28.668,70 €	54.906,73 €	150.721,45 €
11		Fehlerhaftes Betriebsmittel		26.231,82 €		48.592,52 €	73.748,64 €	75.409,27 €	223.982,25 €
12		Fehlerhaftes Material	62.162,10 €	52.897,73 €					115.059,83 €
13		Gesamtergebnis	103.770,26 €	151.677,48 €	165.696,71 €	90.984,26 €	102.417,34 €	130.316,00 €	744.862,05 €

Abb. 3.15: Pivot-Tabelle Tabelle_3

Das Kombinationsfeld Nr. 1 erhält folgende Eigenschaften:

- (Name): cboBox1

- ListFillRange: K1:K2

Es wird mit dem nachfolgenden Programm verknüpft. Den Quellcode kopiert man von Tabelle AUSWERTUNG und passt ihn entsprechend an.

```
Private Sub cboBox1_Change()
Dim PivotGrup As PivotTable
Dim ListInhalt, VarList As String
Set PivotGrup = Worksheets("Zeitanalyse").PivotTables("Tabelle_3")
Worksheets("Zeitanalyse").Activate
ListInhalt = cboBox1.Value
VarList = PivotGrup.DataFields(1).Name
Range("A7").Select
Select Case ListInhalt
Case "Kosten"
    PivotGrup.DataFields(VarList).Orientation = xlHidden
    PivotGrup.PivotFields("Kosten").Orientation = xlDataField
   PivotGrup.PivotFields("Daten").PivotItems("Summe von Kosten").Position = 1
    PivotGrup.DataFields(1).NumberFormat = "#,##0.00 €"
Case "Zeitlicher Mehraufwand"
    PivotGrup.DataFields(VarList).Orientation = xlHidden
    PivotGrup.PivotFields("Zeit").Orientation = xlDataField
    PivotGrup.PivotFields("Daten").PivotItems("Summe von Zeit").Position = 1
    PivotGrup.DataFields(1).NumberFormat = "#,##0.00 ""Min."""
End Select
    Cells.Select
    Selection.Interior.ColorIndex = 2
    Worksheets("Zeitanalyse").Columns("A:G").AutoFit
Range("A2").Select
End Sub
```

Für das Kombinationsfeld Nr. 2 gelten folgende Einstellungen:

- (Name): cboBox2

- ListFillRange: L1:L4

Der Programmcode des Programms, mit dem man das Kombinationsfeld verknüpft, muss entsprechend angepasst werden und lautet:

```
Private Sub cboBox2_Change()
Dim PivTab As PivotTable
Dim Listing As String
Set PivTab = Worksheets("Zeitanalyse").PivotTables("Tabelle_3")
Worksheets("zeitanalyse").Activate
Range("C10").Select
Listing = cboBox1.Value
If Listing = "Kosten" Then
    Listing = "Summe von Kosten"
Else
        Listing = "Summe von Zeit"
End If
    Select Case cboBox2.Value
        Case "Normal
        PivTab.DataFields(1).Calculation = xlNormal
        If Listing = "Summe von Kosten" Then
            PivTab.DataFields(1).NumberFormat = "#.###.00 €"
        Else
            PivTab.DataFields(1).NumberFormat = "#,##0.00 ""Min."""
        End If
        Case "% der Zeile"
        With PivTab.PivotFields(Listing)
            .Calculation = xlPercentOfRow
            .NumberFormat = "#,##0.00%"
        End With
        Case "% der Spalte"
        With PivTab.PivotFields(Listing)
            .Calculation = xlPercentOfColumn
            .NumberFormat = "#,##0.00%"
        End With
        Case "% Gesamt"
        With PivTab.PivotFields(Listing)
            .Calculation = xlPercentOfTotal
            .NumberFormat = "#,##0.00%"
        End With
    End Select
    Cells.Select
    Selection.Interior.ColorIndex = 2
Range("C10").Select
End Sub
```

Die grafische Auswertung erfolgt mittels eines Pivot-Charts. Dabei gehen Sie wie folgt vor:

1. Klicken Sie in die Pivot-Tabelle. Im Beispiel klicken Sie in Zelle D13 des Tabellenblattes AUSWERTUNG. Die Befehlsleiste PIVOTTABLE-TOOLS wird aktiviert.

2. In der Befehlsleiste PIVOTTABLE-TOOLS klicken Sie auf OPTIONEN und wählen dort PIVOTCHART.

3. Es werden unterschiedliche Diagrammtypen angezeigt. Sie wählen die Option GESTAPELTE SÄULE und bestätigen Ihre Auswahl mit OK.

Excel fügt im Tabellenblatt das Diagramm ein und zeigt am rechten Rand den PivotChart-Filterbereich an.

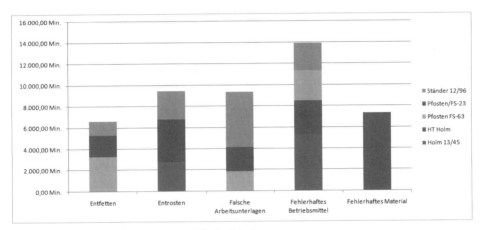

Abb. 3.16: Das PivotChart zur Pivot-Tabelle Tabelle_2

Der am rechten Rand angezeigte PivotChart-Filterbereich ermöglicht Ihnen, die Daten noch feingliedriger zu analysieren.

Abb. 3.17: PivotChart-Filterbereich

Beim Pivot-Chart zur Pivot-Tabelle Tabelle_1 gehen Sie in gleicher Weise vor:

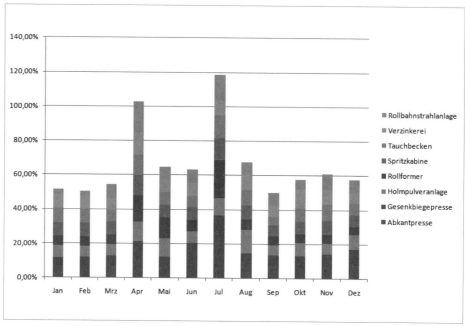

Abb. 3.18:   Pivot-Chart zur Pivot-Tabelle Tabelle_1

3.4   Auswertung

Bei einer Fehleranalyse möchte man auch die nachfolgenden Fragen beantwortet
wissen:

- Wie verteilt sich die Nachbearbeitung zeitmäßig?
- Wie oft kommt die Fehlerart x vor?
- Wie häufig treten Kosten in Höhe von x Euro auf?
- Wie hoch sind die Kosten insgesamt?

Die Analysen zur Beantwortung dieser Fragen werden im Tabellenblatt HÄUFIG-
KEITSANALYSE vorgenommen. Dazu erstellen Sie den Tabellenabschnitt der Abbil-
dung 3.19. Im Bereich von C5:C24 des Tabellenblatts HÄUFIGKEITSANALYSE legen
Sie eine Klasseneinteilung in 20iger Schritten fest. Mit der Funktion HÄUFIGKEIT
kann man nun die Anzahl des Klassenvorkommens bestimmen. Die Werte des
Tabellenabschnitts fügen Sie in den Bereich A4:C24 ein.

	Nachbearbeitung in Minuten	Häufigkeit
kleiner	20	2
kleiner	40	57
kleiner	60	122
kleiner	80	130
kleiner	100	97
kleiner	120	49
kleiner	140	52
kleiner	160	16
kleiner	180	6
kleiner	200	4
kleiner	220	10
kleiner	240	0
kleiner	260	0
kleiner	280	4
kleiner	300	0
kleiner	320	1
kleiner	340	0
kleiner	360	0
kleiner	380	0
kleiner	400	0

Abb. 3.19:   Klasseneinteilung für Häufigkeitsanalyse

Für die Auswertung markieren Sie den Bereich C5:C24. Im Feld C5 geben Sie die Formel

```
={HÄUFIGKEIT(Zeit1;$B$5:$B$24)
```

ein. Die Eingabe schließen Sie mit der Tastenkombination ⌈Strg⌉+⌈Shift⌉+⌈Enter⌉ ab. Die Formel wird mit geschweiften Klammern eingerahmt. Dadurch wird ein Array definiert und die Formel entsprechend angepasst sowie in die restlichen Felder des markierten Bereichs kopiert. Die Einteilung von 20 bis 400 kann so übernommen werden. Sie können aber auch eine andere Einteilung wählen.

Der Bereich Zeit1 wurde schon bei der Datenübernahme durch die Befehlsfolge

```
strBereich = "D7:D" & lngZaehler
Sheets("DatenADO").Range(strBereich).Select
Selection.Name = "Fehler"
```

definiert und kommt nun zur Anwendung.

Fügen Sie in den Tabellenbereich von E5:E12 die Bezeichnungen der aufgetretenen Fehlerarten, wie in Abbildung 3.20 zu sehen, ein.

Fehlerart	Anzahl
Fehlerhaftes Material	75
Entrosten	100
Entfetten	101
Fehlerhaftes Betriebsmittel	151
Falsche Arbeitsunterlagen	125
Falsche Auftragserteilung	0
Fehlerhafte Werkstattarbeit	0
Fehlerkosten Montage	0

Abb. 3.20: Tabellenabschnitt Fehleranalyse

Die Auswertung nehmen Sie mit der Datenbankfunktion DBANZAHL2 vor. Die Funktion muss wie folgt aufgebaut sein:

```
DBANZAHL2(Datenbankbereich; Kriterium; Bereich der Kriterien)
```

Diese Excel-Funktion verlangt einen genau definierten Datenbankbereich mit Spaltenüberschriften. Hierbei kann man auf den schon bei der Datenübernahme definierten Bereich DATENADOQUELLE zurückgreifen. Außerdem muss noch angegeben werden, welches Kriterium für die Auswertung herangezogen werden soll. Im Beispiel soll das Kriterium KOSTENART ausgewertet werden. Diese Kriterien richten Sie für jede Fehlerart in Spalte M ein. Die Abbildung 3.21 zeigt dies beispielhaft.

1	Fehler
2	Fehlerhaftes Material
5	Fehler
6	Entrosten
8	Fehler
9	Entfetten
11	Fehler
12	Fehlerhaftes Betriebsmittel
14	Fehler
15	Falsche Arbeitsunterlagen
17	Fehler
18	Falsche Auftragserteilung
20	Fehler
21	Fehlerhafte Werkstattarbeit
23	Fehler
24	Fehlerkosten Montage

Abb. 3.21: Kriterienbereich für Auswertung mit DBAnzahl2

So wird z.B. in Zelle M1 der Text FEHLER eingegeben und anschließend in Zelle M2 die Fehlerart FEHLERHAFTES MATERIAL. In die Zelle F5 des Tabellenblattes Häufigkeitsanalyse geben Sie nun die nachstehende Formel ein und kopieren Sie nach unten

```
=DBANZAHL2(Datenquelle;"Kostenart";M1:M2)
```

Die anderen Felder müssen hinsichtlich der Kriterien noch angepasst werden. Für die Kostenart Entrosten lautet die angepasste Formel:

```
=DBANZAHL2(Datenquelle;"Kostenart";M5:M6)
```

Für die Verteilung der Kosten legen Sie die Tabelle der Abbildung 3.22 an. Ab Zelle H5 tragen Sie die Klasseneinteilung in 10er Schritten bis Zelle H19 ein.

Kostenhöhe in € bis	Häufigkeit
250	0
500	10
750	88
1000	102
1250	100
1500	89
1750	45
2000	44
2250	33
2500	14
2750	4
3000	2
3250	6
3500	6
3750	2
4000	0

Abb. 3.22: Tabellenabschnitt Kostenanalyse

Die Formel im Feld I5 lautet:

```
={HÄUFIGKEIT(Kosten1;$H$5:$H$19)}
```

Natürlich darf auch die grafische Auswertung nicht fehlen. Zwei Grafiken sollen die Sachverhalte noch veranschaulichen. Die Grafik 3.23 zeigt, dass die meisten Nachbearbeitungen ca. 80 Min. beanspruchen.

Die Abbildung 3.24 veranschaulicht, wie oft die einzelnen Fehlerarten auftreten. Die Fehlerart FEHLERHAFTE BETRIEBSMITTEL tritt 151-mal auf. Hier sollte man zuerst mit einer Reorganisation beginnen.

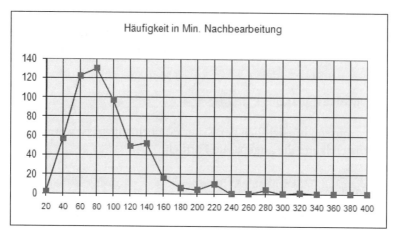

Abb. 3.23:   Grafik Nachbearbeitung

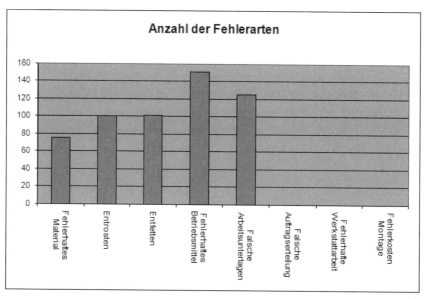

Abb. 3.24:   Grafik Fehlerhäufigkeit

3.5   Histogramm

Excel stellt für statistische Auswertungen eine Reihe von Analysefunktionen bereit. Zu diesen Funktionen gehört auch die Analysefunktion HISTOGRAMM. Sie soll für die Auswertung genutzt werden. Mit der Befehlsfolge:

```
Daten → Datenanalyse
```

rufen Sie das Fenster ANALYSE-FUNKTIONEN auf. In diesem Fenster wählen Sie die Option HISTOGRAMM.

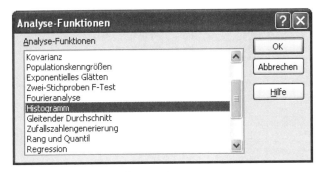

Abb. 3.25:   Fenster Analyse-Funktionen

Danach öffnet sich das Fenster HISTOGRAMM. Dort nehmen Sie folgende Eintragungen vor:

- **Eingabebereich**: ZEIT1
- **Klassenbereich**: HÄUFIGKEITSANALYSE!$B$5:$B$24
- **Neues Tabellenblatt**: HISTOGRAMM

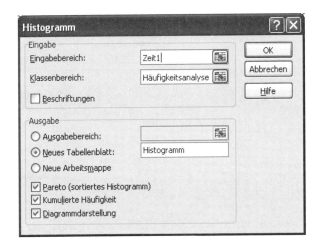

Abb. 3.26:   Fenster Histogramm

Die Eintragungen schließt man mit OK ab. Excel fügt eine neue Tabelle mit dem Namen HISTOGRAMM in die Arbeitsmappe ein. Zu Anfang der neuen Tabelle HISTOGRAMM werden die Häufigkeiten absolut und kumuliert eingetragen. Die Abbildung 3.27 zeigt den Tabellenausschnitt.

Klasse	Häufigkeit	Kumuliert %	Klasse	Häufigkeit	Kumuliert %
20	2	0,36%	80	130	23,55%
40	57	10,69%	60	122	45,65%
60	122	32,79%	100	97	63,22%
80	130	56,34%	40	57	73,55%
100	97	73,91%	140	52	82,97%
120	49	82,79%	120	49	91,85%
140	52	92,21%	160	16	94,75%
160	16	95,11%	220	10	96,56%
180	6	96,20%	180	6	97,64%
200	4	96,92%	200	4	98,37%
220	10	98,73%	280	4	99,09%
240	0	98,73%	20	2	99,46%
260	0	98,73%	und größer	2	99,82%
280	4	99,46%	320	1	100,00%
300	0	99,46%	240	0	100,00%
320	1	99,64%	260	0	100,00%
340	0	99,64%	300	0	100,00%
360	0	99,64%	340	0	100,00%
380	0	99,64%	360	0	100,00%
400	0	99,64%	380	0	100,00%
und größer	2	100,00%	400	0	100,00%

Abb. 3.27: Tabellenausschnitt des Tabellenblattes Histogramm

Gleichzeitig wird noch eine Grafik eingefügt, die die Häufigkeiten nach Anzahl des Vorkommens absteigend sortiert anzeigt. Die Abbildung 3.28 zeigt das Diagramm.

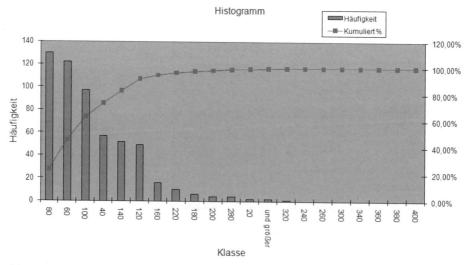

Abb. 3.28: Grafik Histogramm

Damit ist die Fehleranalyse abgeschlossen. Das Kapitel zeigt, welche Möglichkeiten Excel als Analyseinstrument besitzt.

Kapitel 4

Kapazitätsanalyse

Folgende Fragen sind für jedes Unternehmen von grundsätzlichem Interesse:

■ Welchen Auslastungsgrad erreicht Maschine X, wenn sie X Stunden im Betrieb ist?

■ Werden die geplanten Kosten überschritten?

■ Wie hoch ist die Gesamtabweichung in der Plankostenrechnung?

■ Wie hoch fällt die Beschäftigungsabweichung aus?

■ Welchen Anteil hat die Verbrauchsabweichung an der Gesamtabweichung in der Plankostenrechnung?

Um diese Fragen beantworten zu können, soll zunächst die Tabelle der Abbildung 4.1 erstellt werden. Dazu müssen die Nettoarbeitstage berechnet werden. Für die Bundesrepublik Deutschland gilt keine einheitliche Feiertagsregelung. Einige Bundesländer haben Sonderregelungen, die nur für das jeweilige Bundesland gelten. Die nachfolgende Tabelle gibt einen Überblick über die Feiertagsordnung der einzelnen Bundesländer:

	BW	BY	BE	BB	HB	HH	HE	MV	NI	NW	RP	SL	SN	ST	SH	TH
Neujahr 01.01.	x	x	x	x	x	x	x	x	x	x	x	x	x	x	x	x
Hl. Drei Könige 06.01	x	x											x			
Karfreitag	x	x	x	x	x	x	x	x	x	x	x	x	x	x	x	x
Ostermontag	x	x	x	x	x	x	x	x	x	x	x	x	x	x	x	x
01.Mai	x	x	x	x	x	x	x	x	x	x	x	x	x	x	x	x
Christi Himmelfahrt	x	x	x	x	x	x	x	x	x	x	x	x	x	x	x	x
Pfingstmontag.	x	x	x	x	x	x	x	x	x	x	x	x	x	x	x	x
Fronleichnam	x	x					x			x	x	x				
Mariä Himmelfahrt 15.08.		x										x				
Tag der dt. Einheit 03.10.	x	x	x	x	x	x	x	x	x	x	x	x	x	x	x	x
Reformationstag 31.10.			x				x						x	x		x
Allerheiligen 01.11.	x	x								x	x	x				
Buß- u. Bettag													x			
1.u. 2. Weihnachtstag	x	x	x	x	x	x	x	x	x	x	x	x	x	x	x	x

Planbeschäftigungsansatz

Kostenstelle	4711		Planjahr:	2009
Maschine	Maschine 4812		Schichten:	1
Kostenstellenverantwortlicher	Hr. Müller		Bediener	1

Berechnung der Arbeitstage	Monat	Arbeitstage	
	Jan	20	
	Feb	20	
	Mrz	22	
	Apr	22	
	Mai	18	
	Jun	19	
	Jul	23	
	Aug	21	
	Sep	22	
	Okt	21	
	Nov	20	
	Dez	19	
Anzahl der Arbeitstage		247	
Schichten pro Tag		1	
Anzahl der Stunden pro Schicht		8,0	
= Arbeitszeit bedingt mögliche Kapazität in Stunden			**1976,0**
- betriebsbedingte Stillstandszeiten		3,00%	-59,0
- technisch bedingte Stillstandszeiten		4,00%	-79,0
- Sonstige Stillstandszeiten		3,00%	-59,0
= praktisch nutzbare Kapazität in Stunden			**1779,0**

Theoretisch verfügbare Kapazität in Stunden	5928,0
Nicht genutzte Schichtzeit in Stunden	-3952,0
Theoretisch nutzbare Kapazität in Stunden	1976,0
Zeitverluste in Stunden	-197,0
praktisch nutzbare Kapazität in Stunden	**1779,0**

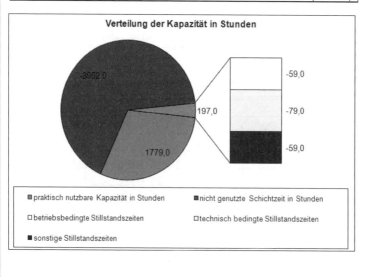

Verteilung der Kapazität in Stunden

- ■ praktisch nutzbare Kapazität in Stunden
- ■ nicht genutzte Schichtzeit in Stunden
- ☐ betriebsbedingte Stillstandszeiten
- ☐ technisch bedingte Stillstandszeiten
- ■ sonstige Stillstandszeiten

Abb. 4.1: Planbeschäftigungsansatz

Außer den Feiertagen gibt es noch Tage, die auf Grund einer Betriebsvereinbarung ausfallen. Im Beispiel soll jeweils der Freitag als Brückentag eingerichtet werden, wenn der Feiertag auf einen Donnerstag fällt. Einige Besonderheiten wie der Friedenstag (08. August), der nur in Augsburg als Feiertag begangen wird, finden ebenso keine Berücksichtigung wie die regionalen Regelungen in einigen Bundesländern bezüglich des Feiertages Fronleichnam.

4.1 Planbeschäftigungsansatz

Laden Sie dazu die Arbeitsmappe KAPAZITAET.XLS. Die Eingabefelder sind gelb hinterlegt. Im Beispiel wird von *einer* Schicht und den eingetragenen prozentualen Stillstandzeiten ausgegangen. Beim Eintragen der Feiertage von Hand können leicht Fehler auftreten. Dabei wird schon mal schnell ein Brückentag etc. übersehen. Dabei wäre es jedoch praktischer, wenn nur die Jahreszahl in Zelle G4 der Tabelle PLANBESCHÄFTIGUNG geändert müsste und nach Auswahl des Bundeslandes in einem Kombinationsfeld die monatlichen Arbeitstage für alle Monate in die Tabelle eingetragen würden. Für diesen Fall kann man ein kleines Programm schreiben und in die Tabelle einbinden. Dann muss nicht jedes Jahr erneut eine Anpassung vorgenommen werden.

Christen kennen verschiedene Feiertage. Einige wie zum Beispiel Weihnachten werden an festen Tagen begangen, andere hingegen wie zum Beispiel Ostern fallen immer auf unterschiedliche Tage. Im Jahre 325 setzte das erste Konzil von Nizäa fest, dass der Ostersonntag auf den ersten Vollmond des Frühlings folgt. Die äußersten Daten sind demnach der 22. März und der 25. April. Carl Friedrich Gauss (1777-1855) hat 1800 eine Formel zur Bestimmung des Osterdatums entwickelt. Sie gilt für unseren Kalender für alle Jahre von 1583 bis 8202. Die Gauss'sche Formel für den Gregorianischen Kalender lautet:

$a = J \bmod 19$ (sog. Goldene Zahl - 1)

$k = \text{int}(J/100)$

$q = \text{int}(k/4)$

$p = \text{int}(13 + 8k)/25$

$d = (19a + 15 + k - q - p) \bmod 30$

$e = (2b + 4c + 6d + 4 + k - q) \bmod 7$

Entsprechend dieser Vorgaben kann man nun die Funktion OSTERNBERECHNEN erstellen. Diese Funktion berechnet das Datum des Ostersonntags. Dabei wird die Funktion \ verwendet. Sie teilt einen Wert ohne Rest. Beispielsweise ergibt 13\2 als Ergebnis 6 ohne Angabe des Restes. Die Funktion MOD gibt als Ergebnis des Teilens den Rest wieder. Z.B. liefert 13 MOD 5 als Ergebnis 3, denn 13 geteilt durch 5 ist 2 Rest 3.

```
Public Function OsternBerechnen(ByVal intJahr As Integer) As Date
'berechnet das Osterdatum (Sonntag)
Dim intD As Integer
intD = (((255 - 11 * (intJahr Mod 19)) - 21) Mod 30) + 21
OsternBerechnen = DateSerial(intjahr, 3, 1) + d + (d > 48)
+ 6 - ((intJahr + intjahr \ 4 + d + (d > 48) + 1) Mod 7)
End Function
```

Nun fehlt zur Berechnung der Arbeitstage nur noch eine Funktion, die angibt, ob das jeweilige Jahr ein Schaltjahr ist. Ein Schaltjahr liegt vor, wenn die Jahreszahl durch 4, 100 und 400 ohne Rest teilbar ist. Genau darauf geht die nachfolgende Funktion SCHALTJAHR ein.

```
Public Function Schaltjahr(ByVal intYear) As Boolean
If intYear Mod 4 = 0 Then
    If intYear Mod 100 = 0 Then
        If intYear Mod 400 = 0 Then
            Schaltjahr True
        End If
    Else
        Schaltjahr = True
    End If
End If
End Function
```

Die Funktion SCHALTJAHR stellt nur fest, ob das aktuelle Jahr ein Schaltjahr ist oder nicht. Sie gibt nur TRUE oder FALSE zurück. Die Funktion OSTERNBERECHNEN berechnet das Datum des Ostersonntags. Beide Funktionen werden für die Berechnung der Anzahl der Arbeitstage benötigt. An die nun zu programmierende Funktion ANZAHLARBEITSTAGE müssen drei Werte übergeben werden. Der Kurzname des Monats (z.B. Jan), das Jahr (z.B. 2009), und das Kürzel für das jeweilige Bundesland (z.B. Netzwerk) werden für die Funktion benötigt. Fällt zudem ein Feiertag auf einen Donnerstag, dann wird der nachfolgende Freitag als Brückentag genutzt.

Zunächst richtet man ein Kombinationsfeld ab Zelle J2 ein, das die Bundesländer enthält. Die Liste der Bundesländer wird im Zellbereich U3:V18 des Tabellenblattes PLANBESCHÄFTIGUNG angelegt. Folgende Eigenschaften gelten für das Kombinationsfeld:

- (Name): cboLand

- BoundColumn: 1

- ColumnWidth:0;3,5cm

- LinkedCell: J2

- ListFillRange: U3:V18

Eine Übersicht über die Verteilung der Feiertage in den Bundesländern befindet sich auf Seite 1 des Kapitels. Begonnen wird mit der Variablendeklaration. Folgende Variable kommen zum Einsatz:

- DatStart: Monatsbeginn, z.B. 01.02.2009

- DatEnd: Monatsende, z.B. 31.03.2009

- Brueckentage: Nimmt die Anzahl der Brückentage und Feiertage des Monats auf

- intWochenTag: Zwischenspeicher für einen bestimmten Wochentag des Monats

- Wochentag: Mit der VBA-Funktion WEEKDAY gibt Excel die Nummer des Wochentages aus. Dabei steht 1 für den Sonntag, 2 für den Montag, 3 für Dienstag usw.

- AnzahlTage: Enthält die Anzahl der Tage eines Monats

- lngKeinWochentag: Zählt nur die Samstage und Sonntage eines Monats

- lngI: Dient als Zählvariable

- datTemp: Zwischenspeicher für ein Tagesdatum eines Monats

Das Listing ist nun wie folgt:

```
Public Function AnzahlArbeitstage(DatMonatTab As String, DatJahr As Inte-
ger, DatLand As String) As Variant
Dim DatStart, DatEnd As Date
Dim Brueckentage, intWochenTag, Wochentag As Integer
Dim AnzahlTage, lngKeinWochentag,lngI As Long
```

Danach wird die Variable BRUECKENTAGE auf den Wert Null gesetzt. SELECT CASE DATMONATTAB fragt den Monat ab. Für den Januar legt das Programm nun das Datum des Monatsanfangs und des Monatsendes fest. Danach wird mit WEEKDAY(DATEVALUE(DATSTART)) abgefragt, auf welchen Wochentag Neujahr fällt. Ist es ein Donnerstag (Wert 5), wird der nachfolgende Freitag als Brückentag genutzt. Fällt Neujahr auf einen Samstag oder Sonntag, kommt ein Brückentag nicht zum Tragen. In den Bundesländern Baden-Württemberg, Bayern und Sachsen-Anhalt wird das Fest Heilige Drei Könige als Feiertag begangen. Das wird in der Fallunterscheidung SELECT CASE DATLAND abgefragt. Das Listing lautet:

```
'Variable für Anzahl der Feiertage
Brueckentage = 0
Case "Jan"
        'Anfangs- / Enddatum des Monats Januar festlegen
        DatStart = "01.01." & DatJahr
        DatEnd = "31.01." & DatJahr
        'Wochentag bestimmen 1 = So, 2 = Mo , 3 = Di
        '4 = Mi 5 = Do 6 = Fr 7 = Sa
        'Funktion Weekday berechnet den Wochentag des Datums
        'der Variablen DatStart
        Wochentag = Weekday(DateValue(DatStart))
        Select Case Wochentag
            Case 1, 7 'Da Sa bzw. So, kein Brueckentage für Feiertag
                Brueckentage = Brueckentage + 0
            Case 5
                Brueckentage = Brueckentage + 2 'Donnerstag, dann Brückentag
            Case Else
                Brueckentage = Brueckentage + 1 'Übriger Wochentag
        End Select
HeiligeDreiKoenige = Weekday(DateValue("06.01." & DatJahr))
        Select Case DatLand
            Case "BW", "BY", "ST"
                Select Case HeiligeDreiKoenige
                    Case 1, 7 'Da Sa bzw. So, kein Brueckentag für Feiertag
                        Brueckentage = Brueckentage + 0
                    Case 5
                        Brueckentage = Brueckentage + 2 'dann Brückentag
                    Case Else
                        Brueckentage = Brueckentage + 1 'Übriger Wochentag
                End Select
            Case Else
                Brueckentage = Brueckentage + 0
        End Select
```

Im Februar findet die Funktion SCHALTJAHR Verwendung. Zunächst wird der Wert der Funktion in der Variablen SJAHR gespeichert. Hat die Variable den Wert TRUE, handelt sich um ein Schaltjahr, und das Monatsende hat das Datum 29.02., andernfalls lautet das Monatsende 28.02.

```
Case "Feb"
        SJahr = Schaltjahr(DatJahr)
        DatStart = "01.02." & DatJahr
```

```
    'Abfrage, ob Schaltjahr vorliegt
    If SJahr = True Then
        DatEnd = "29.02." & DatJahr
    Else
        DatEnd = "28.02." & DatJahr
    End If
```

Der Ostersonntag kann schon im März liegen. Ob der Karfreitag im März liegt, fragt man durch den Befehl IF MONTH(OSTERDATUM(DATJAHR) - 2) = 3 ab. Mit eben diesem Befehl wird festgestellt, ob der Ostermontag in den März fällt.

```
Case "Mrz"
        DatStart = "01.01." & DatJahr
        DatEnd = "31.01." & DatJahr
'Karfreitag
        If Month(OsterDatum(DatJahr) - 2) = 3 Then
            Brueckentage = Brueckentage + 1
        End If
'Ostermontag
        If Month(OsterDatum(DatJahr) + 1) = 3 Then
            Brueckentage = Brueckentage + 1
        End If
```

Liegt Ostern im April, kommen die gleichen Befehle zum Tragen.

```
Case "Apr"
        DatStart = "01.04." & DatJahr
        DatEnd = "30.04." & DatJahr
        'Karfreitag
        If Month(OsterDatum(DatJahr) - 2) = 4 Then
            Abzug = Abzug + 1
        End If
        'Ostermontag
        If Month(OsterDatum(DatJahr) + 1) = 4 Then
            Abzug = Abzug + 1
        End If
```

Im Monat Mai können einige Besonderheiten auftreten. Im Jahr 2008 fiel z.B. der 1. Mai auf den Feiertag Christi Himmelfahrt. Außerdem fiel auch noch Fronleichnam in den Mai. Allerdings gilt dieser Feiertag nur in den Bundesländern Baden-Württemberg (BW), Bayern (BY), Hessen (HE), Nordrhein-Westfalen (NW), Rheinland-Pfalz (RP) und dem Saarland (SL) als gesetzlicher Feiertag. In anderen Bundesländern dagegen wird dieser Feiertag nur in bestimmten Regionen oder gar nicht als Feiertag begangen. Derartige Sonderfälle müssen in der Programmierung beachtet werden.

Zunächst wird abgefragt, ob der 1. Mai und Christi Himmelfahrt auf einen Tag (DATSTART = (OSTERDATUM(DATJAHR) + 39) fallen. Wenn das der Fall ist, gibt es nur einen Ausfalltag. Falls dies nicht der Fall ist (DATSTART <> (OSTERDATUM(DATJAHR) + 39), muss abgefragt werden, auf welchen Wochentag der 1. Mai fällt. Ist es ein Donnerstag, fallen zwei Ausfalltage an. Liegt der 1. Mai auf einem Samstag oder Sonntag, wird kein Ausfalltag berechnet. Ansonsten fällt für den 1. Mai nur ein Feiertag an. Liegt Christi Himmelfahrt im Mai (DATSTART <> (OSTERDATUM (DATJAHR) + 39) AND MONTH(OSTERDATUM(DATJAHR) + 39) = 5), fallen zwei Ausfalltage an. Für den Pfingstmontag wird ein Ausfalltag berechnet. Fällt Fronleichnam in den Mai, dann haben die o.a. Bundesländer einen gesetzlichen Feiertag. Da Fronleichnam immer auf einen Donnerstag fällt, werden zwei Ausfalltage angerechnet. Diesen Besonderheiten trägt der nachfolgende Code Rechnung.

```
Case "Mai"
        DatStart = "01.05." & DatJahr
     DatEnd = "31.05." & DatJahr
     ErsterMai = Weekday(DateValue(DatStart))
     '01.05. = Christi Himmelfahrt
     If DatStart = (OsterDatum(DatJahr) + 39) Then
     Brueckentage = Brueckentage + 2
     End If
     '01.05. <> Christi Himmelfahrt
     If DatStart <> (OsterDatum(DatJahr) + 39) Then
         If ErsterMai = "1" Or ErsterMai = "7" Then
             Brueckentage = Brueckentage + 0
         ElseIf ErsterMai = "5" Then
             Brueckentage = Brueckentage + 2
         Else
             Brueckentage = Brueckentage + 1
         End If
     End If
     'Christi Himmelfahrt <> 01.05.
    If DatStart <> (OsterDatum(DatJahr) + 39) And Month(OsterDatum(DatJahr) + 39)
= 5 Then
         Brueckentage = Brueckentage + 2
     End If
     'Pfingstmontag
     If Month(OsterDatum(DatJahr) + 50) = 5 Then
         Brueckentage = Brueckentage + 1
     End If
```

```
'Fronleichnam gesetzlicher Feiertag in "BW", "BY", "HE", "NW", "RP", "SL"
Select Case DatLand
      Case "BW", "BY", "HE", "NW", "RP", "SL"
      If Month(OsterDatum(DatJahr) + 60) = 5 Then
          Brueckentage = Brueckentage + 2
      End If
Case Else
      If Month(OsterDatum(DatJahr) + 60) = 5 Then
          Brueckentage = Brueckentage
      End If
      End Select
```

Pfingsten, Christi Himmelfahrt und auch Fronleichnam können auch im Juni als Feiertage begangen werden. Dann gilt das Listing mit dem nachfolgenden Quellcode.

```
    Case "Jun"
        DatStart = "01.06." & DatJahr
        DatEnd = "30.06." & DatJahr
        'Christi Himmelfahrt
        If Month(OsterDatum(DatJahr) + 39) = 6 Then
            Brueckentage = Brueckentage + 2
        End If
        'Pfingstmontag
        If Month(OsterDatum(DatJahr) + 50) = 6 Then
            Brueckentage = Brueckentage + 1
        End If
        'Fronleichnam
        Select Case DatLand
        Case "BW", "BY", "HE", "NW", "RP", "SL"
            If Month(OsterDatum(DatJahr) + 60) = 6 Then
                Brueckentage = Brueckentage + 2
            End If
        Case Else
            If Month(OsterDatum(DatJahr) + 60) = 6 Then
                Brueckentage = Brueckentage
            End If
        End Select
```

Im Juli, August und September fallen keine Feiertage an. Allerdings wird in Bayern Mariä Himmelfahrt in Regionen mit überwiegend katholischer Bevölkerung als Feiertag begangen. Im Saarland gilt dieser Tag als Feiertag.

```
    Case "Jul"
        DatStart = "01.07." & DatJahr
        DatEnd = "31.07." & DatJahr
    Case "Aug"
        DatStart = "01.08." & DatJahr
        DatEnd = "31.08." & DatJahr
'Gilt nur in Bayern mit katholischer Bevölkerung und im Saarland als Fei-
ertag
        Select Case DatLand
        Case "BY","SL"
            Select Case MariaeHimmelfahrt = Weekday("15.08." & DatJahr)
                Case 1, 7
                    Brueckentage = Brueckentage + 0
                Case 5
                    Brueckentage = Brueckentage + 2
                Case Else
                    Brueckentage = Brueckentage + 1
            End Select
        Case Else
            Brueckentage = 0
        End Select
    Case "Sep"
        DatStart = "01.09." & DatJahr
        DatEnd = "30.09." & DatJahr
```

Im Oktober fällt der Tag der Deutschen Einheit an. Für den 03.10. muss nur abgefragt werden, auf welchen Wochentag der Feiertag fällt. Ist es ein Donnerstag, werden wieder zwei Ausfalltage berechnet. Im Fall von Samstag oder Sonntag wird kein Ausfalltag angesetzt. An den übrigen Wochentagen fällt nur ein Ausfalltag an. Am 31.10. wird in den Bundesländern Brandenburg (BB), Mecklenburg-Vorpommern (MV), Sachsen (SN), Sachsen-Anhalt (ST) und Thüringen (TH) der Reformationstag als gesetzlicher Feiertag begangen. Diesen Besonderheiten muss in der Programmierung Rechnung getragen werden.

```
    Case "Okt"
        DatStart = "01.10." & DatJahr
        DatEnd = "31.10." & DatJahr
        'Tag der Deutschen Einheit
        Select Case TagderEinheit = Weekday(DateValue("03.10." & DatJahr))
            Case 3, 5
                Brueckentage = 2
            Case 1, 7
                Brueckentage = 0
            Case Else
```

```
                Brueckentage = 1
        End Select
        'Reformationstag in BB, MV, SN, ST, TH
        Select Case DatLand
            Case "BB", "MV", "SN", "ST", "TH"
            Select Case ReformationsTag = Weekday(DateValue(DatEnd))
                    Case 5
                        Brueckentage = Brueckentage + 2
                    Case 1, 7
                        Brueckentage = Brueckentage + 0
                    Case Else
                        Brueckentage = Brueckentage + 1
                End Select
            Case Else
                Brueckentage = Brueckentage + 0
            End Select
```

Auch der November hat einige Besonderheiten zu bieten. Allerheiligen (01.11.) wird in den Bundesländern Bayern (BY), Baden-Württemberg (BW), Nordrhein-Westfalen (NW), Rheinland-Pfalz (RP) und im Saarland (SL) als Feiertag begangen. Hinzu kommt, dass Sachsen noch den Buß- und Bettag als gesetzlichen Feiertag begeht. Da dieser Feiertag immer auf einen Mittwoch fällt, wird immer nur ein Ausfalltag berechnet. Sollte Allerheiligen auf einen Donnerstag fallen, wird der nachfolgende Freitag als Brückentag angerechnet.

```
Case "Nov"
    DatStart = "01.11." & DatJahr
    DatEnd = "30.11." & DatJahr
    'Allerheiligen nur in BW, BY, NW, RP, SL
    Select Case DatLand
    Case "BW", "BY", "NW", "RP", "SL"
        Select Case AllerHeiligen = Weekday(DateValue(DatStart))
            Case 5
                Brueckentage = Brueckentage + 2
            Case 1, 7
                Brueckentage = Brueckentage + 0
            Case Else
                Brueckentage = Brueckentage + 1
        End Select
    Case Else
        Brueckentage = Brueckentage + 0
    End Select
    'Buß- und Bettag nur in SN gesetzlicher Feiertag
    Select Case DatLand
```

```
        Case "SN"
            'Gibt das Datum des Buß- und Bettages zurück
BussUndBettag = DateSerial(DatJahr, 12, 25) - Weekday(DateSerial(DatJahr,
12, 25), vbMonday) - 4 * 7 - vbWednesday
            Brueckentage = Brueckentage + 1
        Case Else
            Brueckentage = Brueckentage + 0
    End Select
```

Im Dezember schließen viele Industrieunternehmen über Weihnachten die Pforten. In einem derartigen Fall lässt man den Monat am 23.12. enden. Denn danach fallen keine Arbeitstage mehr an. Dienstleistungsunternehmen dagegen arbeiten den Dezember durch und schließen nur an den Feiertagen. Am 24.12. und am 31.12. wird oft nur halbtags gearbeitet. Dieser Fall wurde bei der Programmierung berücksichtigt.

```
    Case "Dez"
        DatStart = "01.12." & DatJahr
        DatEnd = "31.12." & DatJahr
        HeiligAbend = "24.12." & DatJahr
        ErsterWeihnachtstag = "25.12." & DatJahr
        ZweiterWeihnachtstag = "26.12." & DatJahr
        Silvester = "31.12." & DatJahr
        Select Case HeiligAbend
            Case 1, 7
                Brueckentage = Brueckentage + 0
            Case Else
                Brueckentage = Brueckentage + 1
        End Select
        Select Case ErsterWeihnachtstag
            Case 1, 7
                Brueckentage = Brueckentage + 0
            Case Else
                Brueckentage = Brueckentage + 1
        End Select
        Select Case ZweiterWeihnachtstag
            Case 1, 7
                Brueckentage = Brueckentage + 0
            Case Else
                Brueckentage = Brueckentage + 1
        End Select
        Select Case Silvester
            Case 1, 7
                Brueckentage = Brueckentage + 0
```

```
        Case Else
            Brueckentage = Brueckentage + 1
        End Select
End Select
```

Im letzten Teil der Funktion wird dann die Anzahl der Arbeitstage berechnet. Zunächst wird mit dem Befehl

```
AnzahlTage = CInt(DateDiff("d", DatStart, DatEnd)) + 1
```

die Anzahl der Tage insgesamt zwischen dem Anfangsdatum und dem Enddatum des Monats berechnet. Mit einer FOR-NEXT-Schleife werden alle Tage eines Monats durchlaufen und dahingehend überprüft, ob es sich um Samstage und Sonntage handelt.

```
lngKeinWochentag = lngKeinWochentag + 1
```

werden diese dann addiert.

```
For lngI = 0 To AnzahlTage - 1
    datTemp = DateAdd("d", lngI, DatStart)
    intWochenTag = DatePart("w", datTemp) ' 1 für So, 7 für Sa usw.
    Select Case intWochenTag
        Case 1, 7
            lngKeinWochentag = lngKeinWochentag + 1
        Case 2, 3, 4, 5, 6
            lngKeinWochentag = lngKeinWochentag + 0
    End Select
Next lngI
AnzahlArbeitstage = AnzahlTage - lngKeinWochentag - Brueckentage
```

Mit dem Befehl ANZAHLARBEITSTAGE = ANZAHLTAGE − LNGKEINWOCHENTAG - BRUECKENTAGE werden dann von der Gesamtzahl der Tage eines Monats die Samstage, Sonntage und Brückentage abgezogen.

```
=SUMME(F10:F21)
```

Danach wird in der Zelle G25 die mögliche Kapazität in Stunden berechnet. Wenn in den Feldern F22 (Anzahl Arbeitstage), F23 (Schichten pro Tag) und F24 (Stunden pro Schicht) Zahlen vorhanden sind, wird das Produkt aus allen Zellen gebildet, ansonsten wird in die Zelle G25 nichts eingetragen.

```
=WENN(UND(ISTZAHL(F22);ISTZAHL(F23);ISTZAHL(F24));RUNDEN(F22*F23*F24;0);"")
```

Von der möglichen Kapazität werden dann die betriebsbedingten, die technisch bedingten und die sonstigen Stillstandzeiten abgezogen. Man erhält dann die praktisch nutzbare Kapazität in Stunden. Die Formel für die betriebsbedingte Stillstandzeit lautet:

```
=WENN(UND(ISTZAHL($G$25);ISTZAHL(F26));-RUNDEN(F26*$G$25;0);"")
```

Diese Formel kann dann nach unten kopiert werden.

In Zelle G29 werden die Werte summiert.

```
=G25+G26+G27+G28
```

Die Maschine könnte theoretisch 24 Stunden am Tag laufen. Die Formel für die theoretisch nutzbare Kapazität lautet:

```
=F22*24
```

Sie kommt in die Zelle G32. In die Zelle darunter trägt man die Formel für die theoretisch nicht genutzte Kapazität Formel ein.

```
=-WENN(UND(ISTZAHL(F22);ISTZAHL(F23);ISTZAHL(F24));RUNDEN((3-F23)*F24*F22;0))
```

In die Zelle G34 übernimmt man den Wert aus Zelle G25. Die Zelle G35 enthält die Summe der Ausfallzeiten. In die Zelle G36 wird der Wert aus Zelle G29 übernommen. Ab Zelle C39 übernehmen Sie die Texte der Abbildung 4.1. Diese werden zur Erstellung eines Kreisdiagramms benötigt. Die dazugehörigen Werte werden wie folgt eingetragen:

```
=G29
```

in Zelle G40:

```
=G33
```

in Zelle G41:

```
=G26
```

in Zelle G42:

```
=G27
```

in Zelle G43:

```
=G28
```

39	praktisch nutzbare Kapazität in Stunden
40	nicht genutzte Schichtzeit in Stunden
41	betriebsbedingte Stillstandszeiten
42	technisch bedingte Stillstandszeiten
43	sonstige Stillstandszeiten

Abb. 4.2: Die zu übernehmenden Texte

Die Texte und Werte versteckt man nun unter einem Kreisdiagramm. Das Diagramm soll die Verteilung der Zeiten veranschaulichen. Bevor Sie das Diagramm erstellen, sollten Sie die Datenbereiche für das Diagramm markieren. Unterlassen Sie dies, fügt Excel nur eine leere Diagrammfläche ein. Sie rufen nun durch einen Klick mit der rechten Maustaste auf die leere Diagrammfläche das Kontextmenü auf und wählen aus dem Kontextmenü die Option DATEN AUSWÄHLEN aus. Im Fenster tragen Sie dann die Daten ein.

Markieren Sie deshalb die Tabellenbereiche C39:C43 und G39:G43 im Tabellenblatt PLANBESCHÄFTIGUNG. Mit der Befehlsfolge

```
Einfügen → Kreis
```

rufen Sie den Diagrammassistenten auf. Sie wählen die abgebildete Option aus:

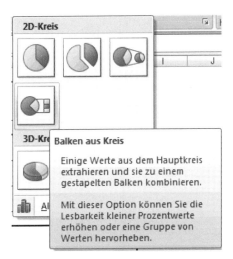

Abb. 4.3: Diagrammtyp auswählen

Excel fügt ein Kreisdiagramm ein.

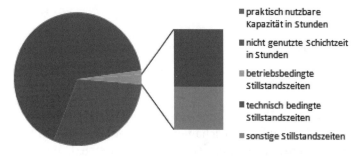

Abb. 4.4: Das Kreisdiagramm

Dieses Diagramm muss noch formatiert werden. Klicken Sie dazu mit der rechten Maustaste in das Diagramm und wählen aus dem Kontextmenü die Option DATENREIHEN FORMATIEREN aus. Im Fenster DATENREIHEN FORMATIEREN klicken Sie die Option REIHENOPTIONEN an und setzen im Eingabefeld der Option ZWEITES ZEICHNUNGSELEMENT ENTHÄLT DIE LETZTEN … WERTE auf 3 hoch.

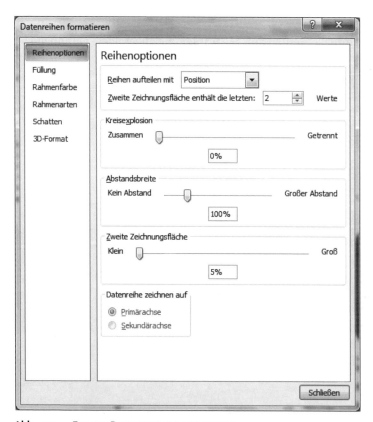

Abb. 4.5: Fenster DATENREIHEN FORMATIEREN

Wenn die Werte der Kreisausschnitte angezeigt werden sollen, klicken Sie mit der rechten Maustaste in den Kreis und wählen aus dem Kontextmenü die Option DATENBESCHRIFTUNGEN HINZUFÜGEN aus.

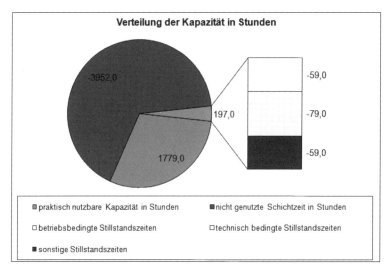

Abb. 4.6:   Das fertige Diagramm

4.2   Kapazitätsanalyse

Für die Kapazitätsanalyse richtet man nun ein eigenes Tabellenblatt mit dem Namen KAPAZITÄTSANALYSE ein. Im oberen Teil des Tabellenblattes berechnet man die theoretische mögliche Kapazität gemäß nachfolgender Abbildung.

	A	B	C	D	E	F	G
1		**Aufstellung der Arbeitstage für das Jahr**			**2009**		
2							
3			Stunden je Schicht:	**8,00 Std.**		Anzahl Schichten:	**1**
4							
5		Monat	Arbeitstage	Stunden je Monat	Überstunden	Ausfall	Summe
6		Jan	20	160,00	15,0	0,00	175,00
7		Feb	20	160,00	0,0	0,00	160,00
8		Mrz	22	176,00	22,5	0,00	198,50
9		Apr	22	176,00	15,0	15,00	176,00
10		Mai	18	144,00	0,0	0,00	144,00
11		Jun	19	152,00	7,5	0,00	159,50
12		Jul	23	184,00	0,0	0,00	184,00
13		Aug	21	168,00	0,0	0,00	168,00
14		Sep	22	176,00	6,0	0,00	182,00
15		Okt	21	168,00	0,0	7,50	160,50
16		Nov	20	160,00	15,0	0,00	175,00
17		Dez	19	152,00	6,0	0,00	158,00
18			247	1976,00			
19					Summe im Jahr 2009		2040,50

Abb. 4.7:   Tabellenblattausschnitt Kapazitätsanalyse

In diesen Tabellenabschnitt werden folgende Werte aus dem Tabellenblatt PLANBE-SCHÄFTIGUNG übernommen:

In Zelle E1 das Jahr:

```
=Planbeschäftigung!G4
```

In Zelle D3 die Anzahl der Stunden:

```
=Planbeschäftigung!F24
```

In Zelle G3 das Anzahl der Schichten:

```
=Planbeschäftigung!G5
```

In Zelle C6 die Arbeitstage:

```
=Planbeschäftigung!F10
```

Die Formel für die Arbeitstage kopieren Sie entsprechend nach unten. Die Anzahl der Stunden im Monat in Zelle D6 berechnet sich nach der Formel (Stunden im Monat) * (Anzahl der Schichten) * (Anzahl der Arbeitstage):

```
=C6*$D$3*$G$3
```

Diese Formel kopieren Sie nach unten.

Das Feld F6 enthält folgende Formel

```
=C6+D6-E6
```

D.h. Stunden + Überstunden - Ausfallstunden.

Im unteren Teil des Tabellenblattes nimmt man nun die eigentliche Analyse vor, wie die Abbildung 4.8 zeigt.

In Spalte E ab Zeile 27 übernehmen Sie die maximalen Stunden aus Spalte F ab Zeile 6.

Das Feld E27 enthält die Formel

(Betriebsstunden - Reinigungsstunden)/Maximalstunden.

```
=(C27-D27)/E27
```

	A	B	C	D	E	F	G	H
22								
23		Berechnung für Aggregat:	Nr. 4711					
24		Kostenstelle :	7701					
25								
26		Monat	Produktion (in m²)	Betriebs-stunden	Reinigungs-stunden	Maximal Stunden	Stundenaus-lastung	Produktion in m² bei 100% Auslastung
27		Januar	106,9	130,00	13	175,00	66,9%	159,89
28		Februar	95,4	114,00	12	160,00	63,8%	149,65
29		März	110,2	133,40	19	198,50	57,6%	191,21
30		April	123,5	136,80	24	176,00	64,1%	192,70
31		Mai	96,9	123,50	30	144,00	64,9%	149,24
32		Juni	110,1	134,20	18	159,50	72,9%	151,13
33		Juli	80,2	101,60	22	184,00	43,3%	185,39
34		August	90,2	110,20	24	168,00	51,3%	175,80
35		September	112,4	141,80	32	182,00	60,3%	186,31
36		Oktober	106,7	135,00	36	160,50	61,7%	172,98
37		November	113,4	141,90	28	175,00	65,1%	174,23
38		Dezember	45,6	91,20	15	158,00	48,2%	94,55
39		Summe:	1191,5	1493,6	273	2040,5	59,8%	1983,07
40		Zielwertanalyse:		1701,4	273	2040,5	70,0%	Zielwertsuche für Auslastung
41				Maximale Auslastung:	72,9%			
42				Geringste Auslastung	43,3%			0,7
43				Durchschnittliche Auslastung:	60,0%			

Abb. 4.8: Die eigentliche Analyse

Diese Formel ergibt den Auslastungsgrad der Maschine im jeweiligen Monat. Teilt man nun die Produktion durch den Auslastungsgrad, lautet die Formel:

```
=B27/F27
```

erhält man die maximal mögliche Produktionsleistung. Relevant ist auch die Frage, wie viele Stunden hätten geleistet werden müssen, um einen Auslastungsgrad von x % zu erreichen. Richten Sie dazu ein Kombinationsfeld in der Tabelle ein. Verknüpfen Sie dieses Kombinationsfeld mit den Werten in den Feldern L1:L7. Dort stehen Prozentwerte zwischen 60 % und 100 % in 5er Schritten gestaffelt. Dieses Kombinationsfeld verknüpfen Sie mit dem Programm

```
Private Sub ComboBox1_Change()
    Dim Wert1 As Variant
    Sheets("Kapazitätsanalyse").Range("G39").Select
    Wert1 = CDec(ComboBox1.Value)
    Sheets("Kapazitätsanalyse").Range("G40").GoalSeek Goal:=Wert1,
ChangingCell:=Range("D40")
End Sub
```

Es nutzt die Option ZIELWERTSUCHE, die drei Werte verlangt:

- **GoalSeek**: Zielzelle (Zelle, in der der Zielwert gespeichert wird)
- **Goal**: Zielwert (Auslastung 70% bzw. 80% etc.). Diese Zelle muss immer eine Formel enthalten, auf deren Basis ein Wert berechnet werden kann. Im Bei-

spiel die Formel für die Berechnung der Produktionsleistung: $=(C40-D40)/E40$.

- **ChangingCell**: Veränderbare Zelle (Zelle, in der der Wert der Berechnung abgelegt wird)

4.3 Formeln schützen

Manchmal ist es sinnvoll, Zellen, die Formeln enthalten, vor Veränderungen durch Dritte zu schützen. Dies erfolgt mit einem kleinen Programm. Das Programm ist mit der CHECKBOX1 verbunden, die Sie im Tabellenblatt KAPAZITÄTSANALYSE einrichten. Damit der Zellschutz wirksam werden kann, sind einige Vorarbeiten notwendig. Wählen Sie die Option BLATT SCHÜTZEN, werden alle Zellen geschützt. Gerade dies soll aber nicht geschehen. Nur die Zellen mit Formeln sollen vor Eingaben sicher sein. Folgende Arbeitsschritte müssen abgearbeitet werden:

- Markieren Sie alle Zellen des Arbeitsblattes, indem Sie mit der linken Maustaste in die linke obere Ecke des Tabellenbereichs klicken. Die nachfolgende Abbildung zeigt dies.

Abb. 4.9: Alle Zellen markieren

- Danach heben Sie den Zellschutz für alle Zellen des Tabellenblattes auf. Die Befehlsfolge lautet:

```
Start → Format → Zellen formatieren → Schutz
```

- Im Fenster ZELLEN FORMATIEREN deaktivieren Sie die Option GESPERRT.

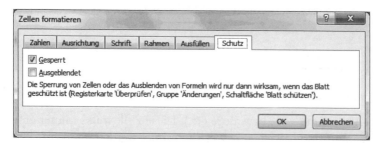

Abb. 4.10: Zellen formatieren

■ Nun markieren Sie die Zellen bei gedrückter Taste Strg, die eine Formel enthalten und geschützt werden sollen.

■ Danach aktivieren Sie für diese Zellen den Zellschutz mit der Befehlsfolge:

```
Start → Format → Zellen formatieren → Schutz
```

Mit dieser Vorgehensweise erreichen Sie, dass nur diese Zellen bei Aktivierung des Blattschutzes gesperrt werden. Im Anschluss an diese Vorarbeiten verknüpfen Sie die CHECKBOX1 mit einem kleinen Programm, das bei Aktivierung der CHECKBOX1 den Blattschutz aktiviert. Dazu klicken Sie mit der rechten Maustaste auf die CHECKBOX1 und wählen aus dem Kontextmenü die Option CODE ANZEIGEN. Excel schaltet in den VBA-Editor und fügt die Zeilen

```
Private Sub CheckBox1_Click()
End Sub
```

ein. Zwischen diese beiden Zeilen kommt der nachfolgende Quellcode:

```
Private Sub CheckBox1_Click()
If CheckBox1.Value = True Then
Sheets("Kapazitätsberechnung").Protect Password:="xyz",_
DrawingObjects:=False, Contents:=True, Scenarios:=False
    Range("F6").Select
Else
Sheets("Kapazitätsberechnung").Unprotect
    Range("F6").Select
End If
End Sub
```

4.4 Plankostenrechnung

Allgemein besteht in der Kostenrechnung die Schwierigkeit, die Kosten in proportionale und fixe Kosten aufzuteilen. Auch in der Plankostenrechnung tritt dieses Problem auf. Excel stellt für das Kostensplitting zwei verschiedene Funktionen zur Verfügung. Handelt es sich um einen linearen Kostenverlauf, bietet sich die Funktion RGP() als Schätzfunktion an. Bei einem exponentiellen Verlauf der Kosten nimmt man die Funktion RKP(). An zwei Beispielen soll das verdeutlicht werden.

4.4.1 Linearer Kostenverlauf

Ausgangspunkt bilden die Daten der nachfolgenden Abbildung

	A	B	C
1	Hilfsstoffe		
2			
3	Monat	Maschinen-stunden	Kosten
4	Jan	129,00 Std.	217,00 €
5	Feb	131,00 Std.	221,00 €
6	Mrz	134,00 Std.	225,00 €
7	Apr	126,00 Std.	216,00 €
8	Mai	135,00 Std.	223,00 €
9	Jun	128,00 Std.	219,00 €
10	Jul	132,00 Std.	222,00 €
11	Aug	130,00 Std.	218,00 €
12	Sep	127,00 Std.	218,00 €
13	Okt	131,00 Std.	221,00 €
14	Nov	125,00 Std.	214,00 €
15	Dez	122,00 Std.	211,00 €

Abb. 4.11:   Daten Hilfsstoffe

Diese Daten wurden im letzten Jahr gesammelt und in der Tabelle REGRESSION erfasst. Sie bilden den Ausgangspunkt für die Schätzung. Bevor man allerdings die Schätzung durchführt, sollte man sich anschauen, wie die Kosten verlaufen. Dazu erstellt man ein Punktdiagramm, das die Lage der erfassten Werte im Koordinatensystem veranschaulicht. Die Abbildung 4.12 zeigt das Diagramm für die Hilfsstoffe.

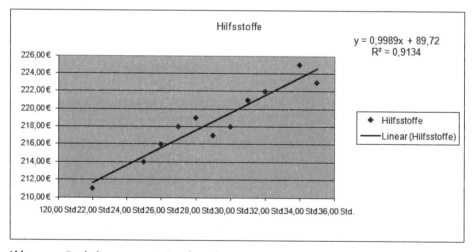

Abb. 4.12:   Punktdiagramm mit Trendgerade

Das Diagramm zeigt, dass die Punkte eher linear verlaufen. Klickt man nun mit der rechten Maustaste einen Datenpunkt an, öffnet sich ein Kontextmenü. Hier

wählt man die Option TRENDLINIE HINZUFÜGEN aus. Im Fenster TRENDLINIE HIN-
ZUFÜGEN klickt man auf den Typ LINEAR. Unter der Rubrik OPTION aktiviert man
die Kontrollkästchen GLEICHUNG IM DIAGRAMM DARSTELLEN und BESTIMMTHEITS-
MASS IM DIAGRAMM DARSTELLEN. Excel fügt dann die Trendlinie mit Gleichung und
Bestimmtheitsmaß in das Diagramm ein. Im Beispiel beträgt R^2 0,9134, also
91,34 %. Die Schätzung ist also ziemlich genau. Je näher das Bestimmtheitsmaß
an 100 % herankommt, desto genauer ist die Schätzung. Die Kostenfunktion für
die Entwicklung der Hilfsstoffe in Abhängigkeit der Stunden lautet:

```
K(x)=0,9989x + 89,72
```

Im Beispiel betragen die fixen Kosten 89,72 €. An proportionalen Kosten fallen
0,9989 € je Stunde an. Geht man also von einer Planbeschäftigung von 1779,0
Stunden aus, dann betragen die Kosten

```
K = 0,9989 * 1779,0 + 89,72 = 1866,84 €
```

Diese Daten kann man sich auch mit der Funktion RGP() berechnen lassen. Diese
Funktion geht von der Gleichung Y=AX + B aus. Neben diesen Parametern berechnet die Funktion RGP() auch noch andere Werte. Die Befehlsfolge lautet:

```
Formeln → Mehr Funktionen → Statistisch → RGP
```

Das Fenster der Abbildung 4.13 öffnet sich.

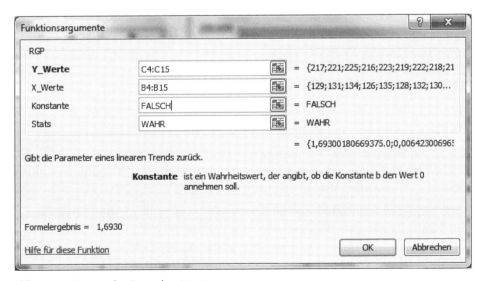

Abb. 4.13:   Fenster des Formelassistenten

In die Eingabezeile für die Y_Werte tragen Sie den Bereich C4:C15 des Tabellenblattes REGRESSION ein. Die X_Werte befinden sich im Bereich B4:B15. Die Eingabezeile für die KONSTANTE kennt nur die Werte WAHR oder FALSCH. WAHR heißt, dass der Schnittpunkt mit der Y-Achse der Nullpunkt ist. Die Trendgerade verläuft durch den Nullpunkt. In der Regel wird die Trendgerade allerdings nicht durch den Nullpunkt der Y-Achse verlaufen. Deshalb trägt man hier FALSCH oder nichts ein. STATS bedeutet, dass weitere statistische Parameter ausgegeben werden sollen, wenn man den Wert WAHR in die Eingabezeile einträgt, andernfalls wird nur der Wert für den Parameter a ausgegeben. Die Eingabe schließen Sie mit OK ab und markieren anschließend einen Bereich von 4 x 2 Feldern. Excel hat in die Zelle schon den Wert für A eingetragen. Sollen die anderen Werte auch erscheinen, klicken Sie in der Bearbeitungszeile hinter die Funktion und schließen die Eingabe mit der Tastenkombination (Shift)+(Strg)+(Enter) ab. Die Funktion wird in geschweifte Klammern gesetzt. Die Formel lautet:

```
={RGP(C4:C15;B4:B15;;WAHR)}
```

Die restlichen Werte werden eingetragen. In dieser kleinen Matrix kann man nun die Werte für a, b und R^2 ablesen. Die Abbildung 4.14 zeigt die korrekten Ergebnisse.

Schätzung		
	a	b
	0,9989	89,7199
R^2	0,0973	12,5685
	0,9134	1,2213
	105,4762	10,0000

Abb. 4.14: Die Ergebnisse der Schätzung

4.4.2 Exponentieller Kostenverlauf

Ausgangspunkt bilden die Daten des Tabellenabschnitts A42:C63 der Tabelle REGRESSION. Die Abbildung 4.15 listet die Daten auf.

Aus diesen Daten erstellt man nun wieder ein Punktdiagramm, um zu ermitteln, welchen Verlauf diese Daten nehmen. Aus der Abbildung 4.16 kann man einen leichten exponentiellen Verlauf erkennen.

Auch in diesem Fall klickt man mit der rechten Maustaste auf einen Datenpunkt und wählt die aus dem Kontextmenü die Option TRENDLINIE HINZUFÜGEN. Im Fenster TRENDLINIE HINZUFÜGEN wählt man die Rubrik EXPONENTIELL. Unter der Rubrik OPTION aktiviert man die Kontrollkästchen GLEICHUNG IM DIAGRAMM DARSTELLEN und BESTIMMTHEITSMASS IM DIAGRAMM DARSTELLEN. Excel fügt dann die Trendlinie mit Gleichung und Bestimmtheitsmaß in das Diagramm ein. Im Beispiel beträgt R^2 0,9453, also 94,53 %. Die Schätzung ist also ziemlich genau. Die Gleichung lautet:

$$Y = 0{,}8197^{0{,}2834x}$$

39	Fehlerkosten	je Stck.	0,80 €	
40				
41	Geschwindigkeit	Ausschuss in Stck. pro Std.	Kosten pro Stunde	Schätzung pro Stunde
42	5,0	4	3,20 €	3,40 €
43	4,3	4	3,20 €	2,78 €
44	8,0	9	7,20 €	7,97 €
45	7,6	8	6,40 €	7,11 €
46	2,8	2	1,60 €	1,82 €
47	4,7	4	3,20 €	3,12 €
48	2,1	2	1,60 €	1,49 €
49	5,9	6	4,80 €	4,39 €
50	3,8	3	2,40 €	2,41 €
51	6,2	6	4,80 €	4,78 €
52	1,3	1	0,80 €	1,19 €
53	2,0	2	1,60 €	1,45 €
54	3,4	3	2,40 €	2,16 €
55	1,9	2	1,60 €	1,41 €
56	6,0	6	4,80 €	4,51 €
57	5,4	5	4,00 €	3,81 €
58	8,1	9	7,20 €	8,20 €
59	1,7	2	1,60 €	1,33 €
60	3,2	3	2,40 €	2,04 €
61	4,5	4	3,20 €	2,95 €
62	3,7	3	2,40 €	2,35 €
63	1,0	1	0,80 €	1,09 €

Abb. 4.15:   Datenbasis für exponentielle Schätzung

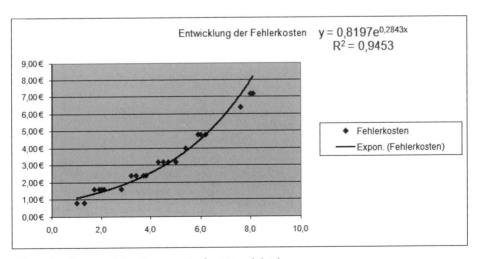

Abb. 4.16:   Exponentieller Kostenverlauf mit Trendgleichung

Die Abbildung 4.17 gibt die anderen Parameter der Schätzung an:

	Schätzung	
	a	**b**
	1,3289	0,8197
	0,0153	0,0720
R²	0,9453	0,1509
	345,3377	20,0000
	7,8600	0,4552

Abb. 4.17: Ergebnisse der Schätzung

Diese Werte kann man sich auch mit der Funktion RKP() ausrechnen lassen. Die Excel-Funktion geht von der Gleichung $y = b^x$ aus und wird ebenfalls als Matrix mit [Shift]+[Strg]+[Enter] gespeichert. Starten Sie dazu in der Befehlsleiste FOR-MELN den Funktionsassistenten und wählen Sie aus der Rubrik STATISTISCH die Funktion RKP() aus. Das Fenster der Abbildung 4.13 öffnet sich. In die Eingabe-zeile für die Y_Werte tragen Sie den Bereich C42:C63 des Tabellenblattes REGRES-SION ein. Die X_Werte befinden sich im Bereich A42:A63. Die Eingabezeile für die Konstante kennt nur die Werte WAHR oder FALSCH. Sowohl in die Eingabezeile KONSTANTE wie auch in die Eingabezeile STATS geben Sie WAHR ein. Im Fall Kon-stante wird B nicht gleich null gesetzt. Setzt man STATS auf WAHR, erhält man noch weitere Werte angezeigt, wie in der Abbildung 4.17 deutlich wird.

Als Ergebnis für a berechnet Excel 1,3289. Dies entspricht genau dem Wert von $e^{0,2843}$. In Zelle D42 wird beispielsweise der Wert für die Geschwindigkeit von 5 geschätzt, dann gilt die Formel

$$Y = 0,8197 * e^{0,2843 * 5}$$

Als Ergebnis erhält man 3,40. Die Excel-Formel in Zelle D42 lautet demnach:

```
=RUNDEN($G$43*$F$43^A42;2)
```

Das Ergebnis wird auf zwei Stellen nach dem Komma gerundet.

4.4.3 Berechnung

Ausgangspunkt der Plankostenrechnung ist die Tabelle PLANKOSTENRECHNUNG im Tabellenblatt PLANKOSTEN. Die gelb hinterlegten Felder sind reine Eingabefel-der und enthalten keine Formeln. Die Abbildung 4.18 zeigt die fertige Tabelle:

			Plankostenrechnung					
		Kostenstelle	7701			Planjahr:	2009	
		Betriebsmittel	Maschine 4711			Schichten:	1	
		Kostenstellenverantwortlicher	Hr. Müller			Bediener:	1	
	Kostenplan	Budget	Planbeschäftigung					
	2009		1779,00 Std.					
	Kostenart		Plankosten			prop. Satz		
		fix	prop.	gesamt	Kosten je h			
	Fertigungslöhne		49.812,00 €	49.812,00 €		28,00 €		
	Reparatur	106,47 €	1.541,22 €	1.647,69 €	Regression			
	Energiekosten	2.401,65 €	21.614,85 €	24.016,50 €	0,09 €/kWh			
	kWh	26.685 kWh	240.165 kWh	266.850 kWh	150 kWh			
	Fehlerkosten		6.042,90 €	6.042,90 €	Geschwindigkeit 5 Regression			
	Werkzeuge		1.334,25 €	1.334,25 €	0,75 €			
	Abschreibungen	2.200,00 €		2.200,00 €				
	Zinsen	820,00 €		820,00 €				
	Hilfsstoffe	89,72 €	1.777,12 €	1.866,84 €	Regression			
	Umlage PPS	890,00 €		890,00 €				
	Umlage Disposition	910,00 €		910,00 €				
	Umlage Betriebsleitung	155,00 €		155,00 €				
	Umlage Kantine	1.020,00 €		1.020,00 €				
	Umlage Verw.-Gemeinkosten	2.400,00 €		2.400,00 €				
	Gesamtkosten der Kostenstelle	10.992,84 €	82.122,34 €	93.115,18 €				

Abb. 4.18: Tabelle PLANKOSTENRECHNUNG

Die einzutragenden Formeln lauten für die Fertigungslöhne (28,00 € * PLANSTUN-
DEN) in Zelle D14

```
=F14*D10
```

Die Reparaturkosten setzen sich aus fixen und proportionalen Kosten zusammen.
Die Werte wurden mittels Regression im Tabellenblatt REGRESSION ermittelt und
werden in die Tabelle PLANKOSTEN übernommen.

```
=Regression!G22       'fixe Kosten
=D10*Regression!F22   'proportionale Kosten
```

Im Fall der Energiekosten wird davon ausgegangen, dass die Maschine 150 kWh
verbraucht. Das ergibt einen Jahresverbrauch von 150 kWh * 1779 Std. Von diesen
Kosten sollen 10 % fix und 90 % proportional sein. Für eine kWh werden 0,09 €
angesetzt. In Formeln umgesetzt:

```
Zelle E17: =F17*D10       'Gesamtverbrauch
Zelle D17: =10%*E17       'Fixe Kosten
Zelle C17: =90%*E17       'Proportionale Kosten
Zelle E16: =C16+D16       'Gesamte Kosten in €
Zelle D16: =D17*F16       'Fixe Kosten in €
Zelle C16: =C17*F16       'Proportionale Kosten in €
```

Die Maschine soll mit einer durchschnittlichen Geschwindigkeit von 5 betrieben werden. Dabei fällt ein Ausschuss von 4 Stück pro Stunde an. Für die Fehlerkosten wird dann die Formel PLANSTUNDENZAHL $* 0{,}8197 * E^{0,2843} * 5$ angesetzt. Die Werte für diese Funktion werden aus dem Tabellenblatt REGRESSION übernommen.

```
=D10*Regression!G43*Regression!F43^5
```

Die Kosten für die Benutzung und Herstellung besonderer Werkzeuge werden 0,75 € proportionale Kosten pro Stunde angesetzt. Die Formel lautet:

```
=D10*F19            'Planstundenzahl mal Stundensatz
```

Die Werte zur Berechnung der Kosten für die Hilfsstoffe kommen wieder aus der Tabelle REGRESSION. Sie lauten:

```
=Regression!G5        'Fixe Kosten
=D10*Regression!F5    'Proportionale Kosten
=C22+D22              'Gesamtkosten für Hilfsstoffe
```

Die Kosten für Abschreibungen, Zinsen, Umlage PPS, Umlage Betriebsleitung, Umlage Disposition, Umlage Kantine, Umlage Verw.-Gemeinkosten stammen aus dem Betriebsabrechnungsbogen und werden von Hand eingetragen. Dann ergeben sich für diese Kostenstelle an proportionalen Kosten 10.992,84 €. Die Formel lautet:

```
=SUMME(C14:C16;C18:C27)
=SUMME(C14:C16;C18:C27)
```

An fixen Kosten fallen 82.122,34 € an. Die Formel zur Berechnung:

```
=SUMME(D14:D16;D18:D27)
```

4.4.4 Abweichungsanalyse

Bei der Berechnung der Beschäftigungs-, der Verbrauchs- und Gesamtabweichung wird im Beispiel von einer Ist-Beschäftigung von 1.600 Stunden ausgegangen. Der Eintrag des Wertes erfolgt in Zelle E19 des Tabellenblattes ABWEICHUNGSANALYSE. Dabei sollen 83.500,00 € an Ist-Kosten entstanden sein. Diesen Wert trägt man in Zelle E21 des Tabellenblattes ABWEICHUNGSANALYSE ein. Die Abbildung 4.19 zeigt den Aufbau der Tabelle ABWEICHUNGSANALYSE.

	A B	C	D	E
3			**Abweichungsanalyse Plankostenrechnung**	
5	(1)	Bestimmung der Planbeschäftigung, der fixen und variablen Kosten:		
7		Planbeschäftigung:		1.779,00 Std.
9		Plankosten: fixe Kosten:		10.992,84 €
11		variable Kosten:		82.122,34 €
13		gesamte Plankosten:		93.115,18 €
15	(2)	Plankostenverrechnungssatz:		52,3413 €/Std.
17	(3)	Ermittlung der verrechneten Plankosten bei Ist-Beschäftigung:		
19		Istbeschäftigung:		1.600,00 Std.
21		Istkosten:		83.500,00 €
23		Verrechnete Plankosten bei Ist-Beschäftigung:		83.746,09 €
25	(4)	Ermittlung der Sollkosten:		84.852,17 €
29	(5)	Soll-Ist-Vergleich [Verbrauchsabweichung]:		1.352,17 €
33	(6)	Beschäftigungsabweichung:		-1.106,08 €
37	(7)	Gesamtabweichung:		246,09 €
41		Beweisrechnung:		246,09 €

Abb. 4.19: Tabellenblatt ABWEICHUNGSANALYSE

Für die Abweichungsanalyse werden die Werte der geplanten Stunden, die geplanten variablen und fixen Kosten aus dem Tabellenblatt PLANKOSTEN benötigt. Wenn im Tabellenblatt PLANKOSTEN Werte eingetragen sind, sollen die Werte übernommen werden, andernfalls soll der Wert Null ausgegeben werden. Dies kann man erreichen, indem man die Excel-Funktion ISTZAHL(Zelle) in einer WENN-Abfrage verwendet.

```
Zelle E7:  =WENN(ISTZAHL(Plankosten!D10);Plankosten!D10;0)
Zelle E9:  =WENN(ISTZAHL(Plankosten!C28);Plankosten!C28;0)
Zelle E11: =WENN(ISTZAHL(Plankosten!D28);Plankosten!D28;0)
```

Die Summe der gesamten Plankosten soll nur dann berechnet werden, wenn für die fixen wie auch für die variablen Kosten Werte eingetragen wurden. Andernfalls soll die Zahl Null erscheinen.

```
=WENN(UND(ISTZAHL(E9);ISTZAHL(E11));E9+E11;0)
```

Der Plankostenverrechnungssatz ergibt sich durch Division der gesamten Plankosten durch die geplanten Stunden.

```
=WENN(UND(ISTZAHL(E13);ISTZAHL(E7));E13/E7;0)
```

Die verrechneten Plankosten bei Ist-Beschäftigung ergeben sich aus der Multiplikation von Ist-Stunden mit dem Plankostenverrechnungssatz.

```
=WENN(UND(ISTZAHL(E15);ISTZAHL(E19));(E15*E19);0)
```

Für die Berechnung der Sollkosten gilt die Formel:

$$Sollkosten = \mathrm{var}\,iable\ Plankosten * \frac{Iststunden}{Planstunden} + fixe\ Plankosten$$

Als Excel-Formel trägt man in die Zelle E25 folgende Formel ein:

```
=WENN(UND(ISTZAHL(E11);ISTZAHL(E19);ISTZAHL(E7)*ISTZAHL(E9));E11*E19/E7+E9;0)
```

Die Differenz zwischen Soll-K und Ist-Kosten gibt die Verbrauchsabweichung in Euro wieder. Sie beträgt im vorliegenden Beispiel 1.352,17 €. Sie zeigt bei negativem Vorzeichen einen Mehrverbrauch, bei positivem Vorzeichen einen Minderverbrauch an!

```
=WENN(UND(ISTZAHL(E25);ISTZAHL(E21));E25-E21;0)
```

Die Beschäftigungsabweichung wird durch Subtraktion der Sollkosten von den verrechneten Plankosten bei Ist-Beschäftigung berechnet. Sie beruht auf Fehleinschätzung der Beschäftigung; ein negatives Vorzeichen zeigt, dass zu wenig Fixkosten wegen Unterbeschäftigung verrechnet wurden.

```
=WENN(UND(ISTZAHL(E23);ISTZAHL(E25));E23-E25;0)
```

Die Gesamtabweichung wird durch Subtraktion der Ist-Kosten von den verrechneten Plankosten bei Ist-Beschäftigung gebildet.

```
=WENN(UND(ISTZAHL(E23);ISTZAHL(E21));E23-E21;0)
```

Zur Bestätigung wird in Zelle E41 die Summe aus Verbrauchs- und Beschäftigungsabweichung berechnet. Sie muss der Gesamtabweichung entsprechen.

```
=WENN(UND(ISTZAHL(E29);ISTZAHL(E33));E29+E33;0)
```

4.4.5 Grafische Auswertung

Der Zusammenhang zwischen Plan- und Sollkosten soll nun in einem Diagramm veranschaulicht werden. Dazu müssen zunächst Daten bereitgestellt werden. Dies geschieht im Tabellenblatt GRAFIKDATEN. Die Abbildung 4.20 zeigt den Aufbau der Tabelle.

	A	B	C	D	E	F	G	H
1	Daten für Grafik							
2								
3	Plankosten							
4	fixe	10.992,84 €						
5	variable	46,16 €						
6								
7								
8	Stunden	Fixe Soll-kosten	Variable Soll-kosten	Sollkosten	Verrechnete Plankosten		Planbeschäftigung	
9	0,00 Std.	10.992,84 €	0,00 €	10.992,84 €	0,00 €		1.779,00 Std.	0,00 €
10	100,00 Std.	10.992,84 €	4.616,21 €	15.609,05 €	5.234,13 €		1.779,00 Std.	93.115,18 €
11	200,00 Std.	10.992,84 €	9.232,42 €	20.225,26 €	10.468,26 €			
12	300,00 Std.	10.992,84 €	13.848,62 €	24.841,46 €	15.702,39 €			
13	400,00 Std.	10.992,84 €	18.464,83 €	29.457,67 €	20.936,52 €			
14	500,00 Std.	10.992,84 €	23.081,04 €	34.073,88 €	26.170,65 €			
15	600,00 Std.	10.992,84 €	27.697,25 €	38.690,09 €	31.404,78 €			
16	700,00 Std.	10.992,84 €	32.313,46 €	43.306,30 €	36.638,91 €			
17	800,00 Std.	10.992,84 €	36.929,66 €	47.922,50 €	41.873,04 €			
18	900,00 Std.	10.992,84 €	41.545,87 €	52.538,71 €	47.107,17 €			
19	1.000,00 Std.	10.992,84 €	46.162,08 €	57.154,92 €	52.341,30 €			
20	1.100,00 Std.	10.992,84 €	50.778,29 €	61.771,13 €	57.575,44 €			
21	1.200,00 Std.	10.992,84 €	55.394,50 €	66.387,34 €	62.809,57 €			
22	1.300,00 Std.	10.992,84 €	60.010,70 €	71.003,54 €	68.043,70 €			
23	1.400,00 Std.	10.992,84 €	64.626,91 €	75.619,75 €	73.277,83 €			
24	1.500,00 Std.	10.992,84 €	69.243,12 €	80.235,96 €	78.511,96 €			
25	1.600,00 Std.	10.992,84 €	73.859,33 €	84.852,17 €	83.746,09 €			
26	1.700,00 Std.	10.992,84 €	78.475,54 €	89.468,38 €	88.980,22 €			
27	1.800,00 Std.	10.992,84 €	83.091,74 €	94.084,58 €	94.214,35 €			
28	1.900,00 Std.	10.992,84 €	87.707,95 €	98.700,79 €	99.448,48 €			
29	2.000,00 Std.	10.992,84 €	92.324,16 €	103.317,00 €	104.682,61 €			

Abb. 4.20: Aufbau des Tabellenbereichs GRAFIKDATEN

In die Zellen B4 und B5 des Tabellenblattes werden die Werte der Plankostenberechnung übernommen. Die Formeln lauten für

die Zelle B4

```
=WENN(ISTZAHL(Plankosten!C28);Plankosten!C28;0)    'fixe Kosten
```

und die Zelle B5:

```
=WENN(UND(ISTZAHL(Plankosten!D28);ISTZAHL(Plankosten!D10));Plankosten!D28/Plan-
kosten!D10;0)                                  'variable Kosten
```

Für die Berechnung der Sollkosten lauten die Formeln:

Zelle B9:

```
=WENN(ISTZAHL($B$4);$B$4;0)     'fixe Sollkosten
```

Zelle D9:

```
=WENN(ISTZAHL($B$5);$B$5*A9;0) ' variable Sollkosten
```

Zelle E9:

```
=B9+C9                   'Summe fixe + variable Sollkosten
```

Die verrechneten Plankosten werden durch Multiplikation von Plankostenverrechnungssatz aus dem Tabellenblatt ABWEICHUNGSANALYSE mit der jeweiligen Stundenzahl gewonnen.

```
=WENN(ISTZAHL(Abweichungsanalyse!$E$15);A9*Abweichungsanalyse!$E$15;0)
```

Diese Formeln kopiert man nach unten.

In die Zellen G9 und G10 übernimmt man die Planstunden aus dem Tabellenblatt PLANBESCHÄFTIGUNG.

Zelle G9:

```
=Planbeschäftigung!G29
```

Zelle G10:

```
=Planbeschäftigung!G29
```

In die Zelle H9 trägt man den Wert Null ein. In die Zelle H10 übernimmt man den Wert der gesamten Plankosten aus dem Tabellenblatt PLANKOSTEN.

Zelle H9:

```
=0
```

Zelle H10:

```
=Plankosten!E28
```

Nun wird die Abbildung 4.21 erstellt.

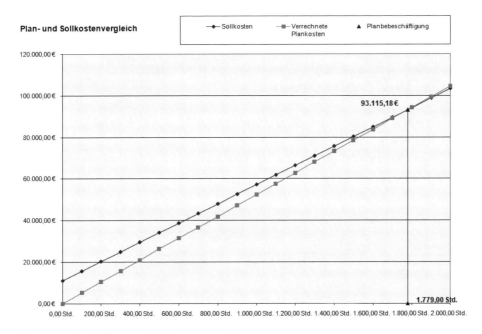

Abb. 4.21: Grafik Plan- und Sollkostenvergleich

Rufen Sie den Diagrammassistenten durch die Befehlsfolge

```
Einfügen → Punkt
```

auf und wählen Sie die Option PUNKT und als Diagrammtyp PUNKTE MIT GERADEN LINIEN UND DATENPUNKTEN aus. Zunächst erhält man eine leere Fläche im Tabellenblatt GRAFIKDATEN, falls man vorher nicht die entsprechenden Datenbereiche markiert hatte. Durch Klick mit der rechten Maustaste auf die leere Diagrammfläche öffnet sich ein Kontextmenü, aus dem Sie die Option DIAGRAMM VERSCHIEBEN auswählen. Im Fenster aktivieren Sie die Zeile NEUES BLATT und tragen dort den Namen des Diagrammblatts GRAFIK ein.

Abb. 4.22: Fenster DIAGRAMM VERSCHIEBEN

Danach rufen Sie wieder das Kontextmenü durch Klick mit der rechten Maustaste in die leere Diagrammfläche auf und wählen dort die Option DATEN AUSWÄHLEN. Hier fügen Sie die drei im Fenster DATENQUELLE AUSWÄHLEN angezeigten Datenreihen ein.

Abb. 4.23: Fenster DATENQUELLE AUSWÄHLEN

Folgende Eingaben sollen vorgenommen werden:

Datenreihe SOLLKOSTEN

```
Name: =Grafikdaten!$D$8
X-Werte: =Grafikdaten!$A$9:$A$29
Y-Werte: =Grafikdaten!$D$9:$D$29
```

Datenreihe VERRECHNETE PLANKOSTEN

```
Name: =Grafikdaten!$E$8
X-Werte: =Grafikdaten!$A$9:$A$29
Y-Werte: =Grafikdaten!$E$9:$E$29
```

Für die Reihe PLANBESCHÄFTIGUNG gilt:

```
Name: =Grafikdaten!$G$8
X-Werte: =Grafikdaten!$G$9:$G$10
Y-Werte: =Grafikdaten!$H$9:$H$10
```

Dann werden die Daten der Planbeschäftigung in das Diagramm eingefügt. Dazu klickt man einen der beiden Datenpunkte der Reihe PLANBESCHÄFTIGUNG mit der rechten Maustaste an. Die Punkte werden markiert. Aus dem Kontextmenü wählt man die Option DATENBESCHRIFTUNGEN FORMATIEREN aus. Im Fenster aktiviert man unter der Rubrik BESCHRIFTUNG ENTHÄLT die Kontrollkästchen X-Wert und Y-Wert.

Abb. 4.24: Fenster DATENBESCHRIFTUNGEN FORMATIEREN

Bei jeder Änderung der Planbeschäftigung ändert sich auch die Lage der Datenreihe Planbeschäftigung. Die neuen Werte erscheinen ebenfalls im Diagramm.

Kapitel 5

Liquiditätsanalyse

Der Finanzhaushalt stellt den Lebensnerv des Unternehmens dar. Mittel- bzw. langfristig müssen Einnahmen und Ausgaben ausgeglichen werden, da sonst der Gang zum Insolvenzverwalter droht. Deshalb werden im Unternehmen die Einnahmen aufgrund vergangener Werte geschätzt und den voraussichtlichen Ausgaben gegenübergestellt. Dies geschieht im Finanzplan, der alle Geld- und Kapitalbewegungen enthält, die durch die im Absatz-, Produktions- und Beschaffungsplan vorgesehenen Tätigkeiten ausgelöst werden.

Der Finanzplan hat im Wesentlichen zwei Aufgaben zu erfüllen. Zum einen gibt er eine Übersicht über alle Zahlungsvorgänge. Zum anderen soll er die Liquidität des Unternehmens sichern. Gleichzeitig zeigt der Finanzplan an, welche Mittel dem Unternehmen für etwaige Investitionen zur Verfügung stehen. Der Zielkonflikt zwischen Liquidität und Rentabilität besteht ja gerade darin, dass die Liquidität möglichst viele Barmittel im Unternehmen belassen möchte. Die Rentabilität dagegen verlangt, dass möglichst alle liquiden Mittel gewinnbringend angelegt werden. Diesen Zielkonflikt hat das Finanzcontrolling aufzulösen. Der Finanzplan hilft dabei. Er gibt an, welche Mittel voraussichtlich zur Verfügung stehen und welche Mittel zur Sicherung der Zahlungsbereitschaft herangezogen werden müssen. Die übrigen Mittel können gewinnsteigernd angelegt werden.

Der Finanzplan überwacht die Einnahmen und Ausgaben eines Unternehmens. Dies geschieht in zwei Phasen. In Phase I plant man die zukünftigen Soll-Werte (Soll-Planung) für einen bestimmten Zeitraum (Woche, Monat, Quartal). Die Ist-Planung stellt diesen Soll-Werten die Ist-Werte gegenüber und fragt nach den Ursachen für die Abweichung.

Eine Finanzplanung soll die Liquidität und die Stabilität des Unternehmens aufrechterhalten. Im mehrjährigen Zeitraum geht es darum, das Verhältnis von Eigen- und Fremdkapital (Stabilität) unter Berücksichtigung der vorzunehmenden Investitionen und entsprechend der Vorgaben im Leitbild auszugestalten. Es ist also zu überlegen, ob die Zukunft des Unternehmens unter Beibehaltung der Zahlungsfähigkeit finanzierbar ist. Dazu muss man planen, welche Finanzmittel wann in den Planungszeiträumen benötigt werden und woher diese dann kommen sollen. Kurz- und mittelfristig steht die Zahlungsbereitschaft des Unternehmens im Vordergrund der Betrachtungen.

5.1 Finanzplan einrichten

Bevor Sie mit der eigentlichen Erstellung des Plans beginnen, richten Sie folgende Tabellen ein:

1. **Tabelle CSV_Daten**: In diesem Tabellenblatt werden die Umsatzdaten, die in einer Textdatei vorliegen, eingelesen. Das geschieht mit einem VBA-Programm

2. **Tabellenblatt Finanzplan**: Dieses Tabellenblatt enthält den Finanzplan. Mithilfe eines Kombinationsfeldes, das an ein kleines VBA-Programm gebunden ist, sollen verschiedene Szenarien des Finanzplanes zur Auswertung geladen werden.

3. **Tabellenblatt Ausgangspunkt**: In diesem Tabellenblatt werden die Werte eingetragen, die normalerweise Grundlage der Betrachtung wären.

4. **Tabellenblatt Opt_Umsatz**: Die Werte, die diesem Finanzplanszenario zugrunde liegen, gehen von einem optimalen Umsatzergebnis aus.

5. **Tabellenblatt Min_Umsatz**: Dieses Finanzplanszenario geht von den Umsatzwerten aus, die schlimmstenfalls eintreten.

6. **Tabelle Parameter**: In diesem Tabellenblatt werden Daten zur Steuerung der verschiedenen Szenarien gespeichert.

7. **Tabellenblatt Startcenter**: Dieses Tabellenblatt bildet das Regiezentrum der Arbeitsmappe. Mittels eines mit einem kleinen VBA-Programms verbundenen Kombinationsfeldes wird das ausgewählte Tabellenblatt angesteuert.

Wesentlicher Punkt der Einzahlungen sind die Einnahmen aus den Umsatzerlösen. Für die Planung hat man eine Transformationstabelle zu erstellen, die die Zahlungsgewohnheiten der Kunden enthält. Die Zahlen für die Transformationstabelle gewinnt man aus den statistischen Unterlagen über die Zahlungsgewohnheiten der Kunden. Bei der Patria GmbH hat man für die vergangenen Jahre folgende Zahlungsgewohnheiten bei den Kunden festgestellt:

Transformationstabelle
52 % der Forderungen werden Einzahlungen im gleichen Monat
28 % der Forderungen werden Einzahlungen im ersten folgenden Monat
20 % der Forderungen werden Einzahlungen im zweiten folgenden Monat

Tabelle 5.1: Beispiel einer Transformationstabelle

In der Praxis werden diese Zahlen sicherlich anders aussehen.

Das Unternehmen gewährt 2 % Skonto bei Zahlung innerhalb von 30 Tagen. Die Kasse hat einen Bestand von 10.235,00 € und die Bank von 40.000,00 €. Die nachfolgenden Ausgaben fallen regelmäßig an:

Ausgaben	Ausgaben	Einnahmen
Umsatzsteuerzahllast	Zinsen	Zinsen
Versicherungen	Löhne/Gehälter	Mieten
Werbung	Investitionen	
Instandhaltung	Steuern	
R-H-B-Einkäufe		

Für die Überziehung des Kontos bei der ABC Bank steht ein Überziehungskredit von 300.000,00 € zur Verfügung. Dieser Kredit muss mit 12,5 % verzinst werden. Die Umsatzdaten werden in die Tabelle UMSATZDATEN aus der Datenbank PATRI-AGMBH.MDB eingelesen.

5.2 Umsatzdaten einlesen und schätzen

Auf Basis dieser Angaben wird nun der Finanzplan erstellt. Leider fehlen für die Erstellung des Planes noch die Umsatzzahlen für die Monate Oktober bis Dezember 2010. Die zukünftigen Werte für Oktober bis Dezember müssen auf der Grundlage der Zahlen des Vorjahres mithilfe der Excel-Funktion TREND oder anderer Schätzverfahren ermittelt werden. In der Praxis wird Ihnen der Administrator allerdings den direkten Zugriff auf die Umsatzdaten des Unternehmens verweigern. Als Zeichen des guten Willens wird er Ihnen die Daten komprimiert in einer CSV-Datei oder TXT-Datei in einem bestimmten Verzeichnis des Servers ablegen. Im Beispiel soll die Datei QRYUMSATZABFRAGE.TXT heißen und im Verzeichnis EXCELBUCH abgelegt worden sein. Die Umsatzdaten sollen allerdings strukturiert per VBA übernommen werden. Dazu richten Sie im Tabellenblatt eine Befehlsschaltfläche ein, die Sie an das Click-Ereignis der Befehlsschaltfläche knüpfen. Die zweite Befehlsschaltfläche dient dazu, wieder zurück zum Tabellenblatt STARTCENTER zu gelangen. Auch diesen Button verknüpfen Sie mit seinem Click-Ereignis. Für beide Befehlsschaltflächen richten Sie folgende Eigenschaften ein:

Button	Eigenschaft	Inhalt
Button 1	(Name)	CMDZURUECK
	Caption	Zurück zum Start
Button 2	(Name)	CMDUEBERNAHME
	Caption	Umsätze aktualisieren

Da die Befehlsschaltfläche CMDZURUECK den geringsten Programmieraufwand verursacht, wird zunächst sie mit ihrem Click-Ereignis verknüpft. Sie befinden sich im Entwurfsmodus und klicken mit der rechten Maustaste auf die Befehls-schaltfläche. Im Kontextmenü wählen Sie die Option CODE ANZEIGEN aus. Excel fügt nun die beiden Befehlszeilen

```
Private Sub cmdZurueck_Click()
End Sub
```

in den VBA-Editor ein. Dazwischen kommen nun die folgenden zwei Befehlszeilen:

```
Private Sub cmdZurueck_Click()
Worksheets("Startcenter").Activate
Sheets("Startcenter").cboAuswahl.ListIndex = 0
End Sub
```

Die erste Zeile aktiviert das Tabellenblatt STARTCENTER. Die zweite Zeile setzt die Auswahl im Kombinationsfeld CBOAUSWAHL des Tabellenblattes STARTCENTER auf die Option STARTCENTER.

Bevor nun das Programm zur Datenübernahme kodiert werden kann, richten Sie einen weiteren Button ein, den Sie mit dem Namen CMDUEBERNAHME und dem Titel DATEN AKTUALISIEREN versehen. Mit der Befehlsfolge

```
Klick mit der rechten Maustaste auf den Button → Code anzeigen
```

schalten Sie in den VBA-Editor um. Die beiden Befehlszeilen

```
Private Sub cmdUebernahme_Click()
End Sub
```

sind eingefügt worden. Die Verbindung zum Button CMDUEBERNAHME wurde her-gestellt. Für die Datenübernahme müssen die entsprechenden Bibliotheken akti-viert werden. In Excel stehen die Bibliotheken zur Datenübernahme nicht zur Verfügung. Benötigt man z.B. Microsoft ADO Ext. 2.8, muss man einen Verweis auf diese Bibliothek setzen. Ist dies geschehen, kann man auf den Befehlsumfang dieser Bibliothek zurückgreifen. Die Verweise für diese Arbeitsmappe wurden schon gesetzt. Möchten Sie noch andere Verweise setzen, geschieht dies im VBA-Editor mit der Befehlsfolge

```
Extras → Verweise
```

	A	B	C	D	E
1					
2		Umsätze aktualisieren			
3					
6	**Jahr**	**MonatZahl**	**Monat**	**Einheiten**	**Umsatz**
7	**2007**	1	Jan	151.004,00 Stck.	13.970.054,00 €
8		2	Feb	114.759,00 Stck.	13.778.551,00 €
9		3	Mrz	126.327,00 Stck.	12.038.832,00 €
10		4	Apr	145.035,00 Stck.	14.024.609,00 €
11		5	Mai	129.555,00 Stck.	11.271.752,00 €
12		6	Jun	122.621,00 Stck.	11.019.452,00 €
13		7	Jul	107.722,00 Stck.	12.258.809,00 €
14		8	Aug	108.622,00 Stck.	12.804.176,00 €
15		9	Sep	121.439,00 Stck.	11.977.310,00 €
16		10	Okt	129.674,00 Stck.	12.070.151,00 €
17		11	Nov	106.167,00 Stck.	12.081.422,00 €
18		12	Dez	111.165,00 Stck.	12.209.797,00 €
19	**2008**	1	Jan	151.004,00 Stck.	14.771.013,00 €
20		2	Feb	114.759,00 Stck.	14.427.725,00 €
21		3	Mrz	126.327,00 Stck.	12.683.315,00 €
22		4	Apr	145.035,00 Stck.	14.875.836,00 €
23		5	Mai	129.555,00 Stck.	11.947.668,00 €
24		6	Jun	122.621,00 Stck.	11.616.926,00 €
25		7	Jul	107.722,00 Stck.	12.967.388,00 €
26		8	Aug	108.622,00 Stck.	13.527.452,00 €
27		9	Sep	121.439,00 Stck.	12.697.067,00 €
28		10	Okt	129.674,00 Stck.	12.774.131,00 €
29		11	Nov	106.167,00 Stck.	12.775.343,00 €
30		12	Dez	111.165,00 Stck.	12.927.087,00 €
31	**2009**	1	Jan	269.693,00 Stck.	21.453.829,00 €
32		2	Feb	209.823,00 Stck.	21.239.810,00 €
33		3	Mrz	226.507,00 Stck.	19.626.718,00 €
34		4	Apr	139.655,00 Stck.	11.972.163,00 €
35		5	Mai	124.219,00 Stck.	9.139.172,00 €
36		6	Jun	117.221,00 Stck.	8.781.936,00 €
37		7	Jul	102.376,00 Stck.	10.159.171,00 €
38		8	Aug	103.272,00 Stck.	10.676.746,00 €
39		9	Sep	116.063,00 Stck.	9.835.643,00 €
40		10	Okt	141.953,66 Stck.	13.055.767,94 €
41		11	Nov	142.537,37 Stck.	13.056.586,63 €
42		12	Dez	143.121,08 Stck.	13.057.405,33 €

Abb. 5.1:   Die formatiert eingelesenen Umsatzdaten

Jetzt gilt es, die Variablen zu deklarieren. Die Verbindung zum Provider MICRO-SOFT.JET.OLEDB.4.0 muss hergestellt werden, eine Variable für das RECORDSET soll bereitgestellt werden, und einige Zählvariablen sollen zur Verfügung stehen.

```
Private Sub cmdUebernahme_Click()
Dim cnn As New ADODB.Connection
Dim rst As New ADODB.Recordset
Dim intI, intZ As Integer
Dim lngZaehler As Long
Dim strBereich As String
End Sub
```

Nach der Variablendeklaration wird die Verbindung CONNECTION zum Provider hergestellt, das RECORDSET geöffnet und der Startpunkt für die Datenübernahme festgelegt. Anschließend werden bereits vorhandene alte Daten gelöscht, um Platz für die neuen Daten zu machen.

```
cnn.Open "Provider=Microsoft.Jet.OLEDB.4.0;" & _
     "Data Source=c:\ExcelBuch\Kapitel5;" & _
     "Extended Properties=""text;HDR=Yes;FMT=Delimited;"";"
rst.Open "Select * From qryUmsatzabfrage.txt", cnn, , , adCmdText
'Startpunkt wählen fürDatenübernahme
Worksheets("CSV_Daten").ActivateSheets("CSV_Daten").Range("A6").Select
'Daten löschen
Worksheets("CSV_Daten").Range("A6").CurrentRegion.ClearContents
```

Das nächste Code-Fragment liest die Spaltenüberschriften (Feldnamen) der Textdatei in das Tabellenblatt. Dies geschieht mit einer FOR-NEXT-Schleife. Da das erste Feld mit ACTIVECELL.OFFSET(0,0) angesteuert wird, muss der Start der Schleife bei Null beginnen. Das Ende wird mit der Anzahl der Spalten RST.FIELDS.COUNT des RECORDSET gesetzt. Hier beginnt nun die Zählung bei eins. Hätte man z.B. 5 Spalten, würde das Ergebnis von RST.FIELDS.COUNT 5 lauten. Da ACTIVECELL.OFFSET beim Wert 0 startet, darf die Schleife nur bis zum Wert 4 ausgeführt werden, da ACTIVECELL.OFFSET(0,5) den Zellzeiger in die 6. Spalte setzt. Daher subtrahiert man vom Wert, den man durch RST.FIELDS.COUNT erhält, den Wert 1. Mit RST.FIELDS(INTI).NAME greift man auf den Spaltennamen zu. Die Hintergrundfarbe INTERIOR.COLORINDEX = 37 (FARBE BLAU), die Schriftfarbe FONT.COLORINDEX und die Schriftauszeichnung FONT.BOLD werden entsprechend festgelegt.

```
'Überschriften setzen
For intI = 0 To rst.Fields.Count - 1
    ActiveCell.Offset(0, intI).Value = rst.Fields(intI).Name
    ActiveCell.Offset(0, intI).Interior.ColorIndex = 37
    ActiveCell.Offset(0, intI).Font.ColorIndex = 2
    ActiveCell.Offset(0, intI).Font.Bold = True
Next
```

Im nächsten Code-Fragment werden die Inhalte der CSV-Datei zeilenweise in den entsprechenden Tabellenbereich eingelesen. Bevor das Einlesen der Daten beginnen kann, setzt man den Zellzeiger mit ACTIVECELL.OFFSET(1, 0).SELECT eine Zeile tiefer. Im Beispiel wäre dies die Zelle A7. Die Zählvariable INTI, die die Anzahl der eingelesenen Datensätze aufnehmen soll, wird auf Null gesetzt. Dann wird die DO-WHILE-Schleife solange durchlaufen, wie das Ende des RECORDSET RST.EOF nicht erreicht wird. Taucht in der Spalte MONATZAHL RST.FIELDS(1) der Wert 1 auf (es handelt sich um den Januar), soll der Wert aus Spalte 0 (es handelt sich um die Jahreszahl) in das Feld eingetragen werden. Andernfalls wird zum nächsten Feld

gesprunden und die Monatszahl RST.FIELDS(1), die Kurzbezeichnung des Monats
RST.FIELDS(2), die Stückzahl RST.FIELDS(3) und der Umsatz RST.FIELDS(4) in die
nächsten Spalten eingetragen. Die Spalte mit den Einheiten erhält das benutzerde-
finierte Format STCK. durch den Befehl ACTIVECELL.OFFSET(0, 3).NUMBERFORMAT
= "#,##0.00 ""STCK.""". Diese Aufteilung wird durch eine Auswahl SELECT CASE -
END SELECT erreicht. Danach wird die Zählvariable um 1 erhöht INTI = INTI + 1.
Der Datensatzzeiger des RECORDSET wird mit RST.MOVENEXT auf den nächsten
Datensatz gesetzt. Der Zellzeiger wird in die nächste Zelle bewegt. Nach dem letzten Durchlauf der Schleife wird das RECORDSET mit RST.CLOSE geschlossen und
die Verbindung mit SET CNN = NOTHING zurückgesetzt.

```
ActiveCell.Offset(1, 0).Select
intI = 0
Do While Not rst.EOF
    Select Case rst.Fields(1)
    Case 1
        ActiveCell.Offset(0, 0).Value = rst.Fields(0)
        ActiveCell.Offset(0, 0).Interior.ColorIndex = 37
        ActiveCell.Offset(0, 0).Font.ColorIndex = 2
        ActiveCell.Offset(0, 0).Font.Bold = True
        ActiveCell.Offset(0, 1).Value = rst.Fields(1)
        ActiveCell.Offset(0, 2).Value = rst.Fields(2)
        ActiveCell.Offset(0, 3).Value = rst.Fields(3)
        ActiveCell.Offset(0, 3).NumberFormat = "#,##0.00 ""Stck."""
        ActiveCell.Offset(0, 4).Value = CCur(rst.Fields(4))
    Case Else
        ActiveCell.Offset(0, 1).Value = rst.Fields(1)
        ActiveCell.Offset(0, 2).Value = rst.Fields(2)
        ActiveCell.Offset(0, 3).Value = rst.Fields(3)
        ActiveCell.Offset(0, 3).NumberFormat = "#,##0.00 ""Stck."""
        ActiveCell.Offset(0, 4).Value = CCur(rst!umsatz)
    End Select
        intI = intI + 1
        rst.MoveNext
        ActiveCell.Offset(1, 0).Select
Loop
    rst.Close
    Set cnn = Nothing
```

Nachdem alle Daten eingelesen wurden, wird der Variablen INTZ die Zahl der
Datensätze INTI zugewiesen, und die Spaltenbreiten werden automatisch AUTOFIT
angepasst. Eine Meldung über die Anzahl der übertragenen Datensätze erscheint
auf dem Bildschirm.

Für die Liquiditätsplanung benötigt man nun eine Voraussage über die zukünftigen Umsätze. Von ihnen werden die Einnahmen im Wesentlichen bestimmt. Mithilfe der Excel-Funktion TREND sollen die voraussichtlichen Umsätze der nächsten drei Monate berechnet werden. Zur Erinnerung:

■ Es wurden 33 Umsätze eingelesen.

■ Der erste zu schätzende Wert ist also der 34. Umsatz.

Die TREND-Funktion schätzt nun den 34. Wert der Umsatzliste und ist wie nachstehend abgebildet aufgebaut:

Abb. 5.2:   Die Trend-Funktion von Excel

Diese Schreibweise kann in VBA nicht 1:1 übernommen werden. In VBA steht für das Schreiben von Formeln in eine Zelle der Befehl ACTIVECELL.OFFSET(ZEILE, SPALTE).FORMULARıCı zur Verfügung. Die Formel selbst wird als Text mit vorangestelltem Gleichheitszeichen eingegeben. Die nachfolgende Abbildung zeigt den Aufbau und gibt die verwendeten Variablen an. Die Arbeit mit den Variablen ist notwendig, da sich der Bezug des Feldes D7 und auch der Bezug zur Zelle D39 zur Ergebniszelle mit der Formel ändert.

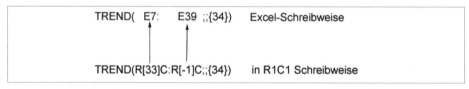

Abb. 5.3:   Trend-Funktion in VBA mit R1C1-Schreibweise

Für den Trend des Oktobers soll nun beispielhaft erläutert werden, wie man die Zeile 40 (34. Wert in der Umsatzliste) per VBA einfügt. Ausgangspunkt bildet die nachstehende Grafik.

	A	B	C	D	E
38		8	Aug	103.272,00 Stck.	10.676.746,00 €
39		9	Sep	116.063,00 Stck.	9.835.643,00 €
40		10	Okt	141.953,66 Stck.	13.055.767,94 €
41					
42				Trend	Trend

Abb. 5.4:   Tabellenausschnitt mit Trend-Funktion

Der Zellzeiger verweist auf die Zelle A40, wie in Abbildung 5.4 zu sehen ist. Dem Programm muss zunächst der Monat, für den die Einträge erfolgen sollen, bekannt sein. Dazu greift man auf den Vormonat zurück. Die Monatszahl befindet sich eine Spalte nach rechts versetzt in der darüberliegenden Zeile ZELLE B39. Diesen Wert kann man nun durch ACTIVECELL.OFFSET(-1,1) abrufen und ihn für die Fallunterscheidung SELECT CASE ACTIVECELL.OFFSET(-1,1) nutzen. Im Beispiel erhält man den Wert 9. Das Programm soll nun zur Verzweigung für den Wert 9 gehen und den Umsatztrend für den Monat Oktober berechnen. Da sich der Zellzeiger schon in der richtigen Zeile befindet, muss er nur eine Spalte nach rechts bewegt werden, um dann in diesem Feld die Monatszahl 10 einzutragen. Dies geschieht mit dem Befehl ACTIVECELL.OFFSET(-1,1).VALUE + 1. Die Zelle daneben ACTIVECELL.OFFSET(0,2) bekommt den Wert OKT zugewiesen. In die nächste Spalte ACTIVECELL.OFFSET(0,3) soll nun die Formel zur Trend-Berechnung eingetragen werden. Excel stellt dafür den Befehl ACTIVECELL.OFFSET(ZEILE,SPALTE). FORMULAR1C1 zur Verfügung.

Der Zellzeiger steht in der Zelle D40. Der Bereich D7:D39 beinhaltet die Y-Werte für die Trendberechnung. Soll auf die Zelle D39 verwiesen werden, geschieht dies durch R[-1]C. Die Zelle D7 liegt 33 Zeilen oberhalb von D40. Man könnte nun auf die Idee kommen, mit R[-33]C diese Zelle festzulegen. Dies stimmt für den Oktober. Der November, der eine Zeile tiefer steht, muss den Wert R[-34]C erhalten. Der Wert für die Zelle D7 muss also variabel gesetzt werden. Gleiches gilt auch für die Zelle D39. Für den Oktober greift man mit R[-1]C auf D39 zu. Die Trendberechnung des Novembers liegt zwei Zeilen unter D39 in Zelle D41. Von hier aus erfolgt der Zugriff mit R[-2]C auf D39. Fazit dieser Überlegungen: Die Zugriffe auf die Felder D7 und D39 müssen per Variablen gesteuert werden. Zwei Variable stehen für die Berechnung zur Verfügung. Die Variable INTI beinhaltet die Anzahl der übertragenen Datensätze. Die Variable INTZ als Laufvariable in der einer FOR-NEXT-Schleife gibt an, ob der Trend für die erste, zweite oder dritte Zeile unter dem letzten Datensatz berechnet wird. Der Wert für den Zugriff auf die Zelle D7 errechnet sich fortlaufend aus der Addition der Variablen INTI(33) und INTZ (1). Von der Summe muss allerdings noch 1 subtrahiert werden, um auf das Feld D7 für weitere Berechnungen verweisen zu können. Diese Berechnung weist man der Variablen LNGZAEHLER aus Vereinfachungsgründen zu. Gleiches gilt für den Zugriff auf die Zelle D39. Hier setzt man die Variable INTI ein. Da sich auch der NEUE_X_WERT der Trend-Funktion ändert, wird auch dieser Wert durch die Variablen INTZ und INTI festgelegt. In VBA würde dies nun wie folgt aussehen:

```
ActiveCell.Offset(0, 3).FormulaR1C1 = _
  "=TREND(R[-lngZaehler]C[0]:R[-intI]C[0];;{intZ + intI})"
```

Im Tabellenblatt könnte Excel die Formel in der oben angegebenen Form nicht verarbeiten. Die Variablen würden als Text interpretiert, und es käme zu einer Fehlermeldung. Deshalb wird die Formel aus einer Textaddition gebildet. Zum Text TREND(R[- wird der Wert der Variablen LNGZAEHLER hinzugefügt. Dazu kommt dann der Text]C:R[-, dem wiederum der Wert der Variablen INTI zugefügt wird usw. Aus Vereinfachungsgründen lässt man den Wert Null bei der Spalte weg. Die Formel lautet dann:

```
ActiveCell.Offset(0, 3).FormulaR1C1 = _
  "=TREND(R[-" & lngZaehler & "]C:R[-" & intI & "]C,,{" & intZ + intI & "})"
```

Zum Ende der Schleife erfolgt die Zeilenschaltung mit ACTIVECELL.OFFSET(1, 0).SELECT. Am Ende des Programms wird dem Datenbereich der Spalte E der Name UMSATZ zugewiesen.

```
intZ = intI
'Spalten ausrichten
Worksheets("Bilanz").Columns("A:E").AutoFit
'Meldung ausgeben
MsgBox ("Umsatztransfer beendet! Trends berechnet! " & intI & " Umsätze _
übertragen!")
'Trends berechnen
For intZ = 1 To 3
    lngZaehler = intI + intZ - 1
    Select Case ActiveCell.Offset(-1, 1).Value
        Case 1
            ActiveCell.Offset(0, 1).Value = ActiveCell.Offset(-1, 1).Value + 1
            ActiveCell.Offset(0, 2).Value = "Feb"
            ActiveCell.Offset(0, 3).FormulaR1C1 = "=TREND(R[-" & lngZaehler & _
                "]C:R[-" & intI & "]C,,{" & intZ + intI & "})"
            ActiveCell.Offset(0, 3).NumberFormat = "#,##0.00 ""Stck."""
            ActiveCell.Offset(0, 4).FormulaR1C1 = "=TREND(R[-" & lngZaehler & _
                "]C:R[-" & intI & "]C,,{" & intZ + intI & "})"
            ActiveCell.Offset(0, 4).NumberFormat = "#,##0.00 ""€"""
        Case 2
            ActiveCell.Offset(0, 1).Value = ActiveCell.Offset(-1, 1).Value + 1

            ActiveCell.Offset(0, 2).Value = "Mrz"
            ActiveCell.Offset(0, 3).FormulaR1C1 = "=TREND(R[-" & lngZaehler & _
                "]C:R[-" & intI & "]C,,{" & intZ + intI & "})"
            ActiveCell.Offset(0, 3).NumberFormat = "#,##0.00 ""Stck."""
            ActiveCell.Offset(0, 4).FormulaR1C1 = "=TREND(R[-" & lngZaehler & _
                "]C:R[-" & intI & "]C,,{" & intZ + intI & "})"
            ActiveCell.Offset(0, 4).NumberFormat = "#,##0.00 ""€"""
        Case 3
```

```
    ActiveCell.Offset(0, 1).Value = ActiveCell.Offset(-1, 1).Value + 1
     ActiveCell.Offset(0, 2).Value = "Apr"
   ActiveCell.Offset(0, 3).FormulaR1C1 = "=TREND(R[-" & lngZaehler & _
     "]C:R[-" & intI & "]C,,{" & intZ + intI & "})"
     ActiveCell.Offset(0, 3).NumberFormat = "#,##0.00 ""Stck."""
   ActiveCell.Offset(0, 4).FormulaR1C1 = "=TREND(R[-" & lngZaehler & _
     "]C:R[-" & intI & "]C,,{" & intZ + intI & "})"
     ActiveCell.Offset(0, 4).NumberFormat = "#,##0.00 ""€"""
Case 4
   ActiveCell.Offset(0, 1).Value = ActiveCell.Offset(-1, 1).Value + 1
     ActiveCell.Offset(0, 2).Value = "Mai"
   ActiveCell.Offset(0, 3).FormulaR1C1 = "=TREND(R[-" & lngZaehler & _
     "]C:R[-" & intI & "]C,,{" & intZ + intI & "})"
     ActiveCell.Offset(0, 3).NumberFormat = "#,##0.00 ""Stck."""
   ActiveCell.Offset(0, 4).FormulaR1C1 = "=TREND(R[-" & lngZaehler & _
     "]C:R[-" & intI & "]C,,{" & intZ + intI & "})"
     ActiveCell.Offset(0, 4).NumberFormat = "#,##0.00 ""€"""
Case 5
   ActiveCell.Offset(0, 1).Value = ActiveCell.Offset(-1, 1).Value + 1
     ActiveCell.Offset(0, 2).Value = "Jun"
   ActiveCell.Offset(0, 3).FormulaR1C1 = "=TREND(R[-" & lngZaehler & _
     "]C:R[-" & intI & "]C,,{" & intZ + intI & "})"
     ActiveCell.Offset(0, 3).NumberFormat = "#,##0.00 ""Stck."""
   ActiveCell.Offset(0, 4).FormulaR1C1 = "=TREND(R[-" & lngZaehler & _
     "]C:R[-" & intI & "]C,,{" & intZ + intI & "})"
     ActiveCell.Offset(0, 4).NumberFormat = "#,##0.00 ""€"""
Case 6
   ActiveCell.Offset(0, 1).Value = ActiveCell.Offset(-1, 1).Value + 1
     ActiveCell.Offset(0, 2).Value = "Jul"
   ActiveCell.Offset(0, 3).FormulaR1C1 = "=TREND(R[-" & lngZaehler & _
     "]C:R[-" & intI & "]C,,{" & intZ + intI & "})"
     ActiveCell.Offset(0, 3).NumberFormat = "#,##0.00 ""Stck."""
   ActiveCell.Offset(0, 4).FormulaR1C1 = "=TREND(R[-" & lngZaehler & _
     "]C:R[-" & intI & "]C,,{" & intZ + intI & "})"
     ActiveCell.Offset(0, 4).NumberFormat = "#,##0.00 ""€"""
Case 7
   ActiveCell.Offset(0, 1).Value = ActiveCell.Offset(-1, 1).Value + 1
     ActiveCell.Offset(0, 2).Value = "Aug"
   ActiveCell.Offset(0, 3).FormulaR1C1 = "=TREND(R[-" & lngZaehler & _
     "]C:R[-" & intI & "]C,,{" & intZ + intI & "})"
     ActiveCell.Offset(0, 3).NumberFormat = "#,##0.00 ""Stck."""
   ActiveCell.Offset(0, 4).FormulaR1C1 = "=TREND(R[-" & lngZaehler & _
```

```
             "]C:R[-" & intI & "]C,,{" & intZ + intI & "})"
             ActiveCell.Offset(0, 4).NumberFormat = "#,##0.00 ""€"""
     Case 8
       ActiveCell.Offset(0, 1).Value = ActiveCell.Offset(-1, 1).Value + 1
       ActiveCell.Offset(0, 2).Value = "Sep"
       ActiveCell.Offset(0, 3).FormulaR1C1 = "=TREND(R[-" & lngZaehler & _
             "]C:R[-" & intI & "]C,,{" & intZ + intI & "})"
       ActiveCell.Offset(0, 3).NumberFormat = "#,##0.00 ""Stck."""
       ActiveCell.Offset(0, 4).FormulaR1C1 = "=TREND(R[-" & lngZaehler & _
             "]C:R[-" & intI & "]C,,{" & intZ + intI & "})"
       ActiveCell.Offset(0, 4).NumberFormat = "#,##0.00 ""€"""
     Case 9
       ActiveCell.Offset(0, 1).Value = ActiveCell.Offset(-1, 1).Value + 1
       ActiveCell.Offset(0, 2).Value = "Okt"
       ActiveCell.Offset(0, 3).FormulaR1C1 = "=TREND(R[-" & lngZaehler & _
             "]C:R[-" & intI & "]C,,{" & intZ + intI & "})"
       ActiveCell.Offset(0, 3).NumberFormat = "#,##0.00 ""Stck."""
       ActiveCell.Offset(0, 4).FormulaR1C1 = "=TREND(R[-" & lngZaehler & _
             "]C:R[-" & intI & "]C,,{" & intZ + intI & "})"
       ActiveCell.Offset(0, 4).NumberFormat = "#,##0.00 ""€"""
     Case 10
       ActiveCell.Offset(0, 1).Value = ActiveCell.Offset(-1, 1).Value + 1
       ActiveCell.Offset(0, 2).Value = "Nov"
       ActiveCell.Offset(0, 3).FormulaR1C1 = "=TREND(R[-" & lngZaehler & _
             "]C:R[-" & intI & "]C,,{" & intZ + intI & "})"
       ActiveCell.Offset(0, 3).NumberFormat = "#,##0.00 ""Stck."""
       ActiveCell.Offset(0, 4).FormulaR1C1 = "=TREND(R[-" & lngZaehler & _
             "]C:R[-" & intI & "]C,,{" & intZ + intI & "})"
       ActiveCell.Offset(0, 4).NumberFormat = "#,##0.00 ""€"""
     Case 11
       ActiveCell.Offset(0, 1).Value = ActiveCell.Offset(-1, 1).Value + 1
       ActiveCell.Offset(0, 2).Value = "Dez"
       ActiveCell.Offset(0, 3).FormulaR1C1 = "=TREND(R[-" & lngZaehler & _
             "]C:R[-" & intI & "]C,,{" & intZ + intI & "})"
       ActiveCell.Offset(0, 3).NumberFormat = "#,##0.00 ""Stck."""
       ActiveCell.Offset(0, 4).FormulaR1C1 = "=TREND(R[-" & lngZaehler & _
             "]C:R[-" & intI & "]C,,{" & intZ + intI & "})"
       ActiveCell.Offset(0, 4).NumberFormat = "#,##0.00 ""€"""
     Case 12
       ActiveCell.Offset(0, 1).Value = 1
       ActiveCell.Offset(0, 2).Value = "Jan"
       ActiveCell.Offset(0, 3).FormulaR1C1 = "=TREND(R[-" & lngZaehler & _
```

```
                "]C:R[-" & intI & "]C,,{" & intZ + intI & "})"
            ActiveCell.Offset(0, 3).NumberFormat = "#,##0.00 ""Stck."""
         ActiveCell.Offset(0, 4).FormulaR1C1 = "=TREND(R[-" & lngZaehler & _
            "]C:R[-" & intI & "]C,,{" & intZ + intI & "})"
            ActiveCell.Offset(0, 4).NumberFormat = "#,##0.00 ""€"""
End Select
ActiveCell.Offset(1, 0).Select
Next
Worksheets("CSV_Daten").Range(Cells(6, 5), Cells(intI + 9, 5)).Name = "Umsatz"
Zaehler = Worksheets("CSV_Daten").Range("Umsatz").Rows.Count + 5
Worksheets("Finanzplan").Activate
Worksheets("Finanzplan").Range("H4") = Worksheets("CSV_Daten").Cells(Zaehler _
  - 2, 3)
Worksheets("Finanzplan").Range("K4") = Worksheets("CSV_Daten").Cells(Zaehler _
  - 1, 3)
Worksheets("Finanzplan").Range("N4") = Worksheets("CSV_Daten").Cells(Zaehler, 3)
```

Die drei letzten Befehle tragen die jeweiligen Monatsnamen, für die die Umsätze geschätzt werden, in das Tabellenblatt FINANZPLAN als Überschriften ein.

5.3 Liquiditätsplan entwerfen

Die Liquidität des Unternehmens berechnet sich aus Einnahmen minus Ausgaben. Hierbei gibt es zahlreiche Unterpunkte, die sowohl bei den Einnahmen wie auch bei den Ausgaben zum Tragen kommen. Eine gute Übersicht, welche Positionen in einen Liquiditätsplan einzutragen sind, findet man bei Heinz K. Joschke, Finanzplanung[1], S. 627. Im vorliegenden Beispiel wird ein weniger umfangreicher Liquiditätsplan zugrunde gelegt.

Die nachfolgende Abbildung zeigt das Ausgangsbeispiel. Für eine Analyse der Unternehmenssituation werden noch drei Szenarien entworfen. Das Szenario AUSGANGSPUNKT enthält die Werte eines Finanzplans, die mit großer Wahrscheinlichkeit normalerweise eintreffen würden. Die Realität kann aber auch ganz anders aussehen. Im Szenario BEST CASE soll der Umsatz um 5 % über dem Umsatz des Ausgangspunktes und im Fall von WORST CASE 5 % unter dem des Ausgangspunktes liegen. Im Weiteren soll noch ein mittlerer Fall, BALANCED CASE, eingerichtet werden. Mithilfe der Excel-Funktion BEREICH.VERSCHIEBEN soll im Tabellenblatt FINANZPLAN jedes Szenario durch Auswahl des Szenarionamens in einem Kombinationsfeld umgehend angezeigt werden.

---

[1]   Joschke,Heinz K., Finanzplanung in: Management-Enzyklopädie, Band 3, 2. Auflage, Landsberg a. L. 1982,S. 619-634

Ausgangspunkt	Oktober		
Zahlungsmittelbestände	Soll	Ist	Differenz
Saldo Vormonat	0,00		
Saldo Bank	10.235,00		
Saldo Kasse	0,00		
Einnahmen			
Umsatzerlöse Vormonate	5.021.323,08		
Umsatzerlöse des Monats	5.012.243,67		
Mieteinnahmen	0,00		
Zinseinnahmen	0,00		
Anlagenverkäufe	0,00		
Summe der Einnahmen	10.043.801,75		
Ausgaben			
R-H-B-Stoffe	4.570.500,00		
Personalkosten	1.356.000,00		
Handelswaren	955.400,00		
Dividende	843.200,00		
Steuern	23.450,00		
Gewährleistung	123.500,00		
Instandhaltung	45.600,00		
Investitionen	0,00		
Verbindlichkeiten	456.800,00		
Zinsen	2.500,00		
Umsatzsteuerzahllast	1.270.466,91		
Tilgung von Krediten	8.945,00		
Verzugszinsen	0,00		
Summe der Ausgaben	9.656.361,91		
Überschuß/Fehlbetrag	387.439,84		

Abb. 5.5: Beispiel für einen Liquiditätsplan

Die Einnahmen aus Umsatzerlösen müssten nach jeder neuen Datenübernahme gemäß Transaktionstabelle neu berechnet werden. Dieser Umstand kann zu Fehlern führen, weil man bei der Neuberechnung nicht mehr genau weiß, wie man an die Formeln von der letzten Berechnung gekommen ist. Deshalb sollen die Einnahmen auf Basis der Transformationstabelle mithilfe einer kleinen Funktion berechnet werden.

Zunächst muss per Programm ermittelt werden, in welcher Zeile der letzte geschätzte Umsatzwert steht. Im Fall des Dezembers ist dies die Zeile 42. Dieser Wert ergibt sich aus der Summe der Zeilen des Bereichs mit dem Namen UMSATZ. Mit dem Befehl WORKSHEETS("CSV_DATEN").RANGE("UMSATZ").ROWS.COUNT wird die Zeilenzahl des Bereichs ermittelt. Dazu müssen noch die ersten 5 Zeilen addiert werden, da der Datenbereich UMSATZ erst in Zeile 6 beginnt. Der ermittelte Wert der letzten Zeile mit einem Umsatz wird in der Variablen ZAEHLER gespeichert. In die Variablen VorMon1 bis VorMon5 schreibt man nun mit dem Befehl

CELLS(ZEILE, SPALTE) die Umsätze für die entsprechenden Vormonate. Die nachfolgende Tabelle verdeutlicht, wie man dies machen könnte:

Monat	Zelle	Definition CELLS(ZEILE, SPALTE)
Aug	E38	CELLS(ZAEHLER − 4, 5)
Sep	E39	CELLS(ZAEHLER − 3, 5)
Okt	E40	CELLS(ZAEHLER − 2, 5)
Nov	E41	CELLS(ZAEHLER − 1, 5)
Dez	E42	CELLS(ZAEHLER, 5)

Die Berechnung der Zahlungseingänge für den Oktober berechnet man mit der Formel:

```
Umsatz Oktober = (UmsatzOkt - UmsatzOkt × Skonto) × 52%
```

In VBA umgesetzt lautet diese Formel:

```
Umsatzberechnen = VorMon1 × ZVorMon2 + VorMon2 × ZVorMon1
```

Die Zahlungseingänge für die Vormonate September und August haben folgende Formel:

```
Umsatz Vormonate = UmsatzAug × 20% + UmsatzSep × 28%
```

In VBA umgesetzt lautet der Quellcode:

```
Umsatzberechnen = (VorMon3 - VorMon3 × Skonto) × ZVorMon
```

Das gesamte Listing der Funktion wird nachfolgend abgedruckt.

```
Option Explicit
Public Function Umsatzberechnen(Parameter As Integer) As Currency
Dim Zaehler As Long
Dim VorMon1, VorMon2, VorMon3, VorMon4, VorMon5 As Currency
Const ZVorMon = 0.52, ZVorMon1 = 0.28, ZVorMon2 = 0.2, Skonto = 0.02
Zaehler = Worksheets("CSV_Daten").Range("Umsatz").Rows.Count + 5
VorMon1 = Worksheets("CSV_Daten").Cells(Zaehler - 4, 5).Value 'Aug
VorMon2 = Worksheets("CSV_Daten").Cells(Zaehler - 3, 5) 'Sep
VorMon3 = Worksheets("CSV_Daten").Cells(Zaehler - 2, 5) 'Okt
VorMon4 = Worksheets("CSV_Daten").Cells(Zaehler - 1, 5) 'Nov
VorMon5 = Worksheets("CSV_Daten").Cells(Zaehler, 5)    'Dez
```

```
Select Case Parameter
    Case 1
        Umsatzberechnen = VorMon1 * ZVorMon2 + VorMon2 * ZVorMon1
    Case 2
        Umsatzberechnen = (VorMon3 - VorMon3 * Skonto) * ZVorMon
    Case 3
        Umsatzberechnen = VorMon3 * ZVorMon2 + VorMon2 * ZVorMon1
    Case 4
        Umsatzberechnen = (VorMon4 - VorMon4 * Skonto) * ZVorMon
    Case 5
        Umsatzberechnen = VorMon4 * ZVorMon2 + VorMon3 * ZVorMon1
    Case 6
        Umsatzberechnen = (VorMon5 - VorMon5 * Skonto) * ZVorMon
End Select
End Function
```

Die berechneten Werte werden an die Funktion Umsatzberechnen übergeben und in die aufrufende Zelle im Währungsformat eingetragen. Zur Unterscheidung, welcher Umsatz für welchen Monat berechnet werden soll, übergibt man an die Funktion einen entsprechenden Parameter. Beispielsweise reicht man an die Funktion den Parameter 2 zur Berechnung des Umsatzes für den Oktober weiter, indem man in der Zelle H11 des Tabellenblattes Ausgangspunkt die Funktion mit dem Befehl

```
=Umsatzberechnen(2)
```

einträgt. Für die Zelle H10 des Tabellenblattes Ausgangspunkt gilt Entsprechendes:

```
=Umsatzberechnen(1)
```

Umsatz	Allgemein: Umsatz	Funktionsaufruf
Im Oktober	Im 1. geschätzten Monat	Umsatzberechnen(2)
In Vormonaten	In Vormonaten des 1. geschätzten Monats	Umsatzberechnen(1)
Im November	Im 2. geschätzten Monat	Umsatzberechnen(4)
In Vormonaten	In Vormonaten des 2. geschätzten Monats	Umsatzberechnen(3)
Im Dezember	Im 3. geschätzten Monat	Umsatzberechnen(6)
In Vormonaten	In Vormonaten des 3. geschätzten Monats	Umsatzberechnen(5)

Alle übrigen Daten sind geschätzte Werte, die von Hand in den Plan eingetragen werden und entsprechend angepasst werden müssen.

5.4   Szenarioanalyse

Für die Szenarioanalyse werden drei Szenarien benötigt. Folgende Daten sollen die einzelnen Szenarien bestimmen:

Szenario	Best Case	Worst Case	Balanced Case
Umsatz	+ 5,0 %	-5,0 %	+5,0 %
R-H-B-Stoffe	+2,5 %	+2,5 %	+2,5 %
Personal	+1,5 %	+2,0 %	+2,0 %
Handelswaren	+2,5 %	+ 5,0 %	+5,0 %

Die Prozentwerte beziehen sich auf die Werte des Ausgangspunktes und stellen den monatlichen Anstieg bzw. monatlichen Rückgang dar.

Nun wäre es ziemlich aufwendig, wenn bei jeder prozentualen Änderung auch die Formeln geändert werden und die neuen Prozentwerte in die Formeln eingetragen werden müssten. Excel bietet in derartigen Fällen die Möglichkeit, Änderungen des Prozentwertes per Mausklick zu variieren. Dazu richtet man ein Drehfeld (SpinButton) ein, mit dem man die Variation vornimmt. Am Beispiel der Umsatzänderung im Tabellenblatt OPT_UMSATZ wird dies ausführlich beschrieben.

Zunächst belegen Sie die Zelle F11 im Tabellenblatt OPT_UMSATZ mit dem Namen UMSOPT. Dies geschieht mit der Befehlsfolge

```
Formeln → Namen definieren
```

oder Sie geben wie in allen bisherigen Versionen von Excel auch den Namen in das NAMENFELD ein. Die Formel in den Zellen H11, K11 und N11 ändern Sie in

```
=Umsatzberechnen(2) * (1 + UmsOpt)
```

In Zelle F10 tragen Sie zudem den Text ZUWACHS/ABNAHME ein und richten ihn rechtsbündig aus. Jemand, der sich nicht auskennt, hat somit zumindest einen Hinweis darauf, was mit dem Wert in Zelle F11 passiert.

Nun richten Sie in Zelle E11 ein Drehfeld (SpinButton) ein. Für dieses Drehfeld müssen die Eigenschaften festgelegt werden. Außerdem soll ein kleines VBA-Programm hinterlegt werden, das die entsprechenden prozentualen Zuwächse bzw.

Abnahmen in die Zelle F11 schreibt. Klicken Sie mit der rechten Maustaste auf das Drehfeld und wählen Sie die Option EIGENSCHAFTEN aus. Legen Sie als Namen für das Drehfeld SPINUMS fest.

Zunächst einige Vorbemerkungen zur Funktionsweise eines Drehfeldes. Jedes Drehfeld ist unterteilt in zwei Schaltflächen mit jeweils einem Button, der nach oben bzw. nach unten weist. Jeder Klick auf den oberen Button erhöht den Wert des Drehfeldes um den Wert 1. Jeder Klick auf den unteren Button vermindert den Wert des Drehfeldes um 1. Das Drehfeld sollte als kleinsten Wert Null annehmen. Nach oben wird eine Grenze von 30.000 voreingestellt. Der Wert des Drehfeldes kann nur in ganzen Schritten wachsen. Die prozentualen Zuwächse sollen allerdings in Schritten von 0,5 % geschehen. Dies kann man nur mit einem VBA-Programm realisieren.

Geht man im Beispiel von einer Obergrenze beim Umsatzwachstum von 5 % aus und einer maximalen Abnahme von -5 %, dann liegen zwischen den beiden Werten genau 20 Schritte (Klicks) bei einer Schrittweite von 0,5 %. Startet man beim Wert Null, dann soll man mit 10 Klicks auf den oberen Button des Drehfeldes bei 5 % landen. Umgekehrt sollen 10 Klicks auf den unteren Button den Wert -5 % bewirken. Da das Drehfeld bei negativen Werten irgendwo bei 65534 zu zählen beginnt, bleibt nur die Möglichkeit, sich im positiven Zahlenraum zu bewegen. Dabei verdeutlicht die nachfolgende Tabelle, wie sich die Werte des Drehfeldes und die Prozentwerte bewegen sollen:

Werte des Drehfeldes	Prozentwerte
20	+5,0 %
19	+4,5 %
18	+4,0 %
10	+0,0 %
9	-0,5 %
0	-5,0 %

Daraus ergeben sich als Eigenschaften für das Drehfeld im Beispiel folgende Werte:

1. Maximaler Wert: 20

2. Minimaler Wert: 0

3. Schrittweite: 1

4. Wert des Drehfeldes beim Start: 10

5. Diese Eigenschaften stellt man beim Start der Arbeitsmappe ein. Im VBA-Editor klickt man doppelt mit der linken Maustaste auf DIESE ARBEITSMAPPE und landet im Programm PRIVATE SUB WORKBOOK_OPEN(). Hier gibt man nun den nachfolgenden Quellcode ein:

```
Option Explicit
Dim SpinVar as Integer
SpinVar = 10
Worksheets("Opt_Umsatz").Select
With ActiveSheet
    .SpinUms.Value = 10
    .SpinUms.Max = 20
    .SpinUms.Min = 0
    .SpinUms.SmallChange = 1
    .Range("UmsOpt") = 0
End With
```

Die erste Zeile schaltet zum Tabellenblatt OPT_UMSATZ. Die dritte Zeile legt 10 als Startwert für das Drehfeld fest. Das Drehfeld soll als maximalen Wert den Wert 20 annehmen und als kleinsten Wert 0. Wertänderungen geschehen mit einer Schrittweite von 1. Beim Start der Arbeitsmappe wird der Wert in der Zelle F11 (UMSOPT) auf Null gesetzt. Der Wert des Drehfeldes beträgt 10, der in Zelle F11 (UMSOPT) 0,00 %. Nun gelangt man per VBA-Programm mit 10 Klicks nach ± 5 %. Die Variable SPINVAR wird später für das VBA-Programm des Drehfeldes benötigt.

Nachdem diese Voreinstellungen programmgemäß vorgenommen wurden, soll nun das Drehfeld mit einem kleinen Programm verbunden werden. Dies geschieht dadurch, dass man mit der rechten Maustaste im Entwurfsmodus auf das Drehfeld klickt und die Option CODE ANZEIGEN aus dem Kontextmenü auswählt. Excel öffnet den VBA-Editor mit den Programmzeilen

```
Private Sub SpinUms_Change()
End Sub
```

Zunächst definieren Sie die Variable SPINVAR als öffentliche Variable vom Typ INTEGER, damit sie für alle Ereignisse im Tabellenblatt zur Verfügung steht. Die DIM-Anweisung wird vor dem Programmcode platziert. Das Programm wird immer dann ausgelöst, wenn auf das Drehfeld angeklickt wird. Jeder Klick ändert den Wert des Drehfeldes. Wenn nun beim ersten Klick auf den oberen Button des Drehfeldes der Wert des Drehfeldes auf 11 erhöht wird, hat das Drehfeld einen Wert, der größer ist als der der Variablen SPINVAR (Wert = 10). In diesem Fall wird der Wert in der Zelle F11 (Name UMSOPT) um 0,005 erhöht. Anschließend wird der Wert des Drehfeldes der Variablen SPINVAR zugewiesen. Variable und Drehfeld haben nun den Wert 11. Klickt man nun auf den unteren Button des Drehfeldes, wird der Wert des Drehfeldes um den Wert 1 vermindert. Das Drehfeld hat nun den Wert 10 und ist somit kleiner als der Variablenwert. Der Wert in der Zelle F11 wird um 0,005 Einheiten vermindert. Danach erhält die Variable wieder den Wert des Drehfeldes. Beide haben nun den Wert 10. In der Zelle erscheint der Wert 0,00 %. Diese Prozedur kann solange wiederholt werden, bis die obere bzw. untere Grenze erreicht wird. Dann nützt kein Klick auf den oberen bzw. unteren Button des Drehfeldes. Der maximale (+ 5 %) bzw. minimale Wert (- 5 %) wird nicht mehr geändert.

```
Option Explicit
Dim Spinvar As Integer
Private Sub SpinUms_Change()
With ActiveSheet
If .SpinUms.Value > Spinvar Then     Works-
heets("Opt_Umsatz").Range("UmsOpt").Value = _ Works-
heets("Opt_Umsatz").Range("UmsOpt").Value + 0.005
Else
    Worksheets("Opt_Umsatz").Range("UmsOpt").Value = _ Works-
heets("Opt_Umsatz").Range("UmsOpt").Value - 0.005
End If
Spinvar = SpinUms.Value
End With
End Sub
```

Sollen höhere Prozentwerte möglich sein, muss man nur die Voreinstellungen im Programm PRIVATE SUB WORKBOOK_OPEN() ändern. Als prozentuale Änderungen werden ± 7,5 % gewünscht. In diesem Fall benötigt man 15 Klicks, um von 0,00 % bis zum Wert 7,50 % zu gelangen. Gleiches gilt auch, um von 0,00 % bis -7,50 % zu kommen. Der maximale Wert des Drehfeldes muss also 30 betragen. Die Mitte liegt bei 15 und entspricht dem Wert 0,00 %. Folgende Änderungen würde man im Programm vornehmen:

```
Spinvar = 15
Worksheets("Opt_Umsatz").Select
With ActiveSheet
    .SpinUms.Value = 15
    .SpinUms.Max = 30
    .SpinUms.Min = 0
    .SpinUms.SmallChange = 1
    .Range("UmsOpt") = 0
End With
```

Die anderen Drehfelder wurden in gleicher Weise programmiert.

5.5   Finanzplan erstellen

Zum Abschluss wird nun das Tabellenblatt FINANZPLAN so eingerichtet, dass man damit schnell eine Analyse vornehmen kann. Zu diesem Zweck müssen die Werte der Szenarien Best Case, Worst Case und Balanced Case schnell ausgetauscht werden. Hierzu bietet sich die Excel-Funktion BEREICH.VERSCHIEBEN an. Außerdem kommt noch die Funktion INDIREKT zum Einsatz.

Die Funktion INDIREKT (ZELLE) liefert einen Bezug auf eine in einer Formel befindliche Zelle, ohne die Formel zu ändern. Diese Excel-Funktion wird für die Manipulation der Funktion BEREICH.VERSCHIEBEN benötigt. Ausgehend vom nachfolgend abgebildeten Beispiel soll die Funktionsweise der Funktion BEREICH.VERSCHIEBEN beschrieben werden.

	A	B	C	D	E	F	G
1	Beispiel: Bereich.Verschieben						
2				Punkt1			
3	Punkt1						
4		2			1	2	3
5		3			4	5	6
6							
7	Zielzelle			Punkt2			
8							
9		6			7	8	9
10					10	11	12
11							

Abb. 5.6:   Ausgangsbeispiel für Funktion BEREICH.VERSCHIEBEN

Die Zelle D3 wurde mit dem Namen Punkt1 und die Zelle D8 mit dem Namen Punkt2 belegt. Sie bilden jeweils die Ausgangspunkte (Bezug) der Funktion BEREICH.VERSCHIEBEN. In die Ergebniszelle A9 trägt man nun die nachfolgende Formel ein:

```
=BEREICH.VERSCHIEBEN(INDIREKT(A3);A4;A5)
```

Die Funktion INDIREKT(A3) liefert als Ergebnis an die Funktion BEREICH.VERSCHIEBEN den Wert PUNKT1. Vom PUNKT1 ausgehend soll nun der Wert, der 2 Zeilen tiefer und 3 Spalten nach rechts versetzt liegt, in die Ergebniszelle eingetragen werden. Im Beispiel liefert die Funktion den Wert 6. Manipuliert man nun mit einem Steuerelement den Eintrag in Zelle A3, werden andere Punkte als Bezugspunkt gewählt und andere Ergebnisse erzielt. Würde man den Eintrag in Zelle A3 von PUNKT1 in PUNKT2 verändern, bekäme man als Ergebnis den Wert 12. Vom PUNKT2 ausgehend soll der Wert, der 2 Zeilen tiefer und 3 Spalten nach rechts versetzt liegt, in die Ergebniszelle eingetragen werden. Bevor man allerdings im Tabellenblatt FINANZPLAN mit der Manipulation beginnt, sind einige Formeln und Einstellungen vorzunehmen.

Zunächst richtet man ein Kombinationsfeld ein. Mithilfe des Kombinationsfeldes und der Excel-Funktion BEREICH.VERSCHIEBEN sollen die Daten der unterschiedlichen Szenarien in das Tabellenblatt FINANZPLAN eingetragen werden. Änderungen an den Formeln sollen nicht mehr notwendig sein, um die gewünschten Daten des gewählten Szenarios im Tabellenblatt FINANZPLAN angezeigt zu bekommen. Tragen Sie dazu in die Zellen S1:S4 die Werte 1 bis 4 ein. In die Zellen T1:T4 kommen die Texte

1. **Zelle T1**: Ausgangspunkt

2. **Zelle T2**: Best Case

3. **Zelle T3**: Worst Case

4. **Zelle T4**: Balanced Case

Diese Werte bilden die Fülldaten für das einzurichtende Kombinationsfeld. Die Zelle A1 im Tabellenblatt FINANZPLAN belegt man nun mit dem Namen AUSWAHL. Folgende Einstellungen nimmt man nun im Eigenschaftsfenster des Kombinationsfelds vor:

1. Name: cboAuswahl

2. List Fill Range: S1:T4

3. Linked Cell: Auswahl

4. Bound Column: 1

5. Column Count: 2

6. Column Widths: 0cm;3cm

Diese Einstellungen bewirken, dass die erste Spalte mit den Ziffern 1 - 4 im Kombinationsfeld nicht angezeigt wird. Allerdings wird der ausgewählte Wert der nicht sichtbaren Spalte 1 in die verlinkte Zelle AUSWAHL eingetragen.

Nach Abschluss dieser Arbeiten verknüpft man das Kombinationsfeld noch mit einem kleinen Programm.

```
Private Sub cboAuswahl_Change()
Worksheets("Finanzplan").Activate
Worksheets("Finanzplan").Range("G4").Value = cboAuswahl.Text
Worksheets("Finanzplan").Range("G4").Interior.ColorIndex = 44
Worksheets("Finanzplan").Range("G4").Font.Bold = True
End Sub
```

Das Programm schreibt den ausgewählten Text des Kombinationsfeldes in die Zelle G4 des Tabellenblattes FINANZPLAN, füllt die Zelle mit der Hintergrundfarbe Orange und aktiviert die Schriftauszeichnung Fett.

Im nächsten Schritt werden die Zellen G4 der Tabellenblätter AUSGANGSPUNKT, OPT_UMSATZ, MIN_UMSATZ und PARAMETER mit Namen versehen.

Tabellenblatt	Zelle	Name der Zelle
AUSGANGSPUNKT	G4	PUNKT1
OPT_UMSATZ	G4	PUNKT2
MIN_UMSATZ	G4	PUNKT3
PARAMETER	A1	PUNKT4

Diese mit Namen versehenen Zellen bilden die Bezugspunkte für die im Tabellenblatt einzutragenden Formeln der Funktion BEREICH.VERSCHIEBEN. Es werden nur dann korrekte Ergebnisse durch die Funktion geliefert, wenn die Tabellenblätter AUSGANGSPUNKT, OPT_UMSATZ und MIN_UMSATZ gleich aufgebaut sind. Beispielsweise müssen die Erlöse des ersten Monats im Quartal in allen drei Tabellen in der Zelle H10 zu finden sein. Die Rohstoffe sollen für den zweiten Monat in der Zelle K17 abgelegt sein. Dies erreicht man am einfachsten dadurch, dass man die Tabelle FINANZPLAN in die entsprechenden Tabellen kopiert.

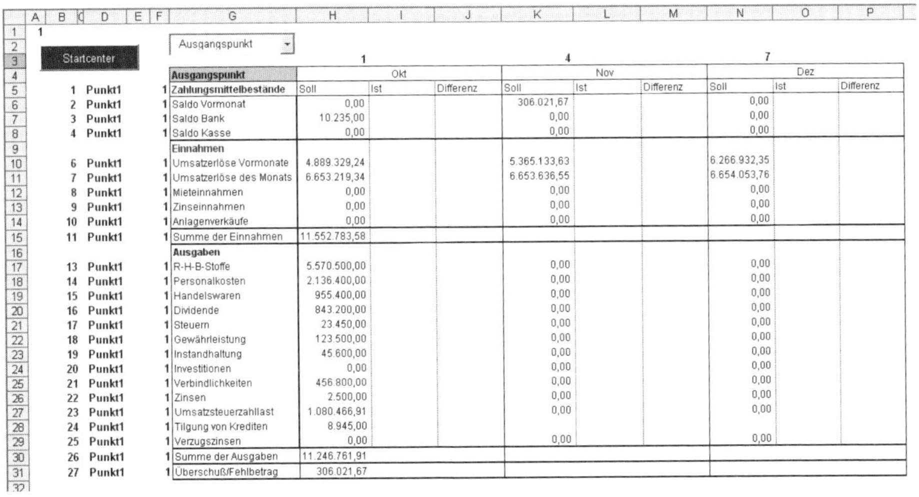

	A	B	D	F	G	H	I	J	K	L	M	N	O	P
1	1													
2					Ausgangspunkt									
3		Startcenter				1			4			7		
4					Ausgangspunkt	Okt			Nov			Dez		
5		1	Punkt1	1	Zahlungsmittelbestände	Soll	Ist	Differenz	Soll	Ist	Differenz	Soll	Ist	Differenz
6		2	Punkt1	1	Saldo Vormonat	0,00			306.021,67			0,00		
7		3	Punkt1	1	Saldo Bank	10.235,00			0,00			0,00		
8		4	Punkt1	1	Saldo Kasse	0,00			0,00			0,00		
9					Einnahmen									
10		6	Punkt1	1	Umsatzerlöse Vormonate	4.889.329,24			5.365.133,63			6.266.932,35		
11		7	Punkt1	1	Umsatzerlöse des Monats	6.653.219,34			6.653.636,55			6.654.053,76		
12		8	Punkt1	1	Mieteinnahmen	0,00			0,00			0,00		
13		9	Punkt1	1	Zinseinnahmen	0,00			0,00			0,00		
14		10	Punkt1	1	Anlagenverkäufe	0,00			0,00			0,00		
15		11	Punkt1	1	Summe der Einnahmen	11.552.783,58								
16					Ausgaben									
17		13	Punkt1	1	R-H-B-Stoffe	5.570.500,00			0,00			0,00		
18		14	Punkt1	1	Personalkosten	2.136.400,00			0,00			0,00		
19		15	Punkt1	1	Handelswaren	955.400,00			0,00			0,00		
20		16	Punkt1	1	Dividende	843.200,00			0,00			0,00		
21		17	Punkt1	1	Steuern	23.450,00			0,00			0,00		
22		18	Punkt1	1	Gewährleistung	123.500,00			0,00			0,00		
23		19	Punkt1	1	Instandhaltung	45.600,00			0,00			0,00		
24		20	Punkt1	1	Investitionen	0,00			0,00			0,00		
25		21	Punkt1	1	Verbindlichkeiten	456.800,00			0,00			0,00		
26		22	Punkt1	1	Zinsen	2.500,00			0,00			0,00		
27		23	Punkt1	1	Umsatzsteuerzahllast	1.080.466,91			0,00			0,00		
28		24	Punkt1	1	Tilgung von Krediten	8.945,00								
29		25	Punkt1	1	Verzugszinsen	0,00			0,00			0,00		
30		26	Punkt1	1	Summe der Ausgaben	11.246.761,91								
31		27	Punkt1	1	Überschuß/Fehlbetrag	306.021,67								

Abb. 5.7: Tabellenblatt Finanzplan

In die Spalte B des Tabellenblattes FINANZPLAN kommen nun die Ziffern von 1 bis 27. Diese Werte dienen dazu, in der Funktion BEREICH.VERSCHIEBEN die Zeilenzahl festzulegen, um die vom Ausgangspunkt, (Bezug) PunktX, nach unten verzweigt werden soll. Die Werte in den Zellen H3 (Wert 1), K3 (Wert 4) und N3 (Wert 7) legen fest, um wie viel Spalten nach rechts zu verzweigen ist. Mit der Formel

```
=BEREICH.VERSCHIEBEN(INDIREKT($D17);$B17;H$3)
```

wird der Wert von PUNKT1 (Tabelle AUSGANGSPUNKT) ausgehend in die Ergebniszelle geschrieben, der 13 Zeilen nach unten und 1 Spalte nach rechts verzweigt in
der Tabelle AUSGANGSPUNKT zu finden ist. In die Zelle H17 schreibt diese Formel
also den Wert (5.570.500,00 €) der R-H-B-Stoffe der Tabelle AUSGANGSPUNKT.
Diese Formel kann nun nach unten kopiert werden. Danach kann der Bereich von
H17:H29 markiert und in die Bereiche K17:K29 und N17:N29 des Tabellenblatts
FINANZPLAN kopiert werden.

Eigentlich wäre jetzt die Arbeit erledigt. Es soll aber auch ein Szenario definiert
werden, das Werte aus den Tabellenblättern OPT_UMSATZ, MIN_UMSATZ und AUS-
GANGSPUNKT kombiniert. Hier kommt nun die Tabelle PARAMETER ins Spiel. Aus
dieser Tabelle werden die Zahlenwerte zur Manipulation der Bezugspunkte
geholt. Die geschieht mit der Funktion

```
=BEREICH.VERSCHIEBEN(Punkt4;$B10;Auswahl)
```

Diese Formel, in Zelle F10 eingegeben, bewirkt, dass aus der Tabelle PARAMETER,
ausgehend vom Bezug PUNKT4, der Wert in die Zelle F10 gelesen wird, der 6 Zeilen tiefer und eine Spalte nach rechts versetzt zum PUNKT4 liegt. Im Beispiel wäre
dies der Wert 1. Nun kann man im Feld D10 mit der nachfolgenden Formel

```
="Punkt" & F10
```

der entsprechende Bezugspunkt zusammengesetzt werden. Wählt man nun im
Kombinationsfeld die Option BEST CASE aus, erscheint im Bezug AUSWAHL (Zelle
A1) der Wert 2. Die Funktion

```
=BEREICH.VERSCHIEBEN(Punkt4;$B10;Auswahl)
```

liefert in Zelle F10 den Wert 2. Die Formel

```
="Punkt" & F10
```

schreibt als Bezugspunkt nun den Wert PUNKT2 in die Zelle D10. Die Funktionen

```
=BEREICH.VERSCHIEBEN(INDIREKT($D10);$B10;H$3)
=BEREICH.VERSCHIEBEN(INDIREKT($D10);$B10;K$3)
=BEREICH.VERSCHIEBEN(INDIREKT($D10);$B10;N$3)
```

holen aus der Tabelle OPT_UMSATZ die entsprechenden Werte aus den Zellen
H10, K10 und N10 und übertragen diese Werte in die Tabelle FINANZPLAN.

Wählt man die Option BALANCED CASE im Kombinationsfeld aus, werden unterschiedliche Bezugspunkte in Spalte D der Tabelle FINANZPLAN eingetragen. Dies liegt an den Einträgen in Spalte E des Tabellenblattes PARAMETER.

5.6   Finanzplan formatieren

Einige Restarbeiten müssen noch erledigt werden. So sollen in den Zellen H4, K4 und N4 des Tabellenblattes FINANZPLAN die Ampelfarben angezeigt werden, wenn vorher festgelegte Werte in Zeile 31 (Überschuss / Fehlbetrag) erscheinen. Die hässlichen Werte in den Spalten A bis F und in den Zellen H3, K3 und N3 sollen vom Bildschirm verschwinden.

Markieren Sie den Bereich von A1:F31 im Tabellenblatt FINANZPLAN. Mit der Befehlsfolge

```
Start → Zellen → Format → Zellen formatieren → Benutzerdefiniert
```

öffnen Sie das Fenster ZELLEN FORMATIEREN. Dort klicken Sie die Option BENUTZERDEFINIERT an und geben in die Eingabezeile TYP: ;;; (drei Semikola) ein. Die Eingabe schließen Sie mit OK ab. Die Zahlen sind nicht mehr sichtbar. In gleicher Weise lassen Sie die Werte in den Zellen H3, K3 und N3 verschwinden.

In den Zellen H31, K31 und N31 des Tabellenblattes FINANZPLAN soll nun eine bedingte Formatierung vorgenommen werden. Excel bietet in den neueren Versionen sehr komfortable Lösungen an. Für die Formatierung markieren Sie die drei Zellen H31, K31 und N31. Mit der Befehlsfolge

```
Start → Bedingte Formatierung → Symbolsätze → 3 Symbole (mit Kreis)
```

öffnen Sie das Menü zur Formatierung und nehmen gleichzeitig die Formatierung vor. Diese bedingte Formatierung basiert allerdings auf voreingestellten Prozentsätzen. Im vorliegenden Beispiel sollen aber der bedingten Formatierung keine Prozentsätze zugrunde gelegt werden, sondern absolute Zahlen. Dazu müssen die Formatierungsregeln bearbeitet werden. Folgende Regeln sollen festgelegt werden.

- Liegt der Wert in den Zellen H31, K31, N31 unter Null, soll die rote Ampel angezeigt werden.

- Wenn der Wert in einer Zelle zwischen Null und 250.000 € beträgt, soll die gelbe Ampel erscheinen.

- Die grüne Ampel soll angezeigt werden, wenn der Wert in einer Zelle über 250.000 € beträgt.

Die nachfolgende Abbildung rufen Sie mit der Befehlsfolge

```
Start → Bedingte Formatierung → Regeln verwalten → Regeln bearbeiten
```

auf.

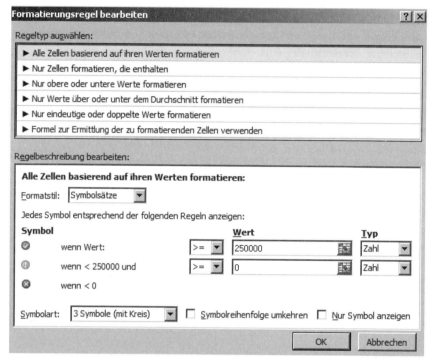

Abb. 5.8: Fenster zur Bearbeitung der Formatierungsregeln

Die notwendigen Eingaben findet man im unteren Teil des Fensters.

5.7 Analysemöglichkeiten

Am Ende eines jeden Monats kann der Plan mit den entsprechenden Ist-Werten vervollständigt werden. Dann lassen sich die Soll-Ist-Abweichungen durch eine entsprechende bedingte Formatierung hervorheben. Bei großen Abweichungen wird man dann in die Abweichungsanalyse einsteigen müssen. Es wird sich die Frage stellen, wo die Ursachen für diese Abweichungen begründet liegen. Allerdings lassen sich auch noch andere Zahlenspielereien durchführen.

Die Zahlungsbedingungen ändern sich. Dann wird sich auch die Transformationstabelle ändern. Es stellt sich die Frage, ob sich die Änderung positiv auf die Zahlungseingänge auswirkt oder sich eine Skontoerhöhung und die Änderung der Transformationstabelle neutralisieren. Die Werte für den neuen Skontosatz und die geänderte Transformationstabelle ändern Sie im Programm UMSATZBERECHNEN(). Dort sind die Werte in der Zeile CONST abgelegt.

Natürlich sollte man sich auch Gedanken darüber machen, wie man die Einnahmen erhöht: Lohnt es sich, Factoring einzuführen? Bringt ein verbessertes Mahnwesen etwas? Muss man auf das Sale-lease-back-Verfahren zurückgreifen? Auch diesen Gedanken sollte man sich nicht verschließen.

Auch die Ausgabenseite ist eine Betrachtung wert. Natürlich denkt man in erster Linie daran, die Zahlungsbedingungen bei den Lieferanten zu ändern. Eventuell kann man ja günstigere Konditionen bei den Rahmenverträgen mit Lieferanten aushandeln. Investitionen können gestreckt oder verschoben werden. Auch mit der Hausbank sollte man über bessere Konditionen reden.

5.8 Startcenter einrichten

Vom Tabellenblatt STARTCENTER sollen die anderen Tabellenblätter durch Auswahl in einem Kombinationsfeld angesteuert werden. Schalten Sie dazu in das Tabellenblatt STARTCENTER und richten dort ein ActiveX-Steuerelement vom Typ Kombinationsfeld ein. Mit der Befehlsfolge

```
Entwicklertools → Einfügen → Kombinationsfeld (ActiveX-Steuerelement)
```

aktivieren Sie diese Option. Nachdem Sie das Kombinationsfeld eingerichtet haben, klicken Sie mit der rechten Maustaste (Sie befinden sich im Entwurfsmodus) auf das Kombinationsfeld und wählen die Option EIGENSCHAFTEN aus. Folgende Eigenschaften weisen Sie dem Kombinationsfeld zu:

- (Name):CBOAUSWAHL

- BoundColumn:1

- ColumnCount:1

- Danach klicken Sie wiederum im Entwurfsmodus mit der rechten Maustaste auf das Kombinationsfeld und wählen aus dem Kontextmenü die Option CODE ANZEIGEN. Excel richtet im VBA-Editor ein Programm zum Change-Ereignis des Kombinationsfeldes ein. Dieses Programm enthält folgende Programmzeilen:

```
Private Sub cboAuswahl_Change()
Dim strWSName As String
strWSName = cboAuswahl.Value
Worksheets(strWSName).Activate
End Sub
```

Nun muss nur noch das Kombinationsfeld mit den Namen der Tabellenblätter gefüllt werden. Schalten Sie dazu in das Programm WORKBOOK_OPEN um. Dort fügen Sie zum Anfang folgende Befehlszeilen ein:

```
Private Sub Workbook_Open()
Dim ws As Worksheet
For Each ws In Worksheets
    Worksheets("Startcenter").cboAuswahl.AddItem ws.Name
Next
wsWorksheets("Startcenter").cboAuswahl.Value = "Startcenter"
```

Diese FOR-NEXT-Schleife durchläuft alle Tabellenblätter in der Worksheets-Auflistung und trägt diese als Zeilen in das Kombinationsfeld ein.

Kapitel 6

Sozialplan aufstellen

In Zeiten einer weltweiten Finanzkrise mit starken Absatzrückgängen kommen Unternehmen nicht umhin, Mitarbeiter freizusetzen. Dies kann nicht willkürlich geschehen, sondern muss in Übereinstimmung mit den gesetzlichen Bestimmungen passieren. Einen allgemeinen Kündigungsschutz genießt ein Arbeitnehmer dann, wenn er länger als sechs Monate in demselben Unternehmen beschäftigt ist. Eine Kündigung ist nur dann rechtswirksam, wenn sie sozial gerechtfertigt ist.

Die Sozialauswahl ist in drei Stufen durchzuführen:

In der ersten Stufe müssen die vergleichbaren Arbeitnehmer herausgefunden werden, denn es kann auch sein, dass ein Schlosser in einer anderen Abteilung tätig ist, der ebenfalls in die Sozialauswahl einzubeziehen sein könnte.

VERGLEICHBARKEIT (1. STUFE)

Nach der ständigen Rechtsprechung des Bundesarbeitsgerichts bestimmt sich der Kreis der in die soziale Auswahl einzubeziehenden vergleichbaren Arbeitnehmer in erster Linie nach arbeitsplatzbezogenen Merkmalen, also zunächst nach der ausgeübten Tätigkeit. Dies gilt nicht nur bei einer Identität der Arbeitsplätze, sondern auch dann, wenn der Arbeitnehmer aufgrund seiner Tätigkeit und Ausbildung eine andersartige, aber gleichwertige Tätigkeit ausführen kann.

HERAUSNAHME DER LEISTUNGSTRÄGER (2. STUFE)

In der zweiten Stufe darf der Arbeitgeber Leistungsträger aus der Sozialauswahl herausnehmen, deren Weiterbeschäftigung im berechtigten betrieblichen Interesse liegt.

In § 1 Absatz 3 Kündigungsschutzgesetz (KSchG) heißt es:

»In die soziale Auswahl nach Satz 1 sind Arbeitnehmer nicht einzubeziehen, deren Weiterbeschäftigung, insbesondere wegen ihrer Kenntnisse, Fähigkeiten und Leistungen oder zur Sicherung einer ausgewogenen Personalstruktur des Betriebes, im berechtigten betrieblichen Interesse liegt.«

Nach § 1 Abs. 3 Satz 2 KSchG sind also in die soziale Auswahl Arbeitnehmer nicht einzubeziehen, deren Weiterbeschäftigung, insbesondere wegen ihrer Kenntnisse,

Fähigkeiten und Leistungen oder zur Sicherung einer ausgewogenen Personalstruktur des Betriebs, im berechtigten betrieblichen Interesse liegt. Ein einfaches betriebliches Interesse reicht allerdings nicht aus. Indem der Gesetzgeber das bloße betriebliche Interesse nicht ausreichen lässt, sondern weiter fordert, das Interesse müsse »berechtigt sein«, gibt er zu erkennen, dass auch ein vorhandenes betriebliches Interesse »unberechtigt« sein kann.

SOZIALAUSWAHL (3. STUFE)

Die eigentliche Sozialauswahl ist anhand der im Gesetz abschließend aufgezählten vier Sozialauswahlkriterien vorzunehmen.

In § 1 Absatz 3 Kündigungsschutzgesetz (KSchG) heißt es:

»Ist einem Arbeitnehmer aus dringenden betrieblichen Erfordernissen im Sinne des Absatzes 2 gekündigt worden, so ist die Kündigung trotzdem sozial ungerechtfertigt, wenn der Arbeitgeber bei der Auswahl des Arbeitnehmers die Dauer der Betriebszugehörigkeit, das Lebensalter, die Unterhaltspflichten und die Schwerbehinderung des Arbeitnehmers nicht oder nicht ausreichend berücksichtigt hat; auf Verlangen des Arbeitnehmers hat der Arbeitgeber dem Arbeitnehmer die Gründe anzugeben, die zu der getroffenen sozialen Auswahl geführt haben.«

In seinem Urteil vom 5. Mai 1994 (2 AZR 917/93) hat das Bundesarbeitsgericht das nachfolgende Punkteschema anerkannt:

Dienstjahre: bis 10 Dienstjahre je Dienstjahr . . . . .1 Punkt

ab dem 11. Dienstjahr je Dienstjahr . . . . .2 Punkte

Berücksichtigt werden nur Zeiten der
Betriebszugehörigkeit bis zum vollendeten 55. Lebensjahr,
d.h. es sind max. möglich . . . . 70 Punkte

Lebensalter: für jedes volle Lebensjahr . . . . .1 Punkt

Maximal . . . . .55 Punkte

Je unterhaltsberechtigtes Kind . . . . .4 Punkte

Verheiratet/Unterhaltspflichtig . . . . .8 Punkte

Schwerbehinderung bis 50 % MdE . . . . .5 Punkte

über 50 % MdE je 10 % MdE . . . . .1 Punkt

Eine endgültige Auswahl kann unter Abwägung weiterer Gesichtspunkte, u.a. Pflegebedürftigkeit von Angehörigen, besondere Lasten aus Unterhaltsverpflichtungen, besondere Behinderungen mit Schwierigkeiten bei der Arbeitsvermittlung und Alleinverdienerschaft erfolgen.

6.1 Der Programmablauf

Das Programm Sozialplan soll in folgenden Schritten ablaufen:

1. Die Variablen für die Verbindung, das Recordset und das Zählen der Datensätze werden definiert.

2. Die Verbindung wird definiert und das Recordset geöffnet.

3. Der Startpunkt für die Berechnung wird gesetzt.

4. Alte Daten werden gelöscht, damit nicht versehentlich überholte Daten in die Berechnung einfließen.

5. Die Spaltenüberschriften werden gesetzt.

6. Es wird in die nächste Zeile geschaltet und die Zählvariable für die übernommenen Datensätze auf Null gesetzt.

7. Die Daten werden eingelesen, bis das Ende der Datei erreicht wird. Nach Übernahme

   ▪ des Geburtstages erfolgt die Berechnung des Alters und der Alterspunkte,

   ▪ des Eintrittsdatums werden die Dauer der Betriebszugehörigkeit und die daraus resultierenden Punkte berechnet,

   ▪ der Unterhaltspflicht werden die Punkte hierfür ausgegeben,

   ▪ der Kinderzahl erfolgt die Berechnung der Punkte,

   ▪ der Minderung der Erwerbsfähigkeit (MdE) werden die Punkte für die MdE berechnet.

8. Die Summen für die Punkte werden gebildet.

9. Die Spalten werden ausgerichtet.

10. Eine Meldung über die übernommenen Datensätze wird angezeigt.

Zunächst richten Sie eine Befehlsschaltfläche ein, die Sie unter dem Punkt EIGEN-SCHAFTEN des Kontextmenüs mit dem Namen CMDUEBERNAHME versehen. Die Befehlsfolge für das Festlegen der Eigenschaften lautet:

```
Klick mit rechter Maustaste auf die Befehlsschaltfläche → Eigenschaften
```

In die erste Zeile des Eigenschaftsfensters (NAME) geben Sie CMDUEBERNAHME ein. Danach schalten Sie zum VBA-Editor um und verknüpfen die Befehlsschaltfläche mit einem VBA-Programm:

```
Klick mit rechter Maustaste auf die Befehlsschaltfläche → Code anzeigen
```

Excel richtet im VBA-Editor das Programm

```
Private Sub cmdUebernahme_Click()
End Sub
```

ein. Die Variablendeklaration erfolgt mit dem nachfolgenden Programmcode:

```
Dim cnn As New ADODB.Connection
Dim rst As New ADODB.Recordset
Dim intI As Integer
```

Danach wird die Verbindung definiert und das Recordset geöffnet:

```
cnn.Open "Provider=Microsoft.Jet.OLEDB.4.0;" & _
    "Data Source=c:\ExcelBuch\Kapitel6;" & _
    "Extended Properties=""text;HDR=Yes;FMT=Delimited;"";"
rst.Open "Select * From qryPersonalauswahl.txt", cnn, , , adCmdText
```

Startpunkt für die Datenübernahme wird gesetzt, und die alten Daten werden gelöscht.

```
'Startpunkt wählen für Datenübernahme
Worksheets("Sozialplan").Activate
Sheets("Sozialplan").Range("A6").Select
'Daten löschen
Worksheets("Sozialplan").Range("A6").CurrentRegion.ClearContents
```

Nun werden die Spaltenüberschriften gesetzt. Da einige Spalten zum Ende der Datenübernahme für Alter, Betriebszugehörigkeit etc. angefügt werden müssen, fällt das Setzen der Überschriften etwas umfangreicher aus.

```
'Überschriften setzen
For intI = 0 To rst.Fields.Count - 1
    ActiveCell.Offset(0, intI).Value = rst.Fields(intI).Name
    ActiveCell.Offset(0, intI).Interior.ColorIndex = 37
    ActiveCell.Offset(0, intI).Font.ColorIndex = 2
    ActiveCell.Offset(0, intI).Font.Bold = True
Next
    ActiveCell.Offset(0, rst.Fields.Count + 0).Value = "Alter"
    ActiveCell.Offset(0, rst.Fields.Count + 1).Value = "Punkte"
    ActiveCell.Offset(0, rst.Fields.Count + 2).Value = "Betr-Zugeh."
    ActiveCell.Offset(0, rst.Fields.Count + 3).Value = "Punkte"
    ActiveCell.Offset(0, rst.Fields.Count + 4).Value = "MdE"
    ActiveCell.Offset(0, rst.Fields.Count + 5).Value = "Punkte"
    ActiveCell.Offset(0, rst.Fields.Count + 6).Value = "Ki_Zahl"
```

```
    ActiveCell.Offset(0, rst.Fields.Count + 7).Value = "Punkte"
    ActiveCell.Offset(0, rst.Fields.Count + 8).Value = "Unterhalt"
    ActiveCell.Offset(0, rst.Fields.Count + 9).Value = "Punkte"
For intI = 0 To 9
    ActiveCell.Offset(0, rst.Fields.Count + intI).Interior.ColorIndex = 37
    ActiveCell.Offset(0, rst.Fields.Count + intI).Font.ColorIndex = 2
    ActiveCell.Offset(0, rst.Fields.Count + intI).Font.Bold = True
Next
```

Danach wird der Zellzeiger eine Zeile tiefer gesetzt und die Zählvariable auf Null gesetzt.

```
ActiveCell.Offset(1, 0).Select
intI = 0
```

Nun beginnt die Datenübernahme mit Berechnung des Alters, der Dauer der Betriebszugehörigkeit und der jeweiligen Punkte. Die Erläuterung der einzelnen Funktionen zur Berechnung des Lebensalters, der Dauer der Betriebszugehörigkeit und der entsprechenden Punktzahlen werden in den nachfolgenden Kapiteln gesondert besprochen. Sind alle Daten übernommen worden, werden die Verbindung und das Recordset geschlossen sowie die Spalten ausgerichtet, und die Meldung über die eingelesenen Datensätze wird ausgegeben.

```
Do While Not rst.EOF
        ActiveCell.Offset(0, 0).Value = rst!PersNr '.Fields(0)
        ActiveCell.Offset(0, 1).Value = rst!Name
        ActiveCell.Offset(0, 2).Value = rst!Vorname
        ActiveCell.Offset(0, 3).Value = rst!Strasse
        ActiveCell.Offset(0, 4).Value = rst!Plz
        ActiveCell.Offset(0, 5).Value = rst!Ort
        ActiveCell.Offset(0, 6).Value = CDate(rst!Geb_Dat)
        ActiveCell.Offset(0, 7).Value = CDate(rst!Ein_Dat)
        ActiveCell.Offset(0, 8).Value = rst!Fam_Stand
        ActiveCell.Offset(0, 9).Value = rst!MdE
        ActiveCell.Offset(0, 10).Value = Val(rst!Ki_Zahl)
        ActiveCell.Offset(0, 11).Value = rst!Abteilung
        ActiveCell.Offset(0, 12).Value = rst!Stellung
        ActiveCell.Offset(0, 13).Value = rst!Qualifikation
        ActiveCell.Offset(0, 14).Value = rst!Unterhalt
    ActiveCell.Offset(0, 15).Value = Betr_Zugeh_Alter(CDate(rst!Ein_Dat), _
        CDate(rst!Geb_Dat), 1)
    ActiveCell.Offset(0, 16).Value = Betr_Zugeh_Alter(CDate(rst!Ein_Dat), _
        CDate(rst!Geb_Dat), 2)
    ActiveCell.Offset(0, 17).Value = Betr_Zugeh_Alter(CDate(rst!Ein_Dat), _
        CDate(rst!Geb_Dat), 3)
```

```
        ActiveCell.Offset(0, 18).Value = Betr_Zugeh_Alter(CDate(rst!Ein_Dat), _
          CDate(rst!Geb_Dat), 4)
        ActiveCell.Offset(0, 19).Value = Betr_Zugeh_Alter(CDate(rst!Ein_Dat), _
          CDate(rst!Geb_Dat), 1)
        ActiveCell.Offset(0, 20).Value = MdE(rst!MdE, 1)
        ActiveCell.Offset(0, 21).Value = MdE(rst!MdE, 2)
        ActiveCell.Offset(0, 22).Value = Kinder(rst!Ki_Zahl, 1)
        ActiveCell.Offset(0, 23).Value = Kinder(rst!Ki_Zahl, 2)
        ActiveCell.Offset(0, 24).Value = Unterhalt(rst!Unterhalt, 1)
        ActiveCell.Offset(0, 25).Value = Unterhalt(rst!Unterhalt, 2)
        ActiveCell.Offset(0, 25).Value = ActiveCell.Offset(0, 16).Value + _
        ActiveCell.Offset(0, 18).Value + ActiveCell.Offset(0, 20).Value + _
        ActiveCell.Offset(0, 22).Value + ActiveCell.Offset(0, 24).Value
        intI = intI + 1
        rst.MoveNext
        ActiveCell.Offset(1, 0).Select
Loop
    rst.Close
    Set cnn = Nothing
'Spalten ausrichten
Worksheets("Sozialplan").Columns("A:Y").AutoFit
MsgBox ("Personaldaten übernommen! " & intI & " Daten übertragen!")
End Sub
```

6.2 Punkte Lebensalter

Als Ausgangspunkt für die Berechnung des Lebensalters und der Dienstjahre legt man den 15.10.2009 als Stichtag fest. Dieses Datum bildet die Grundlage zur Berechnung von Lebensalter und Betriebszugehörigkeit.

Anhand einer kleinen Grafik soll verdeutlicht werden, welche Fälle man bei der Berechnung des Alters berücksichtigen muss.

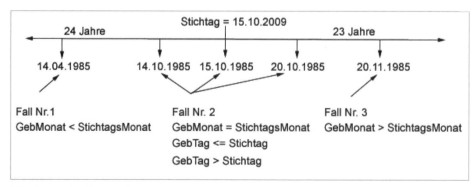

Abb. 6.1:   Grafik Altersberechnung

Liegt der Geburtstag vor dem 15.10. oder genau auf dem 15.10., wäre der Mitarbeiter 24 Jahre alt. Fällt der Geburtstag aber auf einen Termin nach dem Stichtag, wäre der Mitarbeiter erst 23 Jahre alt. Die VBA-Funktion DATEDIFF berechnet immer den Abstand von 24. Die Berechnung der Punkte für das Lebensalter wäre also falsch. Anhand der Grafik kann von drei Fällen ausgegangen werden, wobei der Fall Nr. 2 noch in zwei Unterfälle unterteilt werden muss.

Fall	Bedingung	Rechnung
Nr. 1	GebMonat < StichtagsMonat	DateDiff(yy,GebDat,Stichtag)
Nr. 2a	GebMonat = StichtagsMonat und GebTag <= Stichtag	DateDiff(yy,GebDat,Stichtag)
Nr. 2b	GebMonat = StichtagsMonat und GebTag > Stichtag	DateDiff(yy,GebDat,Stichtag) - 1
Nr. 3	GebMonat > StichtagsMonat	DateDiff(yy,GebDat,Stichtag) - 1

Entsprechend wird das Programm zur Berechnung der Punkte für das Lebensalter gestaltet.

```
Option Explicit
Public Function Betr_Zugeh_Alter(Ein_Dat, Geb_Dat As Date, Auswahl As
Integer)
Dim lngAlter, lngBetrZuGeh, lngPkteBetrZuGeh As Long
Const Stichtag = "15.10.2009"
'Das Lebensalter berechnen
'Fall Nr. 1
If Month(Geb_Dat) < Month(Stichtag) Then
    lngAlter = DateDiff("yyyy", Geb_Dat, Stichtag)
End If
'Fall Nr. 2a
If (Month(Geb_Dat) = Month(Stichtag)) And (Day(Geb_Dat) <= Day(Stichtag)) Then
    lngAlter = DateDiff("yyyy", Geb_Dat, Stichtag)
End If
'Fall Nr. 2b
If (Month(Geb_Dat) = Month(Stichtag)) And (Day(Geb_Dat) > Day(Stichtag)) Then
    lngAlter = DateDiff("yyyy", Geb_Dat, Stichtag) - 1
End If
'Fall Nr. 3
If Month(Geb_Dat) > Month(Stichtag) Then
    lngAlter = DateDiff("yyyy", Geb_Dat, Stichtag) - 1
End If
End Function
```

Zunächst werden zwei Variable definiert. Die Variable LNGALTER speichert das Lebensalter für die Berechnung der Punkte. Die Konstante STICHTAG wird am Anfang definiert, damit diese bei Änderung des Stichtages nur einmal zu Beginn des Programms in der Variablendeklaration geändert werden muss. Es wäre ziemlich lästig, das Datum des Stichtages an unterschiedlichen Stellen zu einem späteren Zeitpunkt im Programm zu ändern. Das Lebensalter wird nun mit der Funktion DATEDIFF berechnet. Dabei ist die Funktion wie folgt aufgebaut:

```
DateDiff(Intervall, Datum_1, Datum_2)
```

Dabei kann INTERVALL verschiedene Einstellungen annehmen:

Intervall	Erläuterung
Intervall	Gibt das Zeitintervall an, das zur Berechnung der Differenz zwischen Datum_1 und Datum_2 berechnet werden soll. Es wird immer in " " gesetzt.
"yyyy"	Gibt eine Jahresdifferenz zurück.
"q"	Berechnet die Differenz in Quartalen.
"m"	Es wird die Differenz in Monaten ausgegeben.
"d"	Die Ausgabe erfolgt als Differenz in Tagen
"ww"	Die Anzahl der Wochen zwischen Datum_1 und Datum_2 wird berechnet.

Das nachfolgende kleine Programm verdeutlicht die Möglichkeiten der DATEDIFF-Funktion.

```
Private Sub CommandButton1_Click()
Dim Jahre, Quartal, Monat, Tag, Woche As Long
Jahre = DateDiff("yyyy", "15.10.2005", "15.10.2009")
Quartal = DateDiff("q", "20.04.1954", "15.10.2009")
Monat = DateDiff("m", "20.04.1954", "15.10.2009")
Tag = DateDiff("d", "20.04.1954", "15.10.2009")
Woche = DateDiff("ww", "20.04.1954", "15.10.2009")
MsgBox "Jahre " & Jahre
MsgBox "Quartale " & Quartal
MsgBox "Monate " & Monat
MsgBox "Tage " & Tag
MsgBox "Wochen " & Woche
End Sub
```

Die Berechnung des Lebensalters wird in die Funktion BETR_ZUGEH_ALTER integriert. Die Ausgabe wird über die Variable AUSWAHL am Ende der Funktion gesteuert.

6.3 Dienstjahre berechnen

Als Ausgangspunkt für die Berechnung der Dienstjahre legt man den 15.10.2009 als Stichtag zugrunde. Er bildet die Grundlage zur Berechnung der Betriebszugehörigkeit.

Wesentlich schwieriger gestaltet sich die Berechnung der Punkte für die Betriebszugehörigkeit. Die Jahre der Betriebszugehörigkeit, die das Lebensalter von 55 Jahren überschreiten, dürfen bei der Berechnung der Punkte nicht berücksichtigt werden. Anhand eines kleinen Schaubildes soll die Problematik verdeutlicht werden.

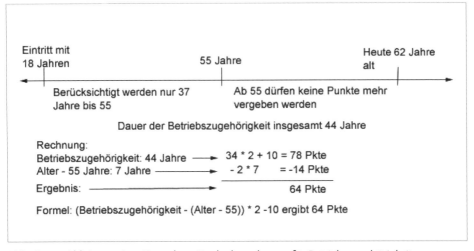

Abb. 6.2:   Ableitung einer Formel zur Punkteberechnung für Betriebszugehörigkeit

Dieser Arbeitnehmer darf für die Betriebszugehörigkeit nur 64 Punkte erhalten. Insgesamt hat der Mitarbeiter 44 Jahre dem Unternehmen die Treue gehalten. Dafür stehen ihm 10 Punkte für die ersten 10 Jahre zu und 2 * 34 für die restlichen Jahre. Das macht in der Summe 78 Punkte. Lt. Bundessozialgericht dürfen aber nur die Jahre bis 55 einschließlich für die Punkteberechnung herangezogen werden. Also muss die Differenz zwischen Lebensalter über 55 minus 55 Jahre mit 2 multipliziert wieder abgezogen werden. Aus diesen Überlegungen leitet sich die Formel zur Berechnung der Punktzahl für Mitarbeiter über 55 Jahre her.

```
(Betriebszugehörigkeit – (Alter – 55)) * 2 – 10
```

Der Wert 10 muss deshalb abgezogen werden, weil die ersten 10 Jahre nur einfach gewertet werden.

Für die eigentliche Berechnung der Betriebszugehörigkeit kann man auf die Berechnung des Lebensalters zurückgreifen. Liegt das Eintrittsdatum vor dem 15.10. oder genau auf dem 15.10., würde dem Mitarbeiter das volle Jahr angerechnet. Fällt das Eintrittsdatum aber auf einen Termin nach dem Stichtag, hätte der Mitarbeiter das Jahr noch nicht vollendet. Da die VBA-Funktion DATEDIFF immer den Abstand für volle Jahre berechnet, wäre die Berechnung der Punkte für die Betriebszugehörigkeit also falsch.

Fall	Bedingung	Rechnung
Nr. 1	EinDatMonat < StichtagsMonat	DateDiff(yy,EinDat,Stichtag)
Nr. 2a	EindatMonat = StichtagsMonat und EinDatTag <= Stichtag	DateDiff(yy,EinDat,Stichtag)
Nr. 2b	EindatMonat = StichtagsMonat und EinDatTag > Stichtag	DateDiff(yy,EinDat,Stichtag) - 1
Nr. 3	EindatMonat > StichtagsMonat	DateDiff(yy,EinDat,Stichtag) - 1

Entsprechend wird das Programm zur Berechnung der Punkte für die Betriebszugehörigkeit gestaltet. Dazu richten Sie mit der Befehlsfolge

Alt + F11 (VBA-Editor aktivieren) → Einfügen → Modul

ein Modul ein, das die nachfolgenden Funktionen aufnimmt.

```
Public Function Betr_Zugeh_Alter(Ein_Dat, Geb_Dat As Date, Auswahl As Integer)
Dim lngAlter, lngBetrZuGeh, lngPkteBetrZuGeh As Long
Const Stichtag = "15.10.2009"
'Die Betriebszugehörigkeit berechnen
'Fall Nr. 1
If Month(Ein_Dat) < Month(Stichtag) Then
    lngBetrZuGeh = DateDiff("yyyy", Ein_Dat, Stichtag)
End If
'Fall Nr. 2a
If (Month(Ein_Dat) = Month(Stichtag)) And (Day(Ein_Dat) <= Day(Stichtag)) Then
    lngBetrZuGeh = DateDiff("yyyy", Ein_Dat, Stichtag)
End If
'Fall Nr. 2b
If (Month(Ein_Dat) = Month(Stichtag)) And (Day(Ein_Dat) > Day(Stichtag)) Then
    lngBetrZuGeh = DateDiff("yyyy", Ein_Dat, Stichtag) - 1
End If
```

```
'Fall Nr. 3
If Month(Ein_Dat) > Month(Stichtag) Then
    lngBetrZuGeh = DateDiff("yyyy", Ein_Dat, Stichtag) - 1
End If
```

Anhand der oben aufgeführten Fälle wird die Betriebszugehörigkeit mit der Funktion DATEDIFF berechnet und die Dauer der Betriebszugehörigkeit in der Variablen LNGBETRZUGEH gespeichert. Bei der Berechnung der Punkte hat man nun fünf Fälle zu unterscheiden:

Fall	Beschreibung
Nr. 1	Der Mitarbeiter ist älter als 55, und die berechnete Punktzahl liegt über 70, dann wird die Punktzahl auf 70 laut Bundessozialgericht auf 70 begrenzt.
Nr. 2	Der Arbeitnehmer ist älter als 55 Jahre, und die errechnete Punktzahl ist kleiner oder gleich 10, dann erfolgt die Berechnung der Punkte mit der Formel LNGBETRZUGEH - (LNGALTER - 55).
Nr. 3	Liegt das Alter des Mitarbeiters über 55 und die berechnete Punktzahl über 10, aber unter 70, dann geschieht die Rechnung mit der Formel (LNGBETRZUGEH - (LNGALTER - 55) * 2 - 10).
Nr. 4	Wenn der Arbeitnehmer die Altersgrenze von 55 Jahren nicht erreicht, die Dauer der berechneten Betriebszugehörigkeit aber 10 übersteigt, kommt die Formel LNGBETRZUGEH * 2 - 10 zur Anwendung.
Nr. 5	Liegt das Alter des Mitarbeiters unter 55 Jahre und beträgt die Dauer der Betriebszugehörigkeit weniger als 10 Jahre, ergibt die Dauer der Betriebszugehörigkeit auch die Punktzahl für die Betriebszugehörigkeit.
Nr. 6	Wenn die Dauer der Betriebszugehörigkeit 0 Jahre beträgt, wird die Punktzahl gleich Null gesetzt.

Diese Fälle werden auch im nachfolgenden Programmabschnitt berücksichtigt.

```
'Punkte für Betriebszugehörigkeit berechnen
Select Case lngAlter
   Case Is > 55
      'Fall Nr. 1
      If (lngBetrZuGeh - (lngAlter - 55) * 2 - 10) > 70 Then
         lngPkteBetrZuGeh = 70
      End If
      'Fall Nr. 2
      If (lngBetrZuGeh - (lngAlter - 55) * 2 - 10) <= 10 Then
         lngPkteBetrZuGeh = lngBetrZuGeh - (lngAlter - 55)
      End If
```

```
'Fall Nr. 3
If ((lngBetrZuGeh - (lngAlter - 55) * 2 - 10) > 10) And _
   (lngBetrZuGeh - (lngAlter - 55) * 2 - 10) <= 70 Then
      lngPkteBetrZuGeh = (lngBetrZuGeh - (lngAlter - 55)) * 2 - 10
End If
Case Is <= 55
   'Fall Nr. 4
   If lngBetrZuGeh > 10 Then
      lngPkteBetrZuGeh = lngBetrZuGeh * 2 - 10
   End If
   'Fall Nr. 5
   If lngBetrZuGeh <= 10 Then
      lngPkteBetrZuGeh = lngBetrZuGeh
   End If
End Select
'Fall Nr. 6
If lngBetrZuGeh = 0 Then
   lngPkteBetrZuGeh = 0
End If
```

Im letzten Teil der Funktion wird die Ausgabe gesteuert. Dies geschieht mit einer Fallunterscheidung.

Fall	Ausgabe
Nr. 1	Die Ausgabe des Alters in die ACTIVECELL.OFFSET(0, 15).
Nr. 2	Die Ausgabe der Punkte für das Alter in die ACTIVECELL.OFFSET(0, 16).
Nr. 3	Die Dauer der Betriebszugehörigkeit geschieht in die ACTIVECELL.OFFSET(0, 17).
Nr. 4	Die Punkte für die Dauer der Betriebszugehörigkeit erfolgt in die ACTIVECELL.OFFSET(0, 18).

Das Listing lautet:

```
Select Case Auswahl
   Case Is = 1
      Betr_Zugeh_Alter = lngAlter
   Case Is = 2
      'Punkte auf maximal 55 begrenzen
      If lngAlter > 55 Then
         Betr_Zugeh_Alter = 55
      Else
         Betr_Zugeh_Alter = lngAlter
```

```
        End If
    Case Is = 3
        Betr_Zugeh_Alter = lngBetrZuGeh
    Case Is = 4
        Betr_Zugeh_Alter = lngPkteBetrZuGeh
End Select
End Function
```

Nun sind nur noch die Punkte für die Minderung der Erwerbsfähigkeit (MdE), die Punkte für die Kinderzahl und für die Unterhaltspflicht zu berechnen.

6.4 Punkte für Minderung der Erwerbsfähigkeit

Maßgebend für die Berechnung der Punktzahl ist die Funktion MDE. An diese Funktion werden zwei Variablen übergeben. Die Variable PROZENTMDE übergibt die MdE an die Funktion, die Variable AUSWAHL wird zur Steuerung der Ausgabe benötigt. Mit mehreren IF-THEN-Abfragen werden dann die Punkte für die Minderung der Erwerbstätigkeit bestimmt. Die Wahrscheinlichkeit, dass jemand zu 100 % schwerbeschädigt ist und trotzdem im Unternehmen arbeitet, kann als unwahrscheinlich angesehen werden. Diese Möglichkeit muss aber der Vollständigkeit halber berücksichtigt werden. Das Listing:

```
Public Function MdE(ProzentMdE, Auswahl As Long)
Dim PkteMdE As Long
If ProzentMdE > 0 And ProzentMdE <= 50 Then
    PkteMdE = 5
End If
If ProzentMdE > 50 And ProzentMdE <= 60 Then
    PkteMdE = 6
End If
If ProzentMdE > 60 And ProzentMdE <= 70 Then
    PkteMdE = 7
End If
If ProzentMdE > 70 And ProzentMdE <= 80 Then
    PkteMdE = 8
End If
If ProzentMdE > 80 And ProzentMdE <= 90 Then
    PkteMdE = 9
End If
If ProzentMdE > 90 And ProzentMdE <= 100 Then
    PkteMdE = 10
End If
If ProzentMdE = 0 Then
```

```
      PkteMdE = 0
End If
'Ausgabe
Select Case Auswahl
    Case Is = 1
    MdE = ProzentMdE
    Case Is = 2
    MdE = PkteMdE
End Select
End Function
```

6.5 Punkte für Kinder

Für jedes Kind, für das der Arbeitnehmer unterhaltspflichtig ist, werden dem Mitarbeiter 4 Punkte gutgeschrieben. Das Listing für die Funktion KINDER lautet:

```
Public Function Kinder(Ki_Zahl, Auswahl As Long)
Dim PkteKinder As Long
PkteKinder = Ki_Zahl * 4
'Ausgabe
Select Case Ausgabe
    Case Is = 1
        Kinder = Ki_Zahl
    Case Is = 2
        Kinder = PkteKinder
End Select
End Function
```

6.6 Punkte für Unterhaltspflicht

Ist ein Arbeitnehmer unterhaltspflichtig, dann sind ihm 8 Punkte anzurechnen. Auch dies wird mit einer Funktion UNTERHALT berechnet. An diese Funktion werden allerdings Werte vom Typ Text übergeben. Deshalb wird die Variable U_HALT als Stringvariable deklariert. Die Variable AUSWAHL steuert die Ausgabe. Das Listing lautet:

```
Public Function Unterhalt(U_halt As String, Auswahl As Long)
Dim PkteUnterhalt As Long
If U_halt = "Ja" Or U_halt = "ja" Then
    PkteUnterhalt = 8
Else
    PkteUnterhalt = 0
End If
```

```
'Ausgabe
Select Case Auswahl
    Case Is = 1
        Unterhalt = U_halt
    Case Is = 2
        Unterhalt = PkteUnterhalt
End Select
End Function
```

6.7 Filter setzen

In vielen Fällen stehen nur einzelne Abteilungen auf dem Prüfstand. Hier bietet es sich an, einen Filter zu setzen. Da viele Nutzer evtl. Schwierigkeiten damit haben, wird ein kleines Programm aufgezeichnet und entsprechend angepasst, das den Filter per VBA setzt. Dazu richten Sie eine Befehlsschaltfläche mit der Befehlsfolge

```
Entwicklertools → Einfügen → ActiveX-Steuerelemente → Symbol Befehlsschalt-
fläche
```

ein. Diesem COMMANDBUTTON weisen Sie den Namen CMDFILTER zu und geben in die Zeile Caption die Überschrift FILTER SETZEN ein. Danach rufen Sie durch Klick mit der rechten Maustaste auf die Befehlsschaltfläche das Kontextmenü auf und wählen dort die OPTION CODE anzeigen auf. Excel schaltet in den VBA-Editor um. Dort geben Sie die nachfolgenden Programmzeilen ein.

```
Private Sub cmdFilter_Click()
Worksheets("Sozialplan").Activate
Sheets("Sozialplan").Range("A6").Select
Selection.AutoFilter
End Sub
```

Die ersten beiden Zeilen setzen den Zellzeiger auf die Zelle A6 des Tabellenblatts SOZIALPLAN. Die letzte Zeile aktiviert den Autofilter. Mit dem ersten Klick auf die Befehlsschaltfläche aktiviert man nun den Autofilter. Ein weiterer Klick deaktiviert den Filter wieder.

Pers#	Name	Vorname	Strasse	Plz	Ort	Geb.-Dat	Ein.-Dat	Fam.-Sta	Mdl	Ki Za	Abteilung	Stellung	Qualifikation	Unterha	Alter	Punkt	Betr.-Zug	Punkt	Mdl	Punkt	Ki Za	Punkt	Unterha	Punkt	Summe
1000	Blaunase	Otto	Bergstr. 7	58710	Menden	20.04.1954	01.04.1974	verh.	0	3	Einkauf	Abteilungsleiter	Staatl. gepr. Betriebswirt	ja	55	55	35	60	0	0	3,0	12	ja	8	135
1002	Semper	Amanda	Kampstr. 9	58710	Menden	14.09.1976	01.09.1986	verh.	0	3	Verkauf	Sachbearbeiter	Bürokaufmann	ja	33	33	23	36	0	0	2,0	8	ja	8	85
1003	Klemper	Fritz	Holeskamp 14	58706	Menden	14.05.1956	01.09.1974	ledig	0	3	Verkauf	Sachbearbeiter	Bürokaufmann	ja	53	53	35	60	0	0	3,0	12	ja	8	133
1004	Fetzig	Otto	Vesterbruggstr. 9	58706	Menden	20.06.1961	01.09.1979	ledig	0	1	Verkauf	Sachbearbeiter	Bürokaufmann	nein	48	48	30	50	0	0	1,0	4	nein	0	102
1005	Dummer	Claudia	Eupener Str. 5	58708	Menden	20.07.1964	01.10.1984	ledig	0	1	Lager	Abteilungsleiter	Staatl. gepr. Betriebswirt	nein	45	45	25	40	0	0	1,0	4	nein	0	89
1006	Krätze	Evita	Hauptstr. 33	58706	Menden	16.02.1971	01.01.1989	ledig	0	1	Rechnungswesen	Sachbearbeiter	Bürokaufmann	ja	38	38	20	30	0	0	1,0	4	ja	8	80
1007	Kemper	Udo	Löhrberg 12	58675	Hemer	12.10.1976	01.12.1996	ledig	0	0	Einkauf	Sachbearbeiter	Großhandelskaufmann	nein	33	33	12	14	0	0	0,0	0	nein	0	47
1008	Klavier	Elvira	Voßstr. 4	58675	Hemer	20.03.1959	01.02.1983	verh.	0	2	Verkauf	Sachbearbeiter	Werbekaufman	ja	50	50	26	42	0	0	2,0	8	ja	8	108
1009	Zanussi	Hugo	Danziger Str. 87	58675	Hemer	12.01.1965	01.10.1985	ledig	0	3	Allg. Verwaltung	Sachbearbeiter	Bürokaufmann	ja	44	44	24	38	0	0	3,0	12	ja	8	102
1010	Hektor	Emil	Hauptstr. 120	58675	Hemer	20.07.1977	01.02.1997	ledig	50	0	Lager	Sachbearbeiter	Großhandelskaufmann	ja	32	32	12	14	50	5	0,0	0	nein	0	51
1011	Trampel	Sabine	Jahnstr. 34	58675	Hemer	20.03.1972	01.06.1991	ledig	0	0	Lager	Lagerarbeiter	Bürokaufmann	nein	37	37	18	26	0	0	0,0	0	nein	0	63
1012	Kastor	Klemens	Sorpestr. 12	58902	Balve	20.09.1967	01.10.1987	verh.	0	0	Lager	Lagerarbeiter	Handelsfachpacker	ja	42	42	22	34	0	0	2,0	8	ja	8	92
1014	Katze	Tina	Hauptstr. 12	58902	Balve	14.01.1954	01.07.1985	verh.	0	0	Rechnungswesen	Sachbearbeiter	Bürokaufmann	ja	55	55	24	38	0	0	0,0	0	ja	8	101
1015	Stemmer	Hugo	Am Höhlen Stein 5	58902	Balve	15.03.1962	01.07.1986	verh.	0	2	Allg. Verwaltung	Sachbearbeiter	Personalfachwirt	ja	47	47	23	36	0	0	2,0	8	ja	8	99
1016	Pleite	Fritz	Schulstr. 11	58902	Balve	14.07.1966	15.03.1989	ledig	0	0	Lager	Sachbearbeiter	Handelsfachpacker	nein	43	43	20	30	0	0	0,0	0	nein	0	73
1017	Schniefe	Katja	Hangweg 12	58902	Balve	15.03.1952	15.10.1987	verh.	0	2	Verkauf	Sachbearbeiter	Bürokaufmann	ja	57	55	22	20	0	0	2,0	8	ja	8	91
1018	Stein	Emil	Am Kampe 7	58902	Balve	17.02.1936	20.01.1967	verh.	56	2	Allg. Verwaltung	Sachbearbeiter	Personalfachwirt	ja	73	55	42	24	56	6	2,0	8	ja	8	101
1019	Primus	Sonja	Zum Hohle 3	58710	Menden	24.03.1952	01.01.1991	ledig	0	0	Geschäftsleitung	Geschäftsleitung	Dipl. Kaufmann	ja	57	55	18	16	0	0	0,0	0	nein	0	71
1021	Konski	Helga	Hauptstr. 12	58902	Balve	20.03.1962	01.03.1962	verh.	0	2	Rechnungswesen	Sachbearbeiter	Bilanzbuchhalter	ja	47	47	37	64	0	0	2,0	8	ja	8	127
1022	Primus	Helga	Lisastr. 64	47226	Duisburg	07.11.1948	01.01.1986	verh.	0	0	Geschäftsleitung	Sekretärin	Bürokaufmann	ja	60	55	23	18	0	0	0,0	0	ja	8	81
1025	Ost	Ina	Berliner Str. 43	46535	Dinslaken	29.02.1948	01.01.1986	ledig	0	0	Rechnungswesen	Sachbearbeiter	Bürokaufmann	ja	61	55	23	17	0	0	0,0	0	ja	8	80
1026	Cremer	Maro	Uerdinger Str. 15	47441	Moers	18.07.1960	01.07.1991	ledig	0	0	Allg. Verwaltung	Sachbearbeiter	Großhandelskaufmann	nein	49	49	18	26	0	0	0,0	0	nein	0	75
1027	Berg	Rene	Hülsdonker Str. 29	47441	Moers	18.05.1967	01.01.1992	ledig	0	0	Allg. Verwaltung	Gruppenleiter	Großhandelskaufmann	ja	42	42	17	24	0	0	0,0	0	ja	8	74
1029	Öztürk	Cihangir	Hafenstr. 6	47119	Duisburg	18.07.1964	01.01.1987	verh.	0	0	Allg. Verwaltung	Gruppenleiter	Großhandelskaufmann	ja	45	45	22	34	0	0	0,0	0	ja	8	87
1030	Vinkler	Josef	Asberger Str. 12	47228	Duisburg	30.06.1955	01.02.1992	verh.	0	3	Verkauf	Sachbearbeiter	Großhandelskaufmann	ja	54	54	17	24	0	0	3,0	12	ja	8	98
1031	Berg	Sabine	Im Streb 41	46049	Oberhausen	13.03.1947	01.01.1986	ledig	0	0	Verkauf	Gruppenleiter	Großhandelskaufmann	ja	62	55	23	16	0	0	0,0	0	ja	8	79
1032	Schmitt	Arno	Steinacker 19	47228	Duisburg	10.10.1952	01.06.1990	ledig	0	2	Allg. Verwaltung	Sachbearbeiter	Großhandelskaufmann	ja	57	55	19	17	0	0	2,0	8	nein	0	80
1033	Klein	Dorothea	Kegelstr. 24	47228	Duisburg	14.01.1959	01.04.1989	ledig	0	3	Allg. Verwaltung	Sachbearbeiter	Bürokaufmann	ja	50	50	20	30	0	0	3,0	12	ja	8	100
1034	Schumacher	Michael	Amtsgerichtsstr. 16	47119	Duisburg	13.04.1969	01.01.1996	verh.	55	1	Lager	Kraftfahrer	Kraftfahrer	ja	40	40	13	16	55	6	1,0	4	nein	0	74
1035	Hack	Armin	Nelkenstr. 77	47239	Duisburg	30.10.1949	01.09.1986	ledig	0	1	Einkauf	Sachbearbeiter	Bürokaufmann	ja	59	55	23	18	0	0	1,0	4	nein	0	79
1036	Jung	Walter	Bromberger Str. 68	46145	Oberhausen	24.03.1949	01.07.1985	verh.	0	1	Lager	Lagerarbeiter	Handelsfachpacker	ja	60	55	23	18	0	0	1,0	4	ja	8	85
1039	Erb	Sigrid	Drosselstr. 2	47445	Moers	21.11.1950	01.04.1987	ledig	0	2	Verkauf	Sachbearbeiter	Großhandelskaufmann	ja	58	55	22	19	0	0	2,0	8	ja	8	90
1040	Klein	Gisela	Clausthaler Str. 35	47259	Duisburg	07.01.1963	01.01.1992	verh.	0	3	Verkauf	Sachbearbeiter	Bürokaufmann	ja	46	46	17	24	0	0	3,0	12	ja	8	90
1041	Nolte	Jörg	Bahnhofstr. 7	47179	Duisburg	09.05.1953	01.01.1987	verh.	65	0	Allg. Verwaltung	Datenverarbeitung	Großhandelskaufmann	ja	56	55	22	21	65	7	0,0	0	ja	8	91
1042	Schäfer	Claudia	Luther Str. 10	45478	Mülheim	14.07.1967	01.04.1995	verh.	0	2	Verkauf	Sachbearbeiter	Bürokaufmann	ja	42	42	14	18	0	0	2,0	8	ja	8	76
1043	Vessling	Horst	Xantener Str. 91	47495	Rheinberg	05.12.1957	01.01.1990	verh.	0	0	Auszubi	Datenverarbeitung	Großhandelskaufmann	ja	51	51	19	28	0	0	0,0	0	ja	8	87
1044	Rost	Sabine	Brüder Str. 46	46145	Oberhausen	22.10.1971	01.07.1993	verh.	0	0	Lager	Sachbearbeiter	Werbekaufman	ja	37	37	16	22	0	0	0,0	0	nein	0	67
1045	Sommer	Elke	Auf dem Bruch 9	45475	Mülheim	14.02.1942	01.04.1982	ledig	0	0	Verkauf	Sachbearbeiter	Bürokaufmann	ja	67	55	17	15	0	0	2,0	8	nein	0	68
1046	Fischer	Sven	Inselstr. 79	46149	Oberhausen	19.04.1968	01.01.1993	verh.	0	0	Lager	Lagerarbeiter	Handelsfachpacker	ja	41	41	16	22	0	0	0,0	0	ja	8	71

Abb. 6.3: Tabellenabschnitt Sozialplan

Kapitel 7

Betriebliche Zusatzleistungen

In Zeiten der großen Finanzkrise werden viele Unternehmen keine Zusatzleistungen an ihre Mitarbeiter zahlen. In wirtschaftlich günstigeren Zeiten sind Unternehmer aber auch eher wieder bereit, betriebliche Zusatzleistungen zu erbringen, damit ihre Mitarbeiter am steigenden Gewinn partizipieren können. Die Arbeitsmappe ZUSATZLEISTUNGEN.XLSM enthält zwei Bereiche:

1. Zahlungen aus Betriebsrenten

2. Betriebliche Zusatzleistung (13. Monatsgehalt)

7.1 Betriebsrente

In einem heimischen Unternehmen der Metallbranche mit ca. 52 Mitarbeitern wurde folgende Betriebsvereinbarung über eine freiwillige Betriebsrente getroffen:

1. Voraussetzungen

2. Anspruch auf eine Betriebsrente haben Arbeitnehmer/-innen, die mindestens ein Lebensalter von 35 Jahren erreicht haben und beim Austritt aus dem Unternehmen dem Unternehmen mindestens 10 Jahre angehört haben.

3. Höhe der betrieblichen Rente

4. Entsprechend der Dauer der Betriebszugehörigkeit werden ausbezahlt:

5. *nach 10 Jahren:*

6. 15,00 € Grundbetrag + 3,00 € * erbrachte Jahre Betriebszugehörigkeit

7. *nach 20 Jahren:*

8. 17,50 € Grundbetrag + 3,00 € * erbrachte Jahre Betriebszugehörigkeit

9. *nach 30 Jahren:*

10. 20,00 € Grundbetrag + 3,00 € * erbrachte Jahre Betriebszugehörigkeit

11. Rentenbezug

12. Die Rente kommt zur Auszahlung, wenn die staatliche Rente beginnt oder eine andere Dauerrente ausgezahlt wird.

Diesen Sachverhalt gilt es nun umzusetzen und die Ergebnisse in einer Arbeits-mappe zu speichern.

Das Programm zur Berechnung der Betriebsrente bzw. zur Berechnung von Ren-tenansprüchen soll in folgenden Schritten ablaufen:

1. Die Variablen für die Verbindung, das Recordset und das Zählen der Daten-sätze werden definiert.

2. Die Verbindung wird definiert und das Recordset geöffnet.

3. Der Startpunkt für die Berechnung wird gesetzt.

4. Alte Daten werden gelöscht, damit nicht versehentlich überholte Daten in die Berechnung einfließen.

5. Die Spaltenüberschriften werden gesetzt.

6. Es wird in die nächste Zeile geschaltet, und die Zählvariable für die übernom-menen Datensätze wird auf Null gesetzt.

7. Die Daten werden eingelesen, bis das Ende der Datei erreicht wird. Nach Über-nahme des Geburtstags, des Eintrittsdatums und eines evtl. vorhandenen Aus-trittsdatums erfolgt die Berechnung der Betriebsrente bzw. eventuelle Rentenansprüche, soweit dies gegeben ist.

8. Die Summen für die Punkte werden gebildet.

9. Die Spalten werden ausgerichtet.

10. Eine Meldung über die übernommenen Datensätze wird angezeigt.

Schaut man sich die Textdatei QRYBETRIEBSRENTE an, stellt man fest, dass der Administrator Ihnen alle Daten zur Verfügung gestellt hat. Sie benötigen aber nur die Mitarbeiter, die eine Betriebsrente beziehen. Das Kriterium für die Auswahl befindet sich in der Spalte RENTE. Bei allen Rentenbeziehern befindet sich in die-ser Spalte der Textdatei ein JA. Die Textdatei kann man mit dem Windows-Editor öffnen und sich die Daten anschauen. Die nachfolgende Abbildung zeigt einen Ausschnitt der im Windows-Editor geöffneten Textdatei.

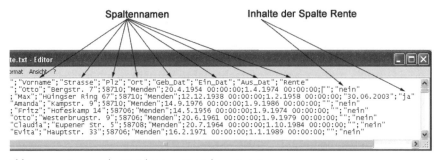

Abb. 7.1:   Auszug der Textdatei qryBetriebsrente.txt

Möchte man nun nur für die Rentenbezieher die Betriebsrente berechnen, genügt es, den SQL-String zum Öffnen des Recordsets zu verändern. Er lautet:

```
Select * From qryBetriebsrente.txt where Rente= "ja"
```

Dieser SQL-Befehl beschreibt, welche Daten abzurufen sind. SQL steht für *Structured Query Language*. Im vorliegenden Fall sollen alle Daten der Textdatei QRYBE-TRIEBSRENTE abgerufen werden, die in der Spalte RENTE ein JA stehen haben. Leider kann man den obigen Text nicht 1:1 übernehmen. Schwierigkeiten bereiten die Gänsefüßchen von JA. Deshalb definiert man eine String-Variable SQL und setzt den SQL-String entsprechend zusammen. Das nachfolgende Listing zeigt, dass insgesamt 6 Gänsefüßchen gesetzt werden müssen.

```
SQL = "Select * From qryBetriebsrente.txt where Rente=" & """ja"""
```

Nun steht der Datenübernahme nichts mehr im Weg. Vom Programmablauf bleibt alles gleich. Denken Sie aber bitte daran, die Verweise entsprechend zu setzen.

```
Private Sub cmdBetriebsrente_Click()
Dim cnn As New ADODB.Connection
Dim rst As New ADODB.Recordset
Dim intI As Integer
Dim SQL As String
cnn.Open "Provider=Microsoft.Jet.OLEDB.4.0;" & _
    "Data Source=c:\ExcelBuch\Kapitel7;" & _
    "Extended Properties=""text;HDR=Yes;FMT=Delimited;"";"
SQL = "Select * From qryBetriebsrente.txt where Rente=" & """ja"""
rst.Open SQL, cnn, , , adCmdText
'Startpunkt wählen für Datenübernahme
Worksheets("Betriebsrenten").Activate
Sheets("Betriebsrenten").Range("A6").Select
'Daten löschen
Worksheets("Betriebsrenten").Range("A6").CurrentRegion.ClearContents
'Überschriften setzen
For intI = 0 To rst.Fields.Count - 1
    ActiveCell.Offset(0, intI).Value = rst.Fields(intI).Name
    ActiveCell.Offset(0, intI).Interior.ColorIndex = 37
    ActiveCell.Offset(0, intI).Font.ColorIndex = 2
    ActiveCell.Offset(0, intI).Font.Bold = True
Next
    ActiveCell.Offset(0, rst.Fields.Count + 0).Value = "Betriebsrente"
    ActiveCell.Offset(0, rst.Fields.Count + intI).Interior.ColorIndex = 47
```

```
    ActiveCell.Offset(0, rst.Fields.Count + intI).Font.ColorIndex = 2
    ActiveCell.Offset(0, rst.Fields.Count + intI).Font.Bold = True
ActiveCell.Offset(1, 0).Select
intI = 0
Do While Not rst.EOF
     ActiveCell.Offset(0, 0).Value = rst!PersNr '.Fields(0)
     ActiveCell.Offset(0, 1).Value = rst!Name
     ActiveCell.Offset(0, 2).Value = rst!Vorname
     ActiveCell.Offset(0, 3).Value = rst!Strasse
     ActiveCell.Offset(0, 4).Value = rst!Plz
     ActiveCell.Offset(0, 5).Value = rst!Ort
     ActiveCell.Offset(0, 6).Value = CDate(rst!Geb_Dat)
     ActiveCell.Offset(0, 7).Value = CDate(rst!Ein_Dat)
     ActiveCell.Offset(0, 8).Value = CDate(rst!Aus_Dat)
     ActiveCell.Offset(0, 9).Value = rst!Rente
     ActiveCell.Offset(0, 10).Value = Betriebsrente(CDate(rst!Geb_Dat), _
     CDate(rst!Ein_Dat), CDate(rst!Aus_Dat))
     intI = intI + 1
     rst.MoveNext
     ActiveCell.Offset(1, 0).Select
Loop
   rst.Close
   Set cnn = Nothing
'Spalten ausrichten
Worksheets("Betriebsrenten").Columns("A:Y").AutoFit
MsgBox ("Personaldaten übernommen! " & intI & " Daten übertragen!")
End Sub
```

Nun gilt es nur noch, die Funktion zur Berechnung der Betriebsrente zu programmieren. Dazu werden an diese Funktion drei Daten übergeben: Geburtsdatum, Eintrittsdatum sowie das Austrittsdatum. Von diesen drei Daten hängt die Höhe der Betriebsrente ab. Der Programmablauf geschieht in drei Schritten:

In einem ersten Schritt wird wieder das Alter des Rentenbeziehers berechnet. Dies ist notwendig, da eine Betriebsrente nur dann zur Auszahlung kommt, wenn der Rentenbezieher älter als 35 Jahre ist. Dies geschieht mit dem gleichen Programmablauf wie aus dem vorherigen Kapitel.

```
Public Function Betriebsrente(Geb_Dat, Ein_Dat, Aus_Dat As Date, Auswahl As
Long) As Currency
Dim lngAlter, lngBetrZuGeh As Long
'Das Lebensalter berechnen
```

```
'Fall Nr. 1
If Month(Geb_Dat) < Month(Aus_Dat) Then
    lngAlter = DateDiff("yyyy", Geb_Dat, Aus_Dat)
End If
'Fall Nr. 2a
If (Month(Geb_Dat) = Month(Aus_Dat)) And (Day(Geb_Dat) <= Day(Aus_Dat)) Then
    lngAlter = DateDiff("yyyy", Geb_Dat, Aus_Dat)
End If
'Fall Nr. 2b
If (Month(Geb_Dat) = Month(Aus_Dat)) And (Day(Geb_Dat) > Day(Aus_Dat)) Then
    lngAlter = DateDiff("yyyy", Geb_Dat, Aus_Dat) - 1
End If
'Fall Nr. 3
If Month(Geb_Dat) > Month(Aus_Dat) Then
    lngAlter = DateDiff("yyyy", Geb_Dat, Aus_Dat) - 1
End If
```

Lediglich die Konstante STICHTAG wird durch das Austrittsdatum ersetzt, um feststellen, wie alt der Rentenbezieher war, als er das Unternehmen verlassen hat.

Im zweiten Schritt wird dann die Dauer der Betriebszugehörigkeit bis zum Austritt aus dem Betrieb berechnet. Sie bestimmt maßgeblich die Höhe der zu zahlenden Betriebsrente.

```
'Die Betriebszugehörigkeit berechnen
'Fall Nr. 1
If Month(Ein_Dat) < Month(Aus_Dat) Then
    lngBetrZuGeh = DateDiff("yyyy", Ein_Dat, Aus_Dat)
End If
'Fall Nr. 2a
If (Month(Ein_Dat) = Month(Aus_Dat)) And (Day(Ein_Dat) <= Day(Aus_Dat)) Then
    lngBetrZuGeh = DateDiff("yyyy", Ein_Dat, Aus_Dat)
End If
'Fall Nr. 2b
If (Month(Ein_Dat) = Month(Aus_Dat)) And (Day(Ein_Dat) > Day(Aus_Dat)) Then
    lngBetrZuGeh = DateDiff("yyyy", Ein_Dat, Aus_Dat) - 1
End If
'Fall Nr. 3
If Month(Ein_Dat) > Month(Aus_Dat) Then
    lngBetrZuGeh = DateDiff("yyyy", Ein_Dat, Aus_Dat) - 1
End If
```

In Abhängigkeit von den Größen Betriebszugehörigkeit (LNGBETRZUGEH) und dem Alter (LNGALTER) wird nun die Höhe der Betriebsrente berechnet. Dabei sind vier Fälle zu unterscheiden:

Fall	Erläuterung
Nr. 1	Wenn der Arbeitnehmer älter als 35 Jahre oder genau 35 Jahre alt ist, 10 Jahre und mehr, aber weniger als 20 Jahre im Unternehmen tätig war, bekommt er 15 € + 3 € * lngBetrZuGeh.
Nr. 2	Ist der Arbeitnehmer älter als 35 Jahre oder genau 35 Jahre alt und hat er 20 Jahre und mehr, aber weniger als 30 Jahre im Unternehmen gearbeitet, erhält er 17,50 € + 3 € * lngBetrZuGeh.
Nr. 3	Beträgt sein Alter 35 Jahre oder mehr und hat er 30 Jahre oder mehr dem Unternehmen die Treue gehalten, bekommt er 20 € + 3 * lngBetrZuGeh.
Nr. 4	Falls der Arbeitnehmer noch keine 35 Jahre alt ist oder weniger als 10 Jahre im Unternehmen tätig war, hat er keinen Anspruch auf die Auszahlung einer Betriebsrente.

Diese Sachverhalte werden nun im nachfolgenden Programm umgesetzt.

```
'Betriebsrente berechnen
'Fall Nr. 1
If (lngAlter >= 35) And (lngBetrZuGeh >= 10) And (lngBetrZuGeh < 20) Then
    Betriebsrente = 15 + 3 * lngBetrZuGeh
End If
'Fall Nr. 2
If (lngAlter >= 35) And (lngBetrZuGeh >= 20) And (lngBetrZuGeh < 30) Then
    Betriebsrente = 17.5 + 3 * lngBetrZuGeh
End If
'Fall Nr. 3
If (lngAlter >= 35) And (lngBetrZuGeh >= 30) Then
    Betriebsrente = 20 + 3 * lngBetrZuGeh
End If
'Fall Nr. 4
If (lngAlter < 35) Or (lngBetrZuGeh < 10) Then
    Betriebsrente = 0
End If
End Function
```

	A	B	C	D	E	F	G	H	I	J	K
1											
2		Daten übernehmen									
3											
4											
5											
6	PersNr	Name	Vorname	Strasse	Plz	Ort	Geb_Dat	Ein_Dat	Aus_Dat	Rente	Betriebsrente
7	1001	Tüchtig	Max	Hüingser Ring 67	58710	Menden	12.12.1938	01.02.1958	30.06.2003	ja	155,00 €
8	1013	Wollenstein	Erna	Sorpestr. 23	58802	Balve	14.08.1939	01.10.1969	30.06.2000	ja	110,00 €
9	1023	Müller	Markus	Düsseldorfer Str. 547	42005	Duisburg	08.08.1938	01.01.1986	30.06.2003	ja	66,00 €
10	1024	Konski	Helga	Salzmannstr. 28	47167	Duisburg	28.02.1937	01.01.1986	30.06.2003	ja	66,00 €
11	1029	Patt	Peter	Otto-Schulenberg-Str. 39	47228	Duisburg	13.12.1940	01.01.1986	30.06.2003	ja	66,00 €
12	1037	Zolling	Petra	Angerhauser Str. 26	47259	Duisburg	03.01.1944	01.09.1986	31.03.2003	ja	63,00 €
13	1051	Buderbach	Gerd	Wilhelm-Tell-Str. 33	46047	Oberhausen	11.11.1937	01.04.1986	30.06.2003	ja	66,00 €
14	1052	Holl	Helmut	Duisburger Str. 457	47198	Duisburg	12.08.1945	01.01.1988	31.03.2003	ja	60,00 €
15	1054	Lapp	Isabel	Hünefeldstr. 18	46236	Bottrop	20.04.1938	01.04.1986	30.06.2003	ja	66,00 €
16	1055	Zimmer	Karl	Fürst-Bismarck-Str. 42	47119	Duisburg	26.12.1935	01.01.1988	30.06.2003	ja	60,00 €
17	1056	Spohr	Steffi	Duisburger Str. 457	47198	Duisburg	24.05.1936	01.07.1989	30.06.2003	ja	54,00 €
18	1061	Schneiders	Paul	Prinzenstr. 33	47058	Duisburg	05.12.1960	01.01.1991	31.03.2003	ja	51,00 €
19	1062	Braun	Erika	Am Palmbeck 27	47259	Duisburg	30.03.1940	01.07.1989	30.06.2003	ja	54,00 €
20	1063	Alt	Siegfried	Vinner Str. 28	47441	Moers	01.04.1936	01.09.1986	30.06.2003	ja	63,00 €

Abb. 7.2: Tabellenabschnitt Betriebsrente

7.2 Zusatzleistungen

In einem heimischen Unternehmen der Armaturenherstellung wurde mit dem Betriebsrat folgende Betriebsvereinbarung über freiwillige tarifvertragliche Zusatzleistungen getroffen:

1. Voraussetzungen

   Arbeitnehmer/innen und Auszubildende, die am 30.11.2008 in einem Arbeits- bzw. Ausbildungsverhältnis stehen und zu diesem Zeitpunkt dem Betrieb ununterbrochen 6 Monate angehört haben, erhalten das tarifliche Weihnachts- geld und die Anwesenheitsprämie. Der Monat der Arbeitsaufnahme wird ein- bezogen, wenn die Tätigkeit vor dem 10. des betreffenden Monats begann. Ausgenommen sind Arbeitnehmer/innen und Auszubildende, die zu diesem Zeitpunkt ihr Arbeits- bzw. Ausbildungsverhältnis gekündigt haben.

2. Höhe des tariflichen Weihnachtsgeldes

   Entsprechend der Dauer der Betriebszugehörigkeit werden

   - nach 6 Monaten   30 %
   - nach 12 Monaten   40 %
   - nach 24 Monaten   50 %
   - nach 36 Monaten   60 % der Monatsvergütung gezahlt.

3. Höhe der Anwesenheitsprämie

   Die Anwesenheitsprämie beträgt maximal 40 % der Monatsvergütung. Je Abwesenheitstag wird die Anwesenheitsprämie um 1 % gekürzt.

4. Berechnungsbasis

   Basis für die Berechnung ist die Monatsvergütung aus dem Monat September 2008. Mehrarbeitsvergütungen sowie Urlaubsgeld und andere Sonderzahlungen bleiben unberücksichtigt.

Ein derartig umfangreiches Problem lässt sich nur mit Hilfe von Funktionen lösen. Für die Berechnung des Weihnachtsgeldes wird die Funktion WEIHNACHTS-GELD erstellt. Die Anwesenheitsprämie wird in der Funktion ANWESENHEIT berechnet. Stichtag ist der 30.11.2008.

7.2.1 Übernahme der Daten

Natürlich war der Administrator so freundlich und hat Ihnen die Daten bereitgestellt. Allerdings hat er keine Vorauswahl getroffen und die in der Personaldatenbank gespeicherten Mitarbeiter herausgenommen, die das Unternehmen bereits verlassen haben. Außerdem hat er die Daten nicht als Text-, sondern als dBASE-Datei im Format dBASE IV gespeichert. Das erfordert einige Überlegungen zur Datenübernahme. Diese Daten wurden in der Datei qryZusat.dbf gespeichert.

1. Da es sich um Daten im dBASE-Format handelt, können die Daten nicht mit dem bisher verwendeten Connection-String eingelesen werden.

2. Das Feld mit der Spaltenüberschrift AUSDAT befindet sich am Ende aller Spalten. Es soll nicht übernommen werden. Hierzu wird der SQL-String geändert.

3. Außerdem kommen ja nur die Mitarbeiter des Unternehmens in den Genuss eines 13. Monatsgehaltes. Die Arbeitnehmer, die das Unternehmen schon verlassen haben, müssen aus der Berechnung und Datenübernahme herausgenommen werden. Der SQL-String zum Öffnen des Recordsets muss entsprechend abgeändert werden.

4. Zur späteren Auswertung mittels Pivot-Tabelle wird der Datenbereich mit einem Namen belegt. Der Name lautet DATENQUELLE.

5. Zunächst richten Sie in dem Tabellenblatt ZUSATZLEISTUNGEN eine Befehlsschaltfläche ein. Dem COMMANDBUTTON weisen Sie unter dem Menüpunkt EIGENSCHAFTEN des Kontextmenüs den Namen CMDANSPRUCH zu. Mit der Befehlsfolge

```
Klick mit der rechten Maustaste auf den Button → Code anzeigen
```

6. verknüpfen Sie die Befehlsschaltfläche mit dem Programm

```
Private Sub cmdAnspruch_Click()
End Sub
```

Die Deklaration der Variablen geschieht wie in den Fällen vorher. Den Connection-String ändern Sie wie nachfolgend beschrieben ab:

```
Dim cnn As New ADODB.Connection
Dim rst As New ADODB.Recordset
Dim intI As Integer
Dim SQL As String
cnn.Open "Provider=Microsoft.Jet.OLEDB.4.0;" & _
        "Data Source=c:\ExcelBuch\Kapitel7;" & _
        "Extended Properties=""dBASE IV;"";"
```

Nun gilt es, den SQL-String für die Auswahlabfrage zu verändern. Allgemein ist der SQL-Befehl SELECT wie folgt aufgebaut:

```
SELECT Feldliste FROM Tabelle/Abfrage WHERE Bedingung
```

Mit Feldliste ist eine Aufzählung der Felder einer Tabelle gemeint, die durch ein Komma voneinander getrennt werden. Nach dem Befehlswort FROM wird dann der Name der Tabelle/Abfrage aufgeführt, aus der die Daten stammen. Danach wird die WHERE-Bedingung aufgelistet. Im vorliegenden Fall lautet der SQL-String:

```
SELECT PresNr, Name, Vorname, GebDat, EinDat, Gehaltsgr, Gehalt, Fehltage, _
Abteilung FROM qryZusat.dbf WHERE AusDat Is Null
```

Die restlichen Befehle können aus vorherigen Datenübernahmen übernommen und entsprechend angepasst werden. Die Bedingung IS NULL fragt ab, ob im Feld AUSDAT nichts gespeichert ist. Leerschritte oder eine Null sind z.B. Werte. Wenn sich also im Feld AUSDAT absolut NICHTS befindet, erfolgt die Ausgabe in das Tabellenblatt, andernfalls unterbleibt die Ausgabe.

Bei der Datenausgabe kann es vorkommen, dass die Daten EINDAT und GEBDAT nicht korrekt dargestellt werden. Deshalb werden die Ausgabezellen mit dem NUMBERFORMAT "m/d/yyyy" formatiert werden.

```
SQL = "Select PersNr, Name, Vorname, GebDat, EinDat, Gehaltsgr, Gehalt, _
Fehltage, Abteilung From qryZusat.dbf where AusDat Is Null "
rst.Open SQL, cnn
'Startpunkt wählen für Datenübernahme
Worksheets("Zusatzleistung").Activate
Sheets("Zusatzleistung").Range("A6").Select
'Daten löschen
Worksheets("Zusatzleistung").Range("A6").CurrentRegion.ClearContents
'Überschriften setzen
```

```
For intI = 0 To rst.Fields.Count - 1
    ActiveCell.Offset(0, intI).Value = rst.Fields(intI).Name
    ActiveCell.Offset(0, intI).Interior.ColorIndex = 37
    ActiveCell.Offset(0, intI).Font.ColorIndex = 2
    ActiveCell.Offset(0, intI).Font.Bold = True
Next
    ActiveCell.Offset(0, rst.Fields.Count + 0).Value = "Weihnachtsgeld"
    ActiveCell.Offset(0, rst.Fields.Count + 1).Value = "Anwesenheitsprämie"
For intI = 0 To 1
    ActiveCell.Offset(0, rst.Fields.Count + intI).Interior.ColorIndex = 47
    ActiveCell.Offset(0, rst.Fields.Count + intI).Font.ColorIndex = 2
    ActiveCell.Offset(0, rst.Fields.Count + intI).Font.Bold = True
Next
ActiveCell.Offset(1, 0).Select
intI = 0
Do While Not rst.EOF
        ActiveCell.Offset(0, 0).Value = rst!PersNr '.Fields(0)
        ActiveCell.Offset(0, 1).Value = rst!Name
        ActiveCell.Offset(0, 2).Value = rst!Vorname
        ActiveCell.Offset(0, 3).Value = CDate(rst!GebDat)
        ActiveCell.Offset(0, 3).NumberFormat = "m/d/yyyy"
        ActiveCell.Offset(0, 4).Value = CDate(rst!EinDat)
        ActiveCell.Offset(0, 4).NumberFormat = "m/d/yyyy"
        ActiveCell.Offset(0, 5).Value = rst!Gehaltsgr
        ActiveCell.Offset(0, 6).Value = CCur(rst!Gehalt)
        ActiveCell.Offset(0, 7).Value = Val(rst!Fehltage)
        ActiveCell.Offset(0, 8).Value = rst!Abteilung
        ActiveCell.Offset(0, 9).Value = Weihnachtsgeld(CDate(rst!EinDat), _
        CCur(rst!Gehalt))
        ActiveCell.Offset(0, 10).Value = Anwesenheit(CDate(rst!EinDat), _
        CCur(rst!Gehalt), Val(rst!Fehltage))
        intI = intI + 1
        rst.MoveNext
        ActiveCell.Offset(1, 0).Select
Loop
rst.Close
Set cnn = Nothing
'Spalten ausrichten
Worksheets("Zusatzleistung").Columns("A:Y").AutoFit
MsgBox ("Personaldaten übernommen! " & intI & " Daten übertragen!")
```

Nun müssen nur noch die beiden Funktionen WEIHNACHTSGELD und ANWESEN-
HEIT programmiert werden.

7.2.2 Funktion Weihnachtsgeld

Voraussetzung für den Erhalt der Zusatzleistungen ist eine Betriebszugehörigkeit von mehr als 6 Monaten. Der Monat des Eintritts zählt nur dann mit, wenn der Arbeitsbeginn vor dem 10. des Monats erfolgte. In diesem Fall ist eine kleine Änderung der Funktion DATEDIFF notwendig.

```
BetrZuGeh = DateDiff("m", datEindat, Stichtag)
```

Wie im Kapitel 6 beschrieben, wird das Intervall auf Monat "m" gesetzt. Das war es auch schon. Die Funktion selbst setzt sich aus zwei Teilen zusammen. Im ersten Teil wird die Dauer der Betriebszugehörigkeit in Monaten berechnet. Dann wird das tarifliche Weihnachtsgeld in Abhängigkeit der Dauer der Betriebszugehörigkeit berechnet.

```
Public Function Weihnachtsgeld(datEindat As Date,Gehalt As Currency) As Currency
Dim BetrZuGeh As Long
Const Stichtag = "30.11.2008"
If Day(datEindat) <= 10 Then
    BetrZuGeh = DateDiff("m", datEindat, Stichtag)
Else
    BetrZuGeh = DateDiff("m", datEindat, Stichtag) - 1
End If
If BetrZuGeh >= 36 Then
    Weihnachtsgeld = Gehalt * 0.6
End If
If BetrZuGeh >= 24 And BetrZuGeh < 36 Then
    Weihnachtsgeld = Gehalt * 0.5
End If
If BetrZuGeh >= 12 And BetrZuGeh < 24 Then
    Weihnachtsgeld = Gehalt * 0.4
End If
If BetrZuGeh >= 6 And BetrZuGeh < 12 Then
    Weihnachtsgeld = Gehalt * 0.3
End If
If BetrZuGeh >= 0 And BetrZuGeh < 6 Then
    Weihnachtsgeld = 0
End If
End Function
```

7.2.3 Anwesenheitsprämie

Die Höhe der Anwesenheitsprämie hängt von drei Größen ab. Die Dauer der Betriebszugehörigkeit muss größer oder gleich 6 Monate sein, sonst erhält der

Mitarbeiter diese Prämie nicht. Zum zweiten bestimmt die Anzahl der Fehltage die Größe des Faktors, mit dem die dritte Größe, das Gehalt, multipliziert wird, um die Höhe der Prämie zu berechnen. Diese drei Größen – Betriebszugehörigkeit, Anzahl der Fehltage, Höhe des Gehalts – werden an die Funktion ANWESENHEIT übergeben und zur Berechnung der Prämie herangezogen.

Zunächst wird die Betriebszugehörigkeit in Monaten bestimmt. Liegt das Eintrittsdatum vor dem 10. des Monats, wird der Monat mitgerechnet. Andernfalls wird von der Betriebszugehörigkeit in Monaten ein Monat subtrahiert.

Im zweiten Schritt wird der Faktor bestimmt, mit dem das Gehalt zu multiplizieren ist, um die Anwesenheitsprämie zu berechnen. Von der Zahl 40 ist die Summe der Fehltage zu subtrahieren. Falls dieser Wert kleiner oder gleich Null ist, wird er gleich Null gesetzt, andernfalls gilt Faktor = (40 – Fehltage).

Im dritten Schritt wird dann die Prämie in Abhängigkeit von der Betriebszugehörigkeit bestimmt. Ist der Mitarbeiter 6 Monate oder mehr im Unternehmen dauerhaft beschäftigt, steht ihm eine Prämie in Höhe von Gehalt * Faktor / 100 zu. Die Division durch 100 ist notwendig, da sich die Rechnung auf 40 % bezieht. Das Listing finden Sie nachstehend.

```
Public Function Anwesenheit(datEindat As Date, Gehalt As Currency, _
                    Fehltage As Long) As Currency
Dim BetrZuGeh, Faktor As Long
Const Stichtag = "30.11.2008"
'Dauer der Betriebszugehörigkeit festlegen
If Day(datEindat) <= 10 Then
    BetrZuGeh = DateDiff("m", datEindat, Stichtag)
 Else
    BetrZuGeh = DateDiff("m", datEindat, Stichtag) - 1
End If
'Faktor für die Anwesenheit berechnen
If (40 - Fehltage) <= 0 Then
    Faktor = 0
Else
    Faktor = (40 - Fehltage)
End If
'Anwesenheitsprämie berechnen
If BetrZuGeh >= 6 Then
    Anwesenheit = Gehalt * Faktor / 100
Else
    Anwesenheit = 0
End If
End If
End Function
```

Je nach Betriebsvereinbarung müssen noch einige Änderungen vorgenommen werden.

	A	B	C	D	E	F	G	H	I	J	K
1											
2											
3		Daten übernehmen									
4											
5											
6	PersNr	Name	Vorname	GebDat	EinDat	Gehaltsgr	Gehalt	Fehltage	Abteilung	Weihnachtsgeld	Anwesenheitsprämie
7	1000	Blaunase	Otto	20.04.1954	01.04.1974	K6	3.840,42 €	26	Einkauf	2.304,25 €	537,66 €
8	1002	Semper	Amanda	14.09.1976	01.09.1986	K3	2.505,80 €	38	Verkauf	1.503,48 €	50,12 €
9	1003	Klemper	Fritz	14.05.1956	01.09.1974	K4	2.701,21 €	14	Verkauf	1.620,73 €	702,31 €
10	1004	Fetzig	Otto	20.06.1961	01.09.1979	K6	3.840,42 €	7	Verkauf	2.304,25 €	1.267,34 €
11	1005	Dummer	Claudia	20.07.1964	01.10.1984	K6	3.840,42 €	40	Lager	2.304,25 €	0,00 €
12	1006	Krätze	Evita	16.02.1971	01.01.1989	K4	2.701,21 €	9	Rechnungswesen	1.620,73 €	837,38 €
13	1007	Kemper	Udo	12.10.1976	01.12.1996	K3	2.505,80 €	48	Einkauf	1.503,48 €	0,00 €
14	1008	Klavier	Elvira	20.03.1959	01.02.1983	K3	2.505,80 €	14	Verkauf	1.503,48 €	651,51 €
15	1009	Zanussi	Hugo	12.01.1965	01.10.1985	K4	2.701,21 €	27	Allg. Verwaltung	1.620,73 €	351,16 €
16	1010	Hektor	Emil	20.07.1977	01.02.1997	K5	3.665,24 €	1	Lager	2.199,14 €	1.429,44 €
17	1011	Trampel	Sabine	13.03.1972	01.06.1991	K3	2.505,80 €	48	Lager	1.503,48 €	0,00 €
18	1012	Kastor	Klemens	20.09.1967	01.10.1987	K1	1.955,36 €	47	Lager	1.173,22 €	0,00 €
19	1014	Katze	Tina	14.01.1954	01.07.1985	K3	2.505,80 €	17	Rechnungswesen	1.503,48 €	576,33 €
20	1015	Stemmer	Hugo	15.03.1962	01.07.1986	K2	2.230,76 €	13	Allg. Verwaltung	1.338,46 €	602,31 €
21	1016	Pleite	Fritz	14.07.1966	15.03.1989	K2	2.230,76 €	20	Lager	1.338,46 €	446,15 €
22	1017	Schniefe	Katja	15.03.1952	15.10.1987	K1	1.955,36 €	77	Verkauf	1.173,22 €	0,00 €
23	1018	Stein	Emil	17.02.1936	20.01.1967	K1	1.955,36 €	22	Allg. Verwaltung	1.173,22 €	351,96 €
24	1019	Primus	Sonja	24.03.1952	01.01.1991	AT	12.000,00 €	4	Geschäftsleitung	7.200,00 €	4.320,00 €
25	1021	Konski	Helga	20.03.1962	01.03.1972	K5	3.665,24 €	8	Rechnungswesen	2.199,14 €	1.172,88 €
26	1022	Primus	Helga	07.11.1948	01.01.1986	K6	3.840,42 €	13	Geschäftsleitung	2.304,25 €	1.036,91 €
27	1025	Ost	Ina	29.02.1948	01.01.1986	K4	2.701,21 €	0	Rechnungswesen	1.620,73 €	1.080,48 €
28	1026	Cremer	Marc	18.07.1960	01.07.1991	K6	3.840,42 €	32	Allg. Verwaltung	2.304,25 €	307,23 €
29	1027	Berg	Rene	18.05.1967	01.01.1992	K6	3.840,42 €	35	Allg. Verwaltung	2.304,25 €	192,02 €
30	1028	Öztürk	Cihangir	19.07.1964	01.09.1987	K4	2.701,21 €	0	Allg. Verwaltung	1.620,73 €	1.080,48 €
31	1030	Winkler	Josef	30.06.1955	01.02.1992	K3	2.505,80 €	0	Verkauf	1.503,48 €	1.002,32 €

Abb. 7.3: Tabellenabschnitt Weihnachtsgeld/Anwesenheit

Kapitel 8

Analyse von Lieferanten

Der Einkauf hat die richtige Ware zum richtigen Zeitpunkt in der richtigen Menge und in der erforderlichen Qualität zu einem angemessenen Preis am richtigen Ort bereitzustellen. Häufig beträgt der Wert der eingekauften Ware 40 % bis 60 % des Umsatzes. Deshalb können im Beschaffungsbereich Kosten eingespart werden.

Zwischen der Fertigung und dem Einkauf besteht ein Interessenkonflikt. Die Fertigung möchte möglichst hochwertiges Material in möglichst großen Mengen auf Lager haben, um die Produktionsbereitschaft jederzeit zu gewährleisten. Der Einkauf hat dafür zu sorgen, dass sich Preis, Qualität und Menge an der gerade noch zulässigen Untergrenze orientieren. Das Controlling hat nun die Aufgabe, diesen Interessenkonflikt zwischen Fertigung und Einkauf auszugleichen.

Ein weiteres Problem stellt die Informationsbeschaffung im Bereich des Beschaffungscontrollings dar. Viele Informationen liegen schon in Form innerbetrieblicher Tabellen bzw. relationalen Datenbanken vor. Aus dieser Datenbank werden dann die notwendigen Informationen herausgefiltert. In der Regel bindet man die benötigten Daten in die benutzte Tabellenkalkulation ein. Die Daten werden miteinander verknüpft, sodass sich Änderungen in der Datenbank auch in der Tabellenkalkulation niederschlagen.

Ebenso gehört die genaue Beobachtung und Beurteilung der Lieferanten zum Bereich des Beschaffungscontrollings. Denn nur der, der auch gute Qualität einkauft, kann auch gute Qualität liefern. Eine Lieferantenbewertung kann dies gewährleisten. Derartige Tabellen, mit einem kleinen Programm hinterlegt, können hier gute Dienste leisten. Häufig obliegt es der Abteilung Einkauf, eine Lieferantenbewertung vorzunehmen. Nun wird gerade in kleineren Betrieben die Analyse nicht mit einem Datenbankprogramm wie Access oder anderen Programmen vorgenommen, da diese in der Regel am Arbeitsplatz nicht zur Verfügung stehen. Das Programm, das für eine Lieferantenanalyse genutzt wird, wird Excel sein.

8.1 Kriterien für die Beurteilung

Im Rahmen des Beschaffungscontrollings muss der Beschaffungsmarkt planvoll und systematisch untersucht werden. Hierzu gehört auch die ständige Beobachtung der Lieferanten. Halten sie Termine ein, liefern sie die bestellte Qualität, stimmt die gelieferte Menge mit der bestellten Menge überein? Wenn diese Fragen mit »Ja« beantwortet werden können, kommt der Lieferant in die engere Wahl. Schließlich kann der Qualitätsstandard und der Preis der eigenen Produkte nur dann gehalten werden, wenn dafür im Einkauf die Grundlagen gelegt werden. Als Bewertungs-grundlage werden im vorliegenden Beispiel fünf Kriterien herangezogen:

1. Menge: Abgleich von Bestell- / Liefermenge

2. Termin: Abgleich zwischen Soll-Termin und Ist-Termin

3. Qualität: Qualitätsbeurteilung

4. Preis: Preis des Lieferanten im Abgleich mit dem Marktpreis

5. Service: Betreuung durch Lieferanten, Verhalten bei Reklamationen etc.

Diese Bewertungsgrundlagen werden wie folgt quantifiziert:

Abgleich von Bestell-/Liefermenge	
Abweichung	Punkte
± 10 % von der Bestellmenge	10,0 Punkte
≤ 20 % von der Bestellmenge	8,0 Punkte
> 20 % von der Bestellmenge	5,0 Punkte

Abgleich von Soll-/Ist-Termin	
Abweichung	Punkte
± 1 Woche	10,0 Punkte
≥ 2 Wochen	8,0 Punkte
≥ 3 Wochen	5,0 Punkte
≥ 4 Wochen	0,0 Punkte

Abgleich der Qualität	
Abweichung	Punkte
In Ordnung	10,0 Punkte
Hinweisreklamation	8,0 Punkte
Teilweise Rücksendung	5,0 Punkte
Komplette Rücksendung	0,0 Punkte

Abgleich des Marktpreises	
Abweichung	Punkte
Entspricht dem allgemeinen Marktpreis	10,0 Punkte

Abgleich des Marktpreises	
Liegt etwas über dem Marktpreis	8,0 Punkte
Liegt erheblich über dem Marktpreis	5,0 Punkte
Preisvorstellung inakzeptabel	0,0 Punkte

Abgleich von Service	
Abweichung	Punkte
Guter Service	10,0 Punkte
Kleine Beanstandungen	8,0 Punkte
Große Beanstandungen	5,0 Punkte
Inakzeptabler Service	0,0 Punkte

Für die Einstufung des Lieferanten als A-Lieferant, B-Lieferant bzw. als C-Lieferant ist von Bedeutung, welche prozentuale Zuordnung ihm pro Monat bzw. pro Jahr zukommt. Diese Bewertung erfolgte so in einem metallverarbeitenden Unternehmen im heimischen Raum.

Lieferantenbewertung	
Stufung	Prozentuale Einteilung
A-Lieferant	90 % - 100 %
B-Lieferant	70 % - 89,9 %
C-Lieferant	0,0 % - 69,9 %

Da es in diesem Kapitel in erster Linie um die Lieferantenbewertung geht, wurde auf die Darstellung eines kompletten Bestellsystems verzichtet. In der Regel wird der Ablauf im Bereich von Unternehmen zu Unternehmen differieren, sodass das Bestellsystem an die spezifischen Gegebenheiten des Unternehmens angepasst werden muss. Im vorliegenden stark reduzierten Beispiel löst der Einkauf die Bestellung aus. Die Pflege der Artikel, die zu beschaffen sind, und der Lieferanten obliegen dem Einkauf. Der Wareneingang bewertet die Qualität der gelieferten Produkte, kreuzt an, wenn der Bestellvorgang mit der Lieferung abgeschlossen ist, und trägt die Liefermenge in einem Formular ein, das an den Einkauf weitergeleitet wird. Der zuständige Sachbearbeiter nimmt anhand der Daten die Lieferantenbeurteilung vor. Natürlich eignet sich eine derartige Lieferantenbewertung nicht für einen Großbetrieb mit sehr vielen Bestellungen pro Tag.

8.2 Aufbau der Arbeitsmappe

Für die Arbeitsmappe LIEFERANTENBEWERTUNG.XLSM sind folgende Tabellenblätter vorgesehen:

1. **Startcenter**: In diesem Tabellenblatt werden Befehlsschaltflächen eingerichtet, die das Eingabeformular für die Bestelldaten aufrufen und in die einzelnen Tabellenblätter verzweigen.

2. **Auswertung**: In diesem Tabellenblatt werden die Bestelldaten gespeichert. Außerdem kann hier mittels Befehlsschaltfläche der Autofilter aufgerufen werden, um die Daten nach unterschiedlichen Kriterien zu filtern.

3. **Bewertung**: Die Eingruppierung als A-, B- oder C-Lieferant erfolgt in diesem Tabellenblatt.

4. **Daten**: Die Daten der Kombinationsfelder des Eingabeformulars werden in diesem Tabellenblatt gespeichert.

8.3 Formular für Dateneingabe

Die Eingabe der einzelnen Bestelldaten soll über ein Formular gesteuert werden, um Eingabefehler wie z.B. unterschiedliche Schreibweisen des Lieferantennamens etc. zu vermeiden.

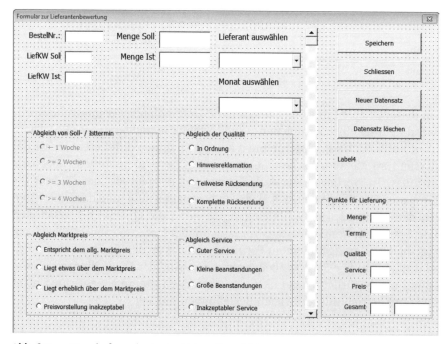

Abb. 8.1:   Eingabeformular in der Entwurfsansicht

In diesem Formular werden folgende Steuerelemente eingerichtet und mit Namen versehen, um bei der Programmierung der Formularsteuerung Fehler zu vermeiden.

Das Formular selbst fügen Sie im VBA-Editor mit der nachfolgenden Befehlsfolge ein:

```
Alt + F11 → Einfügen → Userform
```

Excel fügt ein leeres Formular mit dem Namen USERFORM1 ein. Mit der Funktionstaste F4 rufen Sie das Eigenschaftsfenster des Formulars auf. Als Namen tragen Sie in der Zeile (NAMEN) FRMLIEFERANT ein. Danach schreiben Sie in die Zeile CAPTION den Text FORMULAR ZUR LIEFERANTENBEWERTUNG.

8.3.1 Textfelder einrichten

Wenn diese Tätigkeiten erledigt sind, fügen Sie 12 Textfelder mit entsprechenden Beschriftungen in die leere Formularfläche ein. Für diese Felder sollen folgende Namen und Beschriftungen im jeweiligen Eigenschaftsfenster festgelegt werden:

Label	Name des Textfeldes
BestellNr.:	txtBestNr
LiefKW Soll	txtLiefKWSoll
LiefKW Ist	txtLiefKWIst
Menge Soll	txtSoll
Menge Ist	txtIst
Menge	txtPktMenge
Termin	txtPktTermin
Qualität	txtPktQualitaet
Service	txtPktService
Preis	txtPktPreis
Gesamt	txtPktGesamt
Kein Label	txtProzent

8.3.2 Kombinationsfelder anlegen

In das Formular gehören noch zwei Kombinationsfelder. Folgende Namenskonventionen werden im jeweiligen Eigenschaftsfenster festgelegt:

Label	Name der ComboBox
Lieferant auswählen	cboLieferer
Monat auswählen	cboMonat

Diese Kombinationsfelder werden deshalb eingerichtet, um Schreibfehler bei Eingabe des Lieferantennamens bzw. des Monats zu vermeiden. Durch Auswahl in der ComboBox wird eine einheitliche Schreibweise garantiert. Beide Kombinationsfelder werden bei Initialisierung des Formulars per VBA-Code eingerichtet, sodass keine weiteren Einstellungen mehr vorgenommen werden müssen. Die Lieferantennamen können per VBA-Programm auf den aktuellen Stand gebracht werden.

8.3.3 Rahmen einrichten

Ebenfalls müssen vier Rahmen (Frames) in das Formular eingebunden werden. Für diese Frames legen Sie im jeweiligen Eigenschaftsfenster folgende Namen fest:

Caption	Name des Frames
Abgleich von Soll-/Ist-Termin	frmTermin
Abgleich Marktpreis	frmPreis
Abgleich der Qualität	frmQual
Abgleich Service	frmService

In die jeweiligen Rahmen kommen dann noch entsprechend viele Optionsschaltflächen. Kontrollkästchen eignen sich zur Bewertung nicht, da mehrere Optionen innerhalb eines Rahmens gleichzeitig aktiviert werden können. Wählt man dagegen Optionsschaltflächen für einen Rahmen aus, kann nur eine Optionsschaltfläche aktiviert werden. Da für einen Lieferanten pro Lieferung je Rahmen immer nur eine Option gelten kann, wurden die Optionsschaltflächen gewählt. Folgende Namenskonventionen wurden festgelegt:

Rahmen FRMTERMIN	
Caption	Name der Optionsschaltfläche
+- 1 Woche	OptTermin1
>= 2 Wochen	OptTermin2
>= 3 Wochen	OptTermin3
>= 4 Wochen	OptTermin4

Rahmen FRMPREIS	
Caption	**Name der Optionsschaltfläche**
Entspricht dem allgemeinen Marktpreis	OptPreis1
Liegt etwas über dem Marktpreis	OptPreis2
Liegt erheblich über dem Marktpreis	OptPreis3
Preisvorstellung inakzeptabel	OptPreis4

Rahmen FRMQUALITAET	
Caption	**Name der Optionsschaltfläche**
In Ordnung	OptQual1
Hinweisreklamation	OptQual2
Teilweise Rücksendung	OptQual3
Komplette Rücksendung	OptQual4

Rahmen FRMSERVICE	
Caption	**Name der Optionsschaltfläche**
Guter Service	OptService1
Kleine Beanstandungen	OptService2
Große Beanstandungen	OptService3
Inakzeptabler Service	OptService4

8.3.4 Befehlsschaltflächen

Die vier Befehlsschaltflächen ziehen Sie im Formular in der Entwurfsansicht auf und versehen sie mit folgenden Namen und Überschriften im jeweiligen Eigenschaftsfenster:

Caption	Name
Speichern	cmdSpeichern
Schließen	cmdEnde
Neuer Datensatz	cmdNeu
Datensatz löschen	cmdLoeschen

Alle Befehlsschaltflächen werden mit entsprechenden Programmen verknüpft, die im weiteren Verlauf des Kapitels besprochen werden.

8.3.5 Bezeichnungsfeld und Bildlaufleiste

Im Formular soll der Text »Datensatz Nr. x von y« zur Orientierung angezeigt werden. Das soll über ein Bezeichnungsfeld realisiert werden. Dies ziehen Sie unterhalb der Befehlsschaltflächen auf. Diesem Bezeichnungsfeld geben Sie im Eigenschaftsfenster des Bezeichnungsfeldes den Namen LBLNEU.

Danach ziehen Sie noch eine Bildlaufleiste in das Formular und benennen diese mit dem Namen SCROLLBARLIEF. Weitere Eigenschaften werden programmmäßig festgelegt.

Damit sind die vorbereitenden Tätigkeiten erledigt, und man kann nun zum Programmieren übergehen.

8.3.6 Tabellen einrichten

Im Tabellenblatt AUSWERTUNG richten Sie nun die Tabelle ein, die die Daten aufnehmen soll. Folgende Überschriften werden in Zeile 4 eingetragen:

Zelle	Überschrift	Zelle	Überschrift
A4	BestNr	I4	Pkte_Menge
B4	Monat	J4	Pkte_Qualität
C4	LiefName	K4	Pkte_Preis
D4	LiefKw_Soll	L4	Pkte_Service
E4	LiefKW_Ist	M4	Pkte_Gesamt
F4	Pkte_Termin	N4	Prozent
G4	Menge_Soll	O4	SatzNr.
H4	Menge_Ist		

Im Tabellenblatt Startcenter werden vier Befehlsschaltflächen eingebunden. Die Eigenschaften dieser CommandButtons legen Sie folgendermaßen fest:

Befehlsschaltflächennamen	Caption
cmdLieferer	Lieferantenliste aktualisieren
cmdFormular	Formular Lieferantenbewertung
cmdBewertung	Tabelle Bewertung
cmdAuswertung	Tabelle Auswertung

Diese Befehlsschaltflächen werden nun mit den nachfolgenden kleinen VBA-Programmen verknüpft.

Klicken Sie zunächst mit der rechten Maustaste auf die Schaltfläche LIEFERANTEN-
LISTE AKTUALISIEREN und rufen im Kontextmenü die Option CODE ANZEIGEN auf.
Excel schaltet in den VBA-Editor um. Mit dem nachfolgenden Programm aktuali-
sieren Sie die Lieferantenliste.

```vba
Private Sub cmdLieferer_Click()
Dim cnn As New ADODB.Connection
Dim rst As New ADODB.Recordset
Dim intI As Integer
Dim SQL As String
cnn.Open "Provider=Microsoft.Jet.OLEDB.4.0;" & _
    "Data Source=c:\ExcelBuch\Kapitel8;" & _
    "Extended Properties=""dBASE IV;"";"
SQL = "Select Lieferer From qryLiefe"
rst.Open SQL, cnn
'Startpunkt wählen für Datenübernahme
Worksheets("Daten").Activate
Sheets("Daten").Range("A6").Select
'Daten löschen
Worksheets("Daten").Range("A6").CurrentRegion.ClearContents
'Überschriften setzen
For intI = 0 To rst.Fields.Count - 1
    ActiveCell.Offset(0, intI).Value = rst.Fields(intI).Name
    ActiveCell.Offset(0, intI).Interior.ColorIndex = 37
    ActiveCell.Offset(0, intI).Font.ColorIndex = 2
    ActiveCell.Offset(0, intI).Font.Bold = True
Next
ActiveCell.Offset(1, 0).Select
intI = 0
Do While Not rst.EOF
    ActiveCell.Offset(0, 0).Value = rst!Lieferer
    intI = intI + 1
    rst.MoveNext
    ActiveCell.Offset(1, 0).Select
Loop
rst.Close
Set cnn = Nothing
'Spalten ausrichten
Worksheets("Daten").Columns("A:Y").AutoFit
MsgBox ("Liefererdaten übernommen! " & intI & " Daten übertragen!")
'Datenbereich mit Namen Datenquelle versehen
Sheets("Daten").Range("A6").CurrentRegion.Name = "LiefListe"
End Sub
```

Den CommandButton FORMULAR LIEFERANTENBEWERTUNG programmieren Sie wie folgt:

```
Private Sub cmdFormular_Click()
frmLieferant.Show
End Sub
```

Der Befehl FRMLIEFERANT. SHOW zeigt das Eingabeformular an.

Der CommandButton TABELLE BEWERTUNG wird mit dem Programm

```
Private Sub cmdBewertung_Click()
Worksheets("Bewertung").Activate
Sheets("Bewertung").Range("B5").Select
End Sub
```

verknüpft.

Für die Befehlsschaltfläche TABELLE AUSWERTUNG ist das nachfolgende Programm vorgesehen. Mit den beiden Befehlen wird zum Tabellenblatt AUSWERTUNG verzweigt und der Zellzeiger in die Zelle A1 gesetzt.

```
Private Sub cmdAuswertung_Click()
Worksheets("Auswertung").Activate
Sheets("Auswertung").Range("A1").Select
End Sub
```

8.4 Variablen festlegen

Für den Programmablauf werden die nachfolgenden Variablen als öffentliche Variablen deklariert:

```
Option Explicit
Dim AnzahlSaetze, AktiverSatz As Variant
Dim geändert as Boolean
Dim areihe, linksoben As Object
Dim Bereich As String
Const ÄnderungenMax = 20, Pkte1 = 10, Pkte2 = 8, Pkte3 = 5, Pkte4 = 0
```

Diese Variablen sind nun für alle Programme greifbar.

8.5 Formularstart programmieren

Zunächst schalten Sie mit der Tastenkombination Alt + F11 in den VBA-Editor um. Mit einem Doppelklick auf das Formular FRMLIEFERANT im Projektexplorer rufen Sie das Formular auf. Klicken Sie nun doppelt in die Formularfläche. Excel öffnet den Editor mit den zwei Befehlen:

```
Private Sub UserForm_Activate()
End Sub
```

Zwischen diese beiden Zeilen erfolgen nun die Befehle, die beim Start des Formulars abgearbeitet werden sollen. Der Programmablauf soll in folgenden Schritten ablaufen:

1. Das Tabellenblatt AUSWERTUNG wird ausgewählt, und der Zellzeiger wird in die Zelle A5 gesetzt.

2. Das Objekt AREIHE wird als Objekt der aktuellen Umgebung von Zelle A5 des Tabellenblattes AUSWERTUNG gesetzt

3. Die Anzahl der Reihen des Objektes AREIHE werden gezählt und der Variablen ANZAHLSAETZE zugewiesen

4. Der erste Datensatz soll der aktive Datensatz sein.

5. Die globale Variable GEÄNDERT wird auf den Wert FALSCH gesetzt. Es wurden also noch keine Änderungen in einem Steuerelement des Formulars vorgenommen.

6. Die Objektvariable LINKSOBEN bildet den Ausgangspunkt aller Aktivitäten. Die Zelle A5 wird als Objekt mit dem Namen LINKSOBEN definiert.

7. Die Bildlaufleiste wird initialisiert. Wenn es sich um mehr als 10 Reihen (Datensätze) handelt, soll die maximale Bewegung mit der SCROLLBARLIEF dem Wert ANZAHL DER DATENSÄTZE / 10 betragen.

8. Das Programm DATENSATZINMASKEÜBERTRAGEN(AKTIVERDATENSATZ) wird aufgerufen, und mit dem Aufruf wird der Wert der Variablen AKTIVERSATZ (1) übergeben.

Das Listing lautet:

```
Worksheets("Auswertung").Activate
Worksheets("Auswertung").Range("A5").Select
Set areihe = Worksheets("Auswertung").Range("A5").CurrentRegion
AnzahlSaetze = areihe.Rows.Count - 1
AktiverSatz = 1
geändert = False
Set linksoben = ThisWorkbook.Worksheets("Auswertung").Range("A5").Cells(1, 1)
With frmLieferant
.ScrollBarLief.Min = 1
.ScrollBarLief.Max = AnzahlSaetze
```

```
    If AnzahlSaetze / 10 > 1 Then
        .ScrollBarLief.LargeChange = AnzahlSaetze / 10
    Else
        .ScrollBarLief.LargeChange = 1
    End If
End With
Call DatensatzInMaskeÜbertragen(AktiverSatz)
```

Nun werden die Kombinationsfelder CBOLIEFERER und CBOMONAT des Formulars mit Daten gefüllt. Die geschieht bei der Initialisierung des Formulars. Dazu wählen Sie im VBA-Editor das Objekt USERFORM und die Prozedur INITIALIZE aus.

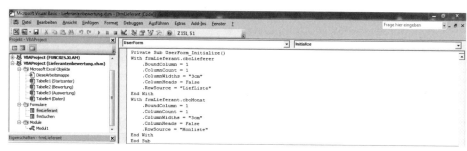

Abb. 8.2:   Prozedur INITIALIZE aktivieren

Excel fügt die beiden Programmzeilen

```
Private Sub UserForm_Initialize()
End Sub
```

ein. Zwischen diesen beiden Programmzeilen erfolgen nun die Befehle, mit denen man die Eigenschaften der Kombinationsfelder festlegt.

```
Private Sub UserForm_Initialize()
With frmLieferant.cboLieferer
    .BoundColumn = 1
    .ColumnCount = 1
    .ColumnWidths = "3cm"
    .ColumnHeads = False
    .RowSource = "LiefListe"
End With
With frmLieferant.cboMonat
    .BoundColumn = 1
    .ColumnCount = 1
    .ColumnWidths = "3cm"
    .ColumnHeads = False
```

```
     .RowSource = "Monliste"
End With
End Sub
```

8.6 Formularsteuerung programmieren

Die Steuerung erfolgt im Wesentlichen über drei Programme:

1. Das Programm DATENSATZINMASKEÜBERTRAGEN(N) sorgt dafür, dass der jeweilige angesteuerte Datensatz in das Formular übertragen wird.

2. Die Prozedur DATENSATZSPEICHERN(N) kopiert die Formatierung in die letzte Zeile der Datenliste und schreibt neue Datensätze in die letzte Zeile der Liste.

3. Über die Prozedur SCROLLBARLIEF_CHANGE() wird die Datensatznavigation gesteuert.

4. CMDSPEICHERN_CLICK() fragt nur ab, ob der Datensatz gespeichert werden soll oder nicht.

5. Das Programm CMDNEU_CLICK() sorgt dafür, dass eine neue Zeile in der Datenliste angelegt wird und die leeren Felder in das Formular übertragen werden.

6. CMDENDE_CLICK() schließt das Formular.

7. Jedes Steuerelement wird mit einem Programm mit dem Namen STEUERELEMENTNAME_CHANGE() verknüpft. Diese Programme fragen ab, ob das Steuerelement des Formulars geändert wurde. Sollte dies der Fall sein, wird der Datensatz gespeichert.

8.6.1 DatensatzinMaskeübertragen(n)

An diese Prozedur muss die Datensatznummer des zu übertragenden Datensatz übergeben werden. Mit dem Befehl LINKSOBEN.CELLS(N,I) werden die Daten aus der entsprechenden Zelle der Datenliste in das jeweilige Steuerelement des Formulars übertragen. Der nachfolgende Programmablauf hat sich bewährt:

1. Die Variable n übernimmt den Wert des gerade aktuellen Datensatzes auf. Mit dem Befehl FRMLIEFERANT.TXTBESTNR.VALUE = LINKSOBEN.CELLS(N, I) wird der Wert der entsprechenden Zelle aus der Datenliste in das Formular gelesen. Der Befehl FRMLIEFERANT.TXTBESTNR.VALUE = LINKSOBEN.CELLS(N, I) liest z.B. aus der Zelle A5 des Tabellenblattes AUSWERTUNG den Wert B150509 in das Textfeld TXTBESTNR des Formulars FRMLIEFERANT.

2. Im Fall der Rahmen (Frames) wird eine Fallunterscheidung vorgenommen. Zunächst greift man mit LINKSOBEN.CELLS(N, I) auf den Wert in der Zelle der Datenliste zu und fragt dann ab, welcher Wert vorliegt. Handelt es sich um den Wert 10, wird die erste Optionsschaltfläche des Rahmens aktiviert. Bei den Wer-

ten 5, 8 und Null verfährt man in gleicher Weise. Dann wird die Bildlaufleiste SCROLLBARLIEF mit den Befehlen SCROLLBARLIEF.MAX = ANZAHLSAETZE und SCROLLBARLIEF = N initialisiert.

3. Zum Abschluss wird das Bezeichnungsfeld LBLNEU entsprechend dem Wert von Datensatzanzahl und dem aktiven Datensatz (Variable n) beschriftet.

Das Listing des Programms:

```
Sub DatensatzInMaskeÜbertragen(n)
If n > AnzahlSaetze Then
    AnzahlSaetze = n
End If
With frmLieferant
    .txtBestNr.Value = linksoben.Cells(n, 1)
    .cboMonat.Value = linksoben.Cells(n, 2)
    .cboLieferer.Text = linksoben.Cells(n, 3)
    .txtLiefKWSoll.Text = linksoben.Cells(n, 4)
    .txtLiefKWIst.Text = linksoben.Cells(n, 5)
    .txtPktTermin.Text = linksoben.Cells(n, 6)
    .txtSoll.Text = linksoben.Cells(n, 7)
    .txtIst.Text = linksoben.Cells(n, 8)
    .txtPktMenge.Text = linksoben.Cells(n, 9)
    .txtQual.Text = linksoben.Cells(n, 10)
    .txtPktPreis.Text = linksoben.Cells(n, 11)
    .txtService.Text = linksoben.Cells(n, 12)
    .txtPktGesamt.Text = linksoben.Cells(n, 13)
    .txtProzent.Text = FormatPercent(linksoben.Cells(n, 14), 1)
Select Case linksoben.Cells(n, 6)
    Case 10
    .frmTermin.OptTermin1 = True
    Case 8
    .frmTermin.OptTermin2 = True
    Case 5
    .frmTermin.OptTermin3 = True
    Case 0
    .frmTermin.OptTermin4 = True
End Select
Select Case linksoben.Cells(n, 10)
    Case 10
    .frmQual.OptQual1 = True
    Case 8
    .frmQual.OptQual2 = True
    Case 5
    .frmQual.OptQual3 = True
    Case 0
```

```
            .frmQual.OptQual4 = True
End Select
Select Case linksoben.Cells(n, 11)
    Case 10
    .frmPreis.OptPreis1 = True
    Case 8
    .frmPreis.OptPreis2 = True
    Case 5
    .frmPreis.OptPreis3 = True
    Case 0
    .frmPreis.OptPreis4 = True
End Select
Select Case linksoben.Cells(n, 12)
    Case 10
    .frmService.OptService1 = True
    Case 8
    .frmService.OptService2 = True
    Case 5
    .frmService.OptService3 = True
    Case 0
    .frmService.OptService4 = True
End Selece
    .ScrollBarLief.Max = AnzahlSaetze
    .ScrollBarLief = n
If n <= AnzahlSaetze Then
    .lblNeu.Caption = "Datensatz " & n & " von " & AnzahlSaetze
Else
    .lblNeu.Caption = "neuer Datensatz"
End If
End With
End Sub
```

8.6.2 Datensatzspeichern(n)

Auch diese Prozedur benötigt die Datensatznummer des aktuellen Datensatzes. Der Programmablauf erfolgt in zwei Schritten.

1. Zunächst wird die erste Zeile der Datenliste an das Ende der Liste kopiert. Das geschieht mit den Befehlen LINKSOBEN.RANGE(CELLS(1, 1), CELLS(1, 14)).COPY und SHEETS("AUSWERTUNG").PASTE LINKSOBEN.CELLS(N, 1). Danach wird die Bildlaufleiste entsprechend initialisiert.

2. Im zweiten Schritt werden die Daten des Formulars in die entsprechende Zeile der Datenliste eingetragen. Die globale Variable GEÄNDERT wird auf FALSE zurückgesetzt.

Das Listing:

```
Sub DatensatzSpeichern(n)
If n = AnzahlSaetze Then
      linksoben.Range(Cells(1, 1), Cells(1, 14)).Copy
      Sheets("Auswertung").Paste linksoben.Cells(n, 1)
      frmLieferant.ScrollBarLief.Max = AnzahlSaetze
   End If
With frmLieferant
   linksoben.Cells(n, 1) = .txtBestNr.Text
   linksoben.Cells(n, 2) = .cboMonat.Text
   linksoben.Cells(n, 3) = .cboLieferer.Text
   linksoben.Cells(n, 4) = .txtLiefKWSoll.Text
   linksoben.Cells(n, 5) = .txtLiefKWIst.Text
   linksoben.Cells(n, 7) = .txtSoll.Text
   linksoben.Cells(n, 8) = .txtIst.Text
   linksoben.Cells(n, 6) = Pkte_Termin(frmLieferant.txtLiefKWSoll,
   frmLieferant.txtLiefKWIst)
   linksoben.Cells(n, 9) = Pkte_Menge(frmLieferant.txtSoll,
   frmLieferant.txtIst)
   If .frmQual.OptQual1 = True Then linksoben.Cells(n, 10) = Pkte1
   If .frmQual.OptQual2 = True Then linksoben.Cells(n, 10) = Pkte2
   If .frmQual.OptQual3 = True Then linksoben.Cells(n, 10) = Pkte3
   If .frmQual.OptQual4 = True Then linksoben.Cells(n, 10) = Pkte4
   If .frmPreis.OptPreis1 = True Then linksoben.Cells(n, 11) = Pkte1
   If .frmPreis.OptPreis2 = True Then linksoben.Cells(n, 11) = Pkte2
   If .frmPreis.OptPreis3 = True Then linksoben.Cells(n, 11) = Pkte3
   If .frmPreis.OptPreis4 = True Then linksoben.Cells(n, 11) = Pkte4
   If .frmService.OptService1 = True Then linksoben.Cells(n, 12) = Pkte1
   If .frmService.OptService2 = True Then linksoben.Cells(n, 12) = Pkte2
   If .frmService.OptService3 = True Then linksoben.Cells(n, 12) = Pkte3
  If .frmService.OptService4 = True Then linksoben.Cells(n, 12) = Pkte4
geändert = False
End With
End Sub
```

8.6.3 ScrollBarLief_Change()

Die Bildlaufleiste wird mit dem nachfolgend aufgelisteten Programm aktualisiert, wenn man diese Bildlaufleiste ändert. Zunächst wird der alte Datensatz gespeichert mit DATENSATZSPEICHERN(AKTIVERSATZ). Danach wird der neue Wert für die Bildlaufleiste an die Variable AKTIVERSATZ übergeben und der neue Datensatz in das Formular mit dem Befehl DATENSATZINMASKEÜBERTRAGEN(AKTIVERSATZ) übertragen.

```
Private Sub ScrollBarLief_Change()
With frmLieferant
    If geändert Then Call DatensatzSpeichern(AktiverSatz)
    AktiverSatz = .ScrollBarLief
    Call DatensatzInMaskeÜbertragen(AktiverSatz)
End With
End Sub
```

8.6.4 cmdSpeichern_Click()

Wenn im Formular der Inhalt eines Steuerelementes geändert wurde, wird eine Messagebox mit der Frage aufgerufen, ob der Datensatz gespeichert werden soll. Wird die Frage mit »Ja« beantwortet, wird der Datensatz gespeichert, andernfalls wird das Programm verlassen.

```
Private Sub cmdSpeichern_Click()
Dim ergebnis
'Falls die Variable geändert den Wert True angenommen hat
If geändert Then
'Dann erscheint die MessageBox mit u.a. Frage
ergebnis = MsgBox("Soll der Datensatz gespeichert werden?", vbYesNo)
If ergebnis = vbYes Then DatensatzSpeichern (AktiverSatz)
Else
'Im Nein-Fall wird das Programm verlassen
Exit Sub
End If
End Sub
```

8.6.5 cmdNeu_Click()

Klickt man den Button NEUER DATENSATZ an, wird zunächst der Wert der Variablen GEÄNDERT abgefragt. Hat die Variable den Wert TRUE, wird der aktuelle Datensatz gespeichert. Dann wird der Wert der Variablen AKTIVERSATZ um den Wert 1 erhöht. Der Wert der Bildlaufleiste SCROLLBARLIEF wird auf den neuen Wert von AKTIVERSATZ gesetzt und der neue Datensatz in das Formular übertragen.

```
Private Sub cmdNeu_Click()
Dim n As Variant
If geändert Then DatensatzSpeichern (AktiverSatz)
AktiverSatz = AnzahlSaetze + 1
frmLieferant.ScrollBarLief.Max = AktiverSatz
DatensatzInMaskeÜbertragen (AktiverSatz)
End Sub
```

8.6.6 cmdEnde_Click()

Zunächst wird das Formular geschlossen und danach der Kopiermodus deaktiviert. Der aktuellen Umgebung der Zelle A5 des Tabellenblattes AUSWERTUNG wird der Name DATENLISTE zugewiesen. Die Pivot-Tabelle des Tabellenblattes BEWERTUNG wird mit dem Befehl REFRESHTABLE aktualisiert. Danach wird zum Tabellenblatt STARTCENTER geschaltet und dort die Zelle A1 selektiert.

```
Private Sub cmdEnde_Click()
frmLieferant.Hide
Application.CutCopyMode = False
Worksheets("Auswertung").Range("A5").CurrentRegion.Name = "DatenListe"
Worksheets("Bewertung").Activate
Sheets("Bewertung").PivotTables("PivotAuswertung").RefreshTable
Worksheets("Startcenter").Activate
Worksheets("Startcenter").Range("A1").Select
End Sub
```

8.6.7 Eingabeerleichterungen

Während der Eingabe der Daten in das Formular hat man in der Regel die entsprechende Kalenderwoche nicht im Kopf. Die entsprechende Kalenderwoche kann man durch eine kleine Programmzeile in das entsprechende Textfeld einfügen.

```
Public Sub txtLiefKWIst_DblClick(ByVal Cancel As MSForms.ReturnBoolean)
frmLieferant.txtLiefKWIst = DatePart("ww", Now)
End Sub
Private Sub txtLiefKWSoll_DblClick(ByVal Cancel As MSForms.ReturnBoolean)
frmLieferant.txtLiefKWSoll = DatePart("ww", Now)
End Sub
```

Klicken Sie dazu mit der rechten Maustaste in das jeweilige Textfeld und rufen die Option CODE ANZEIGEN auf. Excel fügt folgende Programmzeilen ein:

```
Private Sub txtLiefKWIst_Change()
geändert = True
End Sub
```

Diese Prozedur können Sie dazu verwenden, die Variable GEÄNDERT auf TRUE zu setzen. Für die Eingabe der KW wird allerdings die Prozedur DBLCLICK benötigt. Setzen Sie dazu den Cursor in die Prozedur TXTLIEFKWIST_CHANGE() und aktivieren Sie in der Prozedurzeile die Option DBLCLICK. Excel fügt die Zeilen

```
Public Sub txtLiefKWIst_DblClick(ByVal Cancel As MSForms.ReturnBoolean)
End Sub
```

ein. Mit dem Befehl DATEPART("WW", NOW) weisen Sie dem Textfeld FRMLIEFE-
RANT.TXTLIEFKWIST die KW zu.

8.6.8 cmdLoeschen_Click()

In ganz seltenen Fällen wird man eine Bestellung löschen. Hierzu richten Sie im
Formular den Button CMDLOESCHEN ein und verknüpfen diese Befehlsschaltfläche
mit dem Programm

```
Private Sub cmdLoeschen_Click()
End Sub
```

Klicken Sie nun mit der rechten Maustaste auf das Steuerelement und wählen im
Kontextmenü die Option CODE ANZEIGEN aus.

Das Programm besteht aus drei Schritten:

1. In die Variable N wird zunächst der Wert der Variablen AKTIVERSATZ übertragen. Danach wird überprüft, ob es sich um einen neuen Datensatz handelt.
   Das ist nämlich dann der Fall, wenn der Wert der Variablen AKTIVERSATZ
   gleich der Variablen ANZAHLSAETZE + 1 ist. Der Wert der Bildlaufleiste wird
   angepasst. Dieser Datensatz – es handelt sich um einen leeren Satz – muss
   nicht gelöscht werden.

2. Ist dies nicht der Fall, wird abgefragt, ob der Datensatz gelöscht werden soll.
   Bejaht der Benutzer sein Vorhaben, wird die Tabellenzeile mit dem Befehl LINK-
   SOBEN(CELLS(N, 1), CELLS(N, 10)).DELETE SHIFT:=XLDOWN gelöscht. Die Variable
   ANZAHLSAETZE wird um den Wert eins vermindert.

3. Zum Schluss wird der Wert der Variablen GEÄNDERT auf FALSE gesetzt und das
   Programm SCROLLBARLIEF_CHANGE aufgerufen, um den nächsten Datensatz in
   das Formular zu laden.

```
Private Sub cmdLoeschen_Click()
Dim n
n = AktiverSatz
If n = AnzahlSaetze + 1 Then
.ScrollBarLief = AnzahlSaetze
Else
variable = MsgBox("Soll der Datensatz tatsächlich gelöscht werden?", vbYesNo)
If variable = vbYes Then
linksoben(Cells(n, 1), Cells(n, 10)).Delete shift:=xlDown
AnzahlSaetze = AnzahlSaetze - 1
```

```
End If
End If
geändert = False
Call ScrollBarLief_Change
End Sub
```

8.6.9 Status der Steuerelemente

Solange im Formular nur geblättert wird, hat die Variable GEÄNDERT den Wert FALSE. Er wird der Variablen GEÄNDERT bei Aktivierung des Formulars zugewiesen. Nimmt der Benutzer eine Änderung in einem Textfeld vor oder aktiviert eine andere Optionsschaltfläche, werden die Werte der Steuerelemente verändert. Die Change-Prozedur des Steuerelementes wird aufgerufen, und die Variable GEÄNDERT erhält den Wert TRUE. Bei Änderung der Bildlaufleiste wird der Wert dieser Variablen abgefragt. Hat sie den Wert TRUE, wird gespeichert, andernfalls unterbleibt das Speichern. Dieselbe Abfrage erfolgt auch beim Speichern oder der Neuanlage eines Datensatzes. Deshalb wird für jedes Steuerelement eine Change-Prozedur angelegt, in die nur ein Befehl kommt: GEÄNDERT = TRUE.

Diese Change-Prozedur legen Sie an, indem Sie mit der rechten Maustaste auf das Steuerelement klicken und die Option CODE ANZEIGEN aktivieren. Excel legt folgende Befehlszeilen an:

```
Private Sub Steuerelementname_Change()
End Sub
```

Zwischen diese beiden Zeilen kommt nun der Befehl Geändert = True. Das macht viel Arbeit, ist aber für das Funktionieren des Formulars absolut notwendig.

Die Optionsschaltflächen im Frame FRMTERMIN sollen lediglich der Anzeige dienen. Ein Anklicken soll verhindert werden. Deshalb werden die Optionsschaltflächen deaktiviert. Dies geschieht im Eigenschaftsfenster der jeweiligen Optionsschaltfläche in der Zeile ENABLED. Diese Eigenschaft setzt man auf den Wert FALSE.

8.6.10 Funktionen

Die Berechnung der Punkte für Menge und Termin erfolgt durch zwei Funktionen. Zunächst wird die Funktion zur Berechnung der Punkte des Termins abgehandelt.

Falls noch kein Liefertermin bekannt ist, wird die Kalenderwoche der Lieferung nichts enthalten bzw. es wird der Wert Null eingegeben. Sollte das der Fall sein, wird der Wert 0 in die Spalte Pkte_Termin eingetragen. Andernfalls wird zunächst der Abstand von Kalenderwoche der geplanten Lieferung zur Kalenderwoche der

Lieferung bestimmt. Gemäß Vorgabe wird dann die entsprechende Punktzahl vergeben.

```
Public Function Pkte_Termin(LiefKWSoll, LiefKWIst As Variant) As Single
Dim Abstand As Integer
If IsNull(LiefKWIst) Or LiefKWIst = "" Then
    Pkte_Termin = 0
Else
    Abstand = Abs(val(LiefKWSoll) - val(LiefKWIst))
    Select Case Abstand
        Case 1 Or 0
            Pkte_Termin = 10
        Case 2
            Pkte_Termin = 8
        Case 3
            Pkte_Termin = 5
        Case Else
            Pkte_Termin = 0
    End Select
End If
End Function
```

Auch bei der Punktvergabe für die Menge wird zunächst abgefragt, welcher Wert im Fall der gelieferten Menge übernommen wurde. Hat die Variable den Wert Null oder "", werden o Punkte vergeben. Andernfalls wird zunächst die Abweichung von Soll- und Ist-Menge berechnet. Entsprechend der Höhe der Abweichung werden die Punkte vergeben.

```
Public Function Pkte_Menge(MengeSoll, MengeIst As Variant) As Variant
Dim Prozente As Double
If IsNull(MengeIst) Or MengeIst = "" Then
    Pkte_Menge = 0
Else
    Prozente = (Abs((val(MengeSoll) - val(MengeIst)) / val(MengeSoll))) * 100
    Select Case Prozente
        Case Is <= 10
            Pkte_Menge = 10
        Case 10 To 20
            Pkte_Menge = 8
        Case Is > 20
            Pkte_Menge = 5
    End Select
End If
End Function
```

8.7 Daten auswerten, suchen und ändern

Mit dem Autofilter kann man sehr schnell und einfach die Lieferungen nach unterschiedlichen Kriterien filtern. Deshalb wird für die Benutzung des Filters eine Befehlsschaltfläche mit dem Namen CMDFILTER im Tabellenblatt Auswertung eingerichtet. Dieser Button wird mit dem nachfolgenden Programm verknüpft:

```
Private Sub cmdFilter_Click()
    Range("A4").Select
    Selection.AutoFilter
End Sub
```

Außerdem soll ein kleines Suchformular mit dem Namen FRMSUCHEN eingerichtet werden. In der nachfolgend abgebildeten Entwurfsansicht ist zu sehen, dass drei Befehlsschaltflächen, ein Kombinationsfeld und 14 Textfelder mit entsprechenden Bezeichnungsfeldern einzurichten sind. Im Tabellenblatt AUSWERTUNG richten Sie dazu eine Befehlsschaltfläche mit dem Namen CMDSUCHEN ein, die Sie mit dem nachfolgenden Programm verknüpfen:

```
Private Sub cmdSuchen_Click()
frmSuchen.Show
End Sub
```

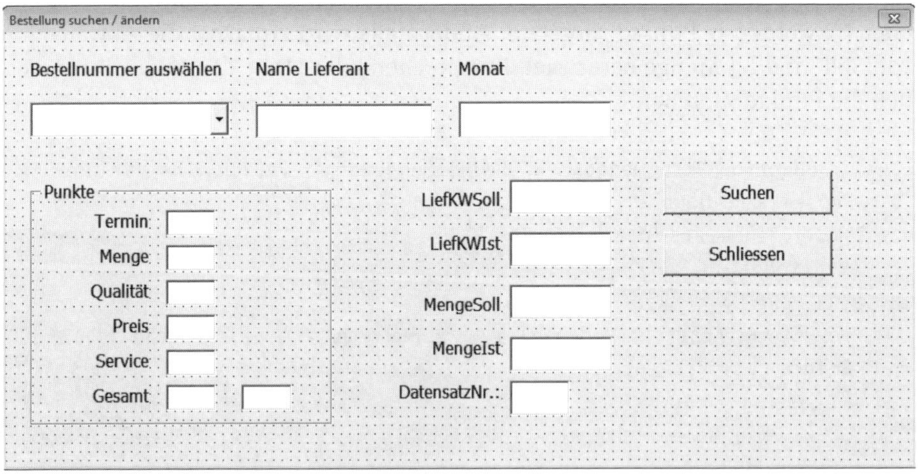

Abb. 8.3:   Suchformular in der Entwurfsansicht

Den Button CMDENDE verknüpfen Sie mit dem nachfolgenden Programm:

```
Private Sub cmdEnde_Click()
frmSuchen.Hide
```

```
Worksheets("Bewertung").Activate
Sheets("Bewertung").PivotTables("PivotAuswertung").RefreshTable
Worksheets("Auswertung").Activate
Sheets("Auswertung").Range("A1").Select
End Sub
```

Zunächst wird das Formular FRMSUCHEN geschlossen und die Tabelle BEWERTUNG aktiviert. Die Pivot-Tabelle des Tabellenblattes BEWERTUNG wird aktualisiert. Danach wird zum Tabellenblatt STARTCENTER geschaltet und dort die Zelle A1 selektiert.

Durch Klick auf den Button CMDSUCHEN soll der Datensatz mit der Bestellnummer des Kombinationsfeldes CBOSUCHEN gefunden und angezeigt werden. Der gefundene Datensatz wird im Formular angezeigt. Dies geschieht mit dem nachfolgenden Programm:

```
Private Sub cmdSuchen_Click()
Worksheets("Auswertung").Activate
Sheets("Auswertung").Range("A4").Select
n = AnzahlSaetze
For i = 1 To n
If ActiveCell.Offset(i, 0).Value = frmSuchen.cboSuchen.Value Then
frmSuchen.txtMonat = ActiveCell.Offset(i, 1).Value
frmSuchen.txtName = ActiveCell.Offset(i, 2).Value
frmSuchen.txtLiefKWSoll = ActiveCell.Offset(i, 3).Value
frmSuchen.txtLiefKWIst = ActiveCell.Offset(i, 4).Value
frmSuchen.txtTermin = ActiveCell.Offset(i, 5).Value
frmSuchen.txtMengeSoll = ActiveCell.Offset(i, 6).Value
frmSuchen.txtMengeIst = ActiveCell.Offset(i, 7).Value
frmSuchen.txtMenge = ActiveCell.Offset(i, 8).Value
frmSuchen.txtQualitaet = ActiveCell.Offset(i, 9).Value
frmSuchen.txtPreis = ActiveCell.Offset(i, 10).Value
frmSuchen.txtService = ActiveCell.Offset(i, 11).Value
frmSuchen.txtGesamt = ActiveCell.Offset(i, 12).Value
frmSuchen.txtProzent = ActiveCell.Offset(i, 13).Value
frmSuchen.txtSatzNr = ActiveCell.Offset(i, 14).Value
End If
ActiveCell.Offset(1, 0).Select
Next
End Sub
```

Da die Daten nicht verändert werden sollen, werden alle Textfelder im Eigenschaftsfenster in der Zeile ENABLED auf FALSE gesetzt. Die Daten können angesehen, aber nicht verändert werden.

Zum Abschluss möchte man natürlich auch noch wissen, wie die einzelnen Lieferanten eingestuft werden. Dazu richtet man im Tabellenblatt Bewertung eine Pivot-Tabelle mit dem Namen PIVOTAUSWERTUNG ein. Als Berichtsfilter aktiviert man das Feld MONAT. Für die Zeilenbeschriftung nimmt man den Lieferantennamen, Feld LIEFNAME. Für das Datenfeld kommt nur das Feld PROZENTE in Frage. Die obligatorische Werteinstellung für dieses Feld lautet SUMME. Diese Einstellung würde allerdings eine falsche Aussage liefern. Erst der Mittelwert über alle Gesamtpunkte lässt eine Aussage über die Einstufung als A-, B- oder C-Lieferant zu. Deshalb ändern Sie die Werteinstellung dieses Datenfeldes, indem Sie mit der linken Maustaste auf das Feld PROZENTWERT in der PIVOTTABLE-FELDLISTE klicken. Die nachfolgende Abbildung zeigt, wo Sie klicken müssen.

Abb. 8.4: Ausschnitt PivotTable-Feldliste

Aus dem nun erscheinenden Kontextmenü wählen Sie die Option WERTFELDEINSTELLUNGEN. Im Fenster WERTFELDEINSTELLUNGEN wählen Sie die Option MITTELWERT.

Abb. 8.5: Fenster Wertfeldeinstellungen

Da die Pivot-Tabelle auch die Einstufung der Lieferanten zeigen soll, wird direkt neben die Pivot-Tabelle eine Spalte mit den Eingruppierungen platziert.

	A	B	C	D
1				
2				
3		Monat	(Alle) ▼	
4				
5		Firma ▼	Prozentwert	Wertung
6		Hanse KG	74,00%	B-Lieferant
7		KME Schmöle GmbH	72,67%	B-Lieferant
8		Schacht KG	92,00%	A-Lieferant
9		Suhrbier GmbH	72,00%	B-Lieferant
10		TAT AG	58,00%	C-Lieferant
11		MTW AG	76,00%	B-Lieferant
12		KME kabelmetal	96,00%	A-Lieferant
13		Gesamtergebnis	77,40%	

Abb. 8.6: Pivot-Tabelle mit Spalte Wertung

Die Formel lautet:

```
=WENN(ISTFEHLER(PIVOTDATENZUORDNEN("Prozent";$B$5;"LiefName";B6));"";WEN
N(PIVOTDATENZUORDNEN("Prozent";$B$5;"LiefName";B6)>=90%;"A-Liefe-
rant";WENN(PIVOTDATENZUORDNEN("Prozent";$B$5;"LiefName";B6)>=70%;"B-Lie-
ferant";"C-Lieferant")))
```

In dieser Formel kommen drei Funktionen zum Einsatz. Die Wenn-Funktion bedarf keiner näheren Erläuterung. Ein Problem tritt auf, wenn der Benutzer Filter der Spalte benutzt. Dann werden einige Lieferanten ausgeblendet. In der Spalte mit den Formeln würde die Fehlermeldung #Wert angezeigt. Diese Anzeige vermeidet man dadurch, dass man in der Wenn-Formel zunächst abfragt, ob die Funktion PIVOTDATENZUORDNEN einen Fehler verursacht. Sollte das der Fall sein, soll nichts angezeigt werden, andernfalls soll die Funktion PIVOTDATEN-ZUORDNEN ausgeführt werden.

Die Funktion PIVOTDATENZUORDNEN hat folgende Syntax:

```
PIVOTDATENZUORDNEN(Datenfeld;PivotTable;Feld1;Element1;Feld2;Element2;...)
```

Datenfeld stellt den Namen in Anführungszeichen für das Datenfeld dar, das die Daten enthält, die abgerufen werden sollen.

PivotTable bezieht sich auf eine Zelle, einen Zellbereich oder einen benannten Zellbereich in einer Pivot-Tabelle. Diese Informationen werden dazu verwendet zu ermitteln, welche Pivot-Tabelle die Daten enthält, die Sie abgerufen werden sollen.

Feld1, Element1, Feld2, Element2 stehen für Paare aus Feld- und Elementnamen (zwischen 1 und 126), die die Daten beschreiben, die Sie abrufen wollen. Diese Paare können in einer beliebigen Reihenfolge aufgelistet werden. Feld- und Elementnamen, die nicht aus Datumsangaben oder Zahlen bestehen, werden in Anführungszeichen eingeschlossen.

Im Beispiel enthält der Befehl folgende Daten:

```
PIVOTDATENZUORDNEN("Prozent";$B$5;"LiefName";B6)
```

Es wird Bezug genommen auf die Felder PROZENT und LIEFNAME. Die Arbeitsmappe LIEFERANTENBEWERTUNG ist fertig.

	BestNr.	Monat	LiefName	LiefKw_Soll	LiefKW_Ist	Pkte_Termin	Menge_Soll	Menge_Ist	Pkte_Menge	Pkte_Qualität	Pkte_Preis	Pkte_Service	Pkte_Gesamt	Prozent	SatzNr.
5	B150509	Mai	Schacht KG	26	27	10	800	850	10	8	10	10	48	96,0%	1
6	B120609	Juni	KME Schmöle Gmbl	28	28	0	1000	1200	8	10	10	10	38	76,0%	2
7	B080709	Juli	Suhrbier GmbH	30	30	0	1000	1200	8	10	10	10	38	76,0%	3
8	B090709	Juli	Hanse KG	32	32	0	800	800	10	8	8	10	36	72,0%	4
9	B080609	Juni	TAT AG	30	30	0	900	1050	8	8	5	8	29	58,0%	5
10	B110809	August	Suhrbier GmbH	30	30	0	800	800	10	10	10	10	40	80,0%	6
11	B120709	Juli	Suhrbier GmbH	28	28	0	600	600	10	10	10	10	40	80,0%	7
12	B180709	Juli	Suhrbier GmbH	28	29	10	800	900	8	8	8	5	39	78,0%	8
13	B200709	Juli	Suhrbier GmbH	29	29	0	800	800	10	0	5	0	15	30,0%	9
14	B230709	Juli	MTW AG	26	30	0	800	1000	5	8	10	10	33	66,0%	10
15	B240709	Juli	Schacht KG	26	27	10	900	900	10	8	10	10	48	96,0%	11
16	B250709	Juli	KME kabelmetal	26	27	10	1200	1250	10	8	10	10	48	96,0%	12
17	B280709	Juli	Schacht KG	26	27	10	1100	1200	10	8	10	10	48	96,0%	13
18	B280709	Juli	KME Schmöle Gmbl	26	31	0	900	1200	5	8	10	10	33	66,0%	14
19	B10809	August	Hanse KG	26	26	0	400	400	10	8	10	10	38	76,0%	15
20	B020809	August	Suhrbier GmbH	26	28	8	600	700	8	8	10	10	44	88,0%	16
21	B080809	August	KME Schmöle Gmbl	26	26	0	800	800	10	8	10	10	38	76,0%	17
22	B090809	August	MTW AG	26	26	0	750	750	10	8	10	10	38	76,0%	18
23	B100809	August	Schacht KG	26	26	0	700	700	10	10	10	10	40	80,0%	19
24	B150809	August	MTW AG	26	28	8	500	800	5	10	10	10	43	86,0%	20

Abb. 8.7: Tabellenabschnitt Lieferantenbewertung

Kapitel 9

Personaleinsatz planen

Am Beispiel des Empfangs eines kleineren Krankenhauses soll der Personaleinsatz mit Auswertung der Zeitzuschläge für betriebliche Zusatzleistungen in einer Excel-Arbeitsmappe erstellt werden. Die Grundlage für die Zeitzuschläge bildet der Tarifvertrag für den öffentlichen Dienst (TVöD). § 8 regelt den Ausgleich für Sonderformen der Arbeit. Der bzw. die Beschäftigte erhält neben dem Entgelt für die tatsächliche Arbeitsleistung Zeitzuschläge je Stunde:

1. für Überstunden in den Entgeltgruppen 1 bis 9 30 % bzw. in den Entgeltgruppen 10 bis 15 einen Zeitzuschlag von 15 %,

2. für Nachtarbeit einen Zeitzuschlag von 20 %,

3. für Sonntagsarbeit einen Zeitzuschlag von 25 %,

4. bei Feiertagsarbeit ohne Freizeitausgleich einen Zeitzuschlag von 135 %, mit Freizeitausgleich von 35 %,

5. für Arbeit am 24. Dezember und am 31. Dezember ab 6 Uhr einen Zeitzuschlag von 35 %,

6. für Arbeit an Samstagen von 13 Uhr bis 21 Uhr, soweit diese nicht im Rahmen von Wechselschicht anfällt, einen Zeitzuschlag von 20 % ,

7. für die Arbeit am Karsamstag und am Pfingstsamstag 25 %.

Darüber hinaus muss im Dienstplan der Freizeitausgleich besonders ausgewiesen werden. Beim Zusammentreffen von Zeitzuschlägen wird nur der höchste Zeitzuschlag gewährt.

Das Bundesarbeitsgericht hat in einem Urteil vom 09.07.2008 (5 AZR 902/07) zu den Zeitzuschlägen weiter ausgeführt:

8. Beschäftigte nach § 38 Abs. 5 Satz 1 in Krankenhäusern erhalten für Nachtarbeit 1,28 € und

9. für die Arbeit an Samstagen in der Zeit von 13 Uhr bis 21 Uhr 0,64 €.

Die letzte Regelung trifft für den Empfang des Krankenhauses zu. Außerdem soll die Arbeitszeit an einem gesetzlichen Feiertag, der auf einen Werktag fällt, durch eine entsprechende Freistellung an einem anderen Werktag bis zum Ende des dritten Kalendermonats erfolgen, soweit es die betrieblichen Verhältnisse zulassen. Dies wird so vom Arbeitgeber der Mitarbeiter gehandhabt. Entsprechend dieser Vorgaben hat die Personaleinsatzplanung zu erfolgen.

Da die Pforte eines Krankenhauses rund um die Uhr besetzt sein muss, hat man sich auf folgenden Personaleinsatz geeinigt:

Verteilung des Einsatzes

F	F	S	S	N	N	Ø	Ø	F	F	S	S	N	N	Ø	Ø	Ø

In diesem Zusammenhang bedeuten:

F: Frühschicht

S: Spätschicht

N: Nachtschicht

Ø: Frei

Diese Reihenfolge soll möglichst eingehalten werden. Davon abweichend muss der Eintrag von Abweichungen in die Einsatzplanung möglich sein. So kann der Planer nicht wissen, wann der Arbeitnehmer krank wird oder einen Tag Urlaub benötigt. In diesen Fällen muss der Planer die Möglichkeit haben, von Hand Eintragungen vorzunehmen. Außerdem kann der Arbeitnehmer aus irgendwelchen Gründen die Arbeit früher beenden, sodass dann weniger Arbeitsstunden anfallen und für ihn Ersatz eingeplant werden muss.

In diesem Krankenhaus gilt die 38,5 Stundenwoche. Daraus ergibt sich eine tägliche Sollarbeitszeit von 7,7 Std. pro Tag bei einer 5-Tage-Woche. Gearbeitet wird in Schichten von 8 Stunden.

In der Praxis hat sich folgender Formularaufbau bewährt:

6			Mo	Di	Mi	Do	Fr	Sa	So	Mo	Di	Mi	Do	Fr	Sa	So	Mo	Di	Mi	Do	Fr	Sa	So	Mo	Di	Mi	Do	Fr	Sa	So
7			1	2	3	4	5	6	7	8	9	10	11	12	13	14	15	16	17	18	19	20	21	22	23	24	25	26	27	28
8	Frau	Henkler	Ø	Ø	Ø	F	F	S	S	N	N	Ø	Ø	F	F	S	S	N	N	Ø	Ø	Ø	F	F	S	S	N	N	Ø	Ø
9		SollStd/Mo:																												
10		154,00 Std.	52,00 Std.																											

Abb. 9.1:   Formular Personaleinsatz

In Zeile Nr. 1 wird die Sollplanung eingetragen. In die nächste Zeile fügt der Planer die tatsächlich geleisteten Dienste ein. Nimmt der Arbeitnehmer Urlaub, wird ein U eingetragen. Fällt der Arbeitnehmer durch Krankheit aus, schreibt man in diese Zeile ein K. In die dritte Zeile werden die tatsächlichen Stunden eingetragen, die der Arbeitnehmer an diesem Tag geleistet hat. Entsprechend werden dann die Stunden gemäß TVöD bzw. Haustarifvertrag als Zeitzuschläge berechnet.

	mit Freizeitausgleich					
25%	25%	35%	135%	35%	20%	20%
Sonntag	Oster-/Pfingst-Samstag	Wochenfeiertag	Feiertag ohne Freizeitausgl.	Heiliabend Silvester	Nachtarbeit	Samstag
0-24 Uhr	von 13 - 21 Uhr			0-24 Uhr	20-6 Uhr	13-21 Uhr

Abb. 9.2: Auswertung Zeitzuschläge

9.1 Aufbau der Arbeitsmappe

Die besprochenen Vorgaben werden nun in der Arbeitsmappe PERSONALEINSATZPLANUNG.XLSM umgesetzt. Da für jeden Monat eine Abrechnung zu erfolgen hat, werden zunächst zwölf Tabellenblätter mit den entsprechenden Monatskürzeln als Tabellenblattname eingerichtet. Das erste Tabellenblatt erhält den Namen JAN, das zweite den Namen FEB, das dritte wird mit MRZ bezeichnet usw.

Gleichzeitig soll in der Arbeitsmappe eine kleine Mitarbeiterverwaltung erfolgen. Deshalb wird ein Tabellenblatt MITARBEITER eingerichtet. Die eigentliche Verwaltung erfolgt über ein Excel-Formular, das entsprechend programmiert wird. Die Programmierung orientiert sich an den Programmen der vorherigen Formulare. Die Abweichungen zu den Programmen der bisher beschriebenen Programmierungen werden aufgezeigt.

In einem Tabellenblatt FUELLEN werden die Schichtabläufe gemäß nachfolgender Abbildung eingetragen:

	A	B	C	D	E	F	G	H	I	J	K	L	M	N	O	P	Q
1	F	F	S	S	N	N	Ø	Ø	F	F	S	S	N	N	Ø	Ø	Ø
2	S	S	N	N	Ø	Ø	F	F	S	S	N	N	Ø	Ø	Ø	F	F
3	N	N	Ø	Ø	F	F	S	S	N	N	Ø	Ø	Ø	F	F	S	S
4	Ø	Ø	Ø	F	F	S	S	N	N	Ø	Ø	F	F	S	S	N	N
5	Ø	Ø	F	F	S	S	N	N	Ø	Ø	F	F	S	S	N	N	Ø
6	Ø	Ø	Ø	Ø	Ø	Ø	Ø	Ø	Ø	Ø	Ø	Ø	Ø	Ø	Ø	Ø	Ø
7	Ø	Ø	Ø	Ø	Ø	Ø	Ø	Ø	Ø	Ø	Ø	Ø	Ø	Ø	Ø	Ø	Ø
8	Ø	Ø	Ø	Ø	Ø	Ø	Ø	Ø	Ø	Ø	Ø	Ø	Ø	Ø	Ø	Ø	Ø
9	Ø	Ø	Ø	Ø	Ø	Ø	Ø	Ø	Ø	Ø	Ø	Ø	Ø	Ø	Ø	Ø	Ø

Abb. 9.3: Schichtabläufe

Beim Empfang sind 5 Vollzeitkräfte beschäftigt. Ein Zivildienstleistender gehört zu den Vollzeitkräften. Zwei Mitarbeiter arbeiten halbtags. Eine Mitarbeiterin leistet 20 Stunden im Monat. Hinzu kommt noch eine Aushilfe. Die Vollzeitkräfte werden gemäß Einsatzplan eingesetzt. Die Teilzeitkräfte und die Aushilfe werden bei Bedarf eingeplant und deshalb zunächst mit freien Tagen belegt. Im Laufe der

Monatsplanungen werden für diesen Teil des Personals die Schichtdienste eingeplant.

In einem Tabellenblatt mit dem Namen MUSTER wird noch ein Musterformular eingerichtet, falls Formulare durch vorgenommene Änderungen unbrauchbar geworden sein sollten.

In den jeweiligen Tabellen für die Monatsabrechnungen sollen die zu leistenden Stunden und die Stunden, für die Zuschläge anfallen, berechnet werden. Dies geschieht mit zwei Programmen. Zentral sollen vom Tabellenblatt STARTCENTER aus die Kalenderdaten für alle Monate eingerichtet werden. Von diesem Tabellenblatt erfolgt auch die Mitarbeiterverwaltung. Ebenso wird die Personaleinsatzplanung für das gesamte Jahr je Mitarbeiter vorgenommen.

Insgesamt soll die Arbeitsmappe wie folgt aufgebaut werden:

1. Zwölf Tabellenblätter für die jeweilige Monatsabrechnung, die mit den jeweiligen Monatskürzeln, z.B. JAN, FEB, MRZ etc., bezeichnet werden.

2. Eine Tabelle mit dem Namen MITARBEITER, in dem die Mitarbeiterdaten aufgelistet werden.

3. Das Tabellenblatt mit dem Namen FUELLEN, in dem die Schichteinteilung festgehalten wird.

4. Ein Tabellenblatt mit dem Namen MUSTER enthält ein Musterformular.

5. Vom Tabellenblatt STARTCENTER werden zentrale Einrichtungen für die Monatsabrechnungen vorgenommen. Die Mitarbeiterverwaltung, die Einrichtung der Kalenderdaten für den jeweiligen Monat und die Planung des Personaleinsatzes für das gesamte Jahr werden von diesem Tabellenblatt aus gesteuert.

9.2 Startcenter einrichten

Zentrales Regiezentrum der Personaleinsatzplanung soll das Tabellenblatt STARTCENTER werden. Von diesem Tabellenblatt

1. werden die Kalenderdaten für jeden Monat in das jeweilige Monatstabellenblatt eingetragen. Dazu wird ein Button mit dem Label KALENDERDATEN EINRICHTEN angelegt. Im Eigenschaftsfenster tragen Sie den Namen CMDKALENDER ein.

2. soll die Mitarbeiterverwaltung gesteuert werden. Auch dazu wird ein Button mit dem Titel MITARBEITER VERWALTEN eingerichtet. Er erhält im Eigenschaftsfenster den Namen CMDMITARBEITER.

3. soll ein Kombinationsfeld installiert werden, das die Auswahl des Bundeslandes ermöglicht. Das ist notwendig, weil in der Bundesrepublik Deutschland in den

jeweiligen Bundesländern unterschiedliche Feiertage begangen werden. Es erhält im Eigenschaftsfenster den Namen CBOBULAND.

4. soll ein Kombinationsfeld eingerichtet werden, in dem alle Tabellenblätter aufgelistet werden; von diesem steuert man die Tabellenblätter an. Als Namen tragen Sie im Eigenschaftsfenster CBOMONAT ein.

5. soll ein Button angelegt werden, über den die Einsatzplanung für das gesamte Jahr gesteuert wird. Er soll die Überschrift STUNDEN PLANEN erhalten. Er bekommt im Eigenschaftsfenster den Namen CMDEINRICHTEN.

6. Über die Kombinationsfelder positionieren Sie noch zwei Bezeichnungsfelder mit den Texten BUNDESLAND FESTLEGEN und ABRECHNUNGSMONAT AUSWÄHLEN.

Das Tabellenblatt sollte nach dem Einrichten wie folgt aufgebaut sein:

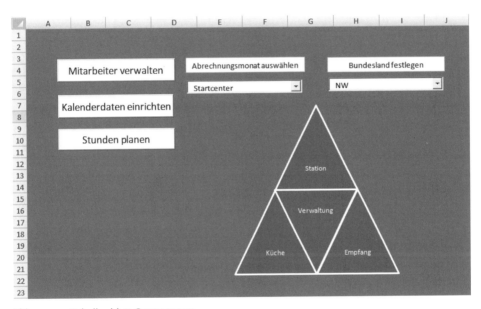

Abb. 9.4:   Tabellenblatt STARTCENTER

Da das Kombinationsfeld für die Bundesländer mit den Namen und Kurzbezeichnungen der Bundesländer gefüllt werden muss, richten Sie im Tabellenblatt STARTCENTER im Bereich O1:P16 die Liste der Bundesländer samt Kurzbezeichnungen ein. In den Bereich O1:O16 kommen die Kurzbezeichnungen wie NW (Nordrhein-Westfalen) oder HE (Hessen) etc. Die Spalte P nimmt den vollen Ländernamen auf. Den Bereich O1:P16 versehen Sie mit dem Namen BULAENDER.

Das Kombinationsfeld CBOMONAT wird beim Start der Arbeitsmappe mithilfe eines kleinen Programms gefüllt. Dazu schalten Sie in den VBA-Editor und klicken doppelt im Projektexplorer auf DIESE ARBEITSMAPPE. Sie wählen die Optionen WORKBOOK und OPEN. Zwischen die Zeilen PRIVATE SUB und END SUB kommt das kleine Programm, das jeden Tabellenblattnamen in das Kombinationsfeld einträgt.

```
Private Sub Workbook_Open()
Dim WS As Worksheet
For Each WS In Worksheets
    Worksheets("Startcenter").cboMonat.AddItem WS.Name
Next WS
Worksheets("Startcenter").cboMonat.Value = "Startcenter"
End Sub
```

Außerdem wird das Kombinationsfeld CBOMONAT noch mit einem kleinen Programm verknüpft, das bei Auswahl eines Tabellenblatts zum ausgewählten Tabellenblatt schaltet.

```
Private Sub cboMonat_Change()
Dim wrkName As String
wrkName = Sheets("Startcenter").cboMonat.Value
Worksheets(wrkName).Activate
Worksheets(wrkName).Range("N1").Value = wrkName
End Sub
```

Der Button CMDMITARBEITER soll das Formular FORMMITARBEITER aufrufen, mit dem dann die Mitarbeiterverwaltung vorgenommen wird. Dieser Button wird mit dem nachfolgenden Programm verknüpft.

```
Private Sub cmdMitarbeiter_Click()
FormMitarbeiter.Show
End Sub
```

Die Beschreibung der Programmierung der Mitarbeiterverwaltung erfolgt im Unterkapitel 9.3.

Beim Klick auf den Button CMDKALENDER sollen die Kalenderdaten und die jeweiligen Feiertage im entsprechenden Monat für das ausgewählte Bundesland im Tabellenblatt für den Monat eingetragen werden. Die Programmierung des Buttons wird im Unterkapitel 9.4 ausführlich beschrieben.

Das Unterkapitel 9.5 beschäftigt sich dann mit der Programmierung des Buttons CMDEINRICHTEN.

9.3 Mitarbeiter verwalten

Die Verwaltung der Mitarbeiter geschieht wiederum über ein Excel-Formular. Dieses Formular soll die Navigationsschaltflächen SCHLIESSEN, LÖSCHEN und NEUER DATENSATZ erhalten. Für die Anrede mit *Herr* bzw. *Frau* wird ebenso ein Kombinationsfeld gewählt wie für die Gruppierung in Volle Stunden, Halbe Stunden etc. Für die wöchentlich zu leistenden Stunden wie auch für die ± Stunden werden zwei Textfelder gewählt.

Für die Berechnung der abgeleisteten Stunden am Neujahrstag ist es wichtig zu wissen, wie der Mitarbeiter am Ende des Vorjahres eingesetzt wurde. Hat er am 31.12. des Vorjahres frei gehabt, hatte er Nachtschicht oder Frühschicht oder vielleicht doch Spätschicht? Je nach Einsatz wird der Mitarbeiter 6, 8 oder 0 Stunden arbeiten.

Im Formular kommen folgende Steuerelemente zum Einsatz:

Kombinationsfelder	
Name des Steuerelementes	Inhalt/Zweck
cboTitel	Auswahl von *Frau* oder *Herr*
cboGruppe	Auswahl von zu leistenden Arbeitsstunden

Textfelder	
Name des Steuerelementes	Inhalt/Zweck
txtName	Eingabe des Namens
txtStunden	Eingabe der Arbeitsstunden pro Woche (38,5)
txtMehrStd	Guthaben Stunden
txtVorJahrSoll	Einsatz am 31.12. des Vorjahres Soll
txtVorJahrIst	Einsatz am 31.12. des Vorjahres Ist

Befehlsschaltflächen/Bildlaufleiste	
Name des Steuerelementes	Inhalt/Zweck
cmdEnde	Schließt das Formular
cmdLoeschen	Löscht den ausgewählten Datensatz
cmdNeu	Legt einen neuen Datensatz an
cmdSpeichern	Speichert die neuen Eingaben bzw. Änderungen
Bildlauf	Dient zur Navigation durch die Mitarbeiterliste

In der Laufzeit ergibt sich dann folgendes Formular:

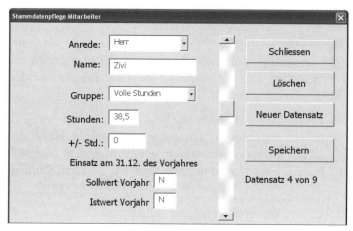

Abb. 9.5:   Formular für Mitarbeiterverwaltung

Diesem Formular geben Sie den Namen FORMMITARBEITER. Die Programmierung der Datensatznavigation und der Befehlsschaltflächen ändert sich nur geringfügig. Ansonsten können Sie die Programme wie z.B. DATENSATZSPEICHERN aus vorherigen Kapiteln übernehmen. Die Änderungen werden nun in den einzelnen Unterkapiteln besprochen. Die Programmierlogik ändert sich nicht. Wenn Sie den Quellcode kopieren, denken Sie bitte daran, dass nur der Code kopiert wird und nicht auch noch der Name des Programms wie z.B. USERFORM_ACTIVATE(). Die Verknüpfung zwischen Steuerelement und Programm muss über diese Befehlsfolge laufen:

```
Klick mit der rechten Maustaste in das Formular in der Entwurfsansicht →
Code Anzeigen → rechts oben an Stelle CLICK oder ACTIVATE auswählen
```

Zwischen die Befehlszeilen

```
Private Sub SteuerelementName_Click() bzw. UserForm_Activate()
End Sub
```

kopieren Sie dann den Quellcode aus den bisher erstellten Programmen und passen ihn entsprechend an.

9.3.1   UserForm_Activate()

Nachdem Sie das Formular erstellt haben, verknüpfen Sie es mit dem Programm USERFORM_ACTIVATE(). Dies geschieht mit der Befehlsfolge:

```
Klick mit der rechten Maustaste in das Formular in der Entwurfsansicht →
Code Anzeigen → rechts oben an Stelle von CLICK ACTIVATE auswählen
```

Zwischen die Zeilen

```
Private Sub UserForm_Activate()
End Sub
```

kopieren Sie den Quellcode.

9.3.2 DatensatzInMaskeÜbertragen(n)

In diesem Programm werden nur die angesprochenen Steuerelemente geändert.

```
.txtName.Text = linksoben.Cells(n, 1)
.cboTitel.Value = linksoben.Cells(n, 2)
.cboGruppe.Value = linksoben.Cells(n, 3)
.txtStunden.Text = linksoben.Cells(n, 4)
.txtMehrStd.Text = linksoben.Cells(n, 5)
.txtVorJahrSoll.Text = linksoben.Cells(n, 6)
.txtVorJahrIst.Text = linksoben.Cells(n, 7)
```

Alle anderen Befehle bleiben.

9.3.3 DatensatzSpeichern(n)

Auch in diesem Programm werden die Steuerelemente geändert und der Copy-Befehl wird an die Gegebenheiten der Tabelle angepasst.

```
If n = datensatzanzahl Then
        linksoben.Range(Cells(1, 1), Cells(1, 7)).Copy
        Sheets("Mitarbeiter").Paste linksoben.Cells(n, 1)
        FormMitarbeiter.BildLauf.Max = datensatzanzahl
End If
 With FormMitarbeiter
    linksoben.Cells(n, 1) = .txtName.Text
    linksoben.Cells(n, 2) = .cboTitel.Value
    linksoben.Cells(n, 3) = .cboGruppe.Value
    linksoben.Cells(n, 4) = .txtStunden.Text
    linksoben.Cells(n, 5) = .txtMehrStd.Text
    linksoben.Cells(n, 6) = .txtVorJahrSoll.Text
    linksoben.Cells(n, 7) = .txtVorJahrIst.Text
 End With
```

Im vorliegenden Beispiel beträgt die Anzahl der zu kopierenden Zellen 7. Deshalb lautet der Copy-Befehl:

```
linksoben.Range(Cells(1, 1), Cells(1, 7)).Copy
```

Die Anpassung des Programms ist abgeschlossen.

9.3.4 cmdSpeichern_Click()

In diesem Programm kann der Quellcode 1:1 übernommen werden. Anpassungen sind nicht notwendig.

9.3.5 cmdNeu_Click()

In diesem Programm kann der Quellcode 1:1 übernommen werden. Anpassungen sind nicht notwendig.

9.3.6 cmdEnde_Click()

Die drei Befehlszeilen lauten:

```
FormMitarbeiter.Hide
Worksheets("Startcenter").Activate
Sheets("Startcenter").Range("A1").Select
```

Die erste Zeile schließt das Formular. Die zweite Zeile aktiviert das Tabellenblatt STARTCENTER. In der dritten Zeile wird die Zelle A1 des Tabellenblatts STARTCEN-TER ausgewählt.

9.3.7 BildLauf_Change()

Es müssen keine Änderungen vorgenommen werden.

9.3.8 cmdLoeschen_Click()

Der Quellcode lautet:

```
Dim n As Integer
ergebnis = MsgBox("Soll der Datensatz gelöscht werden?", vbYesNo)
If ergebnis = vbYes Then
    n = aktiverdatensatz
    If n = aktiverdatensatz + 1 Then
        FormMitarbeiter.BildLauf.Max = aktiverdatensatz
    Else
        linksoben.Range(Cells(n, 1), Cells(n, 7)).Delete xlShiftUp
        datensatzanzahl = datensatzanzahl - 1
        If n > datensatzanzahl Then
            FormMitarbeiter.BildLauf.Max = datensatzanzahl
        End If
    End If
End If
```

```
    geändert = False
    Call BildLauf_Change
    Else
    Exit Sub
End If
Application.CutCopyMode = False
```

Zunächst wird eine Message-Box geöffnet, die die Befehlsschaltflächen JA bzw. NEIN enthält. Das Ergebnis der Auswahl wird in der Variablen ERGEBNIS gespeichert. Je nach Ergebnis wird die Löschprozedur eingeleitet oder das Programm wird verlassen.

Falls die Variable N (aktueller Datensatz) um 1 erhöht wurde (neuer Datensatz), wird der Wert der Bildlaufleiste angepasst. Andernfalls wird der Datensatz mit DELETE gelöscht. Die Anzahl der Datensätze wird um 1 verringert und der Wert der Bildlaufleiste entsprechend angepasst. Zum Ende wird die CUTCOPY-Methode zurückgesetzt.

9.3.9 SteuerelementName_Change()

Damit das Formular korrekt funktioniert, müssen alle Steuerelemente auf Änderungen abgefragt werden. Wurden nämlich Änderungen vorgenommen, müssen diese gespeichert werden. Hier kommt die Variable GEÄNDERT zum Einsatz. Wird eine Änderung vorgenommen, wird ein Textfeld, ein Kombinationsfeld oder ein Kontrollkästchen inhaltlich verändert. Dann erhält die Variable GEÄNDERT den Wert TRUE. Dann soll das Programm DATENSATZSPEICHERN mit Übergabe der Datensatznummer aufgerufen werden.

9.4 Kalenderdaten festlegen

Für das Einrichten der Kalenderdaten sind drei Werte erforderlich. Zunächst einmal benötigt man das Jahr, für das die Kalenderdaten eingerichtet werden sollen. Diesen Wert hat der Benutzer in eine Inputbox einzutragen. Da die Feiertage in den einzelnen Bundesländern unterschiedlich anfallen, ist die Angabe des gewünschten Bundeslandes ebenfalls erforderlich. Außerdem sollen die Samstage, Sonntage und Feiertage im Tabellenblatt farblich gekennzeichnet werden.

Die Anzahl der Zeilen, die eingefärbt werden sollen, hängt von der Anzahl der Mitarbeiter ab. Sie lässt sich leicht durch den Befehl CURRENTRE-GION.ROWS.COUNT ermitteln. Allerdings tritt in vorliegenden Fall das Problem auf, dass Excel auch die Kopfzeile mitzählt. Der Befehl gibt 10 zurück und nicht wie gewünscht 9. Da für jeden Mitarbeiter 3 Zeilen benötigt werden, ergibt die Rechnung 27 Zeilen für die Mitarbeiter plus 2 Zeilen für die Kalenderdaten. Da das zeilenmäßige Einfärben mit dem Befehl ACTIVECELL.OFFSET(ZEILE, SPALTE) geschieht, beginnt das Zählen bei Null und endet bei 28. Das sind im Ergebnis 29 Zeilen. Die Rechnung lautet also Anzahl der Mitarbeiter (10 inkl. Kopfzeile) mal 3 minus 2 ergibt den Wert 28.

Heil Klinik Bad Menden - Schichtdienst Empfang   Jan   2010   Arbeitsstunden je Monat **154,00 Std.**   Seite 1   Neujahr: 01.01.2010

Bundesland   NW   Anzahl Arbeitstage **20 Tage**

☑ Eingerichtet   [Stunden berechnen]   [Zuschläge berechnen]

Rolle	Name	Soll	Wert	Fr	Sa	So	Mo	Di	Mi	Do	Fr	Sa	So	Mo	Di	Mi	Do	Fr	Sa	So	Mo	Di	Mi	Do	Fr	Sa	So	Mo	Di	Mi	Do	Fr	Sa	So
				1	2	3	4	5	6	7	8	9	10	11	12	13	14	15	16	17	18	19	20	21	22	23	24	25	26	27	28	29	30	31
Frau	Henkler			F	F	S	S	N	N	Ø	Ø	F	F	S	S	N	N	Ø	Ø	Ø	F	F	S	S	N	N	Ø	Ø	F	F	S	S	N	N
	SollStd/Mo:																																			
		154,00 Std.	12,00 Std.	16	8	8	8	2	8	6	0	8	8	8	8	2	8	6	0	0	8	8	8	8	2	8	6	0	8	8	8	8	2	8
Frau	Liefländer			S	S	N	N	Ø	Ø	F	F	S	S	N	N	Ø	Ø	Ø	F	F	S	S	N	N	Ø	Ø	F	F	S	S	N	N	Ø	Ø
	SollStd/Mo:																																			
		154,00 Std.	21,98	16	8	2	8	6	0	8	8	8	8	2	8	6	0	0	8	8	8	8	2	8	6	0	8	8	8	8	2	8	6	0
Herr	Meier			N	N	Ø	Ø	F	F	S	S	N	N	Ø	Ø	Ø	F	F	S	S	N	N	Ø	Ø	F	F	S	S	N	N	Ø	Ø	Ø	F
	SollStd/Mo:																																			
		154,00 Std.	7,85	16	8	6	0	8	8	8	8	2	8	6	0	0	8	8	8	8	2	8	6	0	8	8	8	8	2	8	6	0	0	8
Frau	Walther			Ø	Ø	Ø	F	F	S	S	N	N	Ø	Ø	F	F	S	S	N	N	Ø	Ø	Ø	F	F	S	S	N	N	Ø	Ø	Ø	F	F	S
	SollStd/Mo:																																			
		154,00 Std.	22,49	12	0	0	8	8	8	2	8	6	0	8	8	8	8	2	8	6	0	0	8	8	8	8	2	8	6	0	8	8	8	8
Herr	Zivi			Ø	Ø	F	F	S	S	N	N	Ø	Ø	F	F	S	S	N	N	Ø	Ø	Ø	F	F	S	S	N	N	Ø	Ø	F	F	S	S
	SollStd/Mo:																																			
		154,00 Std.	0,00 Std.	0	0	8	8	8	8	2	8	6	0	8	8	8	8	2	8	6	0	0	8	8	8	8	2	8	6	0	8	8	8	8
Frau	Ruppert			Ø	Ø	Ø	Ø	Ø	Ø	Ø	Ø	Ø	Ø	Ø	Ø	Ø	Ø	Ø	Ø	Ø	Ø	Ø	Ø	Ø	Ø	Ø	Ø	Ø	Ø	Ø	Ø	Ø	Ø	Ø
	SollStd/Mo:																																			
		77,00 Std.	48,11	0	0	0	0	0	0	0	0	0	0	0	0	0	0	0	0	0	0	0	0	0	0	0	0	0	0	0	0	0	0	0
Frau	Sterz			Ø	Ø	Ø	Ø	Ø	Ø	Ø	Ø	Ø	Ø	Ø	Ø	Ø	Ø	Ø	Ø	Ø	Ø	Ø	Ø	Ø	Ø	Ø	Ø	Ø	Ø	Ø	Ø	Ø	Ø	Ø
	SollStd/Mo:																																			
		77,00 Std.		0	0	0	0	0	0	0	0	0	0	0	0	0	0	0	0	0	0	0	0	0	0	0	0	0	0	0	0	0	0	0
Frau	Debus			Ø	Ø	Ø	Ø	Ø	Ø	Ø	Ø	Ø	Ø	Ø	Ø	Ø	Ø	Ø	Ø	Ø	Ø	Ø	Ø	Ø	Ø	Ø	Ø	Ø	Ø	Ø	Ø	Ø	Ø	Ø
	SollStd/Mo:																																			
		20,00 Std.	49,47	0	0	0	0	0	0	0	0	0	0	0	0	0	0	0	0	0	0	0	0	0	0	0	0	0	0	0	0	0	0	0
Frau	Rosier			Ø	Ø	Ø	Ø	Ø	Ø	Ø	Ø	Ø	Ø	Ø	Ø	Ø	Ø	Ø	Ø	Ø	Ø	Ø	Ø	Ø	Ø	Ø	Ø	Ø	Ø	Ø	Ø	Ø	Ø	Ø
	SollStd/Mo:																																			
		0,00 Std.	15,00 Std.	0	0	0	0	0	0	0	0	0	0	0	0	0	0	0	0	0	0	0	0	0	0	0	0	0	0	0	0	0	0	0

Abb. 9.6:   Tabellenblatt Jan mit Personaleinsatzplanung

Nach diesen Vorüberlegungen kann nun mit der Programmierung des Buttons CMDKALENDER begonnen werden. Mit der Befehlsfolge

```
Klick mit rechter Maustaste auf den Button → Code anzeigen
```

erzeugen Sie die Verknüpfung vom Button zum Programm

```
Private Sub cmdKalender_Click()
End Sub
```

Zwischen die Zeilen wird nun der nachfolgende Quelltext eingefügt:

```
Private Sub cmdKalender_Click()
Dim Mldg_M, Mldg_I, Titel As String
Dim Antwort
Dim AktuellesJahr, Voreinstellung, AnzahlMitarbeiter As Integer
Worksheets("Mitarbeiter").Activate
AnzahlMitarbeiter = (Sheets("Mitarbeiter").Range("D4").
_CurrentRegion.Rows.Count) * 3 - 2
Worksheets("Startcenter").Activate
Mldg_I = "Bitte geben Sie das Jahr ein, für das die Tabellen eingerichtet
werden sollen!"
```

```
Titel = "Eingabe des Jahres"
titel_m = "Einrichtungsoptionen"
Voreinstellung = Year(Now) + 1
AktuellesJahr = InputBox(Mldg, Titel, Voreinstellung, 5000, 5000)
AktuellesJahr = Val(AktuellesJahr)
Mldg_M = "Sie planen für das Jahr " & AktuellesJahr & " und das Bundesland
" & _ cboBuLand.Value
Antwort = MsgBox(Mldg_M, vbYesNo, titel_m)
If Antwort = vbYes Then
Planen AktuellesJahr, AnzahlMitarbeiter, cboBuLand.Value
Else
Exit Sub
End If
End Sub
```

Zunächst wird mit dem Befehl

```
AnzahlMitarbeiter = (Sheets("Mitarbeiter").Range("D4").CurrentRe-
gion.Rows. _ Count) * 3 - 2
```

die Anzahl der einzufärbenden Zeilen bestimmt. Im Beispiel sind dies 28 Zeilen.

Danach werden die Einstellungen für die Inputbox festgelegt. Eine Inputbox setzt sich aus mehreren Teilen zusammen:

```
Inputbox(prompt, title, default, xpos, ypos, helpfile, context)
```

Hierbei bedeuten:

Befehl	Beschreibung	Beispiel
PROMPT	Erforderlich. Text erscheint im Dialog-feld.	Bitte geben Sie das Jahr ein, für das die Tabellen eingerichtet werden sollen!
TITLE	Optional. Text wird in der Titelleiste angezeigt.	Eingabe des Jahres
DEFAULT	Optional. Wird in der Eingabezeile als Voreinstellung angezeigt.	Year(Now) + 1
XPOS	Optional. Legt den horizontalen Abstand vom linken Fensterrand fest.	5000 twips
YPOS	Optional. Legt den horizontalen Abstand vom oberen Fensterrand fest.	5000 twips
HELPFILE	Optional. Kontexthilfe	Wird nicht benötigt.
CONTEXT	Optional. Kontexthilfe	Wird nicht benötigt.

Danach wird eine Message-Box eingerichtet, die alle Voreinstellungen abfragt. Dabei bedeuten:

Befehl	Beschreibung	Beispiel
PROMPT	Erforderlich. Text erscheint im Dialogfeld.	"Sie planen für das Jahr " & AKTUELLES-JAHR & " und das Bundesland " & CBO-BULAND.VALUE
BUTTONS	Optional. Zeigt je nach Definition die entsprechende Schaltfläche an.	vbYesNo. Zeigt die Buttons JA und NEIN an.
TITLE	Optional. Text wird in der Titelleiste angezeigt.	Einrichtungsoptionen

Diese Message-Box erscheint nach Abschluss der Eingabe in die Inputbox und fragt, ob die Einstellungen für das Einrichten der Kalenderdaten richtig sind.

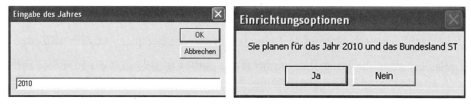

Abb. 9.7:   Inputbox und Message-Box in der Laufzeit

Wird die Richtigkeit der Einstellungen bestätigt, wird das Programm PLANEN aufgerufen. An dieses Programm werden die Variablen AKTUELLESJAHR, ANZAHLMITARBEITER, CBOBULAND.VALUE übergeben. Bei Klick auf den Button NEIN wird das Programm ohne Aufruf des Programms PLANEN verlassen.

Da das Programm Planen sehr umfangreich ist, wird auf ein vollständiges Listing verzichtet. Zunächst wird ganz allgemein dargestellt, wie das Programm abläuft. Im Anschluss daran wird an ausgesuchten Monaten und dem Listing für diesen Monat erläutert, wie die Programmbefehle lauten.

Im ersten Schritt des Programms werden die Variablen festgelegt. Die nachfolgende Tabelle nennt die Variablen und erläutert ihre Bedeutung:

Variable	Bedeutung
L_BEREICH	Der Bereich in der aktuellen Tabelle, dessen Inhalte gelöscht werden sollen, um Platz für neue Inhalte zu machen. Im Fall des Tabellenblattes JAN ist dies der Bereich D6:AH34.

Variable	Bedeutung
D_BEREICH	Der Bereich in der aktuellen Tabelle, der die neuen Kalenderdaten aufnehmen soll. Für das Tabellenblatt JAN ist die z.B. der Bereich D6:AH6.
ZEILENZAHL	Die Anzahl der Mitarbeiter kann schwanken. Deshalb kann nicht davon ausgegangen werden, dass der Löschbereich immer in Zeile 34 endet. Da gewährleistet sein muss, dass alle alten Daten gelöscht werden, muss die ZEILENZAHL des Löschbereichs angepasst werden. Dies wird dadurch erreicht, dass zur Anzahl der Mitarbeiter 6 (es wird in Zeile 6 begonnen) addiert werden.
L_BEREICH1	In den Bereich AN8:AN34 werden die berechneten Stunden für Zeitzuschläge eingetragen. Auch dieser Bereich muss gelöscht werden.
L_BEREICH2	Der Bereich AC1:AC5 nimmt die Feiertage auf. Da auch hier unterschiedliche Einträge von Jahr zu Jahr bzw. von Bundesland zu Bundesland anfallen, muss auch dieser Bereich von alten Daten bereinigt werden.
MONZ	Der zugewiesene Wert wird als Schleifengrenze des Monatsendes benötigt. Mit einer FOR-NEXT-Schleife und ACTIVECELL.OFFSET(0,1) werden die einzelnen Tage des Monats bis zum Ende des Monats (MonZ) durchlaufen, um im Falle eines Sa, So oder eines Feiertages den entsprechenden Tabellenbereich einzufärben.

Im zweiten Schritt erfolgt in Zelle D2 jedes Tabellenblattes der Eintrag des Kürzels für das Bundesland. Dann lässt sich leichter erkennen, ob die Feiertagsordnung korrekt ist.

Der dritte Schritt legt die Grenzen für den Löschbereich und den Datenbereich für die Kalenderdaten fest. Hier tritt nun im Februar das Schaltjahrproblem auf. Da die Funktion SCHALTJAHR schon im Kapitel 4 besprochen wurde, kann sie jetzt von dort kopiert werden. Richten Sie deshalb ein Modul im VBA-Editor mit den folgenden Befehlen ein:

Einfügen → Modul

In dieses Modul kopieren Sie die Funktionen SCHALTJAHR, OSTERDATUM und ANZAHLARBEITSTAGE. Die beiden letztgenannten Funktionen werden später benötigt.

In einer Fallunterscheidung wird nun nach Monaten mit 31 Tagen, 30 Tagen, dem Monat Februar und den Tabellenblättern unterschieden, die keine Einträge erhalten sollen wie z.B. das Tabellenblatt STARTCENTER. Hat der Monat 31 Tage, wird der Variablen MONZ der Wert 30 zugewiesen, da ACTIVECELL.OFFSET mit dem Zählen bei Null beginnt. Monate mit 30 Tagen haben als Wert von MONZ 30. Im Februar erhält die Variable MONZ den Wert 28, wenn es sich um ein Schaltjahr handelt, andernfalls wird der Variablen MONZ der Wert 27 zugewiesen. Für alle anderen Tabellenblätter bekommt die Variable MONZ den Wert Null zugewiesen.

Hat der Monat 31 Tage, geht der zu löschende Bereich (L_BEREICH) von Zelle D6 bis zur Spalte AH plus ZEILENZAHL (AH34 im Beispiel). Der Wert der Variablen L_BEREICH lautet also D6:AH34. Entsprechend kürzer fällt der Bereich aus, wenn der Monat nur 30 Tage bzw. im Fall des Februars nur 28 bzw. 29 Tage hat. Dann endet der Bereich bei AG34 bzw. bei AF34 oder AE34. Im Einzelnen werden folgende Werte verwendet:

Monat mit	L_Bereich =
31 Tagen	"D6:AH" & ZeilenZahl
30 Tagen	"D6:AG" & ZeilenZahl
29 Tagen	"D6:AF" & ZeilenZahl
28 Tagen	"D6:AE" & ZeilenZahl

Der Kalenderdatenbereich geht von D6 bis LEFT(L_BEREICH, 5) & 6. In Werten heißt das von D6:AH6, D6:AG6 etc. Die Funktion LEFT schneidet vom String L_BEREICH die ersten 5 Buchstaben (im Beispiel D6:AH) aus und es wird dann der Wert 6 hinzugefügt.

Im vierten Schritt wird nun differenziert nach Tabellenblättern, für die keine Einrichtung erfolgen soll (MONZ = 0), und Tabellenblättern, die mit Kalenderdaten versehen werden sollen. Sollen keine Kalenderdaten eingetragen werden, erscheint eine Message-Box auf dem Bildschirm mit dem Hinweis, dass für dieses Tabellenblatt keine Einrichtung erfolgen kann.

Soll das Tabellenblatt eingerichtet werden, findet eine Fallunterscheidung gestaffelt nach Monatsnamen statt. Am Beispiel des Januars und des Novembers wird nun im Einzelnen dargestellt, wie die Einrichtung geschieht. Der Quellcode bis zur Fallunterscheidung wird nun nachfolgend abgebildet.

```
Public Function Planen(AktJahr, AnzMit As Variant, BuLand As String)
Dim L_Bereich, L_Bereich1, L_Bereich2, D_Bereich, wrkName As String
Dim ZeilenZahl As Integer
Dim WS As Worksheet
Dim Karfreitag, Ostermontag, ChristiHimmelfahrt, Pfingstmontag, Fron-
leichnam, _ BussundBettag As Date
ZeilenZahl = AnzMit + 6
For Each WS In Worksheets
wrkName = WS.Name
L_Bereich1 = "AN8:AN" & ZeilenZahl
```

```
L_Bereich2 = "AC1:AC5"
Worksheets(wrkName).Range("D2") = BuLand
Select Case WS.Name
    Case "Jan", "Mrz", "Mai", "Jul", "Aug", "Okt", "Dez"
        L_Bereich = "D6:AH" & ZeilenZahl
        D_Bereich = Left(L_Bereich, 5) & 6
        MonZ = 30
    Case "Feb"
        sJahr = Schaltjahr(AktJahr)
        If sJahr = True Then
            MonZ = 28
            L_Bereich = "D6:AF" & ZeilenZahl
            D_Bereich = Left(L_Bereich, 5) & 6
        Else
            MonZ = 27
            L_Bereich = "D6:AE" & ZeilenZahl
            D_Bereich = Left(L_Bereich, 5) & 6
        End If
    Case "Apr", "Jun", "Sep", "Nov"
        MonZ = 29
        L_Bereich = "D6:AG34"
        D_Bereich = Left(L_Bereich, 5) & 6
    Case Else
        MonZ = 0
End Select
If MonZ = 0 Then
    MsgBox "Für das Tabellenblatt " & WS.Name & " kann keine Einrichtung
erfolgen!"
Else
Select Case WS.Name
    Case "Jan"
```

Zunächst werden die alten Daten gelöscht, die alte Einfärbung wird zurückgesetzt und in die Zelle O1 das Planjahr eingetragen. Die geschieht mit den folgenden Befehlen und bleibt für alle Tabellenblätter gleich:

```
Select Case WS.Name
    Case "Jan"
'Löschen der alten Daten
Worksheets(wrkName).Activate
Sheets(wrkName).Range(L_Bereich1).Select
Selection.ClearContents
Sheets(wrkName).Range(L_Bereich2).Select
Selection.ClearContents
```

```
Sheets(wrkName).Range(L_Bereich).Select
Selection.ClearContents
Selection.Interior.ColorIndex = xlNone
Sheets(wrkName).Range("01") = AktJahr
Sheets(wrkName).Range(Left(L_Bereich, 2)).Select
Wochentag1 = Weekday(DateValue("01.01." & AktJahr))
```

Danach wird als Startpunkt die Zelle D6 des Tabellenblatts ausgewählt. Im Anschluss daran berechnet man den Wochentag des Monatsersten. Dies geschieht mit den Funktionen WEEKDAY(DATEVALUE("01.01.2010")). Als Ergebnis erhält man Werte zwischen 1 und 7. Der Wert 1 bedeutet, dass es sich um einen Sonntag handelt. Lautet das Ergebnis 2, dann ist der Monatserste ein Montag usw. In einer Fallunterscheidung, deren Kriterium das Ergebnis der Funktionen WEEK-DAY(DATEVALUE("01.01.2010")) ist, wird dann der Wochentag bestimmt. Das Ergebnis der Fallunterscheidung wird in die Zelle D6 eingetragen. Anschließend füllt man mit der AUTOFILL-Funktion den Bereich D_BEREICH. Dann wird das Datum des jeweiligen Tages mit einer kleinen FOR-NEXT-Schleife eingetragen. Das Listing lautet:

```
Sheets(wrkName).Range(Left(L_Bereich, 2)).Select
Wochentag1 = Weekday(DateValue("01.01." & AktJahr))
    Select Case Wochentag1
    Case 1
        ActiveCell.Value = "So"
    Case 2
        ActiveCell.Value = "Mo"
    Case 3
        ActiveCell.Value = "Di"
    Case 4
        ActiveCell.Value = "Mi"
    Case 5
        ActiveCell.Value = "Do"
    Case 6
        ActiveCell.Value = "Fr"
    Case 7
        ActiveCell.Value = "Sa"
    End Select
Selection.AutoFill Destination:=Range(D_Bereich), Type:=xlFillDefault
        ActiveCell.Offset(1, 0).Select
For i = 0 To MonZ
ActiveCell.Offset(0, i) = i + 1
Next i
```

Zum Abschluss werden noch die Feiertage, Samstage und Sonntage farbig markiert. Da sich der Zellzeiger immer in Zelle D6 des Tabellenblatts befindet, kann in einer FOR-NEXT-Schleife mittels ACTIVECELL.OFFSET(0,I) auf das Datum zugegriffen werden. Wenn der Wert I beträgt (Neujahr), soll der Bereich eingefärbt werden. Das geschieht mit INTERIOR.COLOR = RGB(218, 230, 201).

Der 6. Januar (Heilige Drei Könige) wird nur in Baden-Württemberg, Bayern und Sachsen-Anhalt als Feiertag begangen. Wurde bei den Einstellungen eines dieser drei Bundesländer gewählt, wird der 6. Januar farbig hinterlegt. Dann wird dieser Feiertag im L_Bereich2 (ACI:AC5) im Feld AC2 eingetragen. Dies geschieht mit dem Befehl:

```
Sheets(wrkName).Range(Left(L_Bereich2, 2) & 2) = "Heilige Drei Könige: " &
"06.01." & AktJahr
```

Danach erfolgt die Einfärbung der Samstage und Sonntage. Zum Abschluss wird Neujahr als Feiertag im Feld ACI eingetragen. Das Listing lautet:

```
'Feiertage einfärben
    For i = 0 To MonZ
    'Neujahr
        If ActiveCell.Offset(0, i) = 1 Then
            For j = 0 To AnzMit
                ActiveCell.Offset(j - 1, i).Interior.Color = RGB(218, 230, 201)
            Next j
        End If
    'Heilige Drei Könige
        Select Case BuLand
            Case "BW", "BY", "ST"
                If ActiveCell.Offset(0, i) = 6 Then
                    For j = 0 To AnzMit
                        ActiveCell.Offset(j - 1, i).Interior.Color = RGB(218, 230, 201)
                    Next j
                End If
                Sheets(wrkName).Range(Left(L_Bereich2, 2) & 2) = "Heilige Drei
                Könige: " & "06.01." & AktJahr
        End Select
    If ActiveCell.Offset(-1, i) = "Sa" Or ActiveCell.Offset(-1, i) = "So" Then
        For j = 0 To AnzMit
            ActiveCell.Offset(j - 1, i).Interior.Color = RGB(218, 230, 201)
        Next j
    End If
    Next i
    Sheets(wrkName).Range(Left(L_Bereich2, 2) & 1) = "Neujahr: " & "01.01." &
    AktJahr
```

In Abbildung 9.6 kann man das Ergebnis betrachten. Der November bietet insofern eine kleine Herausforderung, weil der Buß- und Bettag nur im Bundesland Sachsen als Feiertag begangen wird. Dafür zahlen die Sachsen einen höheren Beitrag zur Pflegeversicherung. Die Vorgehensweise für den Monat November bleibt.

1. Alte Daten löschen

2. Ermitteln, auf welchen Tag fällt der 1. November (So, Mo, Di etc.)

3. Zeile 6 des Tabellenblattes ausfüllen (So, Mo, Di ...)

4. Tagesdatum eintragen (1, 2, 3 ...)

5. Feiertage einfärben

6. Feiertage eintragen

7. Samstage und Sonntage einfärben

Da der Buß- und Bettag immer auf einen Mittwoch fällt, aber das Datum variiert, muss das Datum mit einer Formel berechnet werden. Wenn dann der Tag des Buß- und Bettages mit dem Wert in Zeile 6 übereinstimmt, erfolgt die Einfärbung. Nachfolgend der Ausschnitt aus dem Listing:

```
BussundBettag = DateSerial(AktJahr, 12, 25) - Weekday(DateSerial(AktJahr, 12,
25), vbMonday) - 4 * 7 - vbWednesday
    If ActiveCell.Offset(0, i) = Day(BussundBettag) Then
        For j = 0 To AnzMit
            ActiveCell.Offset(j - 1, i).Interior.Color = RGB(218, 230, 201)
            Sheets(wrkName).Range(Left(L_Bereich2, 2) & 2) = "Buss- und Bettag: "
            BussundBettag & AktJahr
        Next j
    End If
```

Im Fall der anderen beweglichen Feiertage geht man in gleicher Weise vor.

9.5 Jahreseinsatz planen

Die Jahresplanung ist mit dem Button CMDEINRICHTEN (Stunden planen) des Tabellenblattes STARTCENTER verknüpft. Mit der Befehlsfolge

```
Klick mit rechter Maustaste auf den Button → Code anzeigen
```

erzeugen Sie die Verknüpfung vom Button zum Programm

```
Private Sub cmdKalender_Click()
End Sub
```

Zwischen die Zeilen kommt nun der nachfolgende Quelltext:

```
Private Sub cmdEinrichten_Click()
Dim WS As Worksheet
For Each WS In Worksheets
    Select Case WS.Name
        Case "Startcenter", "Mitarbeiter", "Fuellen", "Muster"
            Worksheets(WS.Name).Range("D2").Value = ""
        Case Else
            Worksheets(WS.Name).Range("D2").Value = _
            Sheets("Startcenter").cboBuLand.Value
    End Select
Next WS
Einfuegen
End Sub
```

Es werden alle Tabellenblätter mit einer FOR-NEXT-Schleife FOR EACH WS IN WORKSHEETS durchlaufen. In die Zelle D2 des Tabellenblattes wird das Kürzel des Bundeslandes eingetragen, außer in den Tabellenblättern STARTCENTER, MITARBEITER, FUELLEN UND MUSTER. Danach wird die Funktion EINFUEGEN aufgerufen. Diese Funktion sorgt dafür, dass die Einsatzplanung vorgenommen wird.

Aus arbeitsphysiologischen und auch arbeitspsychologischen Gründen wurde eine Schichtfolge gewählt, die 17 Tage abdeckt.

F	F	S	S	N	N	Ø	Ø	F	F	S	S	N	N	Ø	Ø	Ø

F = Frühschicht, S = Spätschicht, N = Nachtschicht, Ø = Frei

Beginnt man nun im Januar mit der Planung, kann man zunächst diese Schichteinteilung komplett aus dem Tabellenblatt FUELLEN in das Tabellenblatt JAN kopieren. Dann bleiben für den Januar noch 14 Tage frei. Nun kann man im Tabellenblatt FUELLEN die ersten 14 Tage der Schichteinteilung markieren und in das Tabellenblatt JAN kopieren. Der Januar ist nun komplett, und die Schichteinteilung wurde für 31 Tage vorgenommen. Allerdings bleibt noch ein Rest von drei Tagen der Schichteinteilung, der in den Februar verschoben wird.

Im Februar wird dann der Rest von drei Tagen des Januars im Tabellenblatt FUELLEN markiert und in das Tabellenblatt FEB kopiert. Ausgehend von 28 zu planenden Tagen im Februar verbleibt ein Rest von 25 einzuplanenden Tagen. In diesen Rest kopiert man zunächst wieder die komplette Schichteinteilung mit 17 Tagen, sodass dann ein Rest von 8 Tagen bleibt. Der wird markiert und in das Tabellenblatt FEB kopiert. Somit verbleibt ein Rest von 9 Tagen der Schichteinteilung für den März. Im März beginnt die Prozedur von vorne. Diese Vorgehensweise gilt es nun in einem Programm umzusetzen.

In einem ersten Schritt wird die Anzahl der Mitarbeiter festgestellt.

```
'Anzahl der Mitarbeiter bestimmen
Worksheets("Mitarbeiter").Activate
AnzahlMitarbeiter = (Worksheets("Mitarbeiter").Range("A4").CurrentRegion.
Rows.Count - 1)
```

Da alle Tabellenblätter der Arbeitsmappe durchlaufen werden, beginnt das Programm mit einer FOR-NEXT-Schleife, die garantiert, dass alle Tabellenblätter abgearbeitet werden.

Für die Berechnung der Reste der Schichteinteilung benötigt man die Anzahl der Tage des Monats. Mit einer Fallunterscheidung nach Monaten wird die Anzahl der Tage des Monats in der Variablen MONZ festgehalten. Die Tabellenblätter wie STARTCENTER, MITARBEITER, FUELLEN und MUSTER, für die keine Planung erfolgt, erhalten für die Variable MONZ den Wert Null zugewiesen.

```
For Each WS In Worksheets
wrkName = WS.Name
Select Case WS.Name
    Case "Jan", "Mrz", "Mai", "Jul", "Aug", "Okt", "Dez"
        MonZ = 31
    Case "Feb"
        sJahr = Schaltjahr(Year(Now))
        If sJahr = True Then
            MonZ = 29
        Else
            MonZ = 28
        End If
    Case "Apr", "Jun", "Sep", "Nov"
        MonZ = 30
    Case Else
        MonZ = 0
End Select
```

Danach wird eine Fallunterscheidung bzgl. der Variablen MONZ getroffen. Hat die Variable den Wert Null, erscheint eine Message-Box mit dem Hinweis, dass für dieses Tabellenblatt keine Einrichtung erfolgt. Hat die Variable einen von Null verschiedenen Wert, erfolgt die Planung.

```
Select Case MonZ
    Case Is = 0
```

```
    MsgBox "Für das Tabellenblatt " & WS.Name & " erfolgt keine Einrichtung!"
Case Else
Planung der Schichteinteilung
```

Zum besseren Verständnis wird zunächst der Quellcode für die Planung der Schichteinteilung dargelegt. Dann kann man bei den Erläuterungen schnell auf das Listing zugreifen.

```
Case Else
    d = 8
    For i = 1 To AnzahlMitarbeiter
    strRange = "U" & i
    Start = Worksheets("Fuellen").Range(strRange).Value
    Worksheets("Fuellen").Activate
    Range(Cells(i, Start), Cells(i, 17)).Select
    Anzahl = Selection.Columns.Count
    Zaehler = Selection.Columns.Count
    Selection.Copy
    Worksheets(wrkName).Activate
    Sheets(wrkName).Range("D" & d).Select
    Selection.PasteSpecial Paste:=xlPasteValues, Operation:=xlNone, SkipBlanks _
    :=False, Transpose:=False
    ActiveCell.Offset(0, Anzahl).Select
    Abfrage = MonZ - Zaehler
If Abfrage >= 17 Then
    Worksheets("Fuellen").Activate
    Sheets("Fuellen").Range(Cells(i, 1), Cells(i, 17)).Select
    Anzahl = Selection.Columns.Count
    Zaehler = Anzahl + Zaehler
    Selection.Copy
    Worksheets(wrkName).Activate
    Selection.PasteSpecial Paste:=xlPasteValues, Operation:=xlNone, SkipBlanks _
    :=False, Transpose:=False
        ActiveCell.Offset(0, Anzahl).Select
Else
    Worksheets("Fuellen").Activate
    Sheets("Fuellen").Range(Cells(i, 1), Cells(i, Abfrage)).Select
    Anzahl = Selection.Columns.Count
    Zaehler = Zaehler + Anzahl
    Selection.Copy
    Worksheets(wrkName).Activate
    Selection.PasteSpecial Paste:=xlPasteValues, Operation:=xlNone, SkipBlanks _
    :=False, Transpose:=False
    ActiveCell.Offset(0, Anzahl).Select
End If
```

```
Abfrage = MonZ - Zaehler
If Abfrage >= 17 Then
    Worksheets("Fuellen").Activate
    Sheets("Fuellen").Range(Cells(i, 1), Cells(i, 17)).Select
    Anzahl = Selection.Columns.Count
    Zaehler = Zaehler + Anzahl
    Selection.Copy
    Worksheets(wrkName).Activate
    Selection.PasteSpecial Paste:=xlPasteValues, Operation:=xlNone, SkipBlanks _
    :=False, Transpose:=False
    ActiveCell.Offset(0, Anzahl).Select
Else
If Abfrage > 0 Then
    Worksheets("Fuellen").Activate
    Sheets("Fuellen").Range(Cells(i, 1), Cells(i, Abfrage)).Select
    Anzahl = Selection.Columns.Count
    Zaehler = Zaehler + Anzahl
    Selection.Copy
    Worksheets(wrkName).Activate
    Selection.PasteSpecial Paste:=xlPasteValues, Operation:=xlNone, skipBlanks_
            :=False, Transpose:=False
        ActiveCell.Offset(0, Anzahl).Select
End If
End If
If MonZ - Zaehler = 0 Then
    Worksheets("Fuellen").Activate
    Sheets("Fuellen").Range(strRange).Value = Anzahl + 1
End If
Application.CutCopyMode = False
d = d + 3
Next
End Select
Next WS
End Function
```

Für das Programm werden die nachfolgenden Variablen benötigt:

Name der Variable	Bedeutung
D	Enthält den Wert für die Zeilenzahl, in die die Schichteinteilung kopiert werden soll.
Anzahl	Nimmt die Anzahl der ausgewählten und zu kopierenden Spalten auf. Der Wert wird benötigt, um die Zelle auszuwählen, ab der im nächsten Schritt die Schichteinteilung erfolgen soll.

Name der Variable	Bedeutung
START	Der Wert steht in Spalte U des Tabellenblattes FUELLEN und gibt den Startpunkt für den zu markierenden Bereich an.
ZAEHLER	Enthält die Anzahl der insgesamt ausgewählten Spalten. Die Berechnung erfolgt über die Formel: ZAEHLER = ZAEHLER + ANZAHL.
ABFRAGE	Errechnet sich aus ABFRAGE = MONZ - ZAEHLER und enthält den Wert für die letzte zu kopierende Zelle.

Da der Start des Einfügens in Zeile 8 des aktuellen Tabellenblattes erfolgt, wird der Variablen D der Wert 8 zugewiesen. Dann wird eine FOR-NEXT-Schleife begonnen, die dann endet, wenn für alle Mitarbeiter eine Schichteinteilung vorgenommen wurde. Vor dem Ende dieser Schleife wird der Wert von D um 3 erhöht, denn die nächste Zeile, in die die Schichteinteilung kopiert wird, ist die Zeile 11 bzw. 14, 17 usw.

Danach wird aus der Spalte U des Tabellenblattes FUELLEN der Startwert des zu markierenden und zu kopierenden Bereichs in die Variable START eingelesen. Der Bereich wird markiert. Die Anzahl der markierten Spalten wird an die Variablen ANZAHL und ZAEHLER übergeben. Die COPY-Funktion wird aufgerufen, die Zelle D8 des aktuellen Tabellenblattes wird ausgewählt und der Zwischenspeicher ab D8 eingefügt. Der Zellzeiger wird auf die Zelle nach dem letzten Eintrag gesetzt. Die Variable ABFRAGE errechnet sich dann aus MONZ - ZAEHLER.

Für den Januar steht der Startwert in der Zelle U1 des Tabellenblattes FUELLEN. Er wird der Variablen START zugewiesen. Dann wird der Bereich RANGE(CELLS(1, 1), CELLS(1, 17)).SELECT (A1:A17) des Tabellenblattes FUELLEN ausgewählt, kopiert und eingefügt. Die Variable ZAEHLER hat den Wert 17, denn mit dem Befehl ZAEHLER = SELECTION.COLUMNS.COUNT wurde die Anzahl der markierten Spalten der Variable zugewiesen. Die Variable ABFRAGE hat den Wert 14, der sich aus MONZ (31) - ZAEHLER (17) errechnet.

Im Anschluss daran wird der Wert der Variablen ABFRAGE untersucht. Ist er größer als 17, passt noch eine komplette Schichteinteilung in den Monat. Andernfalls wird der Restbereich markiert, kopiert und eingefügt. Die Variable ANZAHL nimmt wieder die Anzahl der markierten Spalten auf, die Variable ZAEHLER wird um die Anzahl markierten Spalten erhöht, der Zellzeiger wird um den Wert von ANZAHL nach rechts verschoben. Die Variable ABFRAGE wird neu berechnet durch die Formel ABFRAGE = MONZ (31) - ZAEHLER (17 + 14).

Im Januar hat die Variable den Wert 14, und der Wert liegt unter 17. In diesem Fall wird der Bereich RANGE(CELLS(1, 1), CELLS(1, 14)).SELECT (A1:A14) des Tabellenblattes FUELLEN ausgewählt, kopiert und eingefügt. Die Anzahl der ausgewählten Spalten beträgt 14. Dieser Wert wird der Variablen ANZAHL zugewiesen. Die Variable

ZAEHLER wird um diesen Wert erhöht und hat danach den Wert 31. Der Zellzeiger wird um 14 Spalten nach rechts verschoben.

Nun wird der Wert der Variablen ABFRAGE erneut untersucht. Liegt der Wert über 17, wird wieder entsprechend markiert, kopiert und eingefügt. Ist der Wert der Variablen ABFRAGE nach dem dritten Vorgang noch größer Null (mehr als 3 Kopiervorgänge sind nicht notwendig), wird der Rest markiert, kopiert und eingefügt. Die Zeile für den Mitarbeiter ist komplett ausgefüllt.

Wenn nun Differenz zwischen MONZ und ZAEHLER gleich Null ist, wird der letzte Wert von ANZAHL um 1 erhöht, in die entsprechende Zelle der Spalte U des Tabellenblattes FUELLEN eingetragen und steht als Startwert für den kommenden Monat zur Verfügung. Der Kopiermodus wird deaktiviert und die Zeilenzahl D um 3 erhöht.

Im Januar hatte die Variable ANZAHL als letzten Wert 14. Dieser Wert wird um 1 erhöht und in die Zelle U1 des Tabellenblattes FUELLEN eingetragen. Dieser Wert steht als Startwert für den Februar zur Verfügung.

Im Februar verläuft die Planung anders. Hier steht als Startwert 15 in Zelle U1 des Tabellenblattes FUELLEN bereit. Dieser Wert wird der Variablen START zugewiesen. Dann wird der Bereich RANGE(CELLS(1, 15), CELLS(1, 17)).SELECT (A15:A17) des Tabellenblattes FUELLEN ausgewählt, kopiert und eingefügt. Die Variable ZAEHLER hat den Wert 3, denn mit dem Befehl ZAEHLER = SELECTION.COLUMNS.COUNT wurde die Anzahl der markierten Spalten der Variable zugewiesen. Die Variable ABFRAGE hat den Wert 25, der sich aus MONZ (31) - ZAEHLER (3) errechnet. Die Variable Anzahl bekam den Wert 3 zugewiesen. Somit wird der Zellzeiger auf die Zelle D4 gesetzt.

Die erste Abfrage der Variablen ABFRAGE ergibt, dass der Wert dieser Variablen mit 25 größer als 17 ist. Somit wird die gesamte Schichteinteilung markiert, kopiert und in das Tabellenblatt FEB eingefügt. Die Variable ANZAHL bekommt den Wert 17 (Anzahl der markierten und kopierten Spalten) zugewiesen. Die Variable ZAEHLER wird durch die Formel ZAEHLER = ZAEHLER (3) + ANZAHL (17) berechnet und hat nun den Wert 20. Die Variable ABFRAGE bekommt durch die Formel ABFRAGE = MONZ (28) - ZAEHLER (20) den Wert 8.

Nun wird abgefragt, ob der Wert der Variablen ABFRAGE größer als 17 ist. Da dies nicht der Fall ist, wird in den NEIN-Zweig (ELSE) gesprungen. Dort wird dann abgefragt, ob der Wert der Variablen größer Null ist. Da dies der Fall ist, wird der Bereich Bereich RANGE(CELLS(1, 1), CELLS(1, 8)).SELECT (A1:A8) des Tabellenblattes FUELLEN ausgewählt, kopiert und eingefügt. Der Zellzeiger wird um 9 Spalten nach rechts versetzt (ACTIVECELL.OFFSET(0, ANZAHL).SELECT). Die Zeile 8 ist im Tabellenblatt Feb komplett ausgefüllt.

Wenn nun die Differenz zwischen MONZ und ZAEHLER gleich Null ist, wird der letzte Wert von ANZAHL (8) um 1 erhöht, in die entsprechende Zelle der Spalte U des Tabellenblattes FUELLEN eingetragen und steht als Startwert für den kommenden Monat zur Verfügung. Der Kopiermodus wird deaktiviert und die Zeilenzahl D um 3 erhöht.

Für die anderen Monate läuft das Programm in gleicher Weise ab.

9.6   Arbeitsstunden berechnen

Die Berechnung der geleisteten Stunden pro Tag erfolgt über die Schaltfläche mit dem Titel STUNDEN BERECHNEN des aktuellen Tabellenblattes. In jedem Tabellenblatt, für das eine Stundenabrechnung erfolgt, wurde eine derartige Schaltfläche eingerichtet und mit dem Namen CMDSTDTABELLENBLATTNAME versehen. Für das Tabellenblatt JAN lautet der Name der Schaltfläche also CMDSTDJAN. Diese Schaltfläche wird mit dem nachfolgenden Programm verknüpft. Richten Sie deshalb zunächst eine Befehlsschaltfläche im Tabellenblatt JAN ein. Weisen Sie dieser Befehlsschaltfläche im Eigenschaftsfenster den Namen CMDSTDJAN zu und tragen als Caption STUNDEN BERECHNEN ein. Danach verknüpfen Sie den Button mit dem Programm durch die Befehlsfolge:

```
Klick mit Rechter Maustaste auf den Button → Code anzeigen
```

Dadurch erzeugen Sie die Verknüpfung vom Button zum Programm

```
Private Sub cmdStdJan_Click()
End Sub
```

Zwischen diese Zeilen kommt das nachfolgende Programm.

```
Dim wrkName, BuLand As String
Dim RechnungsJahr As Integer
wrkName_1 = ActiveSheet.Name
RechnungsJahr = ActiveSheet.Range("O1").Value
wrkName_2 = "Mitarbeiter"
BuLand = Worksheets(wrkName_1).Range("D2")
StundenBerechnen wrkName_1, wrkName_2, BuLand, RechnungsJahr
```

Für die restlichen Monate verfahren Sie in gleicher Weise.

Zunächst sind einige Vorbemerkungen zur Berechnung der geleisteten Stunden notwendig. Ausgangspunkt soll der April des Jahres 2010 sein. Im April 2010 fällt Ostern auf den 04.04.2010. Die nachfolgende Abbildung 9.8 bildet die Abrechnung für diesen Monat ab.

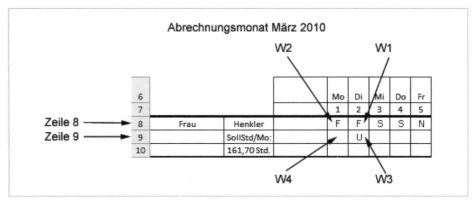

Abb. 9.8: Abrechnungsmonat April 2010

Bei den Werten in Zeile 8 handelt es sich um Planwerte. Die Werte in Zeile 9 sind die Ist-Werte. Steht nun in Zeile 9 kein Wert, wird der Wert aus Zeile 8 als Ist-Wert der Stundenabrechnung zugrunde gelegt. Ansonsten wird die Arbeitsleistung auf Basis des Wertes in Zeile 9 berechnet.

Für die Berechnung der Stundenzahl sind die Werte W1, W2, W3, und W4 von entscheidender Bedeutung. Da im Tabellenblatt von Zelle D8 aus die Berechnung gestartet wird, kommt man mit ACTIVECELL.OFFSET an die Inhalte der entsprechenden Zellen. Beispielhaft soll die abzurechnende Stundenzahl für den Ostermontag bestimmt werden. Dann ergeben sich folgende Berechnungen:

Variable	Wert	Zugriff auf Zellinhalte
W1	F	ACTIVECELL.OFFSET(0, 1).VALUE
W2	F	ACTIVECELL.OFFSET(0, 1 - 1).VALUE
W3	U	ACTIVECELL.OFFSET(1, 1).VALUE
W4	Ø	ACTIVECELL.OFFSET(1, 1 - 1).VALUE

Am 04.04. hat der Arbeitnehmer eine Frühschicht (F) geleistet und bekommt somit 8 Stunden angerechnet. Am 05.04. hatte er Urlaub (U). Dieser Tag wird mit 8 Stunden gutgeschrieben. Da das Unternehmen für Arbeiten am Feiertag einen Freizeitausgleich gewährt und dieser in der Monatsabrechnung kenntlich gemacht werden muss (siehe TVöD), wird dem Arbeitnehmer am Ostersonntag (04.04.) eine Zeitgutschrift von 8 Stunden erteilt. Daraus ergibt sich eine Gutschrift von 16 Stunden am 04.04. Am 05.04. (Ostermontag) wurde keine Feiertagsarbeit durch den Mitarbeiter erbracht, da er an diesem Tag Urlaub hatte. Also erfolgt keine Zeitgutschrift.

Am 09.04. und am 10.04. tritt ein weiteres Problem auf. Der Mitarbeiter beginnt am 09.04. mit einer Nachtschicht, die bis zum 10.04. 6 Uhr dauert. Für den 09.04. wird N (Nachtschicht) eingetragen. Am 10.04. findet man das Zeichen Ø für Freizeit. Am 09.04. sind dem Mitarbeiter 2 Stunden und am 10.04. 6 Stunden Arbeitszeit anzurechnen, denn er hat ja noch bis 6 Uhr gearbeitet. Dies muss bei der Programmierung berücksichtigt werden. Hier kommen nun die Werte W1 bis W4 ins Spiel. Da W3 keinen Wert enthält, gilt W1. W4 weist ebenfalls keinen Wert auf, also zählt W2. Wenn nun W1 gleich Ø ist und W2 gleich N ist, so ist an diesem Tag der Wert 6 einzutragen und am Vortag der Wert 2.

Am Monatsanfang kann man allerdings die Werte W2 und W4 nicht aus dem aktuellen Tabellenblatt ermitteln, da der Vortag der letzte Tag im Vormonat ist. Deshalb wird an die Funktion STUNDENBERECHNEN der Namen des aktuellen Tabellenblattes und der Name des Tabellenblattes des Vormonats übergeben. Damit ist es möglich, auf die eingetragenen Werte des Monatsletzten zuzugreifen.

Da die Funktion STUNDENBERECHNEN recht umfangreich ausfällt, soll die Programmierung nur am Beispiel des Monats April erläutert werden. Die anderen Monate müssen nur geringfügig bzgl. der Programmierung abgeändert werden.

An die Funktion werden 4 Werte übergeben.

Variable	Bedeutung
WRKNAME_1	Name des aktuellen Tabellenblatts, im Beispiel Apr
WRKNAME_2	Name des Tabellenblatts des Vormonats, im Beispiel Mrz
BULAND	Name des Bundeslandes. Für die Bestimmung der Feiertage wesentlich.
AKTJAHR	Das Jahr, für das die Monatsabrechnung erfolgen soll.

Im weiteren Verlauf des Programms werden folgende Variable benötigt:

Variable	Bedeutung
Bereich	Spaltenangabe des Monatsendes der Vormonates, z.B. AH oder AG etc.
D	Aktuelle Zeilenzahl, Mitarbeiter Nr. 1 d = 8, Mitarbeiter Nr. 2 d = 11. Der Wert d wird am Ende der Schleife um 3 erhöht.
R	Zeilenzahl des Datumsbereichs (1, 2, 3 ...). Der Wert von r wird am Ende der Schleife um 3 erhöht. Beim ersten Mitarbeiter hat r den Wert 1, beim zweiten 4, da der Datumsbereich 4 Zeilen oberhalb liegt.

Variable	Bedeutung
M	Zeilenzahl für den letzten Wert (31.12.Vorjahr) des alten Jahres. Er befindet sich in der Tabelle MITARBEITER ab Zeile 5. Diese Variable wird am Ende um 1 erhöht.
ENDE	Schleifenende für innere Schleife.
ANZAHLMITARBEITER	Schleifenende für äußere Schleife.
I, J	Zählvariable für Schleifen.
WERT1	Enthält den Abrechnungswert des Abrechnungstages, z.B. N oder F etc..
WERT2	Enthält den Abrechnungswert des Tages vor dem Abrechnungstag, z.B. N oder F etc.
A_STD	Zahl der geleisteten Arbeitsstunden.

Nach der Variablendeklaration wird die aktuelle Anzahl der Mitarbeiter abgefragt. Dieser Wert begrenzt die äußere Schleife, während die innere Schleife von der Anzahl der Tage im Monat eingeschränkt wird.

Danach der Variablen mithilfe einer Fallunterscheidung die Spaltenbezeichnung wie z.B. AH (Monate mit 31 Tagen) zugewiesen. Als Kriterium für die Fallunterscheidung wird der Wert der Variablen WRKNAME_2 herangezogen.

Die SELECT CASE WRKNAME_1-Anweisung legt den Wert für das Schleifende der inneren Schleife fest. Da ACTIVECELL.OFFSET mit dem Zählen bei Null beginnt, hat man beim Wert 30 schon das Monatsende erreicht, vorausgesetzt wird, dass der Monat 31 Tage hat.

Der Quellcode für diesen Teil des Programms lautet:

```
Public Function StundenBerechnen(wrkName_1, wrkName_2, BuLand As String, AktJahr
As Integer)
Dim AnzahlMitarbeiter, Ende As Integer
Dim Bereich, Wert1, Wert2, W1, W2, W3, W4 As String
Dim d, r, m As Integer
Worksheets("Mitarbeiter").Activate
AnzahlMitarbeiter = (Worksheets("Mitarbeiter").Range("A4").CurrentRegion.Rows.
Count - 1)
Select Case wrkName_2
    Case "Jan", "Mai", "Jul", "Aug", "Okt", "Dez", "Mrz"
        Bereich = "AH"
    Case "Feb"
        sJahr = Schaltjahr(AktJahr)
        If sJahr = True Then
            Bereich = "AF"
```

```
        Else
            Bereich = "AE"
        End If
    Case "Apr", "Jun", "Sep", "Nov", "Dez"
        Bereich = "AG"
End Select
Select Case wrkName_1
    Case "Jan", "Mrz", "Mai", "Jul", "Aug", "Okt", "Dez"
        Ende = 30
    Case "Feb"
        sJahr = Schaltjahr(AktJahr)
        If sJahr = True Then
            Ende = 28
        Else
            Ende = 27
        End If
    Case "Apr", "Jun", "Sep", "Nov"
        Ende = 29
End Select
d = 8
r = 1
m = 5
```

Im Programm gibt es zwei Laufrichtungen. Die äußere Schleife springt von Zeile 8 des aktuellen Tabellenblattes nach unten und wird mit FOR J = 0 TO ANZAHLMIT-ARBEITER NEXT J programmiert. Die innere Schleife durchläuft alle Tage des aktuellen Monats und hat den Quellcode FOR I = 0 TO ENDE NEXT I.

Die Variablen WERT1 und WERT2 werden auf Null gesetzt. Danach wird der Abrechnungswert des Vormonats ermittelt. Hier muss das besondere Augenmerk auf den Januar gelegt werden. Die Abrechnungswerte des Dezembers des alten Jahres wurden im Tabellenblatt MITARBEITER ab Zeile 5 in den Spalten F und G gespeichert. Die Fallunterscheidung SELECT CASE WRKNAME_1 unterscheidet zwischen dem Januar und den übrigen Monaten des Abrechnungsjahres. In der Fallunterscheidung werden dann den Variablen W1 bis W4 die entsprechenden Werte zugewiesen.

Betrifft es den Monat Januar, wird das Tabellenblatt MITARBEITER aktiviert. Mit dem Befehl WORKSHEETS(WRKNAME_2).RANGE("F" & M).VALUE (WORKSHEETS("MITAR-BEITER").RANGE("F5").VALUE) wird der Wert der Zelle F5 in die Variable W2 gelesen. In gleicher Weise verfährt man mit der Variablen W1. Hierzu schaltet man in das aktuelle Tabellenblatt und wählt dort mit dem Befehl WORKSHEETS(WRKNAME_1) .RANGE("D" & D).SELECT (WORKSHEETS("JAN").RANGE("D8") .SELECT) die Zelle D8 als Startpunkt aus. Der Befehl ACTIVECELL.OFFSET(0, I).VALUE weist dann der Variablen W1 den entsprechenden Wert zu.

Liegt kein Monatsbeginn vor, wird der Zellzeiger auf die Startzelle D8 des aktuellen Tabellenblattes gesetzt, und den Variablen W1 bis W4 werden die Werte zugewiesen. Danach muss der Wert für die Variablen WERT1 (Abrechnungstag) und WERT2 (Vortag) ermittelt werden. Wenn beispielsweise die Variable W3 einen Wert enthält, wird der Variablen WERT1 der Wert von W3 zugewiesen. Sollte dies nicht der Fall sein, nimmt die Variable WERT1 den Wert von W1 an. Gleiches gilt für die Variable WERT2. Der Quellcode für diesen Programmabschnitt lautet:

```
For j = 0 To AnzahlMitarbeiter 'Äußere Schleife
For i = 0 To Ende              'Innere Schleife
'Variable auf Null setzen
Wert1 = ""
Wert2 = ""
'wenn 1. im Monat dann
If i = 0 Then
Select Case wrkName_1
    Case "Jan"
    Worksheets(wrkName_2).Activate
    W2 = Worksheets(wrkName_2).Range("F" & m).Value
    W4 = Worksheets(wrkName_2).Range("G" & m).Value
    Worksheets(wrkName_1).Activate
    Worksheets(wrkName_1).Range("D" & d).Select
    W1 = ActiveCell.Offset(0, i).Value
    W3 = ActiveCell.Offset(1, i).Value
    Case Else
    Worksheets(wrkName_2).Activate
    W2 = Worksheets(wrkName_2).Range(Bereich & d).Value
    W4 = Worksheets(wrkName_2).Range(Bereich & d + 1).Value
    Worksheets(wrkName_1).Activate
    Worksheets(wrkName_1).Range("D" & d).Select
    W1 = ActiveCell.Offset(0, i).Value
    W3 = ActiveCell.Offset(1, i).Value
End Select
Else
'sonst
Worksheets(wrkName_1).Activate
Worksheets(wrkName_1).Range("D" & d).Select
W1 = ActiveCell.Offset(0, i).Value
W2 = ActiveCell.Offset(0, i - 1).Value
W3 = ActiveCell.Offset(1, i).Value
W4 = ActiveCell.Offset(1, i - 1).Value
```

```
End If
'Ersten Wert bestimmen
 If (W3 <> "") Then
     Wert1 = W3
Else
     Wert1 = W1
End If
'Zweiten Wert bestimmen
If (W4 <> "") Then
Wert2 = W4
Else
Wert2 = W2
End If
```

Danach beginnt die Berechnung der geleisteten Stunden. Beispielhaft soll hier nur die Berechnung der Nachtarbeitsstunden und Freizeitstunden mit Quelltext aufgelistet werden.

```
'Nachtschicht 2 Std
If (Wert1 = "N" And Wert2 = "S") Then
    a_std = 2
End If
If (Wert1 = "N" And Wert2 = "F") Then
    a_std = 2
End If
If (Wert1 = "N" And Wert2 = "Ø") Then
    a_std = 2
End If
If (Wert1 = "N" And Wert2 = "U") Then
    a_std = 2
End If
If (Wert1 = "N" And Wert2 = "K") Then
    a_std = 2
End If
'Nachtschicht 8 Std
If (Wert1 = "N" And Wert2 = "N") Then
    a_std = 8
End If
'Frei mit 0 Std
If (Wert1 = "Ø" And Wert2 = "F") Then
    a_std = 0
End If
If (Wert1 = "Ø" And Wert2 = "S") Then
    a_std = 0
```

```
End If
If (Wert1 = "Ø" And Wert2 = "K") Then
    a_std = 0
End If
If (Wert1 = "Ø" And Wert2 = "U") Then
    a_std = 0
End If
If (Wert1 = "Ø" And Wert2 = "Ø") Then
    a_std = 0
End If
'Frei mit 6 Std
If ((Wert1 = "Ø") And (Wert2 = "N")) Then
    a_std = 6
End If
```

Nun beginnt die Berechnung des Freizeitausgleichs für geleistete Feiertagsarbeit. Am Beispiel des Monats Februar soll aufgezeigt werden, wie dieses Problem gelöst wird.

Jeder Feiertag im April wird durch eine AND-Bedingung abgefragt. Stimmt der Tag des Feiertages (DAY(OSTERDATUM(AKTJAHR) - 2) mit dem Tag des Kalenderbereichs ACTIVECELL.OFFSET(-R, I)) überein und der Monat des Feiertages (MONTH(OSTERDATUM(AKTJAHR) - 2) = 4) ist vier, dann wird die Stundenzahl (A_STD) verdoppelt. Sollte allerdings der Mitarbeiter krank oder im Urlaub sein und hätte an diesem Tag Dienst gehabt, wird die Stundenzahl auf 8 Stunden begrenzt. Für diesen Bereich lautet der Quellcode:

```
Case "Apr"
'Osterfeiertage
'Karfreitag
If (Day(OsterDatum(AktJahr) - 2) = ActiveCell.Offset(-r, i)) And
(Month(OsterDatum(AktJahr) - 2) = 4) Then
Select Case Wert1
Case "U", "K"
a_std = 8
Case Else
a_std = a_std * 2
End Select
End If
'Karsamstag
If (Day(OsterDatum(AktJahr) - 1) = ActiveCell.Offset(-r, i)) And
(Month(OsterDatum(AktJahr) - 1) = 4) Then
Select Case Wert1
Case "U", "K"
```

```
a_std = 8
Case Else
a_std = a_std
End Select
End If
'Ostersonntag
If (Day(OsterDatum(AktJahr)) = ActiveCell.Offset(-r, i)) And
(Month(OsterDatum(AktJahr)) = 4) Then
Select Case Wert1
Case "U", "K"
a_std = 8
Case Else
a_std = a_std * 2
End Select
End If
'Ostermontag
If (Day(OsterDatum(AktJahr) + 1) = ActiveCell.Offset(-r, i)) And
(Month(OsterDatum(AktJahr) + 1) = 4) Then
Select Case Wert1
Case "U", "K"
a_std = 8
Case Else
a_std = a_std * 2
End Select
End If
```

Für die anderen Monate mit Feiertagen verfährt man in gleicher Weise.

9.7 Zeitzuschläge bestimmen

Die Berechnung der Zeitzuschläge erfolgt über die Schaltfläche mit dem Titel ZUSCHLÄGE BERECHNEN des aktuellen Tabellenblatts. In jedem Tabellenblatt, für das eine Zuschlagsabrechnung erfolgt, wurde eine derartige Schaltfläche eingerichtet und mit dem Namen CMDZUSCHTABELLENBLATTNAME versehen. Für das Tabellenblatt JAN lautet der Name der Schaltfläche also CMDZUSCHJAN. Diese Schaltfläche wird mit dem nachfolgenden Programm verknüpft. Richten Sie deshalb zunächst eine Befehlsschaltfläche im Tabellenblatt JAN ein. Weisen Sie dieser Befehlsschaltfläche im Eigenschaftsfenster den Namen CMDZUSCHJAN zu und tragen als Caption ZUSCHLÄGE BERECHNEN ein. Danach verknüpfen Sie den Button mit dem Programm durch die Befehlsfolge:

```
Klick mit rechter Maustaste auf den Button → Code anzeigen
```

Dadurch erzeugen Sie die Verknüpfung vom Button zum Programm

```
Private Sub cmdZuschJan_Click()
End Sub
```

Zwischen diese Zeilen kommt das nachfolgende Programm.

```
Dim wrkName, BuLand As String
Dim RechnungsJahr As Integer
wrkName_1 = ActiveSheet.Name
RechnungsJahr = ActiveSheet.Range("O1").Value
BuLand = Worksheets(wrkName_1).Range("D2")
Zuschlagberechnen wrkName_1, BuLand, RechnungsJahr
```

Dieses Programm übergibt an die Funktion ZUSCHLAGBERECHNEN die drei Werte Name des aktuellen Tabellenblattes, das Kürzel des Bundeslandes und das aktuelle Abrechnungsjahr.

Die Funktion ZUSCHLAGBERECHNEN ist recht umfangreich und benötigt eine ganze Reihe von Variablen. Sie werden nachfolgend angeführt und erläutert.

Der TVöD unterscheidet folgende Zuschläge:

Variablenbezeichnung	Bedeutung
S1	Zuschlag für Feiertag ohne Freizeitausgleich mit 135 %
S2	Zuschlag für Feiertag ohne Freizeitausgleich mit 35 %
S3	Heiligabend und Silvester
S4	Karsamstag und Pfingstsamstag
S5	Sonntagsarbeit
S6	Samstagsarbeit
S7	Nachtarbeit

Für die Berechnung der Feiertagzuschläge werden alle Feiertage benötigt. Sie werden zum Anfang des Programms festgelegt.

Die Variable ANZAHLMITARBEITER dient als Zählvariable für die äußere FOR-NEXT-Schleife und wird nach den Feiertagen initialisiert. Die Variable ENDE begrenzt die innere Schleife. Ihr Wert bestimmt sich durch die Anzahl der Tage des aktuellen Monats.

Daneben werden noch fünf weitere Variablen benötigt:

Name	Bedeutung	

WERT1	Enthält den Abrechnungswert des Abrechnungstages, z.B. N oder F etc.	IF (W4 <> "") THEN
		  WERT1 = W4
		ELSE
		  WERT1 = W3
		END IF

W1	Ermittelt den Wochentag, z.B. So, Mo etc.	ACTIVECELL.OFFSET(-2 - R, 1).VALUE
W2	Nimmt das Datum des Wochentages auf, z.B. 1 oder 2 etc.	ACTIVECELL.OFFSET(-1 - R, 1).VALUE
W3	Speichert die Art der Schicht (Soll), z.B. N, F etc.	ACTIVECELL.OFFSET(0, 1).VALUE
W4	Speichert die Art der Schicht (Ist), z.B. N, F etc.	ACTIVECELL.OFFSET(1, 1).VALUE
W7	Ermittelt die Anzahl der geleisteten Arbeitsstunden	ACTIVECELL.OFFSET(2, 1).VALUE

Der Quellcode für diesen Programmabschnitt lautet:

```
Public Function Zuschlagberechnen(wrkName_1, BuLand As String, AktJahr As
Integer)
Dim AnzahlMitarbeiter, Ende As Integer
Dim Bereich As String
Dim S1, S2, S3, S4, S5, S6, S7 As Single
Dim W1, W2, W3, W4, W7, Wert1 As Variant
Dim Karfreitag, Karsamstag, Ostermontag, ChristiHimmelfahrt, Pfingstmon-
tag, Fronleichnam As Date
Dim ErsterMai, Nationalfeiertag, Reformationstag, Allerheiligen, Mariae-
Himmelfahrt, BussundBettag
'Feiertage bestimmen
Karfreitag = OsterDatum(AktJahr) - 2
Karsamstag = OsterDatum(AktJahr) - 1
Ostermontag = OsterDatum(AktJahr) + 1
ErsterMai = "01.05." & AktJahr
ChristiHimmelfahrt = OsterDatum(AktJahr) - 2
Pfingstmontag = OsterDatum(AktJahr) - 2
Fronleichnam = OsterDatum(AktJahr) - 2
Nationalfeiertag = "03.10." & AktJahr
Reformationstag = "30.10." & AktJahr
Allerheiligen = "01.11." & AktJahr
MariaeHimmelfahrt = "15.08." & AktJahr
BussundBettag = DateSerial(AktJahr, 12, 25) - Weekday(DateSerial(AktJahr,
12, 25), vbMonday) - 4 * 7 - vbWednesday
Worksheets("Mitarbeiter").Activate
```

```
AnzahlMitarbeiter = (Worksheets("Mitarbeiter").Range("A4").CurrentRe-
gion. Rows.Count - 2)
Worksheets(wrkName_1).Activate
Worksheets(wrkName_1).Range("D8").Select
Ende = Worksheets(wrkName_1).Range("D8").CurrentRegion.Columns.Count
Select Case wrkName_1
    Case "Jan", "Mrz", "Mai", "Jul", "Aug", "Okt", "Dez"
        Bereich = "AH"
        Ende = 30
    Case "Feb"
        sJahr = Schaltjahr(Year(Now))
        If sJahr = True Then
            Bereich = "AF"
            Ende = 28
        Else
            Bereich = "AE"
            Ende = 27
        End If
    Case "Apr", "Jun", "Sep", "Nov"
        Bereich = "AG"
        Ende = 29
End Select
Worksheets(wrkName_1).Range("D8").Select
d = 8
r = 0
m = 5
For j = 0 To AnzahlMitarbeiter 'äußere Schleife
'Zuschläge für Monate berechnen
S1 = 0 ' Feiertag ohne Freizeitausgleich mit 135%
S2 = 0 ' Feiertag mit Freizeitausgleich und 35%
S3 = 0 ' Heilig Abend / Silvester
S4 = 0 ' Karsamstag / Pfingstsamstag
S5 = 0 ' Sonntagsarbeit
S6 = 0 ' Samstagsarbeit
S7 = 0 ' Nachtarbeit
Worksheets(wrkName_1).Range("D" & d).Select
For i = 0 To Ende 'innere Schleife
'Variable auf Null setzen
Wert1 = ""
W1 = ActiveCell.Offset(-2 - r, i).Value 'Wochentag z.B. So
W2 = ActiveCell.Offset(-1 - r, i).Value 'Datum Wochentag z.B. 1
W3 = ActiveCell.Offset(0, i).Value 'Art der Schicht am Abrechnungstag z.B. S
W4 = ActiveCell.Offset(1, i).Value 'Art der Schicht am Abrechnungstag z.B. S
W7 = ActiveCell.Offset(2, i).Value 'Stundenzahl z.B. 8
```

```
'Ersten Wert bestimmen
If (W4 <> "") Then
    Wert1 = W4
Else
    Wert1 = W3
End If
```

Beispielhaft für die Programmierung der Berechnung der Zuschlagstunden soll die Abrechnung für den Januar erfolgen.

Für Monate mit Feiertagen, die bundeseinheitlich anfallen, und mit Feiertagen, die nur in einigen bestimmten Bundesländern vorkommen, gestaltete sich die Programmierung recht schwierig. Da mehrere Fallunterscheidungen ineinander geschachtelt werden, besteht die Gefahr, dass der Überblick leicht verloren geht. Die Abbildung 9.9 versucht, die Struktur der Programmierung in einem Schaubild darzustellen. Entsprechend der nachfolgend abgebildeten Struktur erfolgt die Programmierung.

Zunächst werden die Feiertage Neujahr und Heilige Drei Könige abgefragt. Sollten die Feiertage auf einen Sonntag fallen, fällt nur ein Sonntagszuschlag an, andernfalls wird der Feiertagszuschlag gezahlt.

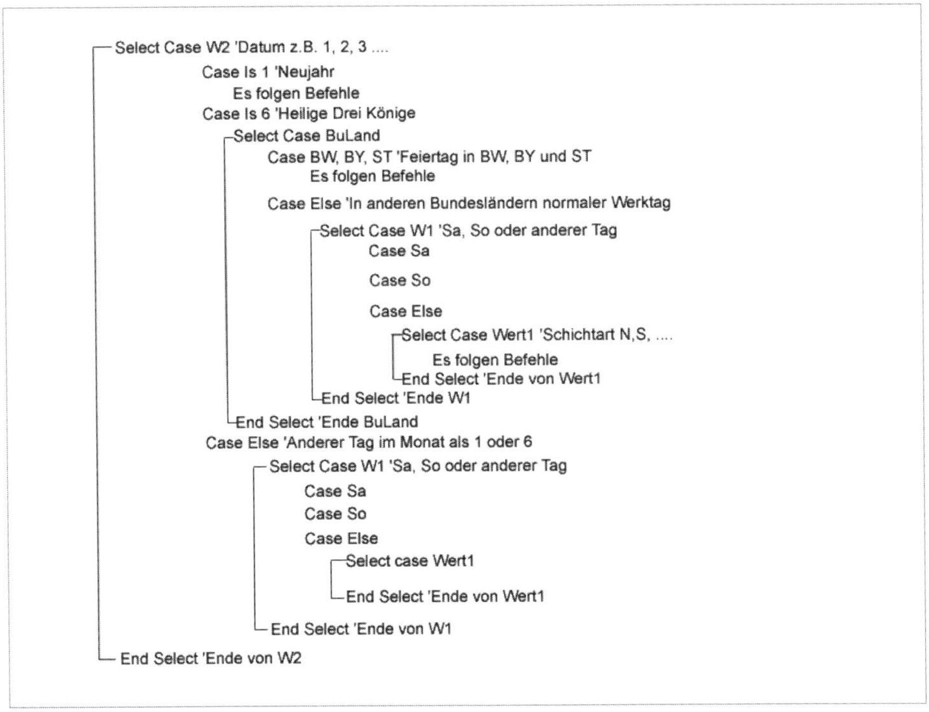

Abb. 9.9:   Struktur für Monat Januar

Im Fall des Feiertages Heilige Drei Könige ist zu unterscheiden, ob man in BW, BY, ST oder einem anderen Bundesland lebt. In den drei angegebenen Bundesländern wird ein Feiertag begangen, der entsprechend honoriert wird. In den restlichen Bundesländern handelt es sich um einen gewöhnlichen Werktag. Dann ist aber zu unterscheiden, ob der 6. Januar auf einen Samstag, Sonntag oder einen Werktag fällt. Je nach Schichtart sind Zuschläge fällig. Im Fall eines normalen Werktages muss dann noch unterschieden werden, ob der Mitarbeiter an diesem Tag Nachtarbeit geleistet hat. Damit wäre der 6. Januar abgehandelt.

Nun müssen die anderen Tage des Monats abgearbeitet werden. Zunächst stellt sich wieder die Frage, ob es sich beim aufgerufenen Tag um einen Samstag, Sonntag oder einen gewöhnlichen Werktag handelt. Im Fall eines Werktages muss dann noch abgefragt werden, ob Nachtarbeit vorliegt.

```
Select Case wrkName_1
Case "Jan"
Select Case W2
    Case Is = 1
        If W1 = "So" Then
            S5 = S5 + W7 / 2
        Else
            S2 = S2 + W7 / 2
        End If
    Case Is = 6
        Select Case BuLand
            Case "BW", "BY", "ST"
                If W1 = "So" Then
                    S5 = S5 + W7 / 2
                Else
                    S2 = S2 + W7 / 2
                End If
        Case Else
            Select Case W1
            Case Is = "Sa"
                Select Case Wert1
                    Case Is = "F"
                        S6 = S6 + 1
                    Case Is = "S"
                        S6 = S6 + 6
                    Case Is = "K"
                        S6 = S6 + 0
                    Case Is = "U"
                        S6 = S6 + 0
                    Case Is = "Ø"
                        S6 = S6 + 0
                End Select 'select case Wert1
```

```
        Case Is = "So"
            Select Case Wert1
                Case Is = "F"
                    S5 = S5 + W7
                Case Is = "S"
                    S5 = S5 + W7
                Case Is = "K"
                    S5 = S5 + 0
                Case Is = "U"
                    S5 = S5 + 0
                Case Is = "Ø"
                    If W7 <> 0 Then
                        S5 = S5 + W7
                    Else
                        S5 = S5 + 0
                    End If
                Case Is = "N"
                    S5 = S5 + W7
            End Select 'select case Wert1
        Case Else
            Select Case Wert1
                Case Is = "N"
                    If W1 = "So" Then
                        S7 = S7 + 0 'zählt zum Sonntag
                    ElseIf W1 = "Sa" Then
                        S7 = S7 + 0 'zählt zum Samstag
                    Else
                        S7 = S7 + W7
                    End If
                Case Is = "Ø"
                    If W1 = "So" And W7 <> 0 Then
                        S7 = S7 + 0 'zählt zum Sonntag
                    ElseIf W1 = "Sa" And W7 <> 0 Then
                        S7 = S7 + 0
                    Else
                        S7 = S7 + W7
                    End If
            End Select 'select case wert1
        End Select 'select case w1
End Select 'select case Buland
Case Else
    Select Case W1
    Case Is = "Sa"
        Select Case Wert1
            Case Is = "F"
                S6 = S6 + 1
```

```
                    Case Is = "S"
                        S6 = S6 + 6
                    Case Is = "K"
                        S6 = S6 + 0
                    Case Is = "U"
                        S6 = S6 + 0
                    Case Is = "Ø"
                        S6 = S6 + 0
                End Select 'select case Wert1
            Case Is = "So"
                Select Case Wert1
                    Case Is = "F"
                        S5 = S5 + W7
                    Case Is = "S"
                        S5 = S5 + W7
                    Case Is = "K"
                        S5 = S5 + 0
                    Case Is = "U"
                        S5 = S5 + 0
                    Case Is = "Ø"
                        If W7 <> 0 Then
                            S5 = S5 + W7
                        Else
                            S5 = S5 + 0
                        End If
                    Case Is = "N"
                        S5 = S5 + W7
                End Select 'select case Wert1
        Case Else
    Select Case Wert1
    Case Is = "N"
        Select Case W1
            Case Is = "So"
                S7 = S7 + 0
            Case Is = "Sa"
                S7 = S7 + 0
            Case Else
                S7 = S7 + W7
        End Select
    Case Is = "Ø"
        Select Case W1
            Case Is = "So"
                S7 = S7 + 0
            Case Is = "Sa"
                S7 = S7 + 0
```

```
                Case Else
                    If W7 <> 0 Then
                        S7 = S7 + W7
                    Else
                        S7 = S7 + 0
                    End If
            End Select 'select case w1
        Case Is = "S"
            Select Case W1
                Case Is = "So"
                    S7 = S7 + 0
                Case Is = "Sa"
                    S7 = S7 + 0
                Case Else
                    S7 = S7 + 2
            End Select
    End Select 'select case wert1
    End Select 'select case w1
    End Select 'select case W2
```

Im Fall der beiden Feiertage kann der Zuschlag schnell bestimmt werden. Fällt der Feiertag auf einen Sonntag, wird nur der Sonntagszuschlag gezahlt, andernfalls wird der Feiertagszuschlag fällig. Der Quellcode lautet:

```
If W1 = "So" Then
        S5 = S5 + W7 / 2
    Else
        S2 = S2 + W7 / 2
 End If
```

Wenn das Fest Heilige Drei Könige nur ein normaler Werktag ist, muss abgefragt werden, ob ein Samstag, Sonntag oder ob Nachtarbeit vorliegt. Für die Samstagsarbeit wird nur in der Zeit von 13 Uhr bis 20 Uhr ein Zuschlag gezahlt. Die Sonntagsarbeit wird von 0 Uhr bis 24 Uhr bezahlt. Deshalb werden drei Fälle von W1 unterschieden:

```
Select Case W1
     Case Is = "Sa"
     Case Is = "So"
     Case Else
End Select 'select case w1
```

Liegt ein Samstag oder Sonntag vor, wird der entsprechende Zuschlag gezahlt. Die Schichtart muss allerdings berücksichtigt werden. Also wird der Wert der Variablen WERT1 abgefragt. Im Fall des Samstages müssen die Fälle F, S, K, U und Ø untersucht werden. Im Fall der Frühschicht gibt es eine Stunde, bei Spätschicht 6 Stunden Zeitgutschrift.

```
Select Case Wert1
    Case Is = "F"
        S5 = S5 + W7
    Case Is = "S"
        S5 = S5 + W7
    Case Is = "K"
        S5 = S5 + 0
    Case Is = "U"
        S5 = S5 + 0
    Case Is = "Ø"
        If W7 <> 0 Then
            S5 = S5 + W7
        Else
            S5 = S5 + 0
        End If
    Case Is = "N"
        S5 = S5 + W7
End Select 'select case Wert1
```

Im Fall von Nachtarbeit wird der höhere Sonntagszuschlag gezahlt. Analog wird der Sonntag programmiert.

Liegt ein ganz normaler Werktag vor, fällt nur der Nachtarbeitszuschlag an. Auch in diesem Fall wird wieder der Wert der Variablen WERT1 abgefragt. Im Fall von N oder Ø findet der Samstag und der Sonntag Berücksichtigung, da nur der höhere Zuschlag gezahlt wird. Der Quelltext:

```
Select Case Wert1
    Case Is = "N"
        If W1 = "So" Then
            S7 = S7 + 0 'zählt zum Sonntag
        ElseIf W1 = "Sa" Then
            S7 = S7 + 0 'zählt zum Samstag
        Else
            S7 = S7 + W7 'normale Nachtarbeit
        End If
    Case Is = "Ø"
        If W1 = "So" And W7 <> 0 Then
            S7 = S7 + 0 'zählt zum Sonntag
        ElseIf W1 = "Sa" And W7 <> 0 Then
            S7 = S7 + 0
```

```
        Else
            S7 = S7 + W7 'normale Nachtarbeit
        End If
End Select 'select case wert1
```

Die Daten werden ab Spalte AN des aktuellen Tabellenblatts gespeichert. Dies geschieht mit den Befehlen:

```
ActiveCell.Offset(0, 36) = S5
ActiveCell.Offset(0, 37) = S4
ActiveCell.Offset(0, 38) = S2
ActiveCell.Offset(0, 39) = S1
ActiveCell.Offset(0, 40) = S3
ActiveCell.Offset(0, 41) = S7
ActiveCell.Offset(0, 42) = S6
```

AN	AO	AP	AQ	AR	AS	AT	AU	AV

		mit Freizeitausgleich						
25%	25%	35%	135%	35%	20%	20%		
Sonntag	Oster-/Pfingst-Samstag	Wochenfeiertag	Feiertag ohne Freizeitausgl.	Heiliabend Silvester	Nachtarbeit	Samstag		
0-24 Uhr	von 13 - 21 Uhr			0-24 Uhr	20-6 Uhr	13-21 Uhr		
30	0	8	0	0	48	2		Henkler
26	0	8	0	0	64	13		Liefländer
38	0	8	0	0	44	7		Meier
30	0	6	0	0	30	7		Walther
24	0	0	0	0	34	12		Zivi
0	0	0	0	0	0	0		Ruppert
0	0	0	0	0	0	0		Sterz
0	0	0	0	0	0	0		Debus
0	0	0	0	0	0	0		Rosier

Abb. 9.10: Tabellenabschnitt Zuschläge

9.8 Formeln eintragen

Zum Abschluss sind noch einige Formeln in die Abrechnungstabellenblätter einzutragen. So kommt in die Zelle W1 des jeweiligen Tabellenblattes die Formel

```
AnzahlArbeitstage($N$1;$O$1;$D$2;1)
```

An die Funktion werden der Monatsname, das Abrechnungsjahr und das Kürzel des Bundeslandes übergeben. Außerdem wird noch ein Parameter für die Ausgabe hinzugefügt. Dementsprechend muss die Funktion, die man von Kapitel übernehmen kann, angepasst werden. Nachfolgend die Anpassungen:

```
Public Function AnzahlArbeitstage(DatMonatTab As String, DatJahr As Integer, DatLand As String, Auswahl As Integer) As Variant
Select Case Auswahl
Case 1 'Ausgabe in Zelle W1
AnzahlArbeitstage = (AnzahlTage - lngKeinWochentag - Brueckentage) * 7.7
Case 2 'Ausgabe in Zelle W2
AnzahlArbeitstage = AnzahlTage - lngKeinWochentag - Brueckentage
End Select
```

In die Zelle W2 gehört die Formel:

```
=AnzahlArbeitstage($N$1;$O$1;$D$2;2)
```

In die Zelle B10 des Tabellenblattes übernimmt man den Wert der monatlichen Sollstunden aus Zelle W1.

```
=$W$1
```

Im Tabellenblatt JAN übergibt man den Startwert der ± Stunden aus dem Tabellenblatt MITARBEITER mittels

```
=SVERWEIS(B8;Liste;5;FALSCH)
```

an die Zelle C10 des Tabellenblattes JAN. Bei den übrigen Tabellenblättern überträgt man die ± Stunden aus dem Vormonat. Sie werden in Zelle AL10 berechnet.

In Zelle AJ10 bildet man die Summe aller geleisteten Stunden.

```
=SUMME(D10:AH10)
```

Die gesamten Guthabenstunden in Zelle AK10 werden durch Addition der Zellen

```
=AJ10+C10
```

ermittelt. Die ± Stunden ergeben sich aus der Differenz der Gesamtstunden minus Sollstunden.

```
=AK10-$W$1
```

Als besondere Herausforderung bleibt noch das Ausfüllen der Zeile 9 mit den Ist-Werten der geleisteten Schicht, falls Soll-Planung und Ist-Einsatz voneinander abweichen. Gerade das Zeichen Ø kann nur aufwendig eingefügt werden. Auch in diesem Fall helfen einige Funktionen weiter. Diese kleinen Funktionen sind schnell erstellt und erleichtern doch wesentlich die Arbeit. Am Beispiel des Zeichens Ø soll dies verdeutlicht werden.

```
Function Fuellen1()
ActiveCell.Offset(0, 0).Value = "Ø"
ActiveCell.Offset(0, 0).HorizontalAlignment = xlCenter
ActiveCell.Offset(0, 1).Select
End Function
```

Nach Auswahl der Zelle D8 kann mit der Tastenkombination `Strg`+`1` ein Leerzeichen eingefügt werden. Der Zellzeiger springt danach in die nächste Spalte usw. Folgende Makros werden bereit gestellt:

Funktion	Tastenkombination	Bedeutung
Fuellen_L	`Strg`+`1`	*Füllt Zelle mit dem Zeichen Ø*
Fuellen_K	`Strg`+`k`	*Füllt Zelle mit dem Zeichen K*
Fuellen_U	`Strg`+`u`	*Füllt Zelle mit dem Zeichen U*
Fuellen_F	`Strg`+`f`	*Füllt Zelle mit dem Zeichen F*
Fuellen_S	`Strg`+`s`	*Füllt Zelle mit dem Zeichen S*
Fuellen_N	`Strg`+`n`	*Füllt Zelle mit dem Zeichen N*
Fuellen_W	`Strg`+`w`	*Zellzeiger wird eine Spalte nach rechts versetzt.*

9.9 Handhabung

Bei der Arbeit mit dieser Arbeitsmappe sollte wie nachfolgend angegeben vorgegangen werden. Es versteht sich von selbst, dass eine leere Arbeitsmappe als Sicherungskopie bereit gehalten wird. Eine leere Arbeitsmappe wird kopiert und umbenannt in EINSATZPLANUNG_ABRECHNUNGSJAHR.XLSM. Mit dieser Arbeitsmappe können dann die nachfolgenden Schritte angegangen werden.

1. Zunächst werden die Kalenderdaten des neuen Abrechnungsjahres eingerichtet. Ein Klick auf den Button KALENDERDATEN EINRICHTEN in der Arbeitsmappe STARTCENTER vollzieht dies.

2. Danach wird die Sollplanung der Schichteinteilung für das gesamte Abrechnungsjahr vorgenommen. Ein Klick auf den Button STUNDEN PLANEN in der Arbeitsmappe STARTCENTER führt die Planung aus.

3. Nun kann mithilfe der Funktionen FUELLEN_L etc. der Ist-Einsatz eingetragen werden.

4. Danach berechnet ein Klick auf den Button STUNDEN BERECHNEN die geleisteten Stunden im Abrechnungsmonat.

5. Ein Klick auf den Button ZUSCHLÄGE BERECHNEN ermittelt die Stunden für die Zeitzuschläge von S1 bis S7.

Kapitel 10

Beschaffungscontrolling

Der Einkauf hat die richtige Ware zum richtigen Zeitpunkt in der richtigen Menge und in der erforderlichen Qualität zu einem angemessenen Preis am richtigen Ort bereitzustellen. Häufig beträgt der Wert der eingekauften Teile bzw. Waren 40 % bis 60 % des Umsatzes.

Zwischen Fertigung und Einkauf besteht ein Interessenskonflikt. Die Fertigung möchte möglichst hochwertiges Material in möglichst großer Menge auf Lager haben, um die Produktionsbereitschaft jederzeit zu gewährleisten. Der Einkauf hat dafür zu sorgen, dass Preis Qualität und Menge sich an der gerade noch zulässigen Untergrenze orientieren. Diesen Interessenkonflikt zwischen Fertigung und Einkauf hat das Controlling aufzulösen.

Eine Möglichkeit, Ansatzpunkte für Einsparungen zu finden, besteht in der Analyse der Materialstruktur. In vielen Unternehmen binden wenige Produkte viel Kapital und viele Produkte wenig Kapital. Mit der ABC-Analyse verfügt man über ein bedeutsames wie einfaches Hilfsmittel, um sich von der Ist-Situation im Materialbereich einen Überblick zu verschaffen. Dabei klassifiziert man die Materialien in:

- A-Material: ein verhältnismäßig hoher Wertanteil entfällt auf einen geringen Wertanteil (ca. 75 % Wertanteil, ca. 10 % Mengenanteil).

- B-Material: das Verhältnis von Wert und Menge ist ausgeglichen (ca. 20 % Wertanteil, ca. 20 % Mengenanteil).

- C-Material: ein relativ großer Mengenanteil von Materialien macht nur einen geringen Wertanteil aus (ca. 5 % Wertanteil, ca. 70 % Mengenanteil).

In einer Übersicht zusammengefasst:

Klasse	Wertanteil	Mengenanteil	Bedeutung
A	Ca. 75 %	Ca. 10 %	Wichtig, hochwertig, umsatzstark
B	Ca. 20 %	Ca. 20 %	Mittleres Gewicht, mittelwertig, mittlerer Umsatz
C	Ca. 5 %	Ca. 70 %	Weniger wichtig, niederwertig, umsatzschwach

Die Abbildung 10.1 drückt diesen Sachverhalt grafisch aus.

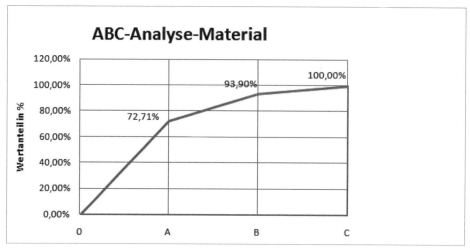

Abb. 10.1: Schematische Darstellung ABC-Analyse

Kosteneinsparungen lassen sich dort am ehesten erzielen, wo die größten Kapital-bindungskosten gegeben sind. Für folgende kostensparende Maßnahmen könnte man sich entscheiden:

- A-Material:
  - Auf günstige Preise, Liefer- und Zahlungsbedingungen achten
  - Lagermengen optimal planen
  - Just-in-time-Lieferung
- B-Material:
  - Mehr dem A-Material zugehörig, dann siehe A-Material
  - Mehr dem C-Material zugehörig, dann siehe C-Material
- C-Material:
  - Unnötigen Bestellaufwand vermeiden
  - C-Teile-Management einführen (Bewirtschaftung der Vorratshaltung durch Lieferanten)

Das Ziel der ABC-Analyse besteht in erster Linie in der Senkung der Kapitalbin-dungskosten. Dazu werden zunächst alle Materialien bewertet und nach ihrem Wert in eine Rangfolge gebracht. Die Werte werden aufsummiert. Der Gesamt-wert wird dann aufgeteilt in die entsprechenden Bereiche. Anhand eines kleinen Beispiels soll diese Vorgehensweise deutlich gemacht werden. Dies bietet sich auch deshalb an, weil die Programmierung sich an dieser Vorgehensweise orien-tiert.

Vorgehensweise bei der ABC-Analyse

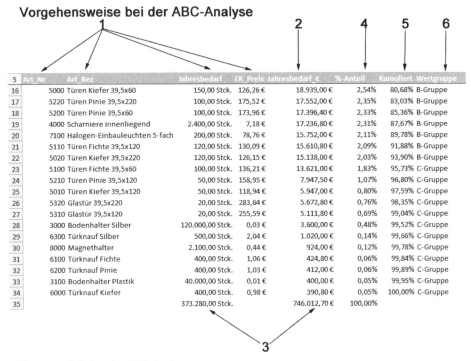

5	Art_Nr	Art_Bez	Jahresbedarf	EK_Preis	Jahresbedarf_€	%-Anteil	Kumuliert	Wertgruppe
16	5000	Türen Kiefer 39,5x60	150,00 Stck.	126,26 €	18.939,00 €	2,54%	80,68%	B-Gruppe
17	5220	Türen Pinie 39,5x220	100,00 Stck.	175,52 €	17.552,00 €	2,35%	83,03%	B-Gruppe
18	5200	Türen Pinie 39,5x60	100,00 Stck.	173,96 €	17.396,40 €	2,33%	85,36%	B-Gruppe
19	4000	Scharniere innenliegend	2.400,00 Stck.	7,18 €	17.236,80 €	2,31%	87,67%	B-Gruppe
20	7100	Halogen-Einbauleuchten 5-fach	200,00 Stck.	78,76 €	15.752,00 €	2,11%	89,78%	B-Gruppe
21	5110	Türen Fichte 39,5x120	120,00 Stck.	130,09 €	15.610,80 €	2,09%	91,88%	B-Gruppe
22	5020	Türen Kiefer 39,5x220	120,00 Stck.	126,15 €	15.138,00 €	2,03%	93,90%	B-Gruppe
23	5100	Türen Fichte 39,5x60	100,00 Stck.	136,21 €	13.621,00 €	1,83%	95,73%	C-Gruppe
24	5210	Türen Pinie 39,5x120	50,00 Stck.	158,95 €	7.947,50 €	1,07%	96,80%	C-Gruppe
25	5010	Türen Kiefer 39,5x120	50,00 Stck.	118,94 €	5.947,00 €	0,80%	97,59%	C-Gruppe
26	5320	Glastür 39,5x220	20,00 Stck.	283,64 €	5.672,80 €	0,76%	98,35%	C-Gruppe
27	5310	Glastür 39,5x120	20,00 Stck.	255,59 €	5.111,80 €	0,69%	99,04%	C-Gruppe
28	3000	Bodenhalter Silber	120.000,00 Stck.	0,03 €	3.600,00 €	0,48%	99,52%	C-Gruppe
29	6300	Türknauf Silber	500,00 Stck.	2,04 €	1.020,00 €	0,14%	99,66%	C-Gruppe
30	8000	Magnethalter	2.100,00 Stck.	0,44 €	924,00 €	0,12%	99,78%	C-Gruppe
31	6100	Türknauf Fichte	400,00 Stck.	1,06 €	424,80 €	0,06%	99,84%	C-Gruppe
32	6200	Türknauf Pinie	400,00 Stck.	1,03 €	412,00 €	0,06%	99,89%	C-Gruppe
33	3100	Bodenhalter Plastik	40.000,00 Stck.	0,01 €	400,00 €	0,05%	99,95%	C-Gruppe
34	6000	Türknauf Kiefer	400,00 Stck.	0,98 €	390,80 €	0,05%	100,00%	C-Gruppe
35			373.280,00 Stck.		746.012,70 €	100,00%		

Abb. 10.2: Schritte der ABC-Analyse

1. Die Daten werden erfasst oder per Programm absteigend nach Jahresbedarf in € sortiert in ein Excel-Tabellenblatt eingelesen.

2. Die Bedarfsmengen der Artikel werden mit Preisen bewertet.

3. Die Summe über die Stückzahlen und den Jahresbedarf in € werden gebildet.

4. Der %-Anteil des Jahresbedarfs in € eines einzelnen Artikels am Gesamtwert wird bestimmt.

5. Die Daten werden nach der Größe des Prozentanteils absteigend sortiert.

6. Die %-Anteile werden kumuliert.

7. Die Wertgruppe wird für jeden einzelnen Artikel festgelegt.

10.1 Arbeitsmappe einrichten

Bevor Sie mit der Programmierung beginnen, muss die Arbeitsmappe noch eingerichtet werden. Die nachfolgenden Tabellenblätter sollen eingerichtet werden.

■ Tabellenblatt STARTCENTER:
  In diesem Tabellenblatt wird das Regiezentrum der Arbeitsmappe eingerichtet.

Von diesem Tabellenblatt aus sollen alle anderen Tabellenblätter von einem Kombinationsfeld, das beim Start der Arbeitsmappe mit den Namen aller Tabellenblätter gefüllt wird, zu erreichen sein.

- Tabellenblatt: ABC_ANALYSE
  In dieses Tabellenblatt werden die Daten für die ABC-Analyse eingelesen. Außerdem werden dort auch noch die Daten gespeichert, die für die Berechnung von Kennziffern notwendig sind.

- Tabellenblatt: GRAFIK
  Mittels zweier Pivot-Tabellen werden die ausgewerteten Daten der ABC-Analyse in einem Flächendiagramm veranschaulicht.

- Tabellenblatt: DATEN_KENNZIFFERN
  Die Berechnung der Kennziffern verlangt eine breitere Datenbasis als die ABC-Analyse. Deshalb werden diese Daten in einem gesonderten Tabellenblatt eingelesen.

- Tabellenblatt: KENNZIFFERN
  Für jeden Artikel sollen die üblichen Kennziffern wie durchschnittlicher Lagerbestand, Umschlagshäufigkeit, optimale Bestellmenge nach der Andler-Formel berechnet werden.

- Tabellenblatt: KOSTENVERLAUF
  Die Kostenverläufe der Lagerhaltungskosten, der Kosten des Einkaufs und der gesamten Kosten werden in einem Liniendiagramm dargestellt und die optimale Bestellmenge grafisch veranschaulicht.

- Tabellenblatt: XYZ_ANALYSE
  In Ergänzung zur Analyse wird noch für alle Artikel eine XYZ-Analyse durchgeführt. Alle Artikel werden mit der ABC-Analyse kombiniert, und es werden die entsprechenden Eingruppierungen vorgenommen.

- Tabellenblatt: XYZ_AUSWERTUNG
  Die XYZ-Analyse in Kombination mit der ABC-Analyse wird in einer Pivottabelle aufbereitet.

- Tabellenblatt: GROFF_VERFAHREN
  Die Berechnung der optimalen Bestellmenge mit der Formel von Andler setzt voraus, dass der Jahresverbrauch eines Artikels feststeht. Dies wird in der betrieblichen Praxis in der Regel nicht der Fall sein. Das Verfahren nach Groff wählt einen pragmatischeren Weg und wird in diesem Tabellenblatt programmiert sowie zahlenmäßig dargestellt.

Die Tabellenblätter und ihre Inhalte wurden kurz dargestellt. Es geht nun darum, die Tabellenblätter der Arbeitsmappe einzurichten und mit entsprechenden Programmen zu belegen.

10.2 Startcenter einrichten

Nachdem Sie das Tabellenblatt STARTCENTER angelegt haben, richten Sie dort ein Kombinationsfeld ein, das Sie mit dem Namen CBOAUSWAHL im Eigenschaftsfenster versehen. Dies geschieht mit der Befehlsfolge

```
Klick mit rechter Maustaste auf das Kombinationsfeld → Eigenschaften
```

Öffnen Sie das Eigenschaftsfenster. Dort tragen Sie in die Zeile (NAME) den Text CBOAUSWAHL ein. Danach stellen Sie mit der Befehlsfolge

```
Klick mit rechter Maustaste auf das Kombinationsfeld → Code anzeigen
```

die Verknüpfung zum nachfolgenden Programm her. Zwischen die Zeilen

```
Private Sub cboAuswahl_Change()
End Sub
```

wird der nachfolgende Quelltext eingefügt.

```
Dim strWSName As String
strWSName = cboAuswahl.Value
Worksheets(strWSName).Activate
```

Die erste Befehlszeile deklariert die Variable STRWSNAME als STRINGtyp. Die zweite Zeile liest den Wert der ausgewählten Zeile des Kombinationsfeldes in die Variable STRWSNAME. Die dritte Zeile aktiviert das Tabellenblatt, das mit dem Kombinationsfeld ausgesucht wurde.

Nun gilt es, das Kombinationsfeld beim Öffnen der Arbeitsmappe mit den Namen der Tabellenblätter zu füllen. Dazu schalten Sie mit der Tastenkombination Alt + F11 in den VBA-Editor um. Falls der Projektexplorer noch nicht aktiviert ist, können Sie ihn mit der Befehlsfolge

```
Ansicht → Projektexplorer
```

aktivieren. Danach verknüpfen Sie das Öffnen der Arbeitsmappe mit dem nachfolgenden kleinen Programm. Das Öffnen-Ereignis der Arbeitsmappe richten Sie mit einem

```
Doppelklick auf DieseArbeitsmappe → Workbook und Open auswählen
```

Die Befehlszeilen

```
Private Sub Workbook_Open()
End Sub
```

werden eingerichtet. Zwischen diese Zeilen kommt der Quelltext:

```
Dim ws As Worksheet
For Each ws In Worksheets
    Worksheets("Startcenter").cboAuswahl.AddItem ws.Name
Next ws
```

Die erste Zeile definiert eine Objektvariable vom Typ Tabellenblatt. Die FOR-NEXT-Schleife fügt den Namen jedes Tabellenblattes (WS.NAME) dem Kombinationsfeld hinzu (ADDITEM).

10.3 ABC-Analyse

Im ersten Schritt zur ABC-Analyse werden die Daten erfasst bzw. per Programm nach Excel übernommen. Diese Daten liegen in einer Access-Datenbank vor. Der Name der Abfrage lautet QRYABC_ANALYSE_GESAMT. Der zu übernehmende Datensatz hat folgende Spalten:

Feldname	Feldinhalt	Sortierung
ART_NR	Artikelnummer	
ART_BEZ	Artikelbezeichnung	
JAHRESBEDARF	Jahresbedarf in Stück	
EK_PREIS	Einkaufspreis	
JAHRESBEDARF_€	Jahresbedarf in Euro	Absteigend, in Abfrage berechnet

Für den Programmablauf der ABC-Analyse ergibt sich eine variierte Vorgehensweise:

1. Die nach dem Jahresbedarf in € sortierten Daten werden per Programm nach Excel eingelesen.

2. Die Summen über die Stückzahlen und die Jahresbedarfswerte in € werden berechnet.

3. Die %-Anteile des Jahresbedarfs in € eines Artikels am Gesamtbedarf werden berechnet.

4. Die kumulierten %-Anteile werden berechnet.

5. Die einzelnen Artikel werden als A-, B- oder C-Produkt klassifiziert.

Diese Daten werden zunächst eingelesen. Richten Sie hierzu im Tabellenblatt STARTCENTER eine Befehlsschaltfläche ein, die den Namen CBOABCANALYSE erhält. Diese Befehlsschaltfläche verknüpfen Sie durch die Befehlsfolge

```
Klick mit rechter Maustaste auf die Befehlsschaltfläche → Code anzeigen
```

mit dem Klick-Ereignis der Befehlsschaltfläche CBOABCANALYSE.

```
Private Sub cmdABC_Analyse_Click()
End Sub
```

Im Programm werden folgende Variablen verwendet:

Name der Variablen	Inhalt
CNN	Verbindungsstring zur Datenbank
RST	Recordset
INTI, INTZ, INTV	Zählvariablen

Bevor Sie allerdings nun mit der Programmierung beginnen, müssen Sie noch die Verweise im VBA-Editor setzen. Dies geschieht mit der Befehlsfolge

```
Extras → Verweise
```

Dabei sollten die in Abbildung 10.3 abgebildeten Verweise gesetzt werden. Diese Befehlsbibliotheken müssen für ADO zur Verfügung stehen.

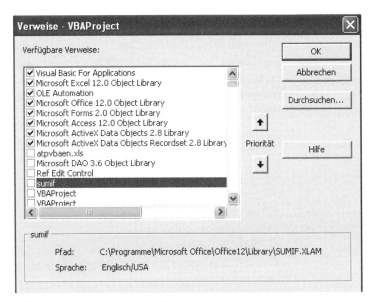

Abb. 10.3: Die zu setzenden Verweise

Im ersten Schritt des Programms werden die Variablen mit der Dim-Anweisung definiert.

```
Dim cnn As New ADODB.Connection
Dim rst As New ADODB.Recordset
Dim intI, intZ, intV As Integer
```

Danach wird die Verbindung zur Datenbank hergestellt und das Recordset geöffnet.

```
cnn.Open "Provider=Microsoft.Jet.OLEDB.4.0;" & _
    "Data Source=C:\ExcelBuch\Kapitel10\ABC_Analyse.mdb;"
rst.Open "SELECT * FROM qryABC_Analyse_Gesamt;", cnn
```

Im Anschluss daran werden der Startpunkt für die einzulesenden Daten selektiert und die alten Daten gelöscht.

```
Worksheets("ABC_Analyse").Activate
Sheets("ABC_Analyse").Range("A5").Select
Worksheets("ABC_Analyse").Range("A5").CurrentRegion.ClearContents
```

Die ABC-Analyse umfasst insgesamt 8 Spalten, für die Überschriften gesetzt werden sollen. Die Feldnamen der Abfrage werden als Spaltenüberschriften für die ersten 5 Spalten verwendet. Die restlichen Überschriften ("%-Anteil", "Kumuliert", "Wertgruppe") werden vorgegeben. Das Setzen der Spaltenüberschrift geschieht mit einer FOR-NEXT-Schleife, die von 0 bis 7 läuft. Innerhalb der Schleife muss unterschieden werden, ob ein Feldname übernommen wird oder ob die Überschrift gesetzt wird. Dies geschieht über eine SELECT-CASE-Anweisung. Nimmt die Zählvariable Werte zwischen 0 und 4 an, werden Feldnamen eingelesen. Höhere Werte setzen Spaltenüberschriften. Nach dem Setzen der Überschriften wird der Zellzeiger eine Zeile tiefer gesetzt.

```
'Überschriften setzen
For intI = 0 To 7
    Select Case intI
    Case 0 To 4
    ActiveCell.Offset(0, intI).Value = rst.Fields(intI).Name
    ActiveCell.Offset(0, intI).Interior.ColorIndex = 37
    ActiveCell.Offset(0, intI).Font.ColorIndex = 2
    ActiveCell.Offset(0, intI).Font.Bold = True
    Case 5
    ActiveCell.Offset(0, intI).Value = "%-Anteil"
    ActiveCell.Offset(0, intI).Interior.ColorIndex = 37
    ActiveCell.Offset(0, intI).Font.ColorIndex = 2
```

```
    ActiveCell.Offset(0, intI).Font.Bold = True
    Case 6
    ActiveCell.Offset(0, intI).Value = "Kumuliert"
    ActiveCell.Offset(0, intI).Interior.ColorIndex = 37
    ActiveCell.Offset(0, intI).Font.ColorIndex = 2
    ActiveCell.Offset(0, intI).Font.Bold = True
    Case 7
    ActiveCell.Offset(0, intI).Value = "Wertgruppe"
    ActiveCell.Offset(0, intI).Interior.ColorIndex = 37
    ActiveCell.Offset(0, intI).Font.ColorIndex = 2
    ActiveCell.Offset(0, intI).Font.Bold = True
    End Select
Next
```

Nun werden ab Zeile 6 in einer DO-WHILE-Schleife die Felder Art-Nr, Art_Bez, Jahresbedarf, EK_Preis, Jahresbedarf_€ eingelesen. Der Jahresbedarf erhält ein benutzerdefiniertes Format. Zum Abschluss wird noch die Zahl der übernommenen Datensätze mit einer Message-Box angezeigt.

```
Do While Not rst.EOF
     ActiveCell.Offset(0, 0).Value = rst.Fields(0)
     ActiveCell.Offset(0, 1).Value = rst.Fields(1)
     ActiveCell.Offset(0, 2).Value = rst.Fields(2)
     ActiveCell.Offset(0, 2).NumberFormat = "#,##0.00 ""Stck."""
     ActiveCell.Offset(0, 3).Value = CCur(rst.Fields(3))
     ActiveCell.Offset(0, 4).Value = CCur(rst.Fields(4))
     intZ = intZ + 1
     rst.MoveNext
     ActiveCell.Offset(1, 0).Select
Loop
rst.Close
Set cnn = Nothing
MsgBox "Es wurden " & intZ & " Datensätze übernommen!", vbInformation
```

Im zweiten Schritt der ABC-Analyse werden nun die Summen über die Stückzahlen und die Jahresbedarfswerte in Euro gebildet. Da sich der Zellzeiger schon in der letzten Zeile befindet (er wurde mit dem Befehl ACTIVECELL.OFFSET(1, 0).SELECT in der DO-WHILE-Schleife dorthin gesetzt), muss er nur noch zwei Spalten nach rechts gesetzt werden, um in dieser Zelle die Summe über die Stückzahlen zu bilden. Danach wird der Zellzeiger wiederum zwei Spalten nach rechts gesetzt. In diese Zelle wird die Summe der Jahreswerte eingefügt. Die Anzahl der übernommenen Datensätze variiert. Aus diesem Grund können keine Summen mit festen Zelladressen gebildet werden wie z.B. SUMME(C6:C34). Da der Zellzeiger in Zeile 35 steht und die Summe eine Zeile oberhalb beginnt, lautet die relative Adressierung für

Zeile 34 R[-1]C. Insgesamt reicht der zu summierende Bereich bis zur Zelle 6. Das sind genau 29 Zeilen nach oben gerechnet. Den Wert 29 erhält man, indem man die Zeilen der aktuellen Umgebung von Zelle A5 zählen lässt und von dem gezählten Wert immer den Wert 1 subtrahiert. Deshalb lautet die Summenformel in VBA SUM(R[-" & INTV & "]C:R[-1]C). Das Listing lautet:

```
intV = Worksheets("ABC_Analyse").Range("A5").CurrentRegion.Rows.Count - 1
'Summe von Stückzahlen bilden
'ActiveCell.Offset(0, 2).Range("A1").Select
ActiveCell.Offset(0, 2).Select
ActiveCell.FormulaR1C1 = "=SUM(R[-" & intV & "]C:R[-1]C)"
'Summe von Jahresbedarf in Euro bilden
ActiveCell.Offset(0, 2).Select
ActiveCell.FormulaR1C1 = "=SUM(R[-" & intV & "]C:R[-1]C)"
```

Der dritte Schritt der ABC-Analyse besteht nun in der Berechnung der %-Anteile des Jahresbedarfs in Euro am Gesamtwert. Hierbei ist zu beachten, dass die Gesamtsumme in Zelle C35 absolut adressiert werden muss, weil beim Weitersetzen des Zellzeigers nach unten auch der Verweis auf die Summe eine Zeile tiefer gesetzt würde. Deshalb adressiert man diesen Verweis absolut mit der Formel R & INTV + 6 C5 – R35C5. Da sich der Jahreswert des Artikels in der Spalte links neben der Ergebnisspalte befindet, greift man relativ auf den jeweiligen Wert mit RC[-1] zu. Anschließend wird die Zelle mit dem Format Prozent versehen.

```
'%-Anteil berechnen
ActiveCell.Offset(-intV, 1).Select
For intI = 0 To intV
ActiveCell.Offset(intI, 0).FormulaR1C1 = "=RC[-1]/R" & intV + 6 & "C5"
ActiveCell.Offset(intI, 0).NumberFormat = "0.00%"
Next
```

Der nächste Schritt der ABC-Analyse besteht in der Berechnung der kumulierten Werte. Anhand der Abbildung 10.4 soll verdeutlicht werden, wie die Berechnung erfolgt. Der Anfangswert – zugleich der größte prozentuale Wertanteil – wird in die Spalte übernommen, die die kumulierten Werte aufnehmen soll. Der aktuelle Wert in der Spalte der kumulierten Werte wird nun mit dem nächstgrößeren Wert der Spalte mit den Wertanteilen addiert. Der zweite Wert in der Spalte mit den kumulierten Werten kommt zustande, indem man zum Wert 20,51 % 12,43 % addiert. Das ergibt 32,94 %. Die Fortsetzung lautet nun 32,94 % plus 11,12 %. Macht in der Summe 44,06 %. Diese Rechnung wird solange fortgesetzt, bis alle Werte aufaddiert sind.

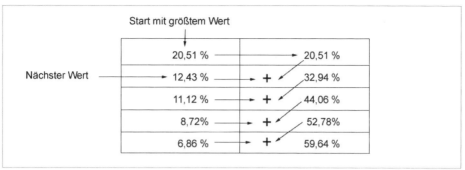

Abb. 10.4: Schematische Darstellung der Bildung von kumulierten Werten

Zunächst wird also die Zelle mit dem ersten Wert (20,51 %) mit dem Zellzeiger angesteuert. Danach wird der größte Wert der Spalte mit dem Jahresbedarf in Euro in diese Zelle übernommen. Sollte es sich nicht um den Startwert handeln, wird der Wert über der aktuellen Zelle mit dem links neben der aktuellen Zelle gelegenen Wert addiert. Es müssen insgesamt 29 Zellen durchlaufen werden. Dies wird wieder mit einer FOR-NEXT-Schleife bewerkstelligt.

```
'%-Anteil kumuliert
ActiveCell.Offset(0, 1).Select
For intI = 0 To intV - 1
If intI = 0 Then
ActiveCell.Offset(intI, 0).FormulaR1C1 = "=RC[-1]"
Else
ActiveCell.Offset(intI, 0).FormulaR1C1 = "=RC[-1]+R[-1]C"
End If
```

Da die Einstufung für jeden Artikel erfolgen muss, kommt auch in diesem Fall wieder eine FOR-NEXT-Schleife zum Einsatz. Auch in diesem Fall werden 29 Zellen durchlaufen. Für jede Zelle wird abgefragt, wie hoch der Wert in der Spalte der kumulierten Werte ist. Liegt der Wert unter 75 %, gehört der Artikel zur A-Gruppe. Ein Wert zwischen 75 % und 95 % gruppiert diesen Artikel in die B-Gruppe ein. Bei einem Wert über 95 % gehört der Artikel zur C-Gruppe. Die Grenzen können natürlich auch anders gezogen werden.

```
'Eingruppierung
ActiveCell.Offset(0, 1).Select
For intI = 0 To intV - 1
ActiveCell.Offset(intI, 0).FormulaR1C1 = "=IF(RC[-1]<=75%,""A-Gruppe"", _
IF(RC[-1]<=95%,""B-Gruppe"",""C-Gruppe""))"
Next
```

Zum Abschluss der Datenübernahme wird der aktuellen Umgebung der Zelle A5 des Tabellenblattes ABC_ANALYSE noch der Name ABC_DATEN zugewiesen.

Im Tabellenblatt GRAFIK werden im Anschluss an die Erstellung der ABC-Analyse die Daten mithilfe von zwei Pivot-Tabellen und einem Flächendiagramm ausgewertet. Mit der Befehlsfolge

```
Menü Einfügen → PivotTable → PivotTable
```

wird das Fenster PIVOTTABLE ERSTELLEN geöffnet. In die Zeile Tabelle/Bereich tragen Sie den Text ABC_DATEN ein. Aus der PIVOTTABLE-FELDLISTE ziehen Sie das Feld %-ANTEIL in den Bereich WERTE und das Feld WERTGRUPPE in die Rubrik ZEILENBESCHRIFTUNG. Die Zahlenwerte formatieren Sie als Prozentformat. Danach klicken Sie mit der rechten Maustaste in die Pivot-Tabelle und wählen aus dem Kontextmenü die Option PIVOTTABLE-OPTIONEN aus. In die Zeile Name tragen Sie PIVOTTABLE_1 ein.

Mit der zweiten Pivot-Tabelle verfahren Sie in gleicher Weise. Aus der PIVOTTABLE-FELDLISTE ziehen Sie das Feld JAHRESBEDARF_€ in den Bereich WERTE und das Feld WERTGRUPPE in die Rubrik ZEILENBESCHRIFTUNG. Für die Zahlenwerte wählen Sie das Format Währung aus. Danach klicken Sie mit der rechten Maustaste in die Pivot-Tabelle und wählen aus dem Kontextmenü die Option PIVOTTABLE OPTIONEN aus. In die Zeile Name tragen Sie PIVOTTABLE_2 ein.

Für das Flächendiagramm muss noch der Datenbereich eingerichtet werden. Folgende Werte und Formeln werden im Bereich von H4:I7 des Tabellenblattes GRAFIK eingegeben.

Feld	Wert	Feld	Formel
H4	0	I4	0,00 %
H5	A	I5	=PIVOTDATENZUORDNEN("%-Anteil";$B$3;"Wertgruppe";"A-Gruppe")
H6	B	I6	=PIVOTDATENZUORDNEN("%-Anteil";$B$3;"Wertgruppe";"B-Gruppe")+PIVOTDATENZUORDNEN("%-Anteil";$B$3;"Wertgruppe";"A-Gruppe")
H7	C	I7	=I6+PIVOTDATENZUORDNEN("%-Anteil";$B$3;"Wertgruppe";"C-Gruppe")

Diesen Bereich markieren Sie und erstellen dann mit der Befehlsfolge

```
Menü Einfügen → Fläche
```

ein Flächendiagramm. Dieses Diagramm können Sie entsprechend formatieren. Über die Befehlsfolgen

Aktivieren des Diagramms → Layout

können Sie alle Diagrammbereiche bzgl. des Formats abändern.

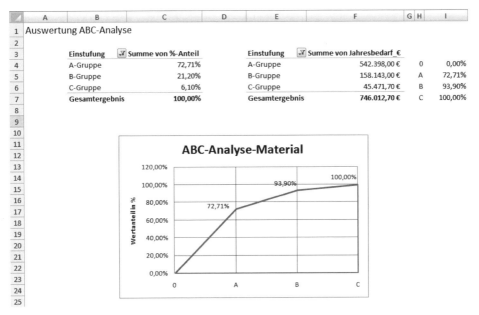

Abb. 10.5: Tabellenblatt Grafik

10.4 Kennziffern berechnen

Ausgangspunkt bildet das nachfolgend abgebildete Tabellenblatt KENNZIFFERN.

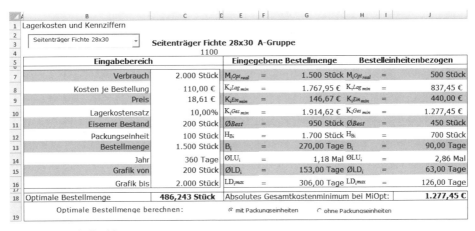

Abb. 10.6: Tabellenblatt KENNZIFFERN

In diesem Tabellenblatt tauchen sehr viele Begriffe und Kürzel auf, die einer Erklärung bedürfen. Außerdem werden einige Formeln benutzt, die auch erläutert bzw. angegeben werden müssen. Überdies beruhen viele Formeln auf einem Lagerhaltungsmodell, das kurz erklärt werden soll.

10.4.1 Erläuterung der Abkürzungen

Kürzel	Erläuterung
M_iOpt_{real}	Optimale Bestellmenge des Materials M_i
K_iLag_{min}	Lagerkosten des Materials M_i
$KiEin_{min}$	Kosten des Einkaufs für das Material M_i
K_iGes_{min}	Lagerkosten plus Kosten des Einkaufs für das Material M_i
$ØBest$	Durchschnittlicher Lagerbestand des Materials M_i
HB_i	Höchstbestand des Materials M_i
B_i	Bestellintervall für das Material M_i
$ØLU_i$	Umschlagshäufigkeit des Materials M_i
$ØLD_i$	Durchschnittliche Lagerdauer des Materials M_i in Tagen
LD_{imax}	Maximale durchschnittliche Lagerdauer

10.4.2 Das Lagerhaltungsmodell

Ausgangspunkt für die Formeln ist das nachfolgend abgebildete Lagerhaltungsmodell.

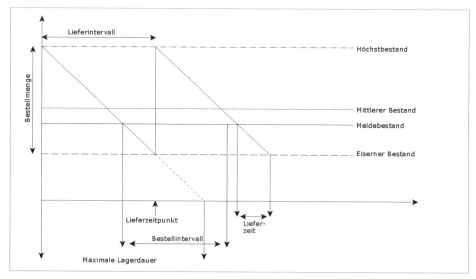

Abb. 10.7: Das Lagerhaltungsmodell

Vom Höchstbestand ausgehend erfolgt ein kontinuierlicher Lagerabgang. Wird ein gewisser Bestand erreicht (Meldebestand), wird der Artikel nachbestellt. Das geschieht so rechtzeitig, dass bei Erreichen des Eisernen Bestandes das Lager wieder aufgefüllt werden kann.

Außerdem wird von fixen Bestellkosten ausgegangen. Unter diesen Voraussetzungen würde man nur äußerst selten bestellen, damit möglichst geringe Bestellkosten anfallen. Allerdings würden die hohen Lagerbestände Kapital im Lager binden, das vielleicht anderswo dringlicher gebraucht würde. So ergibt sich die optimale Bestellmenge dort, wo die fixen Bestellkosten und die variablen Lagerkosten am niedrigsten sind. Hinzu kommt, dass die Berechnung der optimalen Bestellmenge mit der Andler-Formel einen bekannten Jahresverbrauch voraussetzt. Dieser wird in der Praxis selten bekannt sein.

10.4.3 Die Formeln

Ausgehend von dem oben beschriebenen Modell werden im Tabellenblatt KENNZIFFERN folgende Formeln benutzt:

Ø Lagerbestand:

$$\varnothing\,Lagerbes\tan d = \frac{AB + EB}{2} = \frac{2 \times EisernerBest. + Bestellmenge}{2}$$

Kosten der Lagerhaltung:

$$Kosten\,f.\,Lagerung = \varnothing\,Lagerbes\tan d \times EK\_\Pr eis \times Lagerkostensatz$$

Einkaufskosten:

$$Einkaufskosten = \frac{Verbrauch}{Bestellmenge} \times Kosten\,je\,Bestellung$$

Gesamtkosten:

$$Gesamtkos\mathit{t}en = Kosten\,f.\,Lagerung + Einkaufskosten$$

Höchstbestand:

$$H\ddot{o}chstbes\tan d = Eiserner\,Bes\tan d + Bestellmenge$$

Bestellintervall:

$$Bestell\mathrm{int}ervall = (Opt\,Bestellmenge - Eiserner\,Bes\tan d) \div \left(\frac{Verbrauch}{360}\right)$$

Umschlagshäufigkeit:

$$Umschlagsh\ddot{a}ufigkeit = \frac{Verbrauch}{(Bestellmenge + Eiserner\,Bes\tan d)}$$

Ø Lagerdauer:

$$\varnothing Lagerdauer = \frac{360}{Umschlagshäufigkeit}$$

Maximale Lagerdauer:

$$Max.\,Lagerdauer = 2 \times \varnothing\,Lagerdauer$$

Die Andler-Formel zur Berechnung der optimalen Bestellmenge und zur Bestellhäufigkeit lautet:

$$Opt.Bestmenge = \sqrt{\frac{200 \times Fixe\,Bestellkosten \times Jahresbedarf}{Stückpreis \times \dfrac{Lagerkosten}{Zinsen}}}$$

$$Opt.Bestellhäufigkeit = \sqrt{\frac{Jahresbedarf \times Stückpreis \times \dfrac{Lagerkosten}{Zinsen}}{200 \times Fixe\,Bezigskosten}}$$

Beide Formeln setzen neben einem bekannten Jahresbedarf auch voraus, dass keine Packungseinheiten berücksichtigt werden. In der Realität bekommt man aber beispielsweise Schrauben nicht einzeln zu kaufen, sondern in Paketen zu 500 Stück oder mehr. Diesem Umstand wird allerdings bei der Berechnung der optimalen Bestellmenge Rechnung getragen.

10.4.4 Datenübernahme

Zur Datenübernahme richten Sie im Tabellenblatt STARTCENTER einen weiteren Button ein. Diesem Button geben Sie im Eigenschaftsfenster den Namen CMD-KENNZIFFERN und tragen als Beschriftung DATEN FÜR KENNZIFFERN EINLESEN ein. Dieser Befehlsschaltfläche weisen Sie mit der Befehlsfolge

```
Klick mit rechter Maustaste auf die Befehlsschaltfläche → Code anzeigen
```

die nachfolgenden Befehlszeilen zu:

```
Private Sub cmdKennziffern_Click()
End Sub
```

Zwischen die beiden Befehlszeilen kopieren Sie das Programm zur Datenübernahme, das schon für die Übernahme der Daten der ABC-Analyse erstellt wurde. Die abzuändernden Programmzeilen wurden in Fettschrift markiert.

```
Private Sub cmdKennziffern_Click()
Dim cnn As New ADODB.Connection
Dim rst As New ADODB.Recordset
Dim intI, intZ, intV As Integer
cnn.Open "Provider=Microsoft.Jet.OLEDB.4.0;" & _
     "Data Source=C:\ExcelBuch\Kapitel10\ABC_Analyse.mdb;"
rst.Open "SELECT * FROM qryABC_Analyse_Gesamt;", cnn, , adLockOptimistic
'Startpunkt wählen für Datenübernahme
Worksheets("Daten_Kennziffern").Activate
Sheets("Daten_Kennziffern").Range("A5").Select
'Daten löschen
Worksheets("Daten_Kennziffern").Range("A5").CurrentRegion.ClearContents
'Überschriften setzen
For intI = 0 To 7
   ActiveCell.Offset(0, intI).Value = rst.Fields(intI).Name
   ActiveCell.Offset(0, intI).Interior.ColorIndex = 37
   ActiveCell.Offset(0, intI).Font.ColorIndex = 2
   ActiveCell.Offset(0, intI).Font.Bold = True
Next
ActiveCell.Offset(1, 0).Select
Do While Not rst.EOF
     ActiveCell.Offset(0, 0).Value = rst.Fields(0)
     ActiveCell.Offset(0, 1).Value = rst.Fields(1)
     ActiveCell.Offset(0, 2).Value = rst.Fields(2)
     ActiveCell.Offset(0, 2).NumberFormat = "#,##0.00 ""Stck."""
     ActiveCell.Offset(0, 3).Value = CCur(rst.Fields(3))
     ActiveCell.Offset(0, 4).Value = CCur(rst.Fields(4))
     ActiveCell.Offset(0, 5).Value = CCur(rst.Fields(5))
     ActiveCell.Offset(0, 6).Value = rst.Fields(6)
     ActiveCell.Offset(0, 6).NumberFormat = "#,##0.00 ""Stck."""
     ActiveCell.Offset(0, 7).Value = rst.Fields(7)
     ActiveCell.Offset(0, 7).NumberFormat = "#,##0.00 ""Stck."""
     intZ = intZ + 1
     rst.MoveNext
     ActiveCell.Offset(1, 0).Select
Loop
  rst.Close
  Set cnn = Nothing
MsgBox "Es wurden " & intZ & " Datensätze übernommen!", vbInformation
Worksheets("Daten_Kennziffern").Range("A5").CurrentRegion.Name = "Datenquelle"
Worksheets("Kennziffern").Activate
Sheets("Kennziffern").Range("A1").Select
End Sub
```

10.4.5 Formeln eintragen

In einem ersten Schritt wird im Tabellenblatt KENNZIFFERN ein Kombinationsfeld eingerichtet. Diesem Kombinationsfeld weisen Sie folgende Eigenschaften zu:

Eigenschaft	Wert
(Name)	cboZiffern
BOUNDCOLUMN	1
COLUMNCOUNT	2
COLUMNWIDTH	0 Pt;113,4 Pt
LINKEDCELL	C4
LISTFILLRANGE	Datenquelle

Das Kombinationsfeld wird aus dem mit DATENQUELLE bezeichneten Datenbereich gespeist. Dieser Datenbereich wurde bei der Datenübernahme mit dem Befehl

```
Worksheets("Daten_Kennziffern").Range("A5").CurrentRegion.Name = "Datenquelle"
```

eingerichtet.

In das Feld C4 des Tabellenblatts KENNZIFFERN wird der Wert der ersten Spalte, die im Kombinationsfeld wegen der Spaltenbreite von 0 Pt nicht sichtbar ist, eingetragen.

In die Zelle C3 kommt die Formel

```
=SVERWEIS(C4;Datenquelle;2;FALSCH) & "  " & SVERWEIS(C4;ABC_Daten;8;FALSCH)
```

Sie sucht in Abhängigkeit von der Artikelnummer mittels der Funktion SVERWEIS aus den Datenbereichen Datenquelle (Artikelbezeichnung) und ABC_Daten (Wertgruppe) die entsprechenden Werte heraus. Die Zelle C4 wird mit dem benutzerdefinierten Format ;;; belegt. Dadurch bleibt die Artikelnummer für den Benutzer unsichtbar.

Zunächst werden die Formeln der Spalte C den Zellen zugewiesen. Mithilfe der Excel-Funktion SVERWEIS werden die Daten aus dem Datenbereich in Abhängigkeit von der Artikelnummer eingelesen. Da im weiteren Verlauf einige Formeln berechnet werden müssen, bietet es sich an, einzelne Zellen mit einem Namen zu versehen. Im Einzelnen lauten die Namen und die Formeln:

Zelle	Name	Formel
C7	Verbrauchi	=SVERWEIS($C$4;Datenquelle;3;FALSCH)
C8	Kosteni	=SVERWEIS($C$4;Datenquelle;6;FALSCH)
C9	Preisi	=SVERWEIS($C$4;Datenquelle;4;FALSCH)
C10	Lagerkostensatzi	
C11	Eiserneri	=SVERWEIS($C$4;Datenquelle;8;FALSCH)
C12	Packungseinheiti	=SVERWEIS($C$4;Datenquelle;7;FALSCH)
C13	-	Eingabewert, der die gewünschte Bestellmenge des Benutzers darstellt.
C14	-	Anzahl der Tage im Jahr, die in den Formeln berücksichtigt werden sollen
C15	-	Untere Grenze der Grafik für Kostenverläufe
C16	-	Obere Grenze der Grafik für Kostenverläufe

In Zelle C18 wird gemäß Andler-Formel

```
=WURZEL((200*Verbrauchi*Kosteni)/(Preisi*Lagerkostensatzi*100))
```

die optimale Bestellmenge ohne Berücksichtigung der Packungseinheiten berechnet.

In Spalte G werden nun die Werte wie Lagerkosten etc. gemäß der vom Benutzer eingetragenen Bestellmenge berechnet. Die Formeln lauten:

Zelle	Formel
G7	=C13
G8	=((C13+2*C11)/2)*C9*C10
G9	=C7/C13*C8
G10	=G9+G8
G11	=(C13+2*C11)/2
G12	=C13+C11
G13	=(G12-C11)/(C7/C14)
G14	=C7/(C13+C11)
G15	=C14/(2*G14)
G16	=G15*2

Bevor nun die optimale Bestellmenge bzw. unter Berücksichtigung von Packungs-einheiten mit einer Funktion berechnet wird, richten Sie in Zeile 19 eine Options-gruppe ein. Ziehen Sie zwei Optionsfelder in diese Zeile. Das zugehörige Bezeichnungsfeld beschriften Sie einmal mit dem Text MIT PACKUNGSEINHEITEN und einmal mit den Worten OHNE PACKUNGSEINHEITEN. Sie geben den Optionsfel-dern die Namen OPTMIT und OPTOHNE. Die beiden Optionsschaltflächen verknüp-fen Sie mit den beiden nachstehenden Programmen.

```
Private Sub optMit_Click()
If optMit.Value = True Then
    Sheets("Kennziffern").Range("G19").Value = 1
End If
End Sub
```

```
Private Sub optOhne_Click()
If optOhne.Value = True Then
    Sheets("Kennziffern").Range("G19").Value = 2
End If
End Sub
```

Beide Programme bewirken, dass in Abhängigkeit von der Auswahl einer der bei-den Schaltflächen eine 1 in Zelle G19 eingetragen wird, wenn die Optionsschaltflä-che OPTMIT aktiviert wird. Sollte die Optionsschaltfläche OPTOHNE ausgewählt werden, wird in Zelle G19 eine 2 eingetragen. Außerdem ziehen Sie noch ein Bezeichnungsfeld in Zeile 19 auf, das Sie mit dem Text OPTIMALE BESTELLMENGE BERECHNEN füllen.

Im Anschluss daran wird eine kleine Funktion programmiert, die die optimale Bestellmenge unter Berücksichtigung von Packungseinheiten bzw. ohne Berück-sichtigung von Packungseinheiten berechnet und in Zelle J7 ausgibt. Diese Funk-tion erhält den Namen GETOPTBESTMENGE. An diese Funktion müssen gemäß Andler-Formel einige Werte übergeben werden. Im Einzelnen sind dies PREISI, VERBRAUCHI, KOSTENI, LAGERKOSTENSATZI, EISERNERI, PACKUNGSEINHEITI, $G$19 und ein Ausgabeparameter. In die Zelle J7 kommt nun die Formel

```
=getOptBestMenge(Preisi;Verbrauchi;Kosteni;Lagerkostensatzi;Eiser-
neri;Packungseinheiti;$G$19;1)
```

Sie ruft die Funktion GETOPTBESTMENGE und übergibt die Werte an die Funktion. Zunächst werden wieder die Variablen festgelegt.

Variable	Bedeutung
OPTBESTMENGE	Mit Andler-Formel berechnete optimale Bestellmenge.
BESTMENGE	Anzahl der Packungseinheiten, die sich durch Division von optimaler Bestellmenge und Packungseinheiten mit ganzzahligem Ergebnis ergibt.
OPTBESTMENGEGES	Optimale Bestellmenge unter Berücksichtigung von Packungseinheiten.
BESTMENGEA	Die Bestellmenge, die sich aus Multiplikation von BESTMENGE und Packungseinheiten ergibt.
BESTMENGEB	Die Bestellmenge, die sich aus Multiplikation von BESTMENGE und Packungseinheiten plus einer Packungseinheit ergibt.
KOSTENGES	Gesamtkosten, die sich aus Addition von Lagerhaltungskosten und Kosten des Einkaufs ergeben.
KOSTENA	Gesamtkosten, die sich aus Addition von Lagerhaltungskosten und Kosten des Einkaufs ergeben, berechnet für BESTMENGEA.
KOSTENB	Gesamtkosten, die sich aus Addition von Lagerhaltungskosten und Kosten des Einkaufs ergeben, berechnet für BESTMENGEB.
LAGKOSTEN	Gesamte Lagerhaltungskosten
LAGKOSTENA	Ergibt sich Multiplikation von Ø Lagerbestand mal Preis des Materials pro Stück mal Lagerkostensatz und wird berechnet für die BESTMENGEA.
LAGKOSTENB	Ergibt sich Multiplikation von Ø Lagerbestand mal Preis des Materials pro Stück mal Lagerkostensatz und wird berechnet für die BESTMENGEB.
BESTKOSTEN	Kosten für die Bestellung der optimalen Bestellmenge.
BESTKOSTENA	Die Bestellkosten für die BESTMENGEA werden berechnet aus der Division von Jahresbedarf und BESTMENGEA. Das Ergebnis wird mit den Kosten pro Bestellung multipliziert
BESTKOSTENB	Die Bestellkosten für die BESTMENGEB werden berechnet aus der Division von Jahresbedarf und BESTMENGEB. Das Ergebnis wird mit den Kosten pro Bestellung multipliziert

Im ersten Schritt des Programms wird die optimale Bestellmenge mit der Andler-Formel berechnet.

```
OptBestMenge = Sqr((200 * Verbrauch * Kosten) / (Preis * Lagerkostensatz * 100))
```

Danach wird die Anzahl der Packungseinheiten als ganzzahlige Größe berechnet.

```
BestMenge = OptBestMenge \ Packungseinheit
```

Der Operator \ bewirkt dies.

Im dritten Schritt werden dann zwei unterschiedliche Bestellmengen berechnet. Die BESTMENGEA und die BESTMENGEB.

```
BestMengeA = BestMenge * Packungseinheit
BestMengeB = BestMenge * Packungseinheit + Packungseinheit
```

Für diese Bestellmengen werden nun die Lagerkosten und die Bestellkosten berechnet. Aus den jeweiligen Lager- und Bestellkosten werden die Gesamtkosten bestimmt.

```
'Lagerhaltungskosten
LagKostenA = (2 * Eiserner + BestMengeA) / 2 * Preis * Lagerkostensatz
LagKostenB = (2 * Eiserner + BestMengeB) / 2 * Preis * Lagerkostensatz
'Bestellkosten
BestKostenA = Verbrauch / BestMengeA * Kosten
BestKostenB = Verbrauch / BestMengeB * Kosten
'Gesamtkosten
KostenA = LagKostenA + BestKostenA
KostenB = LagKostenB + BestKostenB
```

Wenn die Gesamtkosten der BESTMENGEA größer als die der BESTMENGEB sind, ist die BESTMENGEB die optimale Bestellmenge. Auch die Lagerkosten, die Bestellkosten und die Gesamtkosten werden auf der Basis von BESTMENGEB berechnet. Andernfalls gilt BESTMENGEA als optimale Bestellmenge.

```
If KostenA > KostenB Then
    OptBestMengeGes = BestMengeB
    LagKosten = LagKostenB
    BestKosten = BestKostenB
    KostenGes = KostenB
Else
    OptBestMengeGes = BestMengeA
    LagKosten = LagKostenA
    BestKosten = BestKostenA
    KostenGes = KostenA
End If
```

Gemäß Übergabe des Wertes für die Variable Ausgabe wird nun die Ausgabe der berechneten Werte in das Tabellenblatt gesteuert.

```
Select Case Ausgabe
Case Is = 1
Select Case Ort
Case Is = 1
```

```
      getOptBestMenge = OptBestMengeGes
Case Is = 2
      getOptBestMenge = LagKosten
Case Is = 3
      getOptBestMenge = BestKosten
Case Is = 4
      getOptBestMenge = KostenGes
End Select
Case Is = 2
LagKosten = (2 * Eiserner + OptBestMenge) / 2 * Preis * Lagerkostensatz
BestKosten = Verbrauch / OptBestMenge * Kosten
KostenGes = LagKosten + BestKosten
Select Case Ort
Case Is = 1
      getOptBestMenge = OptBestMenge
Case Is = 2
      getOptBestMenge = LagKosten
Case Is = 3
      getOptBestMenge = BestKosten
Case Is = 4
      getOptBestMenge = KostenGes
End Select
End Select
```

Wert von ORT	Zelle	Bedeutung
1	G19	Optimale Bestellmenge mit Packungseinheiten
1	G19	Optimale Bestellmenge ohne Packungseinheiten
2	J8	Lagerkosten
3	J9	Bestellkosten
4	J10	Gesamtkosten

Zum Abschluss müssen nur noch die Formeln in Spalte J eingetragen werden. Für die einzelnen Zellen gilt:

- Zelle J7:

```
=getOptBestMenge(Preisi;Verbrauchi;Kosteni;Lagerkostensatzi;Eiser-
    neri;Packungseinheiti;$G$19;1)
```

- Zelle J8:

```
=getOptBestMenge(Preisi;Verbrauchi;Kosteni;Lagerkostensatzi;Eiser-
    neri;Packungseinheiti;2)
```

■ Zelle J9:

```
=getOptBestMenge(Preisi;Verbrauchi;Kosteni;Lagerkostensatzi;Eiser-
    neri;Packungseinheiti;3)
```

■ Zelle J10:

```
=getOptBestMenge(Preisi;Verbrauchi;Kosteni;Lagerkostensatzi;Eiser-
    neri;Packungseinheiti;4)
```

■ Zelle J11:

```
=(Eiserneri*2+$J$7)/2
```

■ Zelle J12:

```
=Eiserneri+$J$7
```

■ Zelle J13:

```
=(J12-Eiserneri)/(Verbrauchi/$C$14)
```

■ Zelle J14:

```
=Verbrauchi/($J$7+Eiserneri)
```

■ Zelle J15:

```
=$C$14/(2*$J$14)
```

■ Zelle J16:

```
=$J$15*2
```

■ Zelle J16:

```
=Verbrauchi/$C$18*Kosteni+((2*Eiserneri+$C$18)/2)*Preisi*Lagerkosten-
    satzi
```

■ Zelle J18:

```
=getOptBestMenge(Preisi;Verbrauchi;Kosteni;Lagerkostensatzi;Eiser-
    neri;Packungseinheiti;$G$19;4)
```

Die Kostenverläufe sollen nun in einem Liniendiagramm dargestellt. Die nachfolgende Abbildung zeigt, wie das Tabellenblatt KOSTENVERLAUF aussehen sollte.

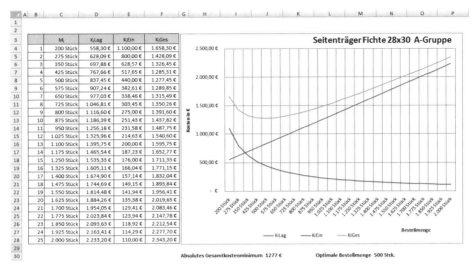

	M_i	K_iLag	K_iEin	K_iGes
1	200 Stück	558,30 €	1.100,00 €	1.658,30 €
2	275 Stück	628,09 €	800,00 €	1.428,09 €
3	350 Stück	697,88 €	628,57 €	1.326,45 €
4	425 Stück	767,66 €	517,65 €	1.285,31 €
5	500 Stück	837,45 €	440,00 €	1.277,45 €
6	575 Stück	907,24 €	382,61 €	1.289,85 €
7	650 Stück	977,03 €	338,46 €	1.315,49 €
8	725 Stück	1.046,81 €	303,45 €	1.350,26 €
9	800 Stück	1.116,60 €	275,00 €	1.391,60 €
10	875 Stück	1.186,39 €	251,43 €	1.437,82 €
11	950 Stück	1.256,18 €	231,58 €	1.487,75 €
12	1.025 Stück	1.325,96 €	214,63 €	1.540,60 €
13	1.100 Stück	1.395,75 €	200,00 €	1.595,75 €
14	1.175 Stück	1.465,54 €	187,23 €	1.652,77 €
15	1.250 Stück	1.535,33 €	176,00 €	1.711,33 €
16	1.325 Stück	1.605,11 €	166,04 €	1.771,15 €
17	1.400 Stück	1.674,90 €	157,14 €	1.832,04 €
18	1.475 Stück	1.744,69 €	149,15 €	1.893,84 €
19	1.550 Stück	1.814,48 €	141,94 €	1.956,41 €
20	1.625 Stück	1.884,26 €	135,38 €	2.019,65 €
21	1.700 Stück	1.954,05 €	129,41 €	2.083,46 €
22	1.775 Stück	2.023,84 €	123,94 €	2.147,78 €
23	1.850 Stück	2.093,63 €	118,92 €	2.212,54 €
24	1.925 Stück	2.163,41 €	114,29 €	2.277,70 €
25	2.000 Stück	2.233,20 €	110,00 €	2.343,20 €

Absolutes Gesamtkostenminimum 1277 €   Optimale Bestellmenge 500 Stck.

Abb. 10.8: Tabellenblatt KOSTENVERLAUF

Zunächst werden die Daten für das Liniendiagramm erstellt. Dabei greift man auf die Grenzen zurück, die im Eingabebereich des Tabellenblattes KENNZIFFERN in den Zellen C16 und C17 vom Benutzer festgelegt werden. Die Formeln im Einzelnen:

- Zelle C4:

```
=Kennziffern!C15
```

- Zelle C5:

```
=C4+(Kennziffern!C$16-Kennziffern!C$15)/24
```

- Zelle D4:

```
=(2*Kennziffern!C$11+C4)/2*Kennziffern!C$9*Kennziffern!C$10
```

- Zelle E4:

```
=Kennziffern!C$7/C4*Kennziffern!C$8
```

- Zelle F4:

```
=WENN(B$2<>"";"";D4+E4)
```

Mit der Befehlsfolge

```
Einfügen → Linie → Typ auswählen
```

fügen Sie ein Liniendiagramm ein. In der Rubrik ENTWURF finden Sie die Option DATEN AUSWÄHLEN. Beim Klick auf diese Option öffnet sich das Fenster DATEN-QUELLE AUSWÄHLEN.

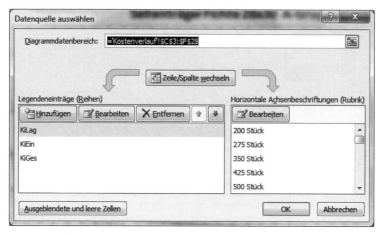

Abb. 10.9: Fenster DATENQUELLE AUSWÄHLEN

Beim Klick auf die Option HINZUFÜGEN öffnet sich das Fenster DATENREIHEN BEARBEITEN. Dort legen Sie die Zelle für den Reihennamen und den Bereich für die Reihenwerte fest. Die nachfolgende Grafik zeigt die Eingabewerte für die Spalte M_i.

Abb. 10.10: Fenster DATENREIHE BEARBEITEN

Mit OK kehren Sie zum Fenster DATENQUELLE AUSWÄHLEN zurück. Mit den übrigen Datenreihen verfahren Sie analog. Im letzten Schritt kehren Sie zum Tabellenblatt KENNZIFFERN zurück. Dort verknüpfen Sie das Kombinationsfeld CBOZIFFERN mit dem CHANGE-Ereignis des Kombinationsfeldes. Dieses Programm soll so gestaltet werden, dass der Diagrammtitel des DIAGRAMM 2 mit Änderung des Kombinationsfeldes entsprechend abgeändert wird. Dort soll die Artikelbezeichnung als Titel im Diagramm erscheinen.

```
Private Sub cboZiffern_Change()
Worksheets("Kostenverlauf").Activate
ActiveSheet.ChartObjects("Diagramm 2").Activate
ActiveChart.ChartTitle.Text = Worksheets("Kennziffern").Range("C3").Value
Worksheets("Kennziffern").Activate
Sheets("Kennziffern").Range("A1").Select
End Sub
```

Zur Information des Benutzers werden noch zwei Formeln in das Tabellenblatt Kostenverlauf eingefügt.

■ Zelle G30:

```
="Absolutes Gesamtkostenminimum  " & TEXT(Kennziffern!J18;0) & " €"
```

■ Zelle L30:

```
="Optimale Bestellmenge  " & TEXT(Kennziffern!J7;0) & " Stck."
```

10.5 XYZ-Analyse

Die XYZ-Analyse teilt das verwendete Material nach der Regelmäßigkeit des Verbrauchs in drei Gruppen ein. Jedem Material wird die geeignetste Dispositionsweise (Lagerhaltung oder Beschaffung im Bedarfsfall) zugeordnet, um die Lagerkosten zu senken. Diese Analyse wird mit der ABC-Analyse kombiniert.

Materialeinteilung nach der XYZ-Analyse			
Gruppe	Materialverbrauch	Vorhersagegenauigkeit	Beschaffungsverfahren
X-Material	Regelmäßig und konstant hoch		fertigungssynchron
Y-Material	zu- oder abnehmend bzw. schwankend	mittel	Vorratshaltung
Z-Material	sehr unregelmäßig	gering	Einzelbeschaffung

In Kombination mit der ABC-Analyse ergibt sich eine Einteilung von XA- bis ZC-Material. Auf XA-Material wendet man das Just-in-time-Verfahren an. YC-Teile sollten auf Lager gehalten werden. Ein Konflikt besteht bei YA-Materialien. Gemäß ABC-Analyse sollte dieses Material nur kurz gelagert werden, um Kapitalbindungskosten zu reduzieren. Dem steht gegenüber, dass der Verbrauchszeitpunkt im Voraus nicht genau ermittelt werden kann. Sie müssen auf Lager genommen werden. Will man die Kosten der Lagerhaltung und hier besonders die Kapitalbindungskosten möglichst niedrig halten, kommt man um eine derartige Analyse nicht herum.

Die Daten liegen als Access-Datenbank in Form der Tabelle TBLABGANG vor. Sie müssen nur dort abgerufen und nach Excel übertragen werden. Der Einfachheit halber wird nur eine Tabelle mit Buchungen benutzt, die einmal im Monat durchgeführt werden. In der Praxis wird man eine Sicht erstellen und die täglichen Buchungen zu monatlichen Buchungen zusammenfassen, um sie dann zu übertragen.

Im Fall der XYZ-Analyse geht es nun darum, die Bedarfsverläufe der einzelnen Materialien zu bestimmen. Dabei unterscheidet man zwischen einem eher gleichförmigen oder sporadischen Verlauf.

Abb. 10.11: Verlaufsformen

Ein gleichförmiger Bedarf zeichnet sich durch unregelmäßige Schwankungen um einen relativ konstanten Mittelwert aus. Der Variationskoeffizient ist bei einem gleichförmigen Bedarf niedrig. Im Fall der Seitenträger ist dies der Fall.

Einen unregelmäßigen Bedarf erkennt man an starken Schwankungen. Hierbei unterscheidet man zwischen stark schwankendem und sporadischem Bedarf. Das Material TÜRKNAUF KIEFER weist zwar starke Schwankungen auf, aber es wird in der Regel in jeder Periode benötigt. Im Fall des Materials Türen Kiefer liegen auch starke Schwankungen vor. Dieses Material wird aber in einigen Perioden gar nicht oder nur in geringem Umfang benötigt.

In Excel geht man nun so vor, dass man zunächst die Standardabweichung mit der Funktion STABW(ZAHL1;ZAHL2;..) berechnet. Diese Funktion schätzt die Standardabweichung ausgehend von einer Stichprobe. Die Standardabweichung ist ein Maß dafür, wie weit die jeweiligen Werte um den Mittelwert (Durchschnitt) streuen. Danach berechnet man den Mittelwert der Datenreihe und setzt dann die Standardabweichung ins Verhältnis zum Mittelwert. Man erhält den Variationskoeffizienten. Er gibt an, wie groß die Standardabweichung prozentual vom Mittelwert abweicht. Je nach Schwankungsbreite wird nun ein X-, Y- oder Z-Material definiert. Im Beispiel sollen folgende Grenzen gelten:

Material	Grenzen
X	± 25 %
Y	Zwischen 25 % und 70 %
Z	Über 70 %

Bei der Erstellung der XYZ-Analyse verläuft die Berechnung analog zur jener der ABC-Analyse vor. Zunächst richten Sie im Tabellenblatt STARTCENTER eine Befehlsschaltfläche ein, der Sie den Namen CMDXYZANALYSE geben und die Sie mit der Überschrift DATEN FÜR XYZ-ANALYSE EINRICHTEN versehen. Diesem Button weisen Sie mit der Befehlsfolge

```
Klick mit der rechten Maustaste auf den Button → Code anzeigen
```

das Programm

```
Private Sub cmdXYZAnalyse_Click()
End Sub
```

zu. Zwischen diese Zeilen kommt nun der Programmcode.

Im ersten Schritt werden die benötigten Variablen definiert:

Variable	Bedeutung
CNN	Verbindungsstring zur Datenbank
RST	Recordset
ZAEHLER	Grenze zum Einlesen von Daten, Wert zur Bestimmung von auszuwählenden Zellen
FILLRANGE	Datenbereich, der mit der AUTOFILL-Funktion gefüllt wird

Der zweite Schritt befasst sich mit dem Einlesen von Daten. Zunächst werden aus der Tabelle TBLLIEFARTIKEL die Artikelnummer und die Artikelbezeichnung eingelesen. Gleichzeitig wird mitgezählt, wie viele Datensätze eingelesen wurden. Der Wert wird der Variablen ZAEHLER zugewiesen.

```
Dim cnn As New ADODB.Connection
Dim rst As New ADODB.Recordset
Dim Zaehler As Integer
Dim FillRange As Range
cnn.Open "Provider=Microsoft.Jet.OLEDB.4.0;" & _
```

```
        "Data Source=C:\ExcelBuch\Kapitel10\ABC_Analyse.mdb;"
rst.Open "SELECT * FROM tblLiefArtikel;", cnn, , adLockOptimistic
rst.MoveFirst
Worksheets("XYZ_Analyse").Activate
Sheets("Kennziffern").Range("A7").CurrentRegion.ClearContents
Set FillRange = Worksheets("XYZ_Analyse").Range("C7:N7")
Sheets("XYZ_Analyse").Range("A7").Select
Sheets("XYZ_Analyse").Range("A7").Value = "Art_Nr"
Sheets("XYZ_Analyse").Range("B7").Value = "Artikelbezeichung"
ActiveCell.Offset(1, 0).Select
Zaehler = 0
Do While Not rst.EOF
    ActiveCell.Offset(0, 0) = rst!fldArt_Nr
    ActiveCell.Offset(0, 1) = rst!fldArt_Bez
    ActiveCell.Offset(1, 0).Select
    Zaehler = Zaehler + 1
    rst.MoveNext
Loop
```

Nachdem die Artikeldaten eingelesen worden sind, wird der Zellzeiger neu positioniert. Er muss in die Zelle C7 gesetzt werden, weil dort die Überschriften für die Monate gesetzt werden. Nachdem der Zellzeiger auf die Position für die Datenübernahme der Abgänge der Stückzahlen, die monatlich das Lager verlassen haben, gesetzt wurde, wird das Recordset TBLABGANG geöffnet. Die Monatsdaten je Artikel werden übernommen. Nach der Datenübernahme wird der Zellzeiger in Spalte nach dem letzten Monat positioniert.

```
ActiveCell.Offset(-(Zaehler + 1), 2).Select
ActiveCell.Offset.Value = "Jan"
Selection.AutoFill Destination:=FillRange, Type:=xlFillDefault
ActiveCell.Offset(1, 0).Select
rst.Close
rst.Open "SELECT * FROM tblAbgang;", cnn, , adLockOptimistic
Do While Not rst.EOF
    For j = 0 To 11
    For i = 0 To Zaehler - 1
        ActiveCell.Offset(i, j) = rst!fldStück
        ActiveCell.Offset(i, j).NumberFormat = "#,##0.00 ""Stck."""
        rst.MoveNext
    Next
    Next
```

```
Loop
rst.Close
ActiveCell.Offset(0, 12).Select
```

In Spalte O wird für jeden Artikel die Summe aller Abgänge berechnet. Die VBA-Funktion lautet SUM(..).

```
For i = 0 To Zaehler - 1
    ActiveCell.Offset(i, 0).FormulaR1C1 = "=SUM(RC[-12]:RC[-1])"
    ActiveCell.Offset(i, 0).NumberFormat = "#,##0.0 ""Stck."""
Next
```

Die Spalte P wird ausgewählt. Die Spalte P enthält die Berechnung der Standard-abweichung. STDEV(..) heißt die benötigte VBA-Funktion.

```
ActiveCell.Offset(0, 1).Select
For i = 0 To Zaehler - 1
    ActiveCell.Offset(i, 0).FormulaR1C1 = "=STDEV(RC[-13]:RC[-2])"
    ActiveCell.Offset(i, 0).NumberFormat = "#,##0.0 ""Stck."""
Next
```

Der Zellzeiger wird in die nächste Spalte positioniert. Dann wird in Spalte Q der Mittelwert bestimmt. Die VBA-Funktion hat den Namen AVERAGE(..).

```
ActiveCell.Offset(0, 1).Select
For i = 0 To Zaehler - 1
    ActiveCell.Offset(i, 0).FormulaR1C1 = "=AVERAGE(RC[-14]:RC[-3])"
    ActiveCell.Offset(i, 0).NumberFormat = "#,##0.0 ""Stck."""
Next
```

Danach wird der Zellzeiger in Spalte R gesetzt. In dieser Spalte wird der Variati-onskoeffizient berechnet.

```
ActiveCell.Offset(0, 1).Select
For i = 0 To Zaehler - 1
    ActiveCell.Offset(i, 0).Value = ActiveCell.Offset(i, -2).Value /
ActiveCell.Offset(i, -1).Value
    ActiveCell.Offset(i, 0).NumberFormat = "0.0%"
Next
```

Nachdem der Zellzeiger eine Spalte nach rechts versetzt wurde, erfolgt in Spalte S die Zuordnung zu den Gruppen.

```
ActiveCell.Offset(0, 1).Select
For i = 0 To Zaehler - 1
    ActiveCell.Offset(i, 0).FormulaR1C1 = "=IF(RC[-1]>=90%,""Z"",IF(RC[-
1]>25%,""Y"",""X""))"
Next
```

In Spalte T werden die Gruppierungen der ABC-Analyse eingelesen. Dies geschieht mit der Funktion SVERWEIS. Die VBA-Funktion lautet VLOOKUP(..).

```
ActiveCell.Offset(0, 1).Select
For i = 0 To Zaehler - 1
    ActiveCell.Offset(i, 0).FormulaR1C1 = "=VLOOKUP(RC[-
19],ABC_Daten,8,FALSE)"
Next
```

In der Spalte U werden nun die Gruppeneinteilung der XYZ-Analyse und der ABC-Analyse miteinander verkettet. Die Verkettungsfunktion heißt in VBA CONCATENATE. Da allerdings von der ABC-Gruppierung nur der erste Buchstabe benötigt wird, setzt man die VBA-Funktion LEFT ein.

```
ActiveCell.Offset(0, 1).Select
For i = 0 To Zaehler - 1
    ActiveCell.Offset(i, 0).FormulaR1C1 = "=CONCATENATE(LEFT(RC[-1],1),RC[-2])"
Next
```

Zum Abschluss wird dem gesamten Bereich der XYZ-Analyse der Name AUSWAHL zugewiesen. Im Tabellenblatt soll im nächsten Schritt eine Auswertung mittels Pivot-Tabelle erfolgen.

```
Worksheets("XYZ_Analyse").Activate
Sheets("XYZ_Analyse").Range("A7").CurrentRegion.Select
Selection.Name = "Auswahl"
Sheets("XYZ_Analyse").Range("A7").Select
```

In das Tabellenblatt XYZ_AUSWERTUNG fügen Sie eine Pivot-Tabelle mit der Befehlsfolge

```
Einfügen → PivotTable → PivotTable
```

ein. In die Rubrik ZEILENBESCHRIFTUNG ziehen Sie das Feld ARTIKELBEZEICHNUNG. Die Rubrik Σ WERTE nimmt das Feld STUFUNG auf. Excel wandelt daraufhin die Voreinstellung SUMME um in ANZAHL. Die Pivot-Tabelle sollte so aussehen:

| Anzahl von Stufung | Stufung ▼ | | | | | | | |
Artikel ▼	AX	AZ	BX	BY	BZ	CX	CY	CZ
Bodenhalter Plastik						1		
Bodenhalter Silber						1		
Glastür 39,5x120								1
Glastür 39,5x220								1
Glastür 39,5x60		1						
Halogen-Einbauleuchten 3-fach				1				
Halogen-Einbauleuchten 5-fach				1				
Magnethalter						1		
Scharniere innenliegend			1					
Seitenträger Fichte 28x30	1							
Seitenträger Kiefer 28x30	1							
Seitenträger Pinie 28x30	1							
Türen Fichte 39,5x120					1			
Türen Fichte 39,5x220					1			
Türen Fichte 39,5x60								1
Türen Kiefer 39,5x120								1
Türen Kiefer 39,5x220					1			
Türen Kiefer 39,5x60				1				
Türen Pinie 39,5x120								1
Türen Pinie 39,5x220					1			
Türen Pinie 39,5x60					1			
Türknauf Fichte							1	
Türknauf Kiefer							1	
Türknauf Pinie							1	
Türknauf Silber							1	
Verbindungselemente	1							
Zwischenböden Fichte 18x30	1							
Zwischenböden Kiefer 18x30	1							
Zwischenböden Pinie 18x30	1							
Gesamtergebnis	7	1	1	3	5	3	4	5

Abb. 10.12: Pivot-Tabelle XYZ-Auswertung

10.6 Groff-Verfahren

Dieses Verfahren wird dazu benutzt, um die Bestellmengen bzw. Losgrößen zu optimieren. Im Gegensatz zum Verfahren nach Andler setzt dieses Verfahren nicht voraus, dass der Materialbedarf des gesamten Verfahrens bekannt ist. Die Groff-Heuristik geht nur von den Bestellterminen der nahen Zukunft aus. Es werden nur die bekannten Bedarfstermine berechnet, um für diese Termine eine angenäherte Kostenminimierung zu berechnen. Dieses Verfahren fasst dabei, ausgehend von einer bestimmten Periode, solange die Bedarfsmengen zur einer Bestellmenge zusammen, bis der Anstieg der Lagerkosten pro Periode größer ist als die bis zu dieser Periode angefallenen Bestellkosten.

Die Grundlage für die Berechnung der Lagerhaltungskosten bildet die nachfolgende Formel:

$$K_l = \frac{Bedarfsmenge \cdot EK\_Preis \cdot MGZ \cdot LD_{real}}{2 \cdot 365}$$

Hierbei bedeuten:

- **K_l:**

  Lagerkosten insgesamt.

- **Bedarfsmenge:**

  Die von der Abteilung Arbeitsvorbereitung bzw. Disposition angeforderte Menge. Der Anfangsbestand der Periode beträgt 0. Dazu wird die Bedarfsmenge addiert. Das ergibt den Bestand für diese Periode. Teilt man nun diesen Bestand durch 2, erhält man den durchschnittlichen Bestand für diese Periode.

- **EK_Preis:**

  Einkaufspreis des Artikels.

- **MGZ:**

  Lagerkostensatz

- **LD_{real}:**

  Die Zeit in Tagen, die die zusätzliche Bedarfsmenge gelagert werden muss.

Am Beispiel der nachfolgenden Tabelle soll das Verfahren erläutert werden.

					Daten für Groff-Verfahren		
	2000			Art.-Nr.:			2000
				Art.-Bez.:		Zwischenböden Kiefer 18x30	
				EK-Preis:			7,65 €
				Lagerkostensatz:			25%
				Bestellkosten:			5,00 €
				Tage in 2009			365 Tage
				Bestellmenge:			220 Stück

Bedarfstermin	Tage	Bedarfsmenge	Bedarfsmenge kumuliert	Lagerkosten	Lagerkosten kumuliert	Bestellkosten	Differenz
22.05.2009	0 Tage	120,00 Stck.	120,00 Stck.	0,00 €	0,00 €	5,00 €	-5,00 €
02.06.2009	11 Tage	100,00 Stck.	220,00 Stck.	2,88 €	2,88 €	10,00 €	-7,12 €
08.07.2009	47 Tage	150,00 Stck.	370,00 Stck.	18,47 €	21,35 €	15,00 €	6,35 €
08.08.2009	78 Tage	210,00 Stck.	580,00 Stck.	42,91 €	64,27 €	20,00 €	44,27 €
09.09.2009	110 Tage	150,00 Stck.	730,00 Stck.	43,23 €	107,49 €	25,00 €	82,49 €
11.10.2009	142 Tage	130,00 Stck.	860,00 Stck.	48,36 €	155,86 €	30,00 €	125,86 €

Abb. 10.13: Tabellenblatt Groff-Verfahren

Ausgangspunkt bildet der 22.05.2009. Wird an diesem Tag die Bedarfsmenge in Höhe von 120 Stück geordert, fallen für diese Menge keine Lagerhaltungskosten an, da diese Menge nicht mehr gelagert, sondern sofort verbraucht wird. Die Bestellkosten betragen 5,00 €. Der nächste Termin fällt auf den 02.06.2009. Würde die Menge von 100 Stück schon am 22.05.2009 bestellt, müsste diese Menge 11 Tage gelagert werden. Dies macht Lagerkosten in Höhe von 2,88 €.

$$2,88 € = \frac{11\,Tage \times 100\,Stck \times 7,65 \times 0,25}{2 \times 365}$$

Würden die beiden Mengen 120 Stück und 100 Stück separat bestellt, fielen Bestellkosten in Höhe von 10,00 € an. Die Differenz zwischen den kumulierten Lagerkosten und den Bestellkosten beträgt -7,12 €. Der nächste Bedarfstermin fällt auf den 08.07.2009. Es ist günstiger, die beiden Bestellungen zusammenzufassen und am 22.05.2009 zu bestellen, weil die Bestellkosten für separate Lieferungen die Lagerkosten für beide Lieferungen übersteigen. Es ist also günstiger, die beiden ersten Lieferungen zu einer einzigen zu bündeln.

Der nächste Bedarf fällt am 08.07.2009 an. Die Differenz zum 22.05.2009 beträgt 47 Tage. An Lagerkosten fallen an:

$$18,47\,€ = \frac{47\,Tage \times 150\,Stck \times 7,65 \times 0,25}{2 \times 365}$$

Bei separaten Bestellungen für alle drei Lieferungen würden 15,00 € anfallen. Die Differenz zwischen den kumulierten Lagerkosten und den Bestellkosten beträgt + 6,35 €. In diesem Fall übersteigen die kumulierten Lagerkosten die Bestellkosten für drei Bestellungen. Von einer Bündelung ist abzusehen.

Fazit: Man fasse die einzelnen Bedarfsmengen solange zusammen, bis die Verringerung der kumulierten Bestellkosten erstmals kleiner ist als der Anstieg der kumulierten Lagerkosten.

Die Daten werden von der Arbeitsvorbereitung bzw. der Disposition in die Tabelle TBLBEDARF der Access-Datenbank ABC_ANALYSE.MDB eingepflegt. Für Sie zugänglich ist die Abfrage QRYBEDARF, die folgende Spalten enthält:

fldArt_Nr	fldArt_Bez	Datum	Menge	Bestellt

Zu diesen Daten haben Sie freien Zugang und können sie nach Excel einlesen und dort weiterverarbeiten.

Zunächst richten Sie im Tabellenblatt GROFFVERFAHREN ein Kombinationsfeld ein. Diesem Tabellenblatt weisen Sie folgende Eigenschaften zu:

Eigenschaft	Name / Inhalt
(Name)	cboGroff
BOUNDCOLUMN	1
COLUMNCOUNT	2
COLUMNWIDTH	1cm;3,5cm
LISTFILLRANGE	Auswahl (Bereich aus Tabellenblatt XYZ_Analyse)

Diesem Kombinationsfeld weisen Sie mit der Befehlsfolge

```
Klick mit rechter Maustaste auf das Kombinationsfeld → Code anzeigen
```

die zwei Programmzeilen

```
Private Sub cboGroff_Change()
End Sub
```

zu. Damit haben Sie das Change-Ereignis des Kombinationsfelds mit dem entsprechenden Programm verknüpft. Zunächst werden Variablen für die Verbindungsdaten zur Datenbank festgelegt.

Name der Variablen	Aufgabe
CNN	Verbindungsstring zur Datenbank
RS	Recordset
INTI	Übernimmt das Zählen der eingelesenen Datensätze. Die Multiplikation aus Anzahl der eingelesenen Datensätze mit den fixen Bestellkosten ergibt die kumulierten Bestellkosten in Spalte G des Tabellenblattes.
INTJ	Dient zum Durchzählen der Spalten in der farbig zu markierenden Zeile der optimalen Bestellmenge.

Die restlichen Variablen benötigt man zur Berechnung der Lagerkosten, Bestellkosten etc.

Name der Variablen	Aufgabe
LGKZ	Lagerkostenzuschlagsatz; im Beispiel 25 %.
EK_PREIS	Einkaufspreis des Artikels; für Zwischenböden Kiefer 18x30 beträgt er z.B. 7,65 €.
LAGKOST	Berechnung laut Formel.
BESTKOST	Berechnung durch INTI * FIXBESTKOST
FIXBESTKOST	Fixe Bestellkosten; für Zwischenböden Kiefer 18x30 betragen sie z.B. 5,00 €.
TAGE	Anzahl der Tage, die der Bedarf ab Startdatum gelagert werden muss; z.B. vom 22.05.09 bis 02.06.09 (11 Tage).
ANZAHLTAGE	Die Anzahl der Tage eines Jahres; schwankt zwischen 365 und 366 Tage und wird mithilfe der Funktion SCHALTJAHR(JAHR(JETZT())) berechnet.

Name der Variablen	Aufgabe
KumMenge	Aufsummierte Menge der einzelnen Bedarfsmengen. Daraus lässt sich die optimale Bestellmenge ablesen.
LagKostKum	Aufsummierte Lagerkosten.

Im oberen Teil des Tabellenblattes GROFFVERFAHREN sind noch einige Daten für die Analyse bereitzustellen. Artikelnummer, Artikelbezeichnung, Einkaufspreis und die Bestellkosten pro Bestellung werden mit dem zu erstellenden Programm in die jeweiligen Zellen eingelesen. Die Anzahl der Tage des aktuellen Jahres werden mit der Formel

```
=WENN(schaltjahr(JAHR(JETZT()))=WAHR;366;365)
```

berechnet. Die Funktion SCHALTJAHR(AKTUELLESJAHR) kennen Sie bereits aus früheren Programmen (z.B. Kapitel 9). Sie kann 1:1 in ein Modul kopiert werden. Die Bestellmenge wird vom Programm berechnet und in die Zelle des Tabellenblattes geschrieben. Die nachfolgende Abbildung zeigt die Daten, die für das Groff-Verfahren benötigt werden.

F	G	H
Daten für Groff-Verfahren		
Art.-Nr.:		2000
Art.-Bez.:	Zwischenböden Kiefer 18x30	
EK-Preis:		7,65 €
Lagerkostensatz:		25%
Bestellkosten:		5,00 €
Tage in 2009		365 Tage
Bestellmenge:		220 Stück

Abb. 10.14: Daten für Groff-Verfahren

Das Programm definiert zunächst die Variablen. Anschließend werden aus der Tabelle TBLLIEFARTIKEL die Artikelnummer (Feldname: FLDART_NR), die Artikelbezeichnung (Feldname: FLDART_BEZ), der Einkaufspreis (Feldname: FLDEK_PREIS) und die Kosten pro Bestellung (Feldname: FLDBEST_KOSTEN) in die Zellen G2 bis G4 und G6 aus der Access-Tabelle übernommen werden. Dies geschieht über einen SQL-String, der eine WHERE-Bedingung enthält.

```
SQL = "Select fldArt_Nr, fldArt_Bez, fldEK_Preis, fldBest_Kosten FROM
tblLiefArtikel WHERE fldArt_Nr=" & cboGroff.Value
```

Es werden also nur die Daten übernommen, deren Artikelnummer mit der Auswahl des Kombinationsfeldes übereinstimmt.

```
Dim cnn As New ADODB.Connection
Dim rs As New ADODB.Recordset
Dim intI, intJ As Integer
Dim FixBestKost, LGKZ, EK_Preis, LagKost As Variant
Dim BestKost, Tage, AnzahlTage, KumMenge, LagKostKum As Variant
Dim SQL As String
cnn.Open "Provider=Microsoft.Jet.OLEDB.4.0;" & _
    "Data Source=C:\ExcelBuch\Kapitel10\ABC_Analyse.mdb;"
SQL = "Select fldArt_Nr, fldArt_Bez, fldEK_Preis, fldBest_Kosten FROM
tblLiefArtikel WHERE fldArt_Nr=" & cboGroff.Value
rs.Open SQL, cnn
Worksheets("GroffVerfahren").Activate
Sheets("GroffVerfahren").Range("G2") = rs!fldArt_nr
Sheets("GroffVerfahren").Range("G3") = rs!fldArt_bez
Sheets("GroffVerfahren").Range("G4") = rs!fldEK_Preis
Sheets("GroffVerfahren").Range("G6") = rs!fldBest_Kosten
rs.Close
```

Nun muss ein Recordset bereit gestellt werden, das die Daten der Access-Abfrage QRYBEDARF aufnimmt. Dazu wird das erste Recordset geschlossen und ein neuer SQL-String definiert. Zwei WHERE-Bedingungen sind notwendig, um die korrekten Daten aus der Abfrage der Datenbank zu übernehmen. Ein Kriterium für die Auswahl betrifft die Artikelnummer. Das zweite Kriterium fragt ab, ob schon der Bedarf bestellt wurde. Das Feld BESTELLT der Abfrage QRYBEDARF kennt nur zwei Inhalte: JA oder NEIN. Liegt der Eintrag WAHR vor, wurde die Menge schon bestellt. Darum muss man sich also nicht mehr kümmern. Interessant sind also nur die Datensätze, die ein NEIN enthalten. Außerdem kann nur dann eine korrekte Rechnung erfolgen, wenn die Datumsfelder aufsteigend sortiert in das Tabellenblatt GROFFVERFAHREN übernommen werden. Diese Fakten berücksichtigt der SQL-String.

```
SQL = "SELECT * FROM qryBedarf WHERE (((tblLiefArtikel.fldArt_Nr)=" & cbo-
Groff.Value & ") AND ((tblBedarf.Bestellt)=No)) ORDER BY tblBedarf.Datum;"
```

Ebenfalls benötigen Sie die Werte der fixen Bestellkosten, des Einkaufspreises, des Lagerkostensatzes, der Anzahl der Kalendertage des aktuellen Jahres. Sie werden den jeweiligen Variablen zugewiesen.

Im Anschluss daran wird mit Zelle A12 der Startpunkt gewählt, das Tabellenblatt wird von alten Daten gesäubert, und die Formatierungen werden gelöscht.

```
SQL = "SELECT * FROM qryBedarf WHERE (((tblLiefArtikel.fldArt_Nr)=" & cbo-
Groff.Value & ") AND ((tblBedarf.Bestellt)=No)) ORDER BY tblBedarf.Datum;"
rs.Open SQL, cnn
```

```
'Startpunkt wählen für Datenübernahme
Worksheets("GroffVerfahren").Activate
'Fixe Bestellkosten
FixBestKost = Sheets("GroffVerfahren").Range("G6")
'Lagerkostensatz
LGKZ = Sheets("GroffVerfahren").Range("G5")
'Einkaufspreis
EK_Preis = Sheets("GroffVerfahren").Range("G4")
'Anzahl der Tage im Jahr
AnzahlTage = Sheets("GroffVerfahren").Range("G7")
Sheets("GroffVerfahren").Range("A12").Select
'Daten löschen
Worksheets("GroffVerfahren").Range("A12").CurrentRegion.Select
Worksheets("GroffVerfahren").Range("A12").CurrentRegion.Interior.Color-
Index = xlNone
Worksheets("GroffVerfahren").Range("A12").CurrentRegion.ClearContents
```

Nun kann mit dem Einlesen der Daten aus der Access-Datenbank begonnen werden. Zunächst wird sichergestellt, dass die Zählvariablen INTI und INTJ mit Null beginnt. Die DO-WHILE-Schleife wird gestartet. In die erste Spalte wird dann der Bedarfstermin aus der Abfrage eingelesen. Danach wird die kumulierte Menge berechnet. Nun müssen zwei Fälle unterschieden werden. Liegt der erste Datensatz vor, d.h. INTI ist Null, wird die Bedarfsmenge eingelesen, die kumulierte Bedarfsmenge wird ausgegeben, die fixen Bestellkosten werden in die entsprechende Spalte geschrieben und die Differenz zwischen Lagerkosten und kumulierten Bestellkosten gebildet. Lagerkosten und kumulierte Lagerkosten haben den Wert Null, da die Bedarfsmenge ja nicht gelagert werden muss.

Liegt der erste Datensatz nicht vor, müssen Lagerkosten, kumulierte Lagerkosten, die kumulierten Bestellkosten und die Differenz zwischen kumulierten Lagerkosten und kumulierten Bestellkosten berechnet werden. Danach muss die Zeile festgelegt werden, die die optimale Bestellmenge beinhaltet. Kriterium dafür war:

Erhöhe die Bestellmenge so lange um künftige Bedarfsmengen jeweils des nächsten Bedarfsfalles, bis die kumulierten Bestellkosten erstmals größer als der Anstieg der kumulierten Lagerkosten sind!

Das wird der Fall sein, wenn in der Spalte DIFFERENZ ein Übergang von negativen zu positiven Werten stattfindet. Dann sind nämlich die kumulierten Lagerkosten größer als die kumulierten Bestellkosten. Trifft diese Bedingung zu, soll die entsprechende Zeile farbig hinterlegt werden, und die zu bestellende Menge wird in die Zelle G8 des Tabellenblattes GROFFVERFAHREN eingetragen.

```
intI = 0
intJ = 0
Do While Not rs.EOF
ActiveCell.Offset(0, 0) = CDate(rs!Datum)
KumMenge = KumMenge + rs!Menge
If intI = 0 Then
    ActiveCell.Offset(0, 1) = 0
    ActiveCell.Offset(0, 2) = rs!Menge
    ActiveCell.Offset(0, 2).NumberFormat = "#,##0.00 ""Stck."""
    ActiveCell.Offset(0, 3) = KumMenge
    ActiveCell.Offset(0, 4) = 0
    ActiveCell.Offset(0, 5) = 0
    ActiveCell.Offset(0, 6) = FixBestKost
    ActiveCell.Offset(0, 7) = 0 - FixBestKost
Else
    ActiveCell.Offset(0, 1) = ActiveCell.Offset(0, 0) - Range("A12")
    Tage = ActiveCell.Offset(0, 1)
    ActiveCell.Offset(0, 2) = rs!Menge
    ActiveCell.Offset(0, 3) = KumMenge
    ActiveCell.Offset(0, 4).Value = (LGKZ*EK_Preis*rs!Menge/2)*Tage /
AnzahlTage
    LagKost = ActiveCell.Offset(0, 4)
    LagKostKum = LagKostKum + LagKost
    ActiveCell.Offset(0, 5) = LagKostKum
    ActiveCell.Offset(0, 6).FormulaR1C1 = FixBestKost * (intI + 1)
    BestKost = ActiveCell.Offset(0, 6)
    ActiveCell.Offset(0, 7).Value = LagKostKum - BestKost
    If ActiveCell.Offset(0, 7) >= 0 And ActiveCell.Offset(-1, 7) <= 0 Then
        For intJ = 0 To 7
          ActiveCell.Offset(-1, intJ).Interior.ThemeColor = xlThemeColorAccent1
          ActiveCell.Offset(-1, intJ).Interior.TintAndShade = 0.799981688894314
        Next
        Sheets("GroffVerfahren").Range("G8") = ActiveCell.Offset(-1, 3)
    End If
End If
ActiveCell.Offset(1, 0).Select
intI = intI + 1
rs.MoveNext
Loop
Sheets("GroffVerfahren").Range("G8").Select
End Sub
```

Im Beispiel der Abbildung 10.13 liegt die optimale Bestellmenge bei 220 Stück.

Kapitel 11

Zeitreihenanalyse

Vielfältige Parameter wie z.B. gesättigte Konsumgütermärkte oder ein aggressiver Verdrängungswettbewerb bestimmen den betrieblichen Entscheidungsprozess. Die weltweite Konkurrenz, der sich die Unternehmen heute stellen müssen, setzt den Fokus auf die Frage, in welcher Weise Unternehmen dem Marktwandel angemessen begegnen können.

In den letzten Jahren haben viele deutsche Unternehmen unrentable Unternehmensbereiche verkauft und Arbeitnehmer entlassen, um national und international konkurrenzfähig zu werden bzw. zu bleiben. Dies reicht aber nicht aus. Auf dem Münchner Management Kolloquium im Frühjahr 1997 stellte Bernd Pitschetsrieder, damals BMW-Vorstandsvorsitzender, fest: »Auf der Welt wird es immer jemanden geben, der Vergleichbares zu niedrigeren Kosten herstellt.« Prof. Wildemann von der TU München zielt mit seiner Bemerkung »Wer nur in Kosten denkt, wird nie Märkte erobern« in die gleiche Richtung. Deshalb ist es notwendig, neue, innovative Produkte anzubieten. Denn nur als Marktführer hat man die Preisführerschaft und kann dementsprechend Gewinne verbuchen.

Viele kleine bzw. mittelständische Unternehmen haben in den letzten Jahren Marktnischen erobert und es dort zu einer Marktführerschaft gebracht. Diese Position wollen sie halten und ausbauen. Dies kann man nicht mehr mit den traditionellen Mitteln der Kosten- und Leistungsrechnung tun. Wer am Markt bestehen will, muss in seinem Unternehmen vorausschauend planen und in der Gegenwart über sein Unternehmen genau Bescheid wissen. Ein umfassendes Controlling-System kann dies leisten.

Controlling kann natürlich keine Märkte erobern und ein Unternehmen an die Spitze katapultieren. Innovative Ideen können nicht aus Zahlen herausgefiltert werden. Allerdings geben Zahlen, Analysen und Abweichungen Hinweise darauf, wo es gut bzw. schlecht um das Unternehmen steht. »Controlling« mit bloßer Kontrolle zu umschreiben, würde dem Begriff nicht gerecht. Controlling, umfassender verstanden, zeigt Abweichungen auf und schließt entsprechende Aktivitäten ein. Hierbei besteht die Gefahr, Controlling als eine Erweiterung des Rechnungswesens zu begreifen. Dieser Bereich des Unternehmens macht nur einen Teilaspekt von Controlling aus. Controlling geht über das buchhalterische Aufrechnen von Zahlen hinaus. In erster Linie hat Controlling die Informationen zu gewinnen, die für eine verlässliche Beurteilung und Planung von betrieblichen Situationen und Entscheidungen notwendig sind. Diese Informationen sind entsprechend aufzubereiten und zu analysieren. Dabei geht es um den augenblicklichen Zustand wie auch um die zukünftige Entwicklung des Unternehmens.

Viele Daten im Unternehmen liegen in Form von Zeitreihen vor. In der beschreibenden Statistik versteht man unter einer Zeitreihe eine zeitlich geordnete Folge von Werten eines Merkmals. Das Merkmal kann eine Bestandsgröße oder eine Stromgröße sein: im ersten Fall bezieht sich das Merkmal auf einen Zeitpunkt, im zweiten Fall auf einen Zeitraum. Bei einer Zeitreihenanalyse geht es zunächst darum, die zeitliche Abhängigkeit der Werte zu modellieren und mathematisch zu bestimmen. Diesen Vorgang nennt man Strukturanalyse. Die zweite Aufgabe besteht darin, zuverlässige Prognosen von zukünftigen Werten der Zeitreihe zu liefern.

Zum Tagesgeschäft des Controllers gehört der Umgang mit großen Zahlenmengen. Sie gilt es zu analysieren, aufzubereiten und zu präsentieren. Große Zahlenmengen, wie das z.B. bei Umsatzzahlen der Fall ist, bilden häufig die Grundlage für die Planung, die Beurteilung und die Steuerung von Unternehmensprozessen. Häufig hat der Controller für das nächste Quartal oder das nächste Halbjahr die Umsatzzahlen zu schätzen, da sie als Basis für die Planung der nächsten Monate dienen.

Excel bietet im Bereich der Zeitreihenanalyse geeignete Funktionen an, mit deren Hilfe man vergangene Werte analysieren und zukünftige Werte bestimmen kann. Allerdings wird der Blick in die Zukunft nur dann gelingen, wenn man die Daten richtig beurteilt.

11.1   Das Modell

Ein Untersuchungsgegenstand wird u.a. durch die beobachtbaren Größen Y, X_1, .., X_p repräsentiert; man spricht hier von Merkmalen oder Variablen. Zwischen diesen beobachtbaren Größen besteht ein sachlicher Zusammenhang. Der Zusammenhang zwischen der abhängigen Variablen Y und den unabhängigen Variablen X_1, .., X_p lässt sich durch eine lineare Funktionsgleichung bestimmen. In der Praxis kommt es jedoch zu Abweichungen von diesem funktionalen Zusammenhang. Diese Abweichungen (ε) werden in das Modell einbezogen, indem man davon ausgeht, dass die lineare funktionale Beziehung zwischen den beobachtbaren Größen Y, X_1, .., X_p durch eine additive Zufallsvariable überlagert wird. Die lineare Modellgleichung, auch Regressionsgleichung genannt, lautet dann:

$$Y = \beta_0 + \beta_1 X_1 + \dots + \beta_p X_p + \varepsilon$$

Da es sich um ein lineares Gleichungssystem handelt, können die Elemente des Systems auch in Form einer Matrix geschrieben werden.

$$
\begin{pmatrix} Y_1 \\ Y_2 \\ . \\ . \\ Y_i \\ Y_n \end{pmatrix} = \begin{pmatrix} \beta_0 \\ \beta_1 \\ . \\ . \\ \beta_i \\ \beta_p \end{pmatrix} \times \begin{pmatrix} 1 & x_{11} & x_{12} & . & . & x_{1p} \\ 1 & x_{21} & x_{22} & . & . & x_{2p} \\ 1 & x_{i1} & & . & . & . \\ 1 & . & . & . & . & . \\ 1 & x_{n1} & x_{n2} & . & . & x_{np} \end{pmatrix} + \begin{pmatrix} \varepsilon_1 \\ \varepsilon_2 \\ . \\ . \\ \varepsilon_i \\ \varepsilon_p \end{pmatrix}
$$

Die Einser in der ersten Spalte der X-Matrix gehören zum Absolutglied β_0. Ferner gelten die Annahmen:

- $E(\varepsilon) = 0$ *und* $Cov(\varepsilon) = \sigma^2 I_n$, d.h. die Störgröße ε_i ist verteilt mit dem Erwartungsvektor 0, und die Störgrößen ε_i sind stochastisch unabhängig voneinander.

Somit gilt für $\underline{Y}$

$E(\underline{Y}) = \underline{X}\beta$ *und* $Cov(\underline{Y}) = \sigma^2 I_n$

In verkürzter Schreibweise:

$$\underline{Y} = \underline{X}\beta + \underline{\varepsilon}$$

Wie im Fall der einfachen linearen Regression wird die Quadratsumme der Residuen (Störgröße ε) nach der Methode der kleinsten Quadrate minimiert. Als Lösung des Minimierungsproblems erhält man den Vektor der geschätzten Regressionskoeffizienten.

$$
\hat{\beta} = \begin{pmatrix} \hat{\beta}_0 \\ \hat{\beta}_1 \\ . \\ \hat{\beta}_i \\ \hat{\beta}_p \end{pmatrix} = \left(\underline{X^T X} \right)^{-1} \underline{X^T Y}
$$

In diesem Zusammenhang handelt es sich bei X^T um die transponierte Matrix der Matrix X. $()^{-1}$ bildet die inverse Matrix der Multiplikation von X^T und X.

Diese theoretischen Ausführungen werden nun am Beispiel einer Umsatzzahlenreihe erläutert.

Wie in der Modellgleichung aufgezeigt, geht man auch bei der Analyse ökonomischer Zeitreihen davon aus, dass sich die Zeitreihe als additive Überlagerung von Trendkomponente, zyklischer Komponente, Saisonkomponente und Störgröße berechnet. Betrachtet man nun die Umsatzzahlenreihe des Beispiels, stellt man starke Schwankungen fest. Die Zahlen sind preisbereinigt und sollen im Folgenden analysiert werden.

Umsatzdaten für XYZ GmbH												
Jahr	Jan	Feb	Mrz	Apr	Mai	Jun	Jul	Aug	Sep	Okt	Nov	Dez
2007	5.341.366,00 €	5.193.132,00 €	5.024.758,00 €	6.117.982,00 €	6.087.668,00 €	6.270.144,00 €	5.219.674,00 €	5.647.970,00 €	5.816.064,00 €	7.774.008,00 €	8.019.546,00 €	7.877.582,00 €
2008	5.930.240,00 €	6.283.210,00 €	6.123.980,00 €	7.458.690,00 €	7.433.720,00 €	7.669.600,00 €	6.241.440,00 €	6.868.520,00 €	7.119.530,00 €	9.501.150,00 €	9.795.840,00 €	9.621.270,00 €
2009	5.957.812,00 €	6.312.248,00 €	6.156.056,00 €	7.498.946,00 €	7.472.760,00 €	7.709.866,00 €	6.268.090,00 €	6.897.504,00 €	7.146.208,00 €			

Abb. 11.1: Umsatzzahlenreihe

Grafisch wird dies noch deutlicher:

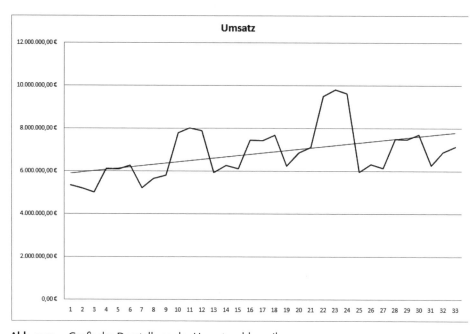

Abb. 11.2: Grafische Darstellung der Umsatzzahlenreihe

Die Trendfunktion in der Grafik gibt nur die grobe Richtung der Umsatzentwicklung vor. Die saisonalen Effekte können aus der Grafik und den Daten der Zahlenreihe nicht abgelesen werden. Deshalb erweitert man die lineare Regression um den Saisoneffekt. Die saisonale Komponente zeichnet sich auch für das absolute Glied der Zeitreihe verantwortlich. Daher wandelt man das Modell ab in

$$Y_t = \beta_0 t + \beta_1 X_1 + \beta_2 X_2 + \ldots\ldots + \beta_{12} X_{12}$$

- Y_t steht für den Umsatz in Periode t; im Beispiel liegen 33 Perioden vor.

- β_i steht für den jeweiligen saisonalen Koeffizienten. Sie werden geschätzt. Für den Fall einer monatsweisen Schätzung ordnet man jedem der auftretenden Koeffizienten einen Monat zu.

- X_i nimmt den Wert 1 im Quartal i an und ansonsten den Wert 0. Es handelt sich um Dummy-Variablen. Hierbei handelt es sich um binäre 0,1-Variablen, die den Wert 1 annehmen, wenn eine Beobachtung für den jeweiligen Zeitabschnitt vorliegt, und 0 sind, wenn keine Beobachtung für die jeweilige Periode vorliegt.

Die nachfolgende Grafik zeigt, wie die Tabelle aufgebaut wird.

	A	B	C	D	E	F	G	H	I	J	K	L	M	N	O	P
6	Jahr	Quartal	Periode	Jan	Feb	Mrz	Apr	Mai	Jun	Jul	Aug	Sep	Okt	Nov	Dez	Umsatz
7	2007	Jan	1	1	0	0	0	0	0	0	0	0	0	0	0	5.341.366,00 €
8		Feb	2	0	1	0	0	0	0	0	0	0	0	0	0	5.193.132,00 €
9		Mrz	3	0	0	1	0	0	0	0	0	0	0	0	0	5.024.758,00 €
10		Apr	4	0	0	0	1	0	0	0	0	0	0	0	0	6.117.982,00 €
11		Mai	5	0	0	0	0	1	0	0	0	0	0	0	0	6.087.668,00 €
12		Jun	6	0	0	0	0	0	1	0	0	0	0	0	0	6.270.144,00 €
13		Jul	7	0	0	0	0	0	0	1	0	0	0	0	0	5.219.674,00 €
14		Aug	8	0	0	0	0	0	0	0	1	0	0	0	0	5.647.970,00 €
15		Sep	9	0	0	0	0	0	0	0	0	1	0	0	0	5.816.064,00 €
16		Okt	10	0	0	0	0	0	0	0	0	0	1	0	0	7.774.008,00 €
17		Nov	11	0	0	0	0	0	0	0	0	0	0	1	0	8.019.546,00 €
18		Dez	12	0	0	0	0	0	0	0	0	0	0	0	1	7.877.582,00 €
19	2008	Jan	13	1	0	0	0	0	0	0	0	0	0	0	0	5.930.240,00 €
20		Feb	14	0	1	0	0	0	0	0	0	0	0	0	0	6.283.210,00 €
21		Mrz	15	0	0	1	0	0	0	0	0	0	0	0	0	6.123.980,00 €
22		Apr	16	0	0	0	1	0	0	0	0	0	0	0	0	7.458.690,00 €
23		Mai	17	0	0	0	0	1	0	0	0	0	0	0	0	7.433.720,00 €
24		Jun	18	0	0	0	0	0	1	0	0	0	0	0	0	7.669.600,00 €
25		Jul	19	0	0	0	0	0	0	1	0	0	0	0	0	6.241.440,00 €
26		Aug	20	0	0	0	0	0	0	0	1	0	0	0	0	6.868.520,00 €
27		Sep	21	0	0	0	0	0	0	0	0	1	0	0	0	7.119.530,00 €
28		Okt	22	0	0	0	0	0	0	0	0	0	1	0	0	9.501.150,00 €
29		Nov	23	0	0	0	0	0	0	0	0	0	0	1	0	9.795.840,00 €
30		Dez	24	0	0	0	0	0	0	0	0	0	0	0	1	9.621.270,00 €
31	2009	Jan	25	1	0	0	0	0	0	0	0	0	0	0	0	5.957.812,00 €
32		Feb	26	0	1	0	0	0	0	0	0	0	0	0	0	6.312.248,00 €
33		Mrz	27	0	0	1	0	0	0	0	0	0	0	0	0	6.156.056,00 €
34		Apr	28	0	0	0	1	0	0	0	0	0	0	0	0	7.498.946,00 €
35		Mai	29	0	0	0	0	1	0	0	0	0	0	0	0	7.472.760,00 €

Abb. 11.3: Matrix mit Dummy-Variablen

Der erste Umsatz liegt im Monat Januar. Also wird dort die Dummy-Variable auf 1 gesetzt. Für die restlichen Monate liegen natürlich im Januar keine Beobachtungen vor. Also erhält die Dummy-Variable den Wert 0.

Aus der Tabelle kann man nun ersehen, dass die Daten in einer bestimmten Form eingelesen werden müssen. Hinzu kommt, dass die Dummy-Variablen entsprechend gesetzt werden müssen.

11.2   Aufbau der Arbeitsmappe

Die Arbeitsmappe ZEITREIHE.xlsm der Daten-CD enthält die nachfolgend aufgeführten Tabellenblätter:

■ STARTCENTER: In diesem Tabellenblatt wird das Regiezentrum eingerichtet. Über die Auswahl des Tabellenblattnamens in einem Listenfeld können die Tabellenblätter der Arbeitsmappe angesteuert werden.

- CSV_DATEN: In dieses Tabellenblatt werden die Umsatzdaten der Access-Abfrage QRYZEITREIHE strukturiert eingelesen. Die Abbildung 11.3 zeigt, wie die Struktur der eingelesenen Daten aussehen muss.

- UMSATZDATEN: Dieses Tabellenblatt enthält die Daten der Umsatzreihe. Sie sind in der Abbildung 11.1 abgebildet.

- MODELLVARIATION: An einem weiteren Zahlenbeispiel soll demonstriert werden, wie das vorgestellte Modell variiert werden kann. Die Werte dieser Zahlenreihe finden Sie in diesem Tabellenblatt.

- Die Arbeitsmappe ZEITREIHE.XLSM enthält nur diese Tabellenblätter. Sie soll nur die notwendigen Daten bekommen, um die nachfolgenden Arbeitsschritte nachzuvollziehen. Die Musterlösung des Kapitels finden Sie in der Arbeitsmappe ZEITREIHENANALYSE.XLSM der Daten-CD.

11.3 Startcenter einrichten

Nach dem Öffnen der Arbeitsmappe ZEITREIHE.XLSM aktivieren Sie das Tabellenblatt STARTCENTER. In diesem Tabellenblatt fügen Sie ein Listenfeld ein. Die Befehlsfolge lautet:

```
Entwicklertools → Einfügen → ActiveX-Steuerelement Listenfeld
```

Diesem Listenfeld geben Sie den Namen LSTAUSWAHL. Sie haben den Entwurfsmodus aktiviert und klicken das Listenfeld mit der rechten Maustaste an. Aus dem Kontextmenü wählen Sie die Option EIGENSCHAFTEN. Im Fenster EIGENSCHAFTEN tragen Sie in die Zeile (NAME) den Text LSTAUSWAHL ein. Alle anderen Eigenschaften werden ohne Änderungen übernommen. Im Anschluss daran verknüpfen Sie das Klick-Ereignis des Listenfeldes mit einem kleinen Programm. Dazu klicken Sie wiederum im Entwurfsmodus mit der rechten Maustaste in das Listenfeld. Aus dem Kontextmenü wählen Sie nun die Option CODE ANZEIGEN. Excel schaltet in den VBA-Editor und fügt dort die Befehlszeilen

```
Private Sub lstAuswahl_Click()
End Sub
```

ein. Zwischen diese beiden Zeilen schreiben Sie den nachfolgenden Quellcode:

```
Private Sub lstAuswahl_Click()
Dim strWSName As String
strWSName = lstAuswahl.Value
Worksheets(strWSName).Activate
End Sub
```

Die erste Programmzeile speichert den im Listenfeld ausgewählten Tabellenblattnamen in der Variable STRWSNAME. Der zweite Befehl aktiviert das entsprechende Tabellenblatt.

Anschließend klicken Sie im Projektexplorer zweimal mit der linken Maustaste auf die Option DIESEARBEITSMAPPE. Excel öffnet ein leeres Eingabefenster. Im Kombinationsfeld oberhalb finden Sie die Auswahl (Allgemein) vor. Sie wählen dagegen die zweite Option WORKBOOK. Excel fügt die beiden Befehlszeilen

```
Private Sub Workbook_Open()
EndSub
```

ein. Zwischen diese beiden Zeilen wird der Quellcode eingefügt, der beim Öffnen der Arbeitsmappe das Listenfeld mit den Namen der Tabellenblätter füllt.

```
Private Sub Workbook_Open()
Dim ws As Worksheet
For Each ws In Worksheets
    Worksheets("Startcenter").lstAuswahl.AddItem ws.Name
Next ws
Worksheets("Startcenter").lstAuswahl.Value = "Startcenter"
End Sub
```

Mit einer FOR-NEXT-Schleife wird die Auflistung aller WORKSHEET-Objekte in der angegebenen oder aktiven Arbeitsmappe durchlaufen. Die Namen der Tabellenblätter werden mit dem Befehl ADDITEM WS.NAME dem Listenfeld zugefügt. Die Auswahl des Listenfeldes wird auf das Element STARTCENTER der Liste im Listenfeld gesetzt. Ihre Arbeit können Sie erst dann bewundern, wenn Sie die Arbeitsmappe speichern, schließen und dann erneut öffnen. Erst dann greift das Ereignis WORKBOOK_OPEN und füllt das Listenfeld mit den Namen der Tabellenblätter.

11.4 Daten einlesen

Zum Einlesen der Daten kann man auf wesentliche Teile des Programms zurückgreifen, das zur Übernahme der Daten in Kapitel 5 benutzt wurde. Richten Sie dazu eine Befehlsschaltfläche im Tabellenblatt CSV_DATEN ein und verknüpfen Sie diese Befehlsschaltfläche durch Anwenden der Befehlsfolge

```
Klick mit rechter Maustaste auf den → Button Code anzeigen
```

mit dem Programm

```
Private Sub cmdUebernahme_Click()
End Sub
```

Das Programm benötigt drei Variable:

Variable	Bedeutung
CNN	Verbindungsstring zum Provider MICROSOFT.ACE.OLEDB.12.0
RST	RECORDSET, das die Daten der Abfrage QRYZEITREIHE aufnimmt
INTI	Zählvariable

Bisher wurden nur Daten aus Textdateien oder Daten aus Access-Datenbanken der Version 2003 ausgelesen. Will man mit dem Provider MICROSOFT.JET.OLEDB.4.0 auf Daten einer Access-Datenbank vom Typ 2007 zugreifen, die das Kürzel ACCDB haben, bekommt man eine Fehlermeldung angezeigt. Datenbanken vom Typ 2007 verlangen den Provider MICROSOFT.ACE.OLEDB.12.0. Startpunkt für das Einlesen der Daten soll die Zelle A6 des Tabellenblattes CSV_DATEN sein. Die alten Daten werden gelöscht, bevor man die Überschriften setzt und mit dem Einlesen beginnt.

```
Private Sub cmdUebernahme_Click()
Dim cnn As New ADODB.Connection
Dim rst As New ADODB.Recordset
Dim intI As Integer
'Verbindung öffnen
cnn.Open "Provider=Microsoft.ACE.OLEDB.12.0;Data Source=c:\Excel-
Buch\Kapitel11\UmsatzDaten.accdb;"
'Recordset öffnen
rst.Open "Select * From qryZeitreihe", cnn
'Startpunkt wählen für Datenübernahme
Worksheets("CSV_Daten").Activate
Sheets("CSV_Daten").Range("A6").Select
'Daten löschen
Worksheets("CSV_Daten").Range("A6").CurrentRegion.ClearContents
'Überschriften setzen
    ActiveCell.Offset(0, 0).Value = "Jahr"
    ActiveCell.Offset(0, 1).Value = "Quartal"
    ActiveCell.Offset(0, 2).Value = "Periode"
    ActiveCell.Offset(0, 3).Value = "Jan"
    ActiveCell.Offset(0, 4).Value = "Feb"
    ActiveCell.Offset(0, 5).Value = "Mrz"
    ActiveCell.Offset(0, 6).Value = "Apr"
    ActiveCell.Offset(0, 7).Value = "Mai"
    ActiveCell.Offset(0, 8).Value = "Jun"
    ActiveCell.Offset(0, 9).Value = "Jul"
    ActiveCell.Offset(0, 10).Value = "Aug"
```

```
    ActiveCell.Offset(0, 11).Value = "Sep"
    ActiveCell.Offset(0, 12).Value = "Okt"
    ActiveCell.Offset(0, 13).Value = "Nov"
    ActiveCell.Offset(0, 14).Value = "Dez"
    ActiveCell.Offset(0, 15).Value = "Umsatz"
For intI = 0 To 15
    ActiveCell.Offset(0, intI).Interior.ColorIndex = 37
    ActiveCell.Offset(0, intI).Font.ColorIndex = 2
    ActiveCell.Offset(0, intI).Font.Bold = True
Next
ActiveCell.Offset(1, 0).Select
intI = 1
```

Mit einer Do-While-Schleife werden die Daten nun übernommen. Beim Einlesen werden auch gleichzeitig die Dummy-Variablen gesetzt. Dies geschieht monatsweise mit einer Select-Case-Anweisung, die die Monatskürzel selektiert. Liegt z.B. das Kürzel Jan vor, wird in Spalte A das jeweilige Jahr ausgegeben, andernfalls unterbleibt die Jahresangabe. In Spalte B wird das Monatskürzel angezeigt. Die Periode wird in Spalte C gesetzt. Ab Spalte D werden für die jeweiligen Monate die Dummy-Variablen in die entsprechende Zeile geschrieben und mit roter Fettschrift gekennzeichnet, wenn eine 1 gesetzt wird. In die letzte Spalte kommt dann der Umsatz. Danach wird die Zählvariable um 1 erhöht, der Datensatzzeiger wird zum nächsten Datensatz bewegt und der Zellzeiger eine Zeile tiefer gesetzt. Die Verbindung zur Datenbank wird geschlossen, und mit einer Message-Box wird das Ende der Datenübernahme angezeigt.

```
Do While Not rst.EOF
Select Case rst!MonatBez
    Case Is = "Jan"
        ActiveCell.Offset(0, 0).Value = rst!Jahrdat
        ActiveCell.Offset(0, 0).Interior.ColorIndex = 37
        ActiveCell.Offset(0, 0).Font.ColorIndex = 2
        ActiveCell.Offset(0, 0).Font.Bold = True
        ActiveCell.Offset(0, 1).Value = rst!MonatBez
        ActiveCell.Offset(0, 2).Value = intI
        ActiveCell.Offset(0, 3).Value = 1
        ActiveCell.Offset(0, 3).Font.ColorIndex = 3
        ActiveCell.Offset(0, 3).Font.Bold = True
        ActiveCell.Offset(0, 4).Value = 0
        ActiveCell.Offset(0, 5).Value = 0
        ActiveCell.Offset(0, 6).Value = 0
        ActiveCell.Offset(0, 7).Value = 0
        ActiveCell.Offset(0, 8).Value = 0
        ActiveCell.Offset(0, 9).Value = 0
```

```
            ActiveCell.Offset(0, 10).Value = 0
            ActiveCell.Offset(0, 11).Value = 0
            ActiveCell.Offset(0, 12).Value = 0
            ActiveCell.Offset(0, 13).Value = 0
            ActiveCell.Offset(0, 14).Value = 0
            ActiveCell.Offset(0, 15).Value = CCur(rst!Umsatz)
        Case Is = "Dez"
            ActiveCell.Offset(0, 1).Value = rst!MonatBez
            ActiveCell.Offset(0, 2).Value = intI
            ActiveCell.Offset(0, 3).Value = 0 'Jan
            ActiveCell.Offset(0, 4).Value = 0 'Feb
            ActiveCell.Offset(0, 5).Value = 0 'Mrz
            ActiveCell.Offset(0, 6).Value = 0 'Apr
            ActiveCell.Offset(0, 7).Value = 0 'Mai
            ActiveCell.Offset(0, 8).Value = 0 'Jun
            ActiveCell.Offset(0, 9).Value = 0 'Jul
            ActiveCell.Offset(0, 10).Value = 0 'Aug
            ActiveCell.Offset(0, 11).Value = 0 'Sep
            ActiveCell.Offset(0, 12).Value = 0 'Okt
            ActiveCell.Offset(0, 13).Value = 0 'Nov
            ActiveCell.Offset(0, 14).Value = 1 'Dez
            ActiveCell.Offset(0, 14).Font.ColorIndex = 3
            ActiveCell.Offset(0, 14).Font.Bold = True
            ActiveCell.Offset(0, 15).Value = CCur(rst!Umsatz)
    End Select
        intI = intI + 1
        rst.MoveNext
        ActiveCell.Offset(1, 0).Select
Loop
rst.Close
Set cnn = Nothing
MsgBox ("Umsatzdaten eingerichtet! " & intI - 1 & " Umsätze übertragen!")
End Sub
```

Die Programmierung der restlichen Monate wie z.B. Sep, Okt etc. erfolgt analog zum Dezember.

11.5 Regressionsanalyse

Zunächst soll aufgezeigt werden, wie man die Regressionsanalyse per Hand durchführt. In einem weiteren Schritt soll dann die Analyse per Programm gesteuert werden. Dazu zeichnet man ein Makro auf, das jeden einzelnen Schritt bzw. Klick, den man tätigt, akribisch festhält. Den Quellcode findet man in einem

Modul des VBA-Editors. In welchem Modul sich dieses Makro befindet, hängt davon ab, wie viele Module in der Arbeitsmappe schon eingerichtet sind. Für jedes neu aufgezeichnete Makro wird ein neues Modul eingerichtet.

Bevor es losgeht, setzen Sie den Zellzeiger in die Zelle P6 des Tabellenblattes CSV_DATEN. Mit der Befehlsfolge

```
Entwicklertools → Makro aufzeichnen
```

starten Sie die Aufzeichnung. Das Fenster MAKRO AUFZEICHNEN öffnet sich. Sie können mit OK gleich zum nächsten Schritt übergehen. Das Makro finden Sie unter dem Namen MAKRO2 in einem Modul des VBA-Editors.

Abb. 11.4:   Fenster MAKRO AUFZEICHNEN

Danach starten Sie die Regressionsanalyse mit der Befehlsfolge

```
Daten → Datenanalyse
```

Nun öffnet sich das Fenster ANALYSE-FUNKTIONEN mit den zur Verfügung stehenden Analyse-Funktionen. Sie wählen die Option REGRESSION.

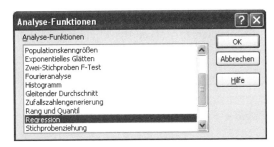

Abb. 11.5:   Fenster ANALYSE-FUNKTIONEN

Sie bestätigen Ihre Auswahl mit OK. Danach öffnet sich das Fenster REGRESSION. Folgende Eingaben und Klicks nehmen Sie vor:

- Y-Eingabereich: $P$6:$P$39

- X-Eingabebereich: $C$6:$O$39

- Beschriftungen: Haken setzen

- Konfidenzintervall: Haken setzen

- Konstante ist Null: Haken setzen

- Neues Tabellenblatt: Regression

- Residuen: Haken setzen

Abb. 11.6:   Fenster REGRESSION

Ihre Eingaben schließen Sie mit OK ab. Die Analyse-Funktion REGRESSION legt nun ein neues Tabellenblatt mit dem Namen REGRESSION an. In diesem Tabellenblatt werden alle Auswertungen gespeichert. Nun dürfen Sie das Ausschalten des Makrorecorders nicht vergessen, da auch alle nachfolgenden Schritte aufgezeichnet werden und der Code dann sehr umfangreich wird. Das Ausschalten geschieht mit der Befehlsfolge

```
Entwicklertools → Aufzeichnung beenden
```

Ihr Makro enthält den nachfolgenden Code:

```
Sub Makro2()
'
```

```
' Makro2 Makro
'
    Application.Run "ATPVBAEN.XLAM!Regress", ActiveSheet.Range("$P$6:$P$39"), _
        ActiveSheet.Range("$C$6:$O$39"), True, True, 95, "Regression", True, _
        False, False, False, , False
End Sub
```

Einige Passagen des Makros lassen sich leicht identifizieren. Die Eingabebereiche für die X- und Y-Werte können rasch wiedergefunden werden. Das Konfidenzintervall beträgt 95, die neu anzulegende Tabelle heißt REGRESSION.

Dieses Makro wird nun dazu benutzt, die Regressionsanalyse in Zukunft per Befehlsschaltfläche ablaufen zu lassen. Dazu müssen die Datenbereiche der Y- und X-Werte variabel gestaltet werden. In Zukunft wird sicherlich der eine oder andere Monat dazukommen, sodass die Bereiche über die Zeile 39 hinausgehen. Die neue Anzahl von Datenzeilen erhält man, indem man die aktuelle Umgebung der Zelle P6 des Tabellenblattes CSV-Daten zählen lässt.

Die alten Regressionsergebnisse sind immer dann überholt, wenn neue Datensätze hinzukommen. Deshalb wird das alte Tabellenblatt REGRESSION gelöscht, damit ein neues mit gleichem Namen mit den neuen Ergebnissen eingefügt werden kann. Der Befehl zur Regressionsanalyse wird entsprechend angepasst.

```
Private Sub cmdRegression_Click()
Dim zeilenZ As Integer
Dim Range_X, Range_Y As String
Dim ws As Worksheet
For Each ws In Worksheets
    If ws.Name = "Regression" Then
        Sheets("Regression").Select
        ActiveWindow.SelectedSheets.Delete
    End If
Next ws
Worksheets("CSV_Daten").Activate
Sheets("CSV_Daten").Range("A6").Select
zeilenZ = Sheets("CSV_Daten").Range("P6").CurrentRegion.Rows.Count
Range_Y = "P6:P" & zeilenZ + 5
Range_X = "C6:O" & zeilenZ + 5
Application.Run "ATPVBAEN.XLAM!Regress", ActiveSheet.Range(Range_Y), _
ActiveSheet.Range(Range_X), True, True, 95, "Regression", True, _
False, False, False, , False
Sheets("Regression").Columns("A:I").EntireColumn.AutoFit
Sheets("CSV_Daten").Activate
Sheets("CSV_Daten").Range("A6").Select
Worksheets("CSV_Daten").Activate
End Sub
```

Dieses Programm kann natürlich nur dann korrekt ablaufen, wenn die Analyse-Funktionen auf Ihrem Computer installiert worden sind. Sollte dies nicht der Fall sein, erscheint eine Fehlermeldung auf dem Bildschirm. Über die Schaltfläche OFFICE gelangen Sie zu den EXCEL-OPTIONEN. In diesem Fenster klicken Sie auf den Menüpunkt ADD-INS und aktivieren dort die entsprechenden Add-Ins.

11.6 Auswertung

Im Tabellenblatt REGRESSION finden Sie eine Fülle von Informationen, die die Analyse-Funktion REGRESSION dort bereitgestellt hat. Deshalb sollen einige besonders wichtige Begriffe vorab kurz erläutert werden:

- **Bestimmtheitsmaß**: Gibt den Pearsonschen Korrelationskoeffizienten r zurück. Dieser Koeffizient ist ein dimensionsloser Index mit dem Wertebereich $-1,0 \leq r \leq 1,0$ und ein Maß dafür, inwieweit zwischen zwei Datensätzen eine lineare Abhängigkeit besteht. Die Verlässlichkeit einer Schätzung ist am größten, je näher sich der Betrag des Bestimmtheitsmaßes dem Wert 1 nähert. Im Beispiel liegt der Wert bei 99,74 %.

- **Multipler Korrelationskoeffizient**: Der Korrelationskoeffizient gibt Antwort auf die folgende Frage: Wie verbessern sich Prognosen der Variable Y, wenn sie nicht allein abhängig von X_0, sondern auch zugleich als abhängig von anderen Variablen X_1 .. X_{12} angesehen wird? In diesem Fall versucht man, zusätzliche Informationen zur Verbesserung von Vorhersagen zu nutzen, und verwendet in diesem Zusammenhang den sogenannten multiplen Korrelationskoeffizienten.

- **t-Statistik**: Es wird ein Test auf Gleichheit der jeder Stichprobe zugrunde liegenden Erwartungswerte der Zufallsvariablen durchgeführt. Die drei Tools basieren auf verschiedenen Annahmen:
  - die Varianzen der Grundgesamtheiten sind gleich,
  - die Varianzen der Grundgesamtheiten sind nicht gleich,
  - die beiden Stichproben repräsentieren Beobachtungen vor und nach der Behandlung derselben Objekte.

- **p-Wert**: Der p-Wert gibt an, wie extrem der gefundene Wert ein Wert der Teststatistik ist. Bei gültiger Nullhypothese ist der p-Wert die Wahrscheinlichkeit auf Werte, die wenigstens so extrem sind wie der gefundene Wert. Je kleiner der p-Wert, umso eher sollte die Nullhypothese verworfen werden. Üblicherweise wird vor dem Test ein Signifikanzniveau festgelegt und die Nullhypothese dann verworfen, wenn der p-Wert kleiner oder gleich ist. Im Beispiel beträgt das Signifikanzniveau 0,05 %.

- **F-Test**: Er testet, ob die Ergebnisse der Regressionsanalyse in Form eines linearen Gleichungssystems die Realität widerspiegeln. Der F-Test überprüft die Gleichheit von Varianzen zweier unabhängiger normalverteilter Stichproben.

- **F-krit**: Dieser Wert gibt an, ob mit einer Irrtumswahrscheinlichkeit von x % davon ausgegangen werden kann, dass der durch die lineare Regression beschriebene Zusammenhang auch für den realen Prozess gilt.

- **Konfidenzintervall**: Es sagt etwas über die Genauigkeit der Lageschätzung eines Parameters (zum Beispiel eines Mittelwertes) aus. Das Konfidenzintervall schließt einen Bereich um den geschätzten Wert des Parameters ein, der – vereinfacht gesprochen – mit einer zuvor festgelegten Wahrscheinlichkeit die wahre Lage des Parameters trifft.

Daneben erhält man auch die Werte der Koeffizienten $\hat{\beta}_i$, sodass nun mit einer Analyse der berechneten Werte begonnen werden kann. Die nachfolgende Abbildung listet die Ergebnisse der Regressionsanalyse auf.

	A	B	C	D	E	F	G	H	I
1	AUSGABE: ZUSAMMENFASSUNG								
2									
3	*Regressions-Statistik*								
4	Multipler Korrelationskoeffizient	0,998718874							
5	Bestimmtheitsmaß	0,99743939							
6	Adjustiertes Bestimmtheitsmaß	0,945903024							
7	Standardfehler	451823,4802							
8	Beobachtungen	33							
9									
10	ANOVA								
11		*Freiheitsgrade (df)*	*Quadratsummen (SS)*	*Mittlere Quadratsumme (MS)*	*Prüfgröße (F)*	*F krit*			
12	Regression	13	1,59042E+15	1,2234E+14	599,279947	5,83E-22			
13	Residue	20	4,08289E+12	2,04144E+11					
14	Gesamt	33	1,5945E+15						
15									
16		*Koeffizienten*	*Standardfehler*	*t-Statistik*	*P-Wert*	*Untere 95%*	*Obere 95%*	*Untere 95,0%*	*Obere 95,0%*
17	Schnittpunkt	0	#NV	#NV	#NV	#NV	#NV	#NV	#NV
18	Periode	56.941,43 €	8526,489168	6,678179756	1,683E-06	39155,483	74727,372	39155,4827	74727,372
19	Jan	5.002.900,78 €	283433,6331	17,65104841	1,1559E-13	4411668,6	5594133	4411668,58	5594132,97
20	Feb	5.132.350,02 €	286875,4989	17,89051361	8,9649E-14	4533938,2	5730761,8	4533938,21	5730761,82
21	Mrz	4.914.143,26 €	290526,903	16,91458934	2,5758E-13	4308114,8	5520171,8	4308114,76	5520171,75
22	Apr	6.114.143,16 €	294380,0484	20,76955689	5,2464E-15	5500077,1	6728209,2	5500077,14	6728209,18
23	Mai	6.030.045,07 €	298427,1209	20,20608935	8,8794E-15	5407537	6652553,1	5407537	6652553,13
24	Jun	6.191.590,97 €	302660,3411	20,45722592	7,0116E-15	5560252,6	6822929,4	5560252,57	6822929,38
25	Jul	4.827.847,55 €	307072,0107	15,72219994	1,008E-12	4187306,6	5468388,5	4187306,56	5468388,54
26	Aug	5.332.502,79 €	311654,5514	17,11029973	2,0757E-13	4682402,8	5982602,8	4682402,79	5982602,79
27	Sep	5.498.164,03 €	316400,5391	17,37722711	1,5517E-13	4838164,1	6158164	4838164,07	6158163,98
28	Okt	7.726.516,16 €	347395,5802	22,24126213	1,4086E-15	7001861,7	8451170,6	7001861,68	8451170,64
29	Nov	7.939.688,74 €	350831,6159	22,63105255	1,0078E-15	7207866,8	8671510,7	7207866,81	8671510,66
30	Dez	7.724.480,31 €	354439,4988	21,79350872	2,0833E-15	6985132,5	8463828,1	6985132,47	8463828,14

Abb. 11.7: Ergebnisse der Regressionsanalyse

Wie gut die Schätzung die Umsatzentwicklung widerspiegelt, zeigt die nachfolgende Grafik. Die durchgezogene Linie stellt die reale Umsatzentwicklung dar. Die gepunktete Linie zeigt die Schätzung. Bei der Geraden handelt es sich um den langfristigen Trend.

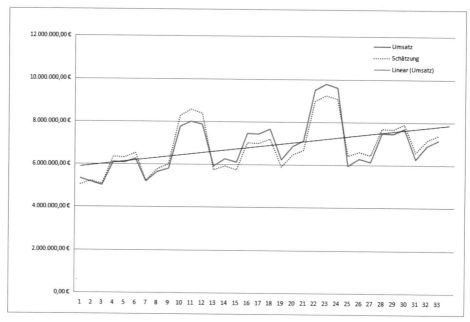

Abb. 11.8: Umsatzentwicklung und Schätzung

Aus den Ergebnisdaten kann man nun die Prognosefunktion ableiten:

$$y_i = 6036197{,}74 + 59941*t + 5002900{,}78*x_1 + 5132350{,}02*x_2 + \dots + 7724480{,}31 * x_{12}$$

Für diese Prognoseform gilt ein Bestimmtheitsmaß von 99,74 %. Dies bedeutet, dass eine lineare Abhängigkeit mit einer Wahrscheinlichkeit von 99,74 % existiert und diese Schätzung sehr verlässlich ist. Die Abbildung 11.8 verdeutlicht dies. Die Daten für die Schätzung erhält man, indem man in Zelle R7 des Tabellenblattes CSV_DATEN die folgende Formel für eine Matrixmultiplikation eingibt:

```
=MMULT(C7:O39;Regression!B18:B30)
```

Danach markiert man den Bereich R7:R39 und schließt die Eingabe mit [Shift]+[Strg]+[Enter] ab. Die Werte für die Schätzung werden eingetragen.

Aus der o.a. Prognoseform kann man nun zu einer besser interpretierbaren Prognoseform kommen, indem man die berechneten saisonalen Koeffizienten um ihren Mittelwert bereinigt. Dazu übernehmen Sie die Daten des Tabellenblattes REGRESSION in das Tabellenblatt CSV_DATEN, wie in der Abbildung 11.10 zu sehen ist.

S	T	U	V
	Parameter der erweiterten Zeitregression		
	Periodensteigung	56.941,43 €	
	R²=	99,74%	
	saisonale Regressionskoeffizienten:		
	Jan	5.002.900,78 €	
	Feb	5.132.350,02 €	
	Mrz	4.914.143,26 €	
	Apr	6.114.143,16 €	
	Mai	6.030.045,07 €	
	Jun	6.191.590,97 €	
	Jul	4.827.847,55 €	
	Aug	5.332.502,79 €	
	Sep	5.498.164,03 €	
	Okt	7.726.516,16 €	
	Nov	7.939.688,74 €	
	Dez	7.724.480,31 €	
	Saisonmittelwert:	6.036.197,74 €	
	absolute saisonale Abweichung:		
	Jan	- 1.033.296,96 €	
	Feb	- 903.847,72 €	
	Mrz	- 1.122.054,48 €	
	Apr	77.945,43 €	
	Mai	- 6.152,67 €	
	Jun	155.393,24 €	
	Jul	- 1.208.350,19 €	
	Aug	- 703.694,95 €	
	Sep	- 538.033,71 €	
	Okt	1.690.318,43 €	
	Nov	1.903.491,00 €	
	Dez	1.688.282,57 €	

Abb. 11.9: Auswertung Tabellenblatt CSV_DATEN

Die Formel für den Saisonmittelwert lautet:

```
=MITTELWERT(U11:U22)
```

Vom jeweiligen Koeffizienten ziehen Sie nun den Saisonmittelwert ab. Das ergibt die absolute saisonale Abweichung. Die Formel

```
=U11-$U$24
```

kopieren Sie nach unten. Mit den bereinigten saisonalen Koeffizienten kann nun die Prognoseform aus Trendkomponente und Saisonkomponente gebildet werden.

$$y_i = 6036197,74 + 59941 * t - 1033296,96 * x_1 - 903847 * x_2 + \dots + 1688282,56 * x_{12}$$

Die Trendkomponente

```
Trendkomponente  = 6036197,74 + 59941*t
```

besagt, dass von einem Basisumsatz in Höhe von 6.036.197,74 pro Monat ausgegangen werden kann mit einer mittleren Umsatzzunahme von 59.941. Dazu kommt die Überlagerung durch saisonale Einflüsse. Dies zeigt die Saisonkomponente

```
Saisonkomponente = - 1033296,96*x₁ - 903847*x₂ + ... + 1688282,56*x₁₂
```

Im Januar müssen die prognostizierten Werte der linearen Trendfunktion um 1.033.296,96 nach unten korrigiert werden. Im Februar beträgt die Korrektur 903.847. Im Dezember korrigiert man den Wert nach oben um 1.688.282,56. Die unterschiedlichen saisonalen Abweichungen bzw. saisonalen Einflüsse verdeutlicht die Abbildung 11.10.

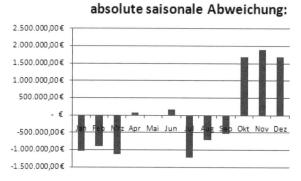

Abb. 11.10: Saisoneinflüsse

11.7 Beurteilung der Regressionsanalyse

Es stellt sich nun die Frage, ob die gefundenen Koeffizienten und die mit ihnen aufgestellte Prognoseform die Realität abbilden. Eine Antwort auf diese Frage liefert der F-Test. Hierbei handelt es sich um ein Testverfahren zur Überprüfung der Gleichheit von Varianzen zweier unabhängiger normalverteilter Stichproben. Das Ergebnis findet man in der Spalte F_{krit}. Der Wert $5,83237079831802E-22$ besagt, dass mit einer Wahrscheinlichkeit von weniger als 0,01 % davon ausgegangen werden kann, dass der durch die lineare Regression beschriebene Zusammenhang in Form der Regressionsgleichung für die Beschreibung des realen Prozesses angenommen werden kann. Anders ausgedrückt heißt das, dass mit einer Wahrscheinlichkeit von 99,99 % davon ausgegangen werden kann, dass Regressionsgleichung und realer Prozess übereinstimmen.

Der t-Test prüft die Qualität der Regressionskoeffizienten. Das Ergebnis findet man in der Spalte mit der Überschrift p-Wert. In dieser Spalte wird die Irrtumswahrscheinlichkeit angegeben, dass der jeweilige Regressionskoeffizient in der

Realität einen Wert ungleich Null hat. Alle Wahrscheinlichkeiten liegen unter 0,001 %. Dies bedeutet, dass der Anstieg des Umsatzes im jeweiligen Monat mit einer Wahrscheinlichkeit von 99,99 % von Null verschieden ist.

In den Spalten mit den Überschriften UNTERE 95 % und OBERE 95 %, die sich daneben befinden, werden die untere und obere Grenze für den Regressionskoeffizienten angegeben. Innerhalb dieser Grenzen wird der wahre Wert mit einer Wahrscheinlichkeit von 95 % liegen. So liegt beispielsweise der Koeffizient für den Januar im Bereich zwischen den Werten 4.411.668,6 und 5594133. Mit 5.002.900,77 liegt der Wert etwa in der Mitte des Bereichs oder, wie der Statistiker sagen würde, etwa in der Mitte des 95 %-Konfidenzintervalls.

Ein weiterer wichtiger Baustein zur Überprüfung der ermittelten Ergebnisse bildet die Residuenanalyse. Die Residuenanalyse bedient sich einiger grafischer Darstellungen und auch einiger formaler Tests. Diese können Symptome dafür liefern, dass ein Modell die Daten nicht genau beschreibt. In Abbildung 11.12 zeigt sich, dass die Residuen keine Ausreißer haben und sich in einem Korridor zwischen +600.000 und -600.000 bewegen. Da die Summe aller Residuen Null ist (das ist ein Charakteristikum der Regression), bewegen sich die Residuen um die Zeitachse.

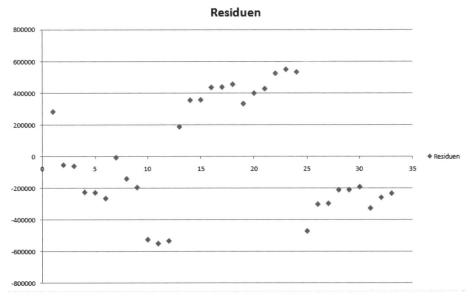

Abb. 11.11: Residuenplot

Im vorliegenden Fall spricht einiges dafür, dass die Modellannahmen richtig sind. Anders verhielte es sich, wenn das Diagramm die Form eines nach links oder rechts geöffneten Dreiecks hätte. In derartigen Fällen würde die Regressionsanalyse keine optimale Prognose liefern.

11.8 Modellvariation

Die XYZ GmbH produziert Büromöbel. Das Unternehmen hat festgestellt, dass der Absatz positiv von den Ausgaben für Werbung und vom Index der Nettoproduktion für das produzierende Gewerbe abhängt, der für das Unternehmen ein wichtiger Umweltindikator ist. Dabei geht das Unternehmen von folgenden Daten aus:

Periode	X_1	X_2 in T€	X_3	Y	Schätzung
1	1	79.000,00 €	102,42	2.812 Stck.	2.541 Stck.
2	1	45.000,00 €	96,29	2.036 Stck.	2.140 Stck.
3	1	32.000,00 €	84,78	1.932 Stck.	1.722 Stck.
4	1	28.000,00 €	85,03	1.894 Stck.	1.703 Stck.
5	1	26.000,00 €	87,46	1.654 Stck.	1.760 Stck.
6	1	64.000,00 €	87,55	1.902 Stck.	2.012 Stck.
7	1	73.000,00 €	91,18	1.936 Stck.	2.176 Stck.
8	1	56.000,00 €	95,73	1.998 Stck.	2.196 Stck.
9	1	51.000,00 €	93,95	2.098 Stck.	2.112 Stck.
10	1	48.000,00 €	99,98	2.197 Stck.	2.267 Stck.
11	1	78.000,00 €	101,57	2.794 Stck.	2.509 Stck.
12	1	74.000,00 €	98,98	2.741 Stck.	2.409 Stck.
13	1	72.000,00 €	97,36	1.988 Stck.	2.348 Stck.
14	1	81.000,00 €	102,17	2.466 Stck.	2.546 Stck.
15	1	84.000,00 €	106,67	2.812 Stck.	2.696 Stck.
16	1	82.000,00 €	114,86	2.876 Stck.	2.920 Stck.
17	1	88.000,00 €	123,18	3.124 Stck.	3.200 Stck.

Abb. 11.12: Die erhobenen Daten

Ausgangspunkt bildet die nachfolgende Regressionsgleichung:

$$Y = \beta_1 X_1 + \beta_2 X_2 + \beta_3 X_3 + \varepsilon$$

- β_1 steht für den Achsenabschnitt der Regressionsgleichung; demgemäß weist man der Variablen X_1 für jede Periode den Wert 1 zu.

- X_2 sind die Werbeausgaben des Unternehmens in € in der jeweiligen Periode.

- X_3 ist der Wert des Index der Nettoproduktion in der jeweiligen Periode.

Wie hängt nun der Absatz funktional von den Werbeausgaben und dem Index der Nettoproduktion ab?

Die multiple Regression liefert folgende Ergebnisse:

	A	B	C	D	E	F	G	H	I
1	AUSGABE: ZUSAMMENFASSUNG								
2									
3	*Regressions-Statistik*								
4	Multipler Korrelationskoeffizient	0,996592177							
5	Bestimmtheitsmaß	0,993195967							
6	Adjustiertes Bestimmtheitsmaß	0,920795391							
7	Standardfehler	213,7219024							
8	Beobachtungen	17							
9									
10	ANOVA								
11		*Freiheitsgrade (df)*	*Quadratsummen (SS)*	*Mittlere Quadratsumme (MS)*	*Prüfgröße (F)*	*F krit*			
12	Regression	3	93345767,28	31115255,76	681,2010557	1,53714E-14			
13	Residue	14	639478,7222	45677,05158					
14	Gesamt	17	93985246						
15									
16		*Koeffizienten*	*Standardfehler*	*t-Statistik*	*P-Wert*	*Untere 95%*	*Obere 95%*	*Untere 95,0%*	*Obere 95,0%*
17	Schnittpunkt	0	#NV	#NV	#NV	#NV	#NV	#NV	#NV
18	X1	-938,6208302	622,7288019	-1,507270625	0,153971204	-2274,241271	396,9996101	-2274,241271	396,9996101
19	X2 in T€	0,006561831	0,00398701	1,645802561	0,122060585	-0,001989455	0,015113118	-0,001989455	0,015113118
20	X3	28,90973961	8,031302609	3,599632715	0,002900595	11,68430874	46,13517048	11,68430874	46,13517048

Abb. 11.13: Ergebnisse der Regression

Daraus ergibt sich folgende Gleichung:

$$\hat{Y} = -938,62 + 0,00656X_2 + 28,91X_3$$

Diese Schätzwerte werden nun wie folgt interpretiert:

- Nimmt unter sonst gleichen Bedingungen die Variable X_2 (Ausgaben für Werbung) um eine Einheit zu, dann nimmt nach dieser Schätzung die Y-Variable um 0,00656 Einheiten zu. Erhöht man unter sonst gleichen Bedingungen die Werbeausgaben um 10.000 €, steigt der Absatz in Stück um 65,6 Stück.

- Steigt unter sonst gleichen Bedingungen die Variable X3 (Index der Nettoproduktion) um einen Punkt, dann nimmt nach dieser Schätzung die Y-Variable um 28,91 Einheiten zu.

- Formal richtig interpretiert würde die Y-Variable den Wert -938,62 annehmen, wenn X_2 und X_3 Null sind. Wenn der Index den Wert Null hat und die Ausgaben für Werbung ebenfalls auf Null herabgesetzt werden, würde der Absatz -938,62 betragen. Das macht fachwissenschaftlich keinen Sinn.

Die oben angeführte Regressionsgleichung kann aber auch als Entscheidungshilfe dienen. So kann der Absatz prognostiziert werden, wenn die Ausgaben für Werbung 100 T€ betragen und der Index der Nettoproduktion auf 122 Punkte steigt.

Dann gilt:

$$\hat{y}_t = \beta_1 + \beta_2 x_{t2} + \beta_3 x_{t3}$$
$$\hat{y}_t = -938,62 + 0,00656 * 100000 + 28,91 * 122$$
$$\hat{y}_t = 3245 \ Stck$$

Man erwartet einen Anstieg des Index der Nettoproduktion auf 122 Punkte, und das Unternehmen möchte einen Absatz von 3200 Stück erreichen. Welche Ausgaben für Werbemaßnahmen müssten angesetzt werden?

In diesem Fall gilt:

$$3200 = -938,62 + 0,00656 * x_{t2} + 28,91 * 122$$
$$x_{t2} = 93232 \ \text{€}$$

Auf wie viele Punkte darf der Index der Nettoproduktion fallen, wenn bei Werbeausgaben in Höhe von 85.100 € eine Stückzahl von 3.200 Stück abgesetzt werden sollen? In diesem Fall darf der Wert des Index nicht unter 110 Punkte fallen.

Kapitel 12

Umsätze überwachen

Der Geschäftsführer der XYZ GmbH hat festgestellt, dass die Umsatzentwicklung im Jahr 2008 stark rückläufig war. Auch die Stückzahlen wichen erheblich von den geplanten Werten ab. Planabweichungen wurden nicht rechtzeitig erkannt. Die nachfolgende Grafik zeigt, wie sehr Plan- und Ist-Werte auseinanderliefen.

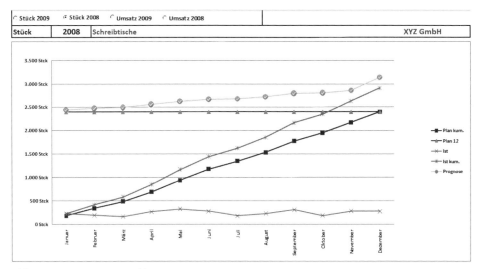

Abb. 12.1:   Umsatzentwicklung 2008

Ein Gegensteuern war mangels fehlender Informationen nicht möglich. Deshalb soll ein Frühwarnsystem entwickelt werden, um derartige Fehlentwicklungen in Zukunft zu vermeiden. Abweichungen der Soll- und der Ist-Werte sollen frühzeitig erkannt werden, um noch rechtzeitig gegensteuern zu können. Eine grafische Darstellung soll so gestaltet werden, dass Planabweichungen sofort erkannt werden. Ebenfalls soll die Entwicklung zum Vorjahr durch ein einfaches Umschalten zwischen den Jahren möglich sein. Auch die Gesamtentwicklung wie auch die Entwicklung der einzelnen Artikel soll darstellbar sein.

Die Grafik in Abbildung 12.1 bietet all diese Möglichkeiten. Die Planzahlen werden ebenso im Diagramm dargestellt wie die Ist-Werte des Jahres. Gut zu erkennen ist auch, dass die kumulierten Planwerte erheblich von den kumulierten Ist-Werten abweichen. Auch die Planzahlen des Jahres (Plan 12) und die auf der Basis von Ist-

Werten prognostizierten Daten weisen doch große Abweichungen auf. Spätestens im Februar wird deutlich, dass sich die prognostizierten Daten positiver entwickeln werden als geplant. Auch die Entwicklung zwischen den kumulierten Plan- und den kumulierten Ist-Werten lässt erahnen, dass die geplanten Werte korrigiert werden müssen.

Ein derartiges System verlangt einiges an Automation. Aber nicht alle Dinge müssen per VBA-Programm gesteuert werden. So kann z.B. das Umschalten zwischen den Jahren durch eine entsprechend gestaltete Funktion BEREICH.VERSCHIEBEN bewältigt werden. Diese Funktion verlangt allerdings, dass die Daten in einer bestimmten Form in einem Tabellenblatt vorliegen. Die Datenübernahme muss entsprechend programmiert werden.

Da sich im Lauf des Jahres die Artikeltabelle ändern kann, kommt man nicht umhin, das Kombinationsfeld, das die Artikelnummer und die Artikelbezeichnung aufnimmt, hin und wieder zu aktualisieren. Dies soll mit einem entsprechenden VBA-Programm gesteuert werden.

Auch die Grafik soll verfeinert werden. Sind die Prognosewerte größer als die für das Jahr geplanten Werte, soll der Datenmarkierungspunkt als grüner Kreis mit Haken dargestellt werden. Stimmen Plan und Prognose überein, soll ein orangefarbener Kreis mit Ausrufezeichen erscheinen. Liegt die Prognose unter dem Jahresplan, soll ein roter Kreis mit einem x angezeigt werden.

Die Arbeitsmappe benötigt folgende Tabellenblätter:

Name	Aufgabe
DATEN_2009	Aufnahme der Umsatzdaten des Jahres 2009 und der geplanten Werte für 2009
DATEN_2008	Aufnahme der Umsatzdaten des Jahres 2008 und der geplanten Werte für 2008
STCK_2009	Aufnahme der Stückzahlen des Jahres 2009 und der geplanten Werte für 2009
STCK_2008	Aufnahme der Stückzahlen des Jahres 2008 und der geplanten Werte für 2008
AUSWERTUNG	Im Tabellenblatt wird die Grafik wie Abbildung 12.1 gezeigt eingebettet. Das Kombinationsfeld für die Auswahl der verschiedenen Artikel wird dort eingerichtet. Ein Drehfeld zum Umschalten zwischen den Jahren 2008 und 2009 wird implementiert.
STARTCENTER	Dieses Tabellenblatt enthält die Befehlsschaltflächen für die Datenübernahme und zur Aktualisierung des Kombinationsfeldes im Tabellenblatt AUSWERTUNG.
KONSTANTE	Hier befinden sich nur die drei oben erwähnten Grafiken. Es handelt sich um einen grünen, gelben und roten Kreis.

12.1 Kombinationsfeld füllen

Die Daten, mit denen das Kombinationsfeld gefüllt werden soll, stammen aus der Tabelle TBLFERTIGPRODUKTE der Datenbank UMSATZDATEN.ACCDB. Zu dieser Datenbank wird wie gewohnt eine Verbindung hergestellt und die Daten im Recordset bereitgestellt. Wenn das geschehen ist, wird das Tabellenblatt AUSWERTUNG aktiviert. Die Daten können in das Kombinationsfeld eingelesen werden. Dies erfolgt mit der Methode ADDITEM und der Eigenschaft LIST. Nach dem Einlesen der Artikel wird ein Eintrag GESAMT mit der Artikelnummer 9999 hinzugefügt, da die Artikeltabelle der Datenbank nicht über einen Artikel mit dem Namen GESAMT und der Artikelnummer 9999 verfügt. Soweit die Theorie.

Zunächst aktivieren Sie im Tabellenblatt AUSWERTUNG mit der Befehlsfolge

```
Entwicklertools → Einfügen → ActiveX-Steuerelemente
```

das Symbol für das Kombinationsfeld und ziehen im Tabellenblatt AUSWERTUNG ein Kombinationsfeld auf. Mit der Befehlsfolge

```
Klick mit rechter Maustaste auf das Kombinationsfeld → Eigenschaften
```

öffnen Sie das Eigenschaftsfenster des Kombinationsfeldes. Dort nehmen Sie folgende Eintragungen vor:

Eigenschaft	Wert
(Name)	cboAuswahl
BOUNDCOLUMN	1
COLUMNCOUNT	2
COLUMNWIDTHS	0 Pt;85,05 Pt

Danach schalten Sie in das Tabellenblatt STARTCENTER um und richten dort eine Befehlsschaltfläche ein. Zunächst aktivieren Sie im Tabellenblatt STARTCENTER mit der Befehlsfolge

```
Entwicklertools → Einfügen → ActiveX-Steuerelemente
```

das Symbol für eine Befehlsschaltfläche und ziehen im Tabellenblatt STARTCENTER eine Befehlsschaltfläche auf. Mit der Befehlsfolge

```
Klick mit rechter Maustaste auf den Button → Code anzeigen
```

öffnen Sie den VBA-Editor und verknüpfen den Button mit dem Programm

```
Private Sub cmdUeber_Click()
End Sub
```

Für das Programm werden die nachfolgenden Variablen benötigt:

Name der Variablen	Bedeutung
CNN	Verbindungsstring; gibt Provider für die Datenübernahme an. Im Beispiel wird der Provider Microsoft.ACE.OLEDB.12.0 für Access-Datenbanken von Office 2007 benutzt.
RST	Recordset
INTI	Zählvariable für die Einträge in das Kombinationsfeld

Im Anschluss daran wird die Verbindung zur Datenbank hergestellt und die Daten im Recordset bereitgestellt. Das Tabellenblatt AUSWERTUNG wird aktiviert und die Daten im Kombinationsfeld gelöscht, um Platz zu schaffen für die aktuellen Artikeldaten.

```
Private Sub cmdUeber_Click()
Dim cnn As New ADODB.Connection
Dim rst As New ADODB.Recordset
Dim intI As Integer
'Verbindung öffnen
cnn.Open "Provider=Microsoft.ACE.OLEDB.12.0;DataSource=C:\Excel-
Buch\Kapitel12\UmsatzDaten.accdb;"
rst.Open "tblFertigProdukte", cnn
'Tabellenblatt Auswertung aktivieren
Worksheets("Auswertung").Activate
'Kombinationsfeld leeren von alten Einträgen
Worksheets("Auswertung").cboAuswahl.Clear
```

Danach werden die Artikeldaten übernommen. In die erste Spalte des Kombinationsfeldes wird die Artikelnummer eingelesen. Die zweite Spalte nimmt die Artikelbezeichnung auf. Das Einlesen geschieht mit einer DO-WHILE-Schleife, die solange durchlaufen wird, bis das Ende der Access-Tabelle erreicht wird. Dabei wird zunächst ein Listenelement mit dem Befehl ADDITEM hinzugefügt. Dann wird mit der LIST-Eigenschaft der Wert des Tabellenfeldes der Access-Tabelle eingefügt. Die Variable INTI legt die jeweilige Zeilenzahl fest. Die Werte für die Spalten liegen fest. Die Artikelnummer wird in Spalte 1 eingelesen und die Artikelbezeichnung in Spalte 2. Danach wird die Variable INTI um eins erhöht und der nächste Datensatz wird eingelesen.

```
'Neue Einträge in Kombinationsfeld vornehmen
intI = 0
Do While Not rst.EOF
With Sheets("Auswertung").cboAuswahl
    .AddItem
    .List(intI, 0) = rst!fldFertArtNr
    .List(intI, 1) = rst!fldFertArtbez
End With
intI = intI + 1
rst.MoveNext
Loop
```

Zum Abschluss wird noch die Zeile GESAMT mit der Artikelnummer 9999 als letzte Zeile dem Kombinationsfeld hinzugefügt. Auch in diesem Fall wird zunächst eine Zeile mit dem ADDITEM-Befehl dem Kombinationsfeld hinzugefügt. Danach wird diese Zeile mit dem LIST-Befehl entsprechend gefüllt. Die letzte Befehlszeile setzt die Auswahl des Kombinationsfeldes auf den ersten Eintrag.

```
'Zeile Gesamt hinzufügen
Sheets("Auswertung").cboAuswahl.AddItem
Sheets("Auswertung").cboAuswahl.List(intI, 0) = "9999"
Sheets("Auswertung").cboAuswahl.List(intI, 1) = "Gesamt"
'Auswahl im Kombinationsfeld auf ersten Eintrag setzen
Sheets("Auswertung").cboAuswahl.ListIndex = 0
rst.Close
End Sub
```

12.2   Daten einlesen

Die Tabelle, die die Daten für die Grafik liefert, soll wie folgt aufgebaut werden:

	Monat	Plan	Plan kum.	Plan 12	Ist	Ist kum.	Prognose
1	Januar	178 Stck	178 Stck	2.403 Stck	224 Stck	224 Stck	2.449 Stck
2	Februar	163 Stck	341 Stck	2.403 Stck	190 Stck	414 Stck	2.476 Stck
3	März	144 Stck	485 Stck	2.403 Stck	166 Stck	580 Stck	2.498 Stck
4	April	202 Stck	687 Stck	2.403 Stck	266 Stck	846 Stck	2.562 Stck
5	Mai	253 Stck	940 Stck	2.403 Stck	324 Stck	1.170 Stck	2.633 Stck
6	Juni	237 Stck	1.177 Stck	2.403 Stck	278 Stck	1.448 Stck	2.674 Stck
7	Juli	172 Stck	1.349 Stck	2.403 Stck	180 Stck	1.628 Stck	2.682 Stck
8	August	187 Stck	1.536 Stck	2.403 Stck	230 Stck	1.858 Stck	2.725 Stck
9	September	239 Stck	1.775 Stck	2.403 Stck	308 Stck	2.166 Stck	2.794 Stck
10	Oktober	177 Stck	1.952 Stck	2.403 Stck	188 Stck	2.354 Stck	2.805 Stck
11	November	223 Stck	2.175 Stck	2.403 Stck	284 Stck	2.638 Stck	2.866 Stck
12	Dezember	228 Stck	2.403 Stck	2.403 Stck	276 Stck	2.914 Stck	3.142 Stck

Abb. 12.2:   Tabelle mit Daten für Grafik

Diese Daten werden mit dem Excel-Befehl BEREICH.VERSCHIEBEN(BEZUG; ZEILEN; SPALTEN) der jeweiligen Auswahl des Kombinationsfeldes angepasst.

- **Bezug** ist der Ausgangspunkt des Verschiebevorgangs. Dieser Bezugspunkt muss einen Bezug zu einer Zelle oder einem Zellbereich herstellen können.

- **Zeilen** ist die Anzahl der Zeilen, um die Sie die obere linke Eckzelle des Bereichs nach oben oder nach unten verschieben möchten.

- **Spalten** ist die Anzahl der Spalten, um die Sie die obere linke Eckzelle des Bereichs nach links oder nach rechts verschieben möchten.

Deshalb werden die Daten so eingelesen, dass ein Bezugspunkt gesetzt wird und die Werte des jeweiligen Artikels sich in einer Zeile nach Monaten aufgelistet befinden.

Ist 2009	Jan	Feb	Mrz	Apr	Mai	Jun	Jul	Aug	Sep	Okt	Nov	Dez
2000	371.488,00 €	609.102,00 €	694.564,00 €	681.226,00 €	882.284,00 €	629.356,00 €	524.628,00 €	795.340,00 €	558.714,00 €	#NV	#NV	#NV
2001	427.868,00 €	347.060,00 €	420.616,00 €	497.280,00 €	570.836,00 €	640.248,00 €	357.420,00 €	497.280,00 €	391.608,00 €	#NV	#NV	#NV
2002	229.632,00 €	131.008,00 €	188.416,00 €	216.384,00 €	191.728,00 €	252.816,00 €	200.560,00 €	192.832,00 €	289.616,00 €	#NV	#NV	#NV
2100	570.080,00 €	483.550,00 €	422.470,00 €	676.970,00 €	824.580,00 €	707.510,00 €	458.100,00 €	585.350,00 €	783.860,00 €	#NV	#NV	#NV
2101	69.660,00 €	61.920,00 €	67.080,00 €	83.850,00 €	104.490,00 €	108.360,00 €	65.790,00 €	61.920,00 €	65.790,00 €	#NV	#NV	#NV
2102	234.960,00 €	254.184,00 €	249.200,00 €	366.680,00 €	369.528,00 €	373.800,00 €	234.248,00 €	168.744,00 €	250.624,00 €	#NV	#NV	#NV
2103	77.472,00 €	90.384,00 €	102.220,00 €	90.384,00 €	90.384,00 €	187.224,00 €	73.168,00 €	90.384,00 €	175.388,00 €	#NV	#NV	#NV
2200	791.232,00 €	893.940,00 €	825.468,00 €	1.023.276,00 €	1.046.100,00 €	1.068.924,00 €	829.272,00 €	829.272,00 €	840.684,00 €	#NV	#NV	#NV
2201	378.252,00 €	481.992,00 €	427.728,00 €	979.944,00 €	491.568,00 €	783.636,00 €	271.320,00 €	378.252,00 €	319.200,00 €	#NV	#NV	#NV
2202	759.104,00 €	857.472,00 €	666.304,00 €	952.128,00 €	907.584,00 €	994.816,00 €	497.408,00 €	762.816,00 €	1.028.224,00 €	#NV	#NV	#NV
2300	696.992,00 €	738.660,00 €	714.038,00 €	844.724,00 €	630.702,00 €	1.204.584,00 €	833.360,00 €	1.036.018,00 €	799.268,00 €	#NV	#NV	#NV
2301	494.592,00 €	608.256,00 €	724.992,00 €	448.512,00 €	608.256,00 €	402.432,00 €	362.496,00 €	439.296,00 €	294.912,00 €	#NV	#NV	#NV
2302	856.480,00 €	754.720,00 €	652.960,00 €	602.080,00 €	754.720,00 €	356.160,00 €	1.560.320,00 €	1.060.000,00 €	1.348.320,00 €	#NV	#NV	#NV
	5.957.812,00 €	6.312.248,00 €	6.156.056,00 €	7.498.946,00 €	7.472.760,00 €	7.709.866,00 €	6.268.090,00 €	6.897.504,00 €	7.146.208,00 €	#NV	#NV	#NV

Abb. 12.3: Eingelesene Umsatzdaten für 2009

Ausgangspunkt für den Verschiebevorgang bildet die Zelle mit der Überschrift Ist 2009. Diese Zelle wird mit einem Namen versehen.

Daten für Umsatzzahlen	Name des Ausgangspunktes
Ist 2009	Pkt_1
Plan 2009	Pkt_2
Ist 2008	Pkt_3
Plan 2008	Pkt_4
Daten für Stückzahlen	**Name des Ausgangspunktes**
Ist 2009	Pkt_5
Plan 2009	Pkt_6
Ist 2008	Pkt_7
Plan 2008	Pkt_8

Diese Namen werden bei der Datenübernahme gesetzt. Die Bezugspunkte werden mittels Optionsfelder gesetzt und in die Zellen E1 und F1 eingetragen. Die Zeilenzahl wird durch Auswahl der Zeile im Kombinationsfeld bestimmt und in die Zelle D1 der Tabelle eingetragen.

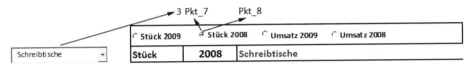

Abb. 12.4: Festlegen von Ausgangspunkt und Zeilenzahl für BEREICH.VERSCHIEBEN

Die Spaltenzahl holt sich die Funktion BEREICH.VERSCHIEBEN von der Datentabelle für die Grafik (siehe Abbildung 12.2).

Die benötigten Daten werden über vier Befehlsschaltflächen mittels eines kleinen Programms eingelesen und in den jeweiligen Tabellen gespeichert, wie in Abbildung 12.3 abgebildet. Schalten Sie in das Tabellenblatt STARTCENTER um und richten dort vier Befehlsschaltflächen ein. Zunächst aktivieren Sie im Tabellenblatt STARTCENTER mit der Befehlsfolge

```
Entwicklertools → Einfügen → ActiveX-Steuerelemente
```

das Symbol für eine Befehlsschaltfläche und ziehen im Tabellenblatt STARTCENTER eine Befehlsschaltfläche auf. Mit der Befehlsfolge

```
Klick mit rechter Maustaste auf den Button → Code anzeigen
```

öffnen Sie den VBA-Editor und verknüpfen den ersten Button mit dem Programm

```
Private Sub cmd2009_Click()
End Sub
```

zur Übernahme der Umsatzdaten für das Jahr 2009. Mit den anderen Befehlsschaltflächen verfahren Sie in gleicher Weise.

Eigenschaft	Eigenschaft	Zweck
(Name)	CMD2009	Übernahme der Umsatzdaten für 2009
(Name)	CMD2008	Übernahme der Umsatzdaten für 2008
(Name)	CMDSTCK2009	Übernahme der Stückzahlen für 2009
(Name)	CMDSTCK2008	Übernahme der Stückzahlen für 2008

Jede dieser Befehlsschaltflächen ruft das Programm DATENUEBERNAHME auf und übergibt an diese Funktion drei Werte. Der erste Wert stellt das jeweilige Jahr dar. Der zweite Wert dient dazu, den Ausgangspunkt festzulegen. In der Funktion geschieht dies, indem zu den Buchstaben PKT_ der Wert addiert wird. Der dritte hat die Aufgabe zu unterscheiden, ob Stückzahlen oder Umsatzwerte übertragen werden sollen. Wird der Wert 1 übergeben, sollen Umsätze eingelesen werden. Liegt der Wert 2 vor, sollen Stückzahlen übernommen werden.

```
Private Sub cmd2008_Click()
Datenuebernahme 2008, 3, 1
End Sub
Private Sub cmd2009_Click()
Datenuebernahme 2009, 1, 1
End Sub
Private Sub cmdStck2008_Click()
Datenuebernahme 2008, 7, 2
End Sub
Private Sub cmdStck2009_Click()
Datenuebernahme 2009, 5, 2
End Sub
```

Mit der Tastenkombination [Alt]+[F11] schalten Sie in den VBA-Editor um und fügen dort ein Modul mit der Befehlsfolge

```
Einfügen → Modul
```

ein. Dort tragen Sie den Befehl

```
Public Function Datenuebernahme(Jahr, Zaehler, Wahl As Integer)
End Function
```

ein. Für die Funktion werden folgende Variablen benötigt:

Name	Typ	Inhalt
CNN	ADODB.Connection	Verbindungsstring; gibt Provider für die Daten-übernahme an. Im Beispiel wird der Provider Microsoft.ACE.OLEDB.12.0 benutzt für Access-Datenbanken von Office 2007
RST	ADODB.Recordset	Recordset
INTI	Integer	Dient als Zählvariable.
SQL	String	Definiert SQL-String für Daten des Recordsets.

Name	Typ	Inhalt
TabName	String	Nimmt Namen des Tabellenblattes auf, in das die Daten geschrieben werden.
txtSumme	String	Enthält den Textstring zur Summenbildung über alle Artikel des jeweiligen Monats.
AnzahlSaetze	Long	Mit RecordCount wird die Anzahl der Datensätze berechnet, die als Umsatzdaten oder Stückzahlen eingelesen werden sollen. Dividiert man diesen Wert durch die Anzahl der Artikel, erhält man die Anzahl der Spalten, die eingelesen werden sollen.
AnzahlArtikel	Long	Mit RecordCount wird die Anzahl der Datensätze der Access-Artikeltabelle in der Variablen gespeichert. Sie muss vom Typ Long sein, da sonst nur der Wert -1 geliefert wird.

An einem Beispiel soll der Wert der Variablen ANZAHLSAETZE vorgerechnet werden. In der Regel enthält das Recordset 13 Artikel * 12 Monate = 156 Zeilen im Recordset. Zählt man die Datensätze des Recordset mit den Umsatzdaten oder den Stückzahlen, erhält man den Wert 156. Dividiert man nun diesen Wert durch die Anzahl der Datensätze der Artikeltabelle, errechnet sich der Wert 12 für die Anzahl der Spalten, die Daten aufnehmen. Im aktuellen Jahr werden allerdings nicht alle Monate mit Daten belegt sein. Im Beispiel enthält das Recordset mit den Umsatzdaten bzw. den Stückzahlen nur 117 Datensätze, weil für die Monate von Oktober bis Dezember noch keine Daten vorliegen. Teilt man nun 117 durch die Anzahl der Artikeldatensätze (insgesamt 13), erhält man als Spaltenwert 9. D.h. nur 9 Spalten werden mit Werten gefüllt. Die restlichen 3 Spalten bleiben frei bzw. werden mit der Fehlermeldung #NV belegt. Da man nicht weiß, wie viele Spalten belegt werden, muss man diese Rechnung durchführen.

Nachdem die Variablen festgelegt wurden, wird der Name des Tabellenblattes bestimmt. Je nachdem, welcher Wert in die Variable WAHL übergeben wurde, wird der Name entsprechend zusammengesetzt. Sollen Umsatzdaten eingelesen werden, hat die Variable WAHL den Wert 1, und der Tabellenblattname lautet DATEN_JAHR. Das Einlesen der Stückzahlen geschieht in Tabellenblätter mit dem Namen STCK_JAHR. Im Anschluss daran wird die Anzahl der Artikel in die Variable ANZAHLARTIKEL übernommen.

Nun kann es vorkommen, dass ein anderer Benutzer der Datenbank die Sortierung der Abfrage QRYEXCELUEBERWACHUNG durcheinandergebracht hat. In diesem Fall würden die Daten falsch übernommen. Außerdem sollen ja nicht alle Daten der Abfrage eingelesen werden, sondern nur die Daten des gewünschten Jahres. Deshalb wird der SQL-String so aufgebaut, dass die WHERE-Bedingung

(WHERE JAHRDAT =" & JAHR) entsprechend eingerichtet wird und die Daten richtig sortiert werden (ORDER BY QRYEXCELUEBERWACHUNG.FERTARTNR, QRYEXCELUE-BER WACHUNG.JAHRDAT, QRYEXCELUEBERWACHUNG.MONATNR). Wie oben beschrieben wird danach die Anzahl der Spalten berechnet, die Daten enthalten werden.

```
Public Function Datenuebernahme(Jahr, Zaehler, Wahl As Integer)
Dim cnn As New ADODB.Connection
Dim rst As New ADODB.Recordset
Dim intI  As Integer
Dim SQL, TabName, txtSumme As String
Dim AnzahlSaetze, AnzahlArtikel As Long
'Namen des Tabellenblattes festlegen
If Wahl = 1 Then
    TabName = "Daten_" & Jahr
Else
    TabName = "Stck_" & Jahr
End If
'Anzahl der Artikel festlegen
cnn.Open "Provider=Microsoft.ACE.OLEDB.12.0;Data Source=c:\Excel-
Buch\Kapitel12\UmsatzDaten.accdb;"
rst.Open "tblFertigProdukte", cnn, adOpenStatic, adLockOptimistic
AnzahlArtikel = rst.RecordCount
rst.Close
SQL = "select * from qryExcelUeberwachung where Jahrdat =" & Jahr & " ORDER
BY qryExcelUeberwachung.FertArtNr, qryExcelUeberwachung.JahrDat, qryExce-
lUeberwachung.MonatNr;"
'Recordset öffnen
rst.Open SQL, cnn, adOpenStatic, adLockOptimistic
rst.MoveFirst
AnzahlSaetze = rst.RecordCount / AnzahlArtikel
intI = 0
```

Zunächst wird der Startpunkt für die Datenübernahme festgelegt. Die alten Daten werden gelöscht. Danach werden die Überschriften für die Übernahme der Ist- und Plan-Werte gesetzt und entsprechend formatiert.

```
'Startpunkt wählen für Datenübernahme
Worksheets(TabName).Activate
Sheets(TabName).Range("A6").Select
'Daten löschen
Worksheets(TabName).Range("A6").CurrentRegion.ClearContents
'Überschriften setzen für Ist-Werte
    ActiveCell.Offset(0, 0).Value = "Ist " & Jahr
```

```
   ActiveCell.Offset(0, 0).Name = "Pkt_" & Zaehler
   ActiveCell.Offset(0, 1).Value = "Jan"
   ActiveCell.Offset(0, 2).Value = "Feb"
   ActiveCell.Offset(0, 3).Value = "Mrz"
   ActiveCell.Offset(0, 4).Value = "Apr"
   ActiveCell.Offset(0, 5).Value = "Mai"
   ActiveCell.Offset(0, 6).Value = "Jun"
   ActiveCell.Offset(0, 7).Value = "Jul"
   ActiveCell.Offset(0, 8).Value = "Aug"
   ActiveCell.Offset(0, 9).Value = "Sep"
   ActiveCell.Offset(0, 10).Value = "Okt"
   ActiveCell.Offset(0, 11).Value = "Nov"
   ActiveCell.Offset(0, 12).Value = "Dez"
For intI = 0 To 12
   ActiveCell.Offset(0, intI).Interior.ColorIndex = 37
   ActiveCell.Offset(0, intI).Font.ColorIndex = 2
   ActiveCell.Offset(0, intI).Font.Bold = True
Next
'Überschriften setzen für Soll-Werte
Worksheets(TabName).Activate
Sheets(TabName).Range("O6").Select
'Daten löschen
Worksheets(TabName).Range("O6").CurrentRegion.ClearContents
   ActiveCell.Offset(0, 0).Value = "Plan " & Jahr
   ActiveCell.Offset(0, 0).Name = "Pkt_" & Zaehler + 1
   ActiveCell.Offset(0, 1).Value = "Jan"
   ActiveCell.Offset(0, 2).Value = "Feb"
   ActiveCell.Offset(0, 3).Value = "Mrz"
   ActiveCell.Offset(0, 4).Value = "Apr"
   ActiveCell.Offset(0, 5).Value = "Mai"
   ActiveCell.Offset(0, 6).Value = "Jun"
   ActiveCell.Offset(0, 7).Value = "Jul"
   ActiveCell.Offset(0, 8).Value = "Aug"
   ActiveCell.Offset(0, 9).Value = "Sep"
   ActiveCell.Offset(0, 10).Value = "Okt"
   ActiveCell.Offset(0, 11).Value = "Nov"
   ActiveCell.Offset(0, 12).Value = "Dez"
For intI = 0 To 12
   ActiveCell.Offset(0, intI).Interior.ColorIndex = 37
   ActiveCell.Offset(0, intI).Font.ColorIndex = 2
   ActiveCell.Offset(0, intI).Font.Bold = True
Next
```

Mit den Befehlen

```
ActiveCell.Offset(0, 0).Name = "Pkt_" & Zaehler 'Istwerte
ActiveCell.Offset(0, 0).Name = "Pkt_" & Zaehler + 1 'Sollwerte
```

werden die Namen der Ausgangspunkte für die Funktion BEREICH.VERSCHIEBEN gesetzt.

Ausgangspunkt für das Einlesen der Ist-Daten ist die Zelle A7 des jeweiligen Tabellenblattes, wobei die Ist-Stückzahlen eingelesen werden, wenn der Wert 2 an die Variable Wahl übergeben wurde. Die Ist-Umsatzzahlen werden eingelesen, wenn der Wert 1 an die Variable Wahl geschickt wurde.

```
Sheets(TabName).Range("A7").Select
Do While Not rst.EOF
For intI = 1 To 12
    If intI <= AnzahlSaetze Then
        ActiveCell.Offset(0, 0) = rst!FertArtNr
        If Wahl = 2 Then
            ActiveCell.Offset(0, intI) = rst!stck
            ActiveCell.Offset(0, intI).NumberFormat = "#,##0 ""Stck"""
        Else
            ActiveCell.Offset(0, intI) = rst!Umsatz
            ActiveCell.Offset(0, intI).NumberFormat = "#,##0.00 ""€"""
        End If
        rst.MoveNext
    Else
        ActiveCell.Offset(0, intI).FormulaR1C1 = "=NA()"
    End If
Next
ActiveCell.Offset(1, 0).Select
Loop
```

Zum Abschluss sollen die Daten der einzelnen Spalten aufsummiert werden. Dazu wird ein Textstring erstellt. Dies geschieht wieder über die relative Adressierung mittels R[ZEILENZAHL]C[SPALTENZAHL]. Die Zeilenzahl beginnt eine Zeile oberhalb der Summenzeile, deshalb gilt R[-1]C[0]. Die Spalte ändert sich nicht. Der Ausdruck kann in R[-1]C vereinfacht werden. Die Summe beginnt 13 Zeilen oberhalb der Summenzeile. Das ist genau die Anzahl der Artikel. In diesem Fall lautet die RC-Formel R[- & ANZAHLARTIKEL &]C. Zusammengesetzt lautet die Summenformel

```
=sum(R[-" & AnzahlArtikel & "]C:R[-1]C)
```

Da es sich um 12 Spalten handelt – genau 12 Monate –, wird die Summenformel mittels einer FOR-NEXT-Schleife eingetragen. Die Formatierung hängt vom an die

Variable WAHL übergebenen Wert ab. Im Fall von 2 erhält die Zeile die Formatierung STCK, andernfalls eine €-Formatierung. Danach wird das Recordset geschlossen.

```
'Summenformel generieren
txtSumme = "=sum(R[-" & AnzahlArtikel & "]C:R[-1]C)"
For intI = 1 To 12
        ActiveCell.Offset(0, intI).FormulaR1C1 = txtSumme
        If Wahl = 2 Then
            ActiveCell.Offset(0, intI).NumberFormat = "#,##0 ""Stck"""
        Else
            ActiveCell.Offset(0, intI).NumberFormat = "#,##0.00 ""€"""
        End If
Next


rst.Close
```

Nach den tatsächlich erzielten Umsätzen bzw. produzierten Stückzahlen werden
die Plandaten generiert und in die jeweiligen Tabellenblätter übernommen. In
Anlehnung an die exponentielle Glättung sollen die Plandaten berechnet werden.
Der Plan-Wert für den Januar soll der Ist-Wert des Januars des Vorjahres sein. Der
Plan-Wert des Februars soll sich aus 75 % des Januarwertes des Vorjahres und 25
% des Plan-Wertes des Januars zusammensetzen. Am Beispiel des Jahres 2009
werden die Formeln kurz erläutert.

```
Plan Januar 2009 = Ist Januar 2008
Plan Februar 2009 = 0,75 * Ist Januar 2008 + 0,25 * Plan Januar 2009
```

Startpunkt für das Einlesen der Daten soll die jeweilige Zelle O7 des Tabellenblat-
tes sein. Da die Daten des jeweiligen Vorjahres benötigt werden, muss der SQL-
String abgeändert werden. Statt der Variablen Jahr wird nun Jahr -1 eingefügt. Die
Sortierung bleibt.

```
SQL = "select * from qryExcelUeberwachung where Jahrdat =" & Jahr - 1 & "
ORDER BY qryExcelUeberwachung.FertArtNr, qryExcelUeberwachung.JahrDat,
qryExcelUeberwachung.MonatNr;"
```

Die Anzahl der zu übernehmenden Spalten werden wieder durch die Formel

```
AnzahlSaetze = rst.RecordCount / AnzahlArtikel
```

ermittelt. Der Quellcode für das Öffnen des neuen Recordsets lautet:

```
'Abfrage für Plandaten generieren
Sheets(TabName).Range("O7").Select
```

```
SQL = "select * from qryExcelUeberwachung where Jahrdat =" & Jahr - 1 & "
ORDER BY qryExcelUeberwachung.FertArtNr, qryExcelUeberwachung.JahrDat,
qryExcelUeberwachung.MonatNr;"
rst.Open SQL, cnn, adOpenStatic, adLockOptimistic
rst.MoveFirst
AnzahlSaetze = rst.RecordCount / AnzahlArtikel
```

Mit Hilfe einer Do-While-Schleife werden die Daten zeilenweise eingelesen. Wenn die Zählvariable intI kleiner ist als die Zahl der Spalten (ANZAHLSAETZE), wird der eingelesene Wert aus der Abfrage in die Zelle des Tabellenblattes eingetragen. Sollten weniger Monate gespeichert sein als 12, wird anstelle eines Wertes die Fehlermeldung #NV in der Zelle gespeichert. Der Benutzer weiß dann, dass noch keine Daten in der Access-Abfrage vorhanden sind. Mittels einer Auswahl SELECT CASE RST!MONATNR wird unterschieden, ob es sich um den Januar oder einen anderen Monat handelt. Gemäß besprochener Formel wird als Plan-Wert für den Januar der Ist-Wert des Vorjahres eingetragen. Die Plan-Werte der anderen Monate werden mittels der Formel

```
ActiveCell.Offset(0, intI) = 0.75 * rst!stck + 0.25 * ActiveCell.Offset(0, intI - 1)
ActiveCell.Offset(0, intI) = 0.75 * rst!Umsatz + 0.25 * ActiveCell.Offset(0, intI - 1)
```

berechnet.

```
Do While Not rst.EOF
For intI = 1 To 12
   If intI <= AnzahlSaetze Then
   Select Case rst!MonatNr
      Case Is = 1
      ActiveCell.Offset(0, 0) = rst!FertArtNr
      If Wahl = 2 Then
         ActiveCell.Offset(0, intI) = rst!stck
         ActiveCell.Offset(0, intI).NumberFormat = "#,##0 ""Stck"""
      Else
         ActiveCell.Offset(0, intI) = rst!Umsatz
         ActiveCell.Offset(0, intI).NumberFormat = "#,##0.00 ""€"""
      End If
   Case Else
      If Wahl = 2 Then
         ActiveCell.Offset(0, intI) = 0.75 * rst!stck + 0.25 * Active-
Cell.Offset(0, intI - 1)
         ActiveCell.Offset(0, intI).NumberFormat = "#,##0 ""Stck"""
      Else
         ActiveCell.Offset(0, intI) = 0.75 * rst!Umsatz + 0.25 * Active-
Cell.Offset(0, intI - 1)
```

```
        ActiveCell.Offset(0, intI).NumberFormat = "#,##0.00 ""€"""
    End If
  End Select
  rst.MoveNext
  Else
      ActiveCell.Offset(0, intI).FormulaR1C1 = "=NA()"
  End If
Next
ActiveCell.Offset(1, 0).Select
Loop
```

Danach wird wieder in die letzte Zeile die Summenformel eingetragen.

```
'Summenformel generieren
txtSumme = "=sum(R[-" & AnzahlArtikel & "]C:R[-1]C)"
For intI = 1 To 12
      ActiveCell.Offset(0, intI).FormulaR1C1 = txtSumme
      If Wahl = 2 Then
          ActiveCell.Offset(0, intI).NumberFormat = "#,##0 ""Stck"""
      Else
          ActiveCell.Offset(0, intI).NumberFormat = "#,##0.00 ""€"""
      End If
Next
rst.Close
```

Nun gilt es nur noch das Problem zu lösen, dass die Daten für die zu erstellende Grafik den eingelesenen Daten entsprechend formatiert werden müssen. Wurden Stückzahlen übernommen, lautet die Formatierung STCK. Andernfalls muss ein Währungsformat gewählt werden. Die Daten für die Grafik sollen im Bereich F33:K44 des Tabellenblatts AUSWERTUNG stehen. Je nach Auswahl wird in der Zelle E1 des Tabellenblatts AUSWERTUNG ein Bezugspunkt für die Excel-Funktion BEREICH.VERSCHIEBEN eingetragen. Die nachfolgende Tabelle zeigt, welche Formatierung für den Zellbereich F33:K44 gewählt werden muss.

Wert in Zelle E1	Auswahl	Formatierung
Pkt_1	Umsatz 2009	NumberFormat = "#,##0.00 ""€"""
Pkt_3	Umsatz 2008	NumberFormat = "#,##0.00 ""€"""
Pkt_5	Stück 2009	NumberFormat = "#,##0 ""Stck"""
Pkt_7	Stück 2008	NumberFormat = "#,##0 ""Stck"""

Dieser Programmabschnitt beginnt mit der Aktivierung des Tabellenblatts Auswertung. Die Zelle E1 wird ausgewählt. In Abhängigkeit vom eingetragenen Wert
in Zelle E1 wird entsprechend die Formatierung vorgenommen.

```
Worksheets("Auswertung").Activate
Sheets("Auswertung").Range("E1").Select
Select Case Worksheets("Auswertung").Range("E1").Value
    Case Is = "Pkt_1"
        Sheets("Auswertung").Range("F33:K44").NumberFormat = "#,##0.00 ""€"""
    Case Is = "Pkt_3"
        Sheets("Auswertung").Range("F33:K44").NumberFormat = "#,##0.00 ""€"""
    Case Is = "Pkt_5"
        Sheets("Auswertung").Range("F33:K44").NumberFormat = "#,##0 ""Stck"""
    Case Is = "Pkt_7"
        Sheets("Auswertung").Range("F33:K44").NumberFormat = "#,##0.00 ""€"""
End Select
```

12.3 Tabellenblatt Auswertung einrichten

Für die Grafik werden die Umsatzwerte bzw. Stückzahlen benötigt. Im Tabellenblatt Auswertung richten Sie daher im Zellbereich D32:K44 die nachfolgend
abgebildete Tabelle ein.

	Monat	Plan	Plan kum.	Plan 12	Ist	Ist kum.	Prognose
1	Januar	573.440,00 €	573.440,00 €	7.417.559,00 €	570.080,00 €	570.080,00 €	7.414.199,00 €
2	Februar	508.160,00 €	1.081.600,00 €	7.417.559,00 €	483.550,00 €	1.053.630,00 €	7.389.589,00 €
3	März	445.760,00 €	1.527.360,00 €	7.417.559,00 €	422.470,00 €	1.476.100,00 €	7.366.299,00 €
4	April	622.160,00 €	2.149.520,00 €	7.417.559,00 €	676.970,00 €	2.153.070,00 €	7.421.109,00 €
5	Mai	777.620,00 €	2.927.140,00 €	7.417.559,00 €	824.580,00 €	2.977.650,00 €	7.468.069,00 €
6	Juni	728.165,00 €	3.655.305,00 €	7.417.559,00 €	707.510,00 €	3.685.160,00 €	7.447.414,00 €
7	Juli	527.641,00 €	4.182.946,00 €	7.417.559,00 €	458.100,00 €	4.143.260,00 €	7.377.873,00 €
8	August	573.510,00 €	4.756.456,00 €	7.417.559,00 €	585.350,00 €	4.728.610,00 €	7.389.713,00 €
9	September	734.738,00 €	5.491.194,00 €	7.417.559,00 €	783.860,00 €	5.512.470,00 €	7.438.835,00 €
10	Oktober	544.644,00 €	6.035.838,00 €	7.417.559,00 €	#NV	#NV	#NV
11	November	681.441,00 €	6.717.279,00 €	7.417.559,00 €	#NV	#NV	#NV
12	Dezember	700.280,00 €	7.417.559,00 €	7.417.559,00 €	#NV	#NV	#NV

Abb. 12.5: Datentabelle für Grafik

Ab Zelle D33 richten Sie eine Zahlenreihe von 1 bis 12 ein. Sie wird benötigt, um
die Zeilenzahl für die Excel-Funktion Bereich.Verschieben festzulegen. Folgende
Formeln tragen Sie in die entsprechenden Zellen ein:

■ Zelle F33:

```
=BEREICH.VERSCHIEBEN(INDIREKT($F$1);$D$1+1;$D33)
```

■ Zelle G33:

```
=F33
```

- Zelle G34

  ```
  =G33+F34
  ```

- Zelle H33

  ```
  =SUMME($F$33:$F$44)
  ```

- Zelle I33:

  ```
  =BEREICH.VERSCHIEBEN(INDIREKT($E$1);$D$1+1;$D33)
  ```

- Zelle J33:

  ```
  =I33
  ```

- Zelle J34:

  ```
  =J33+I34
  ```

- Zelle K33:

  ```
  =J33+SUMME($F34:$F44)
  ```

Die Excel-Funktion BEREICH.VERSCHIEBEN arbeitet mit der Funktion INDIREKT. Sie gibt den Bezug eines Textwerts zurück. Bezüge werden sofort ausgewertet, sodass die zu ihnen gehörenden Werte angezeigt werden. Da es sich in Spalte F um Planzahlen handelt, wird der Wert in Zelle F1 ausgewertet. Die Zeilenzahl wird durch die Auswahl im Kombinationsfeld bestimmt. Der Spaltenwert befindet sich ab D33 in Spalte D.

In Spalte G werden die Werte kumuliert. Diese Werte werden mit den Ist-Werten verglichen.

Die Spalte H enthält den geplanten Jahreswert des ausgewählten Artikels. Er bildet die Obergrenze für die Planung.

Die Ist-Werte des jeweiligen Monats werden in Spalte I eingetragen. Hier greift die Excel-Funktion BEREICH.VERSCHIEBEN auf die Zelle E1 zu und wertet den Inhalt wieder mit der Funktion INDIREKT aus.

In Spalte J werden die Ist-Werte kumuliert.

Die Prognosewerte des laufenden Jahres setzen sich aus den bis zum aktuellen Monat erzielten Ist-Werten und den noch zu realisierenden Plan-Werten zusammen. Dazu wird zum kumulierten Ist-Wert des Monats die Summe der noch zu realisierenden Plan-Werte addiert. Ein Beispiel soll dies verdeutlichen:

Der Umsatz des Jahres 2009 für den Artikel Besucherstühle wurde aktiviert. Der kumulierte Ist-Wert beträgt für den Monat Mai 3.238.664 €. Zu diesem Wert werden die Plan-Werte für die Monate Juni bis Dezember addiert (674.161,00 €, 558.825,00 €, 731.381,00 €, 598.488,00 €, 744.604,00 €, 1.054.186,00 €, 873.229,00 €). Das ergibt als Prognosewert für den Monat Mai 8.473.538,00 €. So kann man die Entwicklung der Werte im Lauf der Monate verfolgen und Abweichungen rechtzeitig erkennen.

Im oberen Teil des Tabellenblattes werden nun noch 4 Optionsfelder eingerichtet, um zwischen Stückzahlen und Umsatzwerten schnell hin und her zuschalten. Im Eigenschaftsfenster verwenden Sie folgende Namen:

Bedeutung	(Name)
Umsatz 2009	OPTBTNUMSATZ2009
Umsatz 2008	OPTBTNUMSATZ2008
Stück 2009	OPTBTNSTCK2009
Stück 2008	OPTBTN2008

Zur Information des Benutzers soll in der Zelle D3 Umsatz bzw. Stück erscheinen je nach Auswahl. Die Zelle E3 soll das ausgewählte Jahr aufnehmen. Der Name des ausgewählten Artikels soll in Zelle F3 erscheinen.

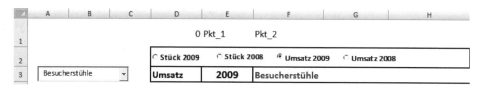

Abb. 12.6: Tabelle Auswertung mit Optionsfeldern

Je nach Aktivierung eines Optionsfeldes sollen die Eintragungen in die Zellen D3, E3, E1 und F1 vorgenommen werden. Werden Stückzahlen untersucht, erfolgt die Formatierung des Datenbereichs im Format STCK, ansonsten wird das Währungsformat € gewählt. Die Funktion EINTRAGSYMBOLE wird im nächsten Kapitel besprochen.

```
Private Sub optBtn2008_Click()
    Sheets("Auswertung").Range("D3") = "Stück"
    Sheets("Auswertung").Range("E3") = "2008"
    Sheets("Auswertung").Range("E1") = "Pkt_7"
    Sheets("Auswertung").Range("F1") = "Pkt_8"
    Sheets("Auswertung").Range("F33:K44").NumberFormat = "#,##0 ""Stck"""
```

```
        EintragSymbole
End Sub
Private Sub optBtnStck2009_Click()
    Sheets("Auswertung").Range("D3") = "Stück"
    Sheets("Auswertung").Range("E3") = "2009"
    Sheets("Auswertung").Range("E1") = "Pkt_5"
    Sheets("Auswertung").Range("F1") = "Pkt_6"
    Sheets("Auswertung").Range("F33:K44").NumberFormat = "#,##0 ""Stck"""
    EintragSymbole
End Sub
Private Sub optBtnUmsatz2008_Click()
    Sheets("Auswertung").Range("D3") = "Umsatz"
    Sheets("Auswertung").Range("E3") = "2008"
    Sheets("Auswertung").Range("E1") = "Pkt_3"
    Sheets("Auswertung").Range("F1") = "Pkt_4"
    Sheets("Auswertung").Range("F33:K44").NumberFormat = "#,##0.00 ""€"""
    EintragSymbole
End Sub
Private Sub optBtnUmsatz2009_Click()
    Sheets("Auswertung").Range("D3") = "Umsatz"
    Sheets("Auswertung").Range("E3") = "2009"
    Sheets("Auswertung").Range("E1") = "Pkt_1"
    Sheets("Auswertung").Range("F1") = "Pkt_2"
    Sheets("Auswertung").Range("F33:K44").NumberFormat = "#,##0.00 ""€"""
    EintragSymbole
End Sub
```

Dem Kombinationsfeld CBOAUSWAHL weisen Sie das nachfolgende Programm zu. Es trägt die ausgewählte Zeilennummer des Kombinationsfeldes in die Zelle D1 ein. Dies geschieht mit der Eigenschaft LISTINDEX. Mit der COLUMN-Eigenschaft wird der Wert der ausgesuchten Zeile in der zweiten Spalte in die Zelle F3 eingetragen. In der ersten Spalte steht versteckt die Artikelnummer (COLUMN(0)), während die zweite Spalte (COLUMN(1)) die Artikelbezeichnung enthält.

```
Private Sub cboAuswahl_Change()
On Error Resume Next
Worksheets("Auswertung").Activate
Sheets("Auswertung").Range("D1") = cboAuswahl.ListIndex
Sheets("Auswertung").Range("F3") = cboAuswahl.Column(1)
EintragSymbole
End Sub
```

12.4 Datenreihe mit Symbolen versehen

Im Tabellenblatt KONSTANTE befinden sich drei Symbole. Die Grafik grüner Kreis mit weißem Haken hat den Namen GRUEN, die Abbildung roter Kreis mit weißem X den Namen ROT und die Grafik orangefarbener Kreis mit weißem Ausrufezeichen den Namen GELB. Diese Symbole sollen anstelle der voreingestellten Markierung der Datenpunkte erscheinen.

Die Grafik GRUEN soll als Datenpunktmarkierung eingefügt werden, wenn der Zellenwert der Prognose (Spalte K) größer ist als der Wert der Zelle von Plan 12 (Spalte H). Sind beide Werte gleich, soll die Grafik GELB erscheinen. Liegt der Wert der Spalte K unter dem der Spalte H, wird die Grafik ROT angezeigt. Die nachfolgende Grafik verdeutlicht diesen Sachverhalt.

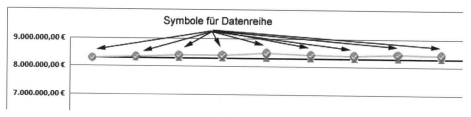

Abb. 12.7: Datenreihe mit Symbolen

Im ersten Schritt werden die benötigten Variablen deklariert. In der nachfolgenden Tabelle werden die Namen der Variablen vorgegeben und ihre Bedeutung im Programmablauf kurz erläutert.

Name der Variablen	Bedeutung
INTDATPKT	Datenpunkt der ausgewählten Datenreihe des Diagramms.
VNTGRAFIK	Variable enthält den aktuellen Namen der Grafik ROT, GELB oder GRUEN.
DBLOBERGRENZE	Wert in Zelle H44 des Tabellenblattes AUSWERTUNG.
VNTZELLE	Alle Werte der Zellen in Spalte K werden durchlaufen. Die Variable enthält den Wert der aktuellen Zelle beim Durchlauf einer FOR-NEXT-Schleife.
STRTABNAME	Der Tabellenblattname des aktivierten Tabellenblattes; hier AUSWERTUNG.
STRDIAGRNAME	Der Name des Diagramms ist hier abgelegt.

```
Public Function EintragSymbole()
'Deklaration der Variablen
    Dim intDatPkt As Integer
    Dim vntGrafik  As Variant
    Dim dblObergrenze As Double
    Dim vntZelle As Variant
    Dim strTabName As String
    Dim strDiagrName As String
```

Danach wird die Bildschirmaktualisierung abgeschaltet; beim Kopieren der Grafiken aus dem Tabellenblatt KONSTANTE in das Diagramm würde es doch ziemlich unruhig auf dem Bildschirm zugehen. Danach wird der Variablen STRTABNAME der Tabellenblattname zugewiesen, in dem sich das Diagramm befindet. Der Name des Diagramms wird ermittelt und das Tabellenblatt AUSWERTUNG wird aktiviert.

```
'Bildschirmaktualisierung ausschalten
Application.ScreenUpdating = False
'Zuweisungen der Blattnamen
    strTabName = "Auswertung"
    strDiagrName = Worksheets(strTabName).ChartObjects(1).Name
    Sheets(strTabName).Activate
```

Im Anschluss daran wird das Diagramm ausgewählt, und der Wert der Zelle H44 des Tabellenblattes AUSWERTUNG wird der Variablen DBLOBERGRENZE zugeteilt.

```
'Diagramm auswählen
    Worksheets(strTabName).ChartObjects(strDiagrName).Select
'Obere Grenze festlegen
    dblObergrenze = Sheets(strTabName).Range("H44").Value
```

Bevor die Symbole den einzelnen Datenpunkten zugewiesen werden, wird im Tabellenblatt AUSWERTUNG der Datenbereich für die Datenpunkte ausgewählt.

```
'Datenbereich der Datenreihe Progrnose auswählen
    Sheets(strTabName).Select
    Sheets(strTabName).Range("K33:K44").Select
```

Nun werden mit einer FOR-NEXT-Schleife alle Werte des Datenbereichs durchlaufen. Am Anfang der Schleife wird der Wert des Datenpunktes jeweils um 1 erhöht. Im Beispiel beginnt man mit dem Datenpunkt 1, weil die Variable INTDATPKT als Ausgangswert 0 enthält und der Wert 1 hinzuaddiert wird. Da es vorkommen kann, dass in der Spalte Prognose die Fehlermeldung #NV auftaucht, wenn keine Werte vorhanden sind, wird nun der Inhalt der Zelle abgefragt. Sollte keine Fehlermeldung vorhanden sein, wird die Grafik GRUEN gesetzt, wenn der Wert der Prognose für den Monat (VNTZELLE) die Obergrenze übersteigt. Liegt der Wert von VNTZELLE unter der Obergrenze, wird die Grafik ROT eingefügt. Sind beide Werte gleich, erscheint die Grafik GELB. Danach wird in das Tabellenblatt KONSTANTE geschaltet, dort die ausgewählte Grafik markiert und in den Zwischenspeicher kopiert. Das Diagramm wird ausgewählt und die Datenreihe mit dem entsprechenden Datenpunkt bestimmt. Im Beispiel ist dies die 5. Datenreihe (Prognose). Abbildung 12.8 zeigt die Werte der Datenreihen für den Befehl ACTI-VECHART.SERIESCOLLECTION(5) an. Mit SELECTION.PASTE wird dann der Inhalt der Zwischenablage eingefügt. Die Auswahl des Diagramms wird zurückgesetzt, wenn alle Punkte der Datenreihe durchlaufen wurden. Es wird das Tabellenblatt AUSWERTUNG aktiviert und die Zelle I7 selektiert. Die Bildschirmaktualisierung wird in Kraft gesetzt.

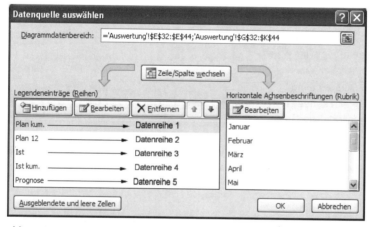

Abb. 12.8: Datenreihen der Grafik

```
For Each vntZelle In Selection
    intDatPkt = intDatPkt + 1
'Wenn sich kein Fehlerwert in der Variablen befindet
    If Not VarType(vntZelle) = vbError Then
        If vntZelle > Obergrenze Then
            vntGrafik = "Gruen"
        ElseIf vntZelle < Obergrenze Then
            vntGrafik = "Rot"
        Else
            vntGrafik = "Gelb"
        End If
            'Tabelle Konstante und dort die entsprechende Grafik auswählen
            Sheets("Konstante").Select
            ActiveSheet.Shapes(vntGrafik).Select
```

```
            Selection.Copy
            'Diagramm auswählen
            Worksheets(strTabName).ChartObjects(strDiagrName).Activate
            'Datenreihe auswählen
            ActiveChart.SeriesCollection(5).Select
            'Auswahl des Datenpunkts
            ActiveChart.SeriesCollection(5).Points(intDatPkt).Select
            'Symbol dem ausgewählten Datenpunkt zuweisen
            Selection.Paste
        End If
    Next
ActiveChart.Deselect
Worksheets(strTabName).Range("I7").Select
Application.ScreenUpdating = True
End Function
```

Kapitel 13

Umsatzanalyse

Für jeden Geschäftsführer eines Unternehmens stellen sich Fragen wie:

■ Wo liegen die Stärken des Unternehmens?

■ Wo wurden die höchsten Umsätze erzielt?

■ Um welche Kunden muss man sich besonders kümmern?

■ Wie verteilen sich die Aufträge wertmäßig?

Eine ausführliche Umsatzanalyse kann da Abhilfe schaffen.

Die Daten liegen in Form von Tabellen auf dem Server. Sie müssen nur nach Excel exportiert und dort weiterverarbeitet werden. Excel als Analyseinstrument eignet sich besonders gut, Umsatzdaten zu untersuchen. Deshalb soll eine neue Arbeitsmappe angelegt werden, die den Umsatz nach folgenden Kriterien analysiert:

■ Zeit (Monate, Jahre)

■ Region (Bundesländer, Land, Kontinent)

■ Kunden (ABC-Analyse der Kunden, Top 5)

■ Produkte (Kunden, Produkte, Fertigungslinien [prozentual])

■ Auftragsanalyse (Anwenden eines benutzerdefinierten Filters)

■ Vertreter (Umsatz, Produkte)

■ Soll-Ist-Abweichungen im Kundenbereich werden in einem Tabellenblatt KUN-DENANALYSE dargestellt.

13.1 Datenübernahme

In diesem Kapitel sollen drei Möglichkeiten besprochen werden, wie man an die Umsatzdaten kommt und wie man sie in Excel importiert. Ausgangspunkt bildet eine Access-Datenbank mit dem Namen UMSATZDATEN.MDB. Sie befindet sich im Verzeichnis KAPITEL13 auf der beiliegenden CD. Am Beispiel dieser Datenbank wird kurz erläutert, wie man die Umsatzabfrage generiert und berechnete Spalten in einer Pivot-Tabelle erstellt. Die Daten der Abfrage werden dann, wie schon beschrieben, per Programm eingelesen.

Im zweiten Fall wird die Datenbank UMSATZBUCHSQL des SQL Server Express verwendet. Dies setzt allerdings voraus, dass der SQL Server Express auf Ihrem System installiert ist und die Datenbank auf dem SQL Server Express angemeldet ist. Mit den Daten dieser Datenbank wird eine Sicht erstellt, die auf zwei Textskalarfunktionen zugreift. Wie dies zu bewerkstelligen ist, wird kurz erläutert. Die Daten der Sicht werden dann per Programm eingelesen.

Die dritte Möglichkeit greift auf die Daten der Sicht des zweiten Falles zurück. In diesem Unterkapitel wird die Möglichkeit beschrieben, wie man unter Excel externe Daten abruft.

13.1.1 Abfrage erstellen

Nachdem Sie Access geöffnet und die Datenbank geladen haben, legen Sie mit der Befehlsfolge

```
Erstellen → Abfrageentwurf
```

eine neue Abfrage an. Unter einer Abfrage versteht man eine Datenmenge, die auf die Daten mehrerer Datentabellen zurückgreift und diese miteinander kombiniert. Nach dem Abarbeiten der Befehle öffnet sich das Fenster TABELLE ANZEIGEN. In diesem Fenster markieren Sie die hinterlegten Tabellen, indem Sie die bei gedrückter [Strg]-Taste die Tabellen mit der linken Maustaste anklicken. Mit Klick auf HINZUFÜGEN werden diese Tabellen in die Entwurfsansicht der Abfrage eingefügt.

Abb. 13.1: Auswahlfenster für die benötigten Tabellen

In diesen Tabellen wurden folgende Inhalte gespeichert und folgende Indizes festgelegt:

Tabelle	Indexfeld	Inhalt
TBLBESTPOS	FLDBPID	Alle Bestellpositionen von Kunden der Jahre 2007 bis 2009.
TBLFERTIGPRODUKTE	FLDFERTARTNR	Eine Liste aller Unternehmensprodukte einschließlich der Verkaufspreise der Jahre 2007 bis 2009.
TBLFERTIGUNGSLINIEN	FLDFERTNR	Eine Liste der Fertigungslinien des Unternehmens.
TBLKUNDEN	FLDKDNR	Enthält die Kundenliste.
TBLVERTRETER	FLDVERTRNR	Eine Liste aller für das Unternehmen tätigen Reisenden.
TBLBUNDESLAND	FLDLANDNR	Die Liste aller Bundesländer/Bundesstaaten, in das Unternehmen Verkäufe tätigt.

Da die Tabelle TBLBESTPOS 1914 Datensätze enthält, kann die Abfrage maximal 1914 Datensätze umfassen, wenn sie nicht gruppiert wird. Sollte kein Datensatz angezeigt oder mehr als 1914 Datensätze ausgegeben werden, stimmen die Beziehungen zwischen den Indexfeldern und den entsprechenden Datenfeldern nicht oder es wurde keine Verknüpfung erstellt. Die Verknüpfung stellen Sie her, indem Sie das Indexfeld (Schlüsselfeld) anklicken und bei gedrückter linker Maustaste auf das zu verknüpfende Feld ziehen.

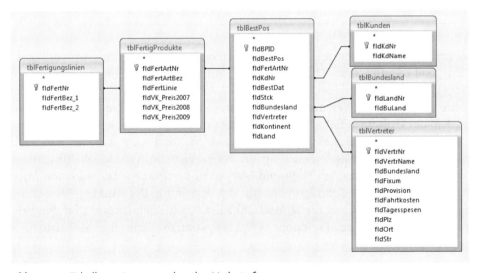

Abb. 13.2:   Tabellen mit entsprechenden Verknüpfungen

Für die Abfrage selbst werden folgende Felder benötigt:

Feldname	Tabelle	Spaltenname
FLDBESTPOS	TBLBESTPOS	BESTPOS
FLDKDNR	TBLKUNDEN	KDNR
FLDKDNAME	TBLKUNDEN	KDNAME
FLDFERTARTNR	TBLFERTIGPRODUKTE	ARTNR
FLDFERTARTBEZ	TBLFERTIGPRODUKTE	ARTBEZ
FLDFERTBEZ_2	TBLFERTIGUNGSLINIEN	FERTLINIE
MONAT	BERECHNETE SPALTE	MONAT
JAHR	BERECHNETE SPALTE	JAHR
FLDKONTINENT	TBLBESTPOS	KONTINENT
FLDLAND	TBLBESTPOS	LAND
FLDBULAND	TBLBUNDESLAND	BUNDESLAND
FLDVERTRNAME	TBLVERTRETER	VERTRETER
FLDPROVISION	TBLVERTRETER	PROVISION
FLDSTCK	TBLBESTPOS	STCK
UMSATZ	BERECHNETE SPALTE	UMSATZ
PROVISION_€	BERECHNETE SPALTE	PROVISION_€

Einige Spalten müssen mit Access-Funktionen bestimmt werden. Im vorliegenden Fall kann der Umsatz nicht anhand einer Formel wie [FLD-STCK]*[FLDVK_PREIS] berechnet werden, da Verkaufspreise für unterschiedliche Jahre existieren. Der Verkaufspreis muss analog zu dem Jahr ausgewählt werden, in dem der Umsatz anfiel. Die Tabelle enthält außerdem nur das Bestelldatum, zu dem der Kunde die Bestellung vorgenommen hat, und nicht das Jahr und auch nicht den Monat in einer eigenen Spalte. Access bietet nun die Möglichkeit, diese Werte mit den Funktionen JAHR und MONAT zu bestimmen. Die Funktion JAHR extrahiert aus dem Bestelldatum das Jahr der Bestellung. Die Funktion MONAT liefert als Rückgabewert nur die Monatszahl wie z.B. 1 für den Januar, 2 für den Februar etc. Mithilfe der Funktion SCHALTER können dann die Monatsnamen festgelegt werden.

Eine berechnete Spalte legt man nun so an, dass man in eine leere Feldzeile klickt und mit [Shift]+[F2] das Zoom-Fenster öffnet. In dieses Fenster kann man nun die Formel eingeben.

Für die Spalte JAHR lautet die Formel:

```
Jahr:Jahr([fldBestDat])
```

Für die Festlegung der Monatsnamen wird eine kompliziertere Formel verwendet. Sie wird in der nachfolgenden Abbildung dargestellt. Hierbei ist zu beachten, dass zunächst der Spaltenname mit einem nachgestellten Doppelpunkt eingetragen wird. Dann erst wird die Formel eingefügt.

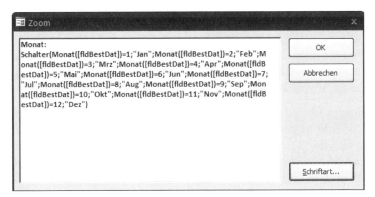

Abb. 13.3: Formel für Bestimmung der Monatsnamen

Es geht auch mit der Formel:

```
MonatNeu: Wahl(Monat([fldBest-
Dat]);"Jan";"Feb";"Mrz";"Apr";"Mai";"Jun";"Jul";"Aug";"Sep";"Okt";"Nov";
"Dez")
```

Die Formel zur Berechnung des Umsatzes wird auch mithilfe der SCHALTER-Funktion bestimmt.

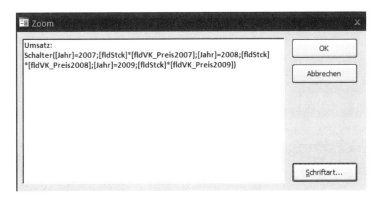

Abb. 13.4: Formel zur Berechnung des Umsatzes

Die Formel zur Berechnung der Provision in Euro lautet:

```
Provision_€:[Umsatz]*[fldProvision]
```

Die Abfrage speichern Sie unter dem Namen QRYEXCEL_1 in der Datenbank. Auf diese Daten greift man nun in Excel bei der Übernahme zu.

13.1.2 Sicht (View) erstellen

Im Zusammenhang mit dem SQL Server Express spricht man nicht mehr von Abfragen, sondern von Sichten (Views). Berechnete Spalten wie im Fall einer Access-Datenbank gibt es nicht mehr. Die Werte wie Umsatz, Provision_€ und Monatsnamen werden mithilfe von Textskalarfunktionen bestimmt. Dazu benutzt man die Sprache Transact-SQL. Das hört sich sehr kompliziert an, bedeutet jedoch bessere Strukturierungsmöglichkeiten.

Während im Fall einer mdb- oder accdb-Datenbank Tabellen, Abfragen, Formulare, Berichte und Module in der Datenbank gespeichert werden, beinhaltet der SQL Server Express nur die Daten. Formulare, Module und Berichte werden im Access-Projekt gespeichert, während sich Tabellen, Sichten und Funktionen auf dem SQL-Server befinden. Diese Daten befinden sich in der Datenbank UMSATZDATENSQL1.

Mit der Befehlsfolge

```
Erstellen Abfrage → Abfrage - Assistent → Sicht entwerfen
```

legen Sie eine Sicht (View) an und rufen gleichzeitig das Fenster TABELLE ANZEIGEN auf. In diesem Fenster markieren Sie die nachfolgend markierten Tabellen. Mit Klick auf HINZUFÜGEN werden diese Tabellen in die Entwurfsansicht der Sicht eingefügt.

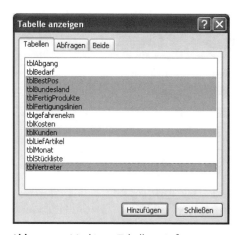

Abb. 13.5:   Markierte Tabellen einfügen

Die Tabellen werden in der Entwurfsansicht angezeigt. Soweit noch keine automatische Verknüpfung von Access erstellt wurde, stellen Sie diese zu den entsprechenden Tabellen her. Die nachfolgende Abbildung zeigt, welche Verknüpfungen eingerichtet werden müssen. Die Verknüpfung stellen Sie her, indem Sie das Indexfeld (Schlüsselfeld) anklicken und bei gedrückter linker Maustaste auf das zu verknüpfende Feld ziehen.

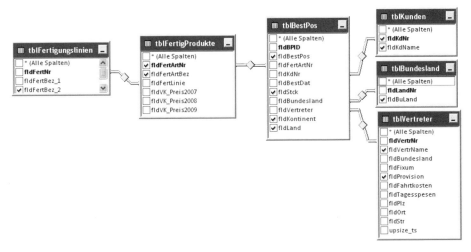

Abb. 13.6:   Verknüpfte Tabellen

Die Felder, die in der Sicht angezeigt werden sollen, werden im Kontrollkästchen vor dem Feldnamen angeklickt. Die nachfolgende Liste zeigt, welche Felder in der Sicht zum Tragen kommen sollen.

Spalte	Alias	Tabelle	Ausgabe	Sortierungsart
fldBestPos	BestPos	tblBestPos	✓	
fldKdNr	KdNr	tblKunden	✓	
fldKdName	KdName	tblKunden	✓	
fldFertArtNr	ArtNr	tblFertigProdukte	✓	
fldFertArtBez	ArtBez	tblFertigProdukte	✓	
fldFertBez_2	FertLinie	tblFertigungslinien	✓	
dbo.udfMonat(MONTH(dbo.tblBestPos.fldBestDat))	Monat		✓	
YEAR(dbo.tblBestPos.fldBestDat)	Jahr		✓	
fldKontinent	Kontinent	tblBestPos	✓	
fldLand	Land	tblBestPos	✓	
fldBuLand	Bundesland	tblBundesland	✓	
fldVertrName	VertrName	tblVertreter	✓	
fldProvision	Provision	tblVertreter	✓	
fldStck	Stck	tblBestPos	✓	
dbo.udfUmsatzBerechnen(dbo.tblFertigProdukte.fld	Umsatz		✓	
dbo.tblVertreter.fldProvision * dbo.udfUmsatzBerech	[Provision_€]		✓	

Abb. 13.7:   Feldliste der Sicht vwUmsatzabfrage

Die Sicht speichern Sie unter dem Namen VWUMSATZABFRAGE. In der Sicht werden zwei Textskalarfunktionen benötigt. Die drei ersten Buchstaben (dbo) werden automatisch eingefügt. Sie bedeuten DATABASE OWNER. Der Name der ersten Textskalarfunktion soll UDFMONAT lauten. UDF bedeutet in diesem Zusammenhang USER DEFINED FUNCTION. An diese Funktion wird die Funktion MONAT(FLD-BESTDAT) übergeben und in der UDFMONAT weiterverarbeitet. Mit der Befehlsfolge

```
Erstellen → Abfrage - Assistent → Textskalarfunktion erstellen
```

rufen Sie den Editor zur Eingabe des Programmcodes auf.

```
CREATE FUNCTION "Funktion1"
        (
        /*
        @parameter1 datatype = default value,
        @parameter2 datatype
        */
        )
RETURNS /* datatype */
AS
        BEGIN
                /* sql statement ... */
        RETURN /* value */
        END
```

Abb. 13.8: Editor zur Eingabe der Befehle

Anstelle von "Funktion1" geben Sie den Namen der Funktion ein. Im Beispiel lautet er UDFMONAT. Die Kommentare /* entfernen Sie aus dem Quellcode. Die Variablen erhalten alle ein vorangestelltes @. Daran schließt sich ein mnemotechnischer Text an, damit man den Inhalt zuordnen kann. Im Beispiel liefert die Funktion MONTH(FLDBESTDAT) Werte zwischen 1 und 12. Das sind Integer-Werte. Also ist die Variable @Monat vom Typ INT (Integer). An die Sicht soll ein Wert vom Text NVARCHAR(3) aus drei bestehenden Zeichen zurückgeliefert werden. Der Quellcode lautet somit RETURNS NVARCHAR(3). Ab BEGIN beginnt die Programmierung. Mit DECLARE @STRMONAT NVARCHAR(3) wird eine Variable @STRMONAT vom Typ Text deklariert, die aus drei Zeichen besteht. Wenn der Wert 1 an die Variable @MONAT übergeben wird, erhält die Variable @STRMONAT den Wert 'Jan', in Hochkommata gesetzt, zugewiesen. Dies geschieht mit dem Befehl

```
set @StrMonat = 'Jan'
```

An die Sicht wird der Wert von @STRMONAT mit RETURN @STRMONAT zurückgegeben. Die Funktion ist fertig und wird unter dem Namen UDFMONAT gespeichert.

```
ALTER FUNCTION dbo.udfMonat
 (
 @Monat INT
 )
RETURNS NVARCHAR(3)
AS
   BEGIN
   DECLARE @StrMonat  NVARCHAR(3)
   if @Monat = 1
      set @StrMonat = 'Jan'
   if @Monat = 2
      set @StrMonat = 'Feb'
   if @Monat = 3
      set @StrMonat = 'Mrz'
   if @Monat = 4
      set @StrMonat = 'Apr'
   if @Monat = 5
      set @StrMonat = 'Mai'
   if @Monat = 6
      set @StrMonat = 'Jun'
   if @Monat = 7
      set @StrMonat = 'Jul'
   if @Monat = 8
      set @StrMonat = 'Aug'
   if @Monat = 9
      set @StrMonat = 'Sep'
   if @Monat = 10
      set @StrMonat = 'Okt'
   if @Monat = 11
      set @StrMonat = 'Nov'
   if @Monat = 12
      set @StrMonat = 'Dez'
   RETURN @StrMonat
END
```

Die Funktion UDFMONAT fügt man in eine leere Spalte der Entwurfsansicht der Sicht ein. Die Abbildung 13.9 zeigt, wie das zu geschehen hat.

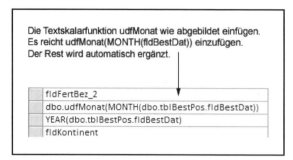

Abb. 13.9: UDFMONAT einfügen

Mit der zweiten Funktion UDFUMSATZBERECHNEN wird der Umsatz in Abhängigkeit vom jeweiligen Jahr berechnet. An diese Funktion müssen fünf Werte übergeben werden:

- fldVK_Preis2007 (Verkaufspreis von 2007), Typ MONEY

- fldVK_Preis2008 (Verkaufspreis von 2008) , Typ MONEY

- fldVK_Preis2009 (Verkaufspreis von 2009) , Typ MONEY

- fldStck (Verkaufte Stückzahl), Typ INT

- YEAR(dbo.tblBestPos.fldBestDat), das jeweilige Jahr Typ INT

Der Quellcode lautet:

```
ALTER FUNCTION dbo.udfUmsatzBerechnen
    (
    @VKPreis2007 MONEY,
    @VKPreis2008 MONEY,
    @VKPreis2009 MONEY,
    @Stueck INT,
    @Jahr INT
    )
RETURNS MONEY
AS
    BEGIN
      DECLARE @Umsatz  MONEY
      IF (@Jahr=2007 )
        set @Umsatz=@Stueck*@VKPreis2007
      IF (@Jahr=2008)
        set @Umsatz=@Stueck*@VKPreis2008
      IF (@Jahr=2009 )
        set @Umsatz=@Stueck*@VKPreis2009
    RETURN @Umsatz
END
```

Auch diese Funktion tragen Sie in eine leere Spalte mit Übergabe der Variablen ein.

```
dbo.udfUmsatzBerechnen(dbo.tblFertigProdukte.fldVK_Preis2007;
dbo.tblFertigProdukte.fldVK_Preis2008; dbo.tblFertigPro-
dukte.fldVK_Preis2009;
dbo.tblBestPos.fldStck; YEAR(dbo.tblBestPos.fldBestDat))
```

In die letzte Spalte tragen Sie die Formel zur Berechnung der Provision ein.

```
dbo.tblVertreter.fldProvision * dbo.udfUmsatzBerechnen(dbo.tblFertigPro-
dukte.fldVK_Preis2007; dbo.tblFertigProdukte.fldVK_Preis2008; dbo.tblFer-
tigProdukte.fldVK_Preis2009; dbo.tblBestPos.fldStck;
YEAR(dbo.tblBestPos.fldBestDat))
```

Die Sicht ist nun fertig und kann unter dem Namen VWUMSATZABFRAGE gespeichert werden. Bevor die Datenübernahme programmiert wird, legen Sie eine neue Arbeitsmappe an. In dieser Arbeitsmappe mit dem Namen UMSATZANALYSE.XLSM integrieren Sie folgende Tabellenblätter:

Name des Tabellenblatts	Inhalt
STARTCENTER	In diesem Tabellenblatt befinden sich die Befehlsschaltflächen zur Datenübernahme und zum Einrichten der Pivot-Tabelle.
DATEN	Die Daten der Access-Datenbank werden in dieses Tabellenblatt übernommen. Falls kein SQL Server Express installiert ist, müssen Daten zur Analyse zur Verfügung stehen.
DATENSQL	Die Daten vom SQL Server Express werden in dieses Tabellenblatt geschrieben.
DATENIMPORT	Der Datenimport über die Importfunktion von Excel kommt in dieses Tabellenblatt
AUSWERTUNG	Über ein kleines Programm wird in diesem Tabellenblatt eine Pivot-Tabelle eingefügt.
KONSTANTE	In dieses Tabellenblatt werden Texte für Kombinationsfelder etc. gespeichert.

13.2 Daten übernehmen

Die Datenübernahme von einer Access-Datenbank nach Excel haben Sie in der Vergangenheit schon kennengelernt. Deshalb wird hier nicht näher auf den Quellcode eingegangen. Übernimmt man Daten vom SQL Server, ändert sich nur der String für die Connection, um die Verbindung herzustellen. Der dritte Weg über die Importfunktion von Excel wird ausführlich dargestellt.

13.2.1 Access-Datenbank übernehmen

Ausgangspunkt bildet das Tabellenblatt STARTCENTER. Für die Datenübernahme verknüpfen Sie eine Befehlsschaltfläche im Tabellenblatt STARTCENTER. Dieser Befehlsschaltfläche geben Sie den Namen CMDUEBERNAHME und tragen als Beschriftung im Eigenschaftsfenster DATEN ÜBERNEHMEN AUS ACCESS DATEN-BANK ein. Den Button verknüpfen Sie mit dem nachfolgenden kleinen Programm:

```
Private Sub cmdUebernahme_Click()
Dim cnn As New ADODB.Connection
Dim rst As New ADODB.Recordset
Dim intI As Long
'Verbindung zur Datenbank herstellen
cnn.Open "Provider=Microsoft.ACE.OLEDB.12.0;Data Source=C:\Excel-
Buch\Kapitel13\UmsatzDaten.mdb;"
'Bis Office 2003
'cnn.Open "Provider=Microsoft.JET.OLEDB.4.0;Data Source=C:\Excel-
Buch\Kapitel13\UmsatzDaten.mdb;"
rst.Open "qryExcel_1", cnn, adOpenStatic, adLockOptimistic
'Startpunkt wählen für Datenübernahme
Worksheets("Daten").Activate
Sheets("Daten").Range("A6").Select
'Daten löschen
Worksheets("Daten").Range("A6").CurrentRegion.ClearContents
'Überschriften setzen
For intI = 0 To rst.Fields.Count - 1
    ActiveCell.Offset(0, intI).Value = rst.Fields(intI).Name
    ActiveCell.Offset(0, intI).Interior.ColorIndex = 37
    ActiveCell.Offset(0, intI).Font.ColorIndex = 2
    ActiveCell.Offset(0, intI).Font.Bold = True
Next
ActiveCell.Offset(1, 0).Select
intI = 0
'Daten übernehmen
Do While Not rst.EOF
    ActiveCell.Offset(0, 0).Value = rst.Fields(0)
    ActiveCell.Offset(0, 1).Value = rst.Fields(1)
    ActiveCell.Offset(0, 2).Value = rst.Fields(2)
    ActiveCell.Offset(0, 3).Value = rst.Fields(3)
    ActiveCell.Offset(0, 4).Value = rst.Fields(4)
    ActiveCell.Offset(0, 5).Value = rst.Fields(5)
    ActiveCell.Offset(0, 6).Value = rst.Fields(6)
    ActiveCell.Offset(0, 7).Value = rst.Fields(7)
    ActiveCell.Offset(0, 8).Value = rst.Fields(8)
```

```
        ActiveCell.Offset(0, 9).Value = rst.Fields(9)
        ActiveCell.Offset(0, 10).Value = rst.Fields(10)
        ActiveCell.Offset(0, 11).Value = rst.Fields(11)
        ActiveCell.Offset(0, 12).Value = rst.Fields(12)
        ActiveCell.Offset(0, 12).NumberFormat = "0.00%"
        ActiveCell.Offset(0, 13).Value = rst.Fields(13)
        ActiveCell.Offset(0, 13).NumberFormat = "#,##0.00 ""Stck"""
        ActiveCell.Offset(0, 14).Value = CCur(rst.Fields(14))
        ActiveCell.Offset(0, 15).Value = CCur(rst.Fields(15))
        intI = intI + 1
        rst.MoveNext
        ActiveCell.Offset(1, 0).Select
Loop
    rst.Close
    Set cnn = Nothing
MsgBox "Es wurden " & intI & " Datensätze übernommen!!!"
ActiveWorkbook.Names.Add Name:="Stueck", RefersToR1C1:="=Daten!R7C14:R" &
intI + 6 & "C14"
ActiveWorkbook.Names.Add Name:="Umsatz", RefersToR1C1:="=Daten!R7C15:R" &
intI + 6 & "C15"
Sheets("Daten").Range("A6").CurrentRegion.Name = "Datenquelle"
Sheets("Daten").Columns("A:P").Select
Selection.Columns.AutoFit
End Sub
```

Für spätere Auswertungen werden die Spalten mit den Umsatz- und Stückzahlen
mit den Namen UMSATZ und STUECK versehen. Dies geschieht mit den Befehlen

```
ActiveWorkbook.Names.Add Name:="Stueck", RefersToR1C1:="=Daten!R7C14:R" &
intI + 6 & "C14"
ActiveWorkbook.Names.Add Name:="Umsatz", RefersToR1C1:="=Daten!R7C15:R" &
intI + 6 & "C15"
```

Zur Anzahl der Datensätze muss 6 addiert werden, da mit der Datenübernahme
erst ab Zeile 6 begonnen wird.

13.2.2 Daten vom SQL-Server übernehmen

Auch in diesem Fall richten Sie wieder eine Befehlsschaltfläche im Tabellenblatt
STARTCENTER ein, der Sie den Namen CMDSQL zuweisen und als Beschriftung
DATEN ÜBERNEHMEN VOM SQL SERVER EXPRESS im Eigenschaftsfenster eintragen.
Das Programm verbinden Sie mit dieser Befehlsschaltfläche.

```
Private Sub cmdSQL_Click()
Dim cnn As New ADODB.Connection
```

```
Dim rst As New ADODB.Recordset
Dim intI As Long
'Set cnn = New ADODB.Connection
cnn.Open "Provider=SQLOLEDB.1;Data Source=THINKPAD;" & _
        "Password=37cx24;User ID=sa;Initial Catalog=UmsatzDatenSQL1"
rst.CursorLocation = adUseClient
rst.Open "vwUmsatzabfrage", cnn
'Startpunkt wählen für Datenübernahme
Worksheets("DatenSQL").Activate
Sheets("DatenSQL").Range("A6").Select
'Daten löschen
Worksheets("DatenSQL").Range("A6").CurrentRegion.ClearContents
'Überschriften setzen
For intI = 0 To rst.Fields.Count - 1
   ActiveCell.Offset(0, intI).Value = rst.Fields(intI).Name
   ActiveCell.Offset(0, intI).Interior.ColorIndex = 37
   ActiveCell.Offset(0, intI).Font.ColorIndex = 2
   ActiveCell.Offset(0, intI).Font.Bold = True
Next
ActiveCell.Offset(1, 0).Select
intI = 0
Do While Not rst.EOF
     ActiveCell.Offset(0, 0).Value = rst.Fields(0)
     ActiveCell.Offset(0, 1).Value = rst.Fields(1)
     ActiveCell.Offset(0, 2).Value = rst.Fields(2)
     ActiveCell.Offset(0, 3).Value = rst.Fields(3)
     ActiveCell.Offset(0, 4).Value = rst.Fields(4)
     ActiveCell.Offset(0, 5).Value = rst.Fields(5)
     ActiveCell.Offset(0, 6).Value = rst.Fields(6)
     ActiveCell.Offset(0, 7).Value = rst.Fields(7)
     ActiveCell.Offset(0, 8).Value = rst.Fields(8)
     ActiveCell.Offset(0, 9).Value = rst.Fields(9)
     ActiveCell.Offset(0, 10).Value = rst.Fields(10)
     ActiveCell.Offset(0, 11).Value = rst.Fields(11)
     ActiveCell.Offset(0, 12).Value = rst.Fields(12)
     ActiveCell.Offset(0, 12).NumberFormat = "0.00%"
     ActiveCell.Offset(0, 13).Value = rst.Fields(13)
     ActiveCell.Offset(0, 13).NumberFormat = "#,##0.00 ""Stck"""
     ActiveCell.Offset(0, 14).Value = CCur(rst.Fields(14))
     ActiveCell.Offset(0, 15).Value = CCur(rst.Fields(15))
     intI = intI + 1
     rst.MoveNext
     ActiveCell.Offset(1, 0).Select
```

```
Loop
    rst.Close
    Set cnn = Nothing
MsgBox "Es wurden " & intI & " Datensätze übernommen!!!"
ActiveWorkbook.Names.Add Name:="StueckSQL",
RefersToR1C1:="=DatenSQL!R7C14:R" & intI + 6 & "C14"
ActiveWorkbook.Names.Add Name:="UmsatzSQL",
RefersToR1C1:="=DatenSQL!R7C15:R" & intI + 6 & "C15"
Sheets("DatenSQL").Range("A6").CurrentRegion.Name = "DatenSQL"
Sheets("DatenSQL").Columns("A:P").Select
Selection.Columns.AutoFit
End Sub
```

Der Verbindungsstring bietet zwei Möglichkeiten. Kennen Sie Passwort und User ID, verwenden Sie den String des Listings:

```
cnn.Open "Provider=SQLOLEDB.1;Data Source=THINKPAD;" & _
         "Password=37cx24;User ID=sa;Initial Catalog=UmsatzDatenSQL1"
```

In der Regel stehen diese Informationen nicht zur Verfügung. Dann ändern Sie den String und verwenden die Identifizierung über Windows. Dann lautet der String:

```
cnn.Open "Provider=SQLOLEDB.1;Data Source=THINKPAD;" & _
         "Integrated Security=SSPI;Initial Catalog=UmsatzDatenSQL1"
```

13.2.3 Datenimport von Excel aus

Anders als in den vorhergehenden Kapiteln soll eine direkte Verbindung zum SQL-Server hergestellt werden. Die Daten werden sehr schnell übertragen, die Feldnamen werden als Kopfzeile in die Tabelle eingetragen. Nachteilig an dieser Form ist, dass die Daten nachträglich noch formatiert werden müssen und nicht während der Übernahme mit dem entsprechenden Zahlenformaten versehen werden können. Hinzu kommt, dass die Daten nur als Liste in das ausgewählte Tabellenblatt eingefügt werden. Verlangt die Weiterverarbeitung eine bestimmte Anordnung der Daten, kann diese Form der Datenübernahme nicht benutzt werden. Ferner werden die Spalten STCK und UMSATZ nicht automatisch bei der Datenübernahme mit den Namen STUECK und UMSATZ versehen. Sie würden also bei der weiteren Analyse nicht zur Verfügung stehen. Das bedeutet, dass bei jedem neuen Datenimport der Datenbereich für diese Spalten neu angepasst werden müsste.

Aktivieren Sie nun das Tabellenblatt DATENIMPORT und setzen den Zellzeiger in die Zelle A6. Mit der Befehlsfolge

```
Daten Externe → Daten abrufen → Aus anderen Quellen → Von SQL Server
```

starten Sie den Datenimport. Der Datenverbindungs-Assistent erscheint.

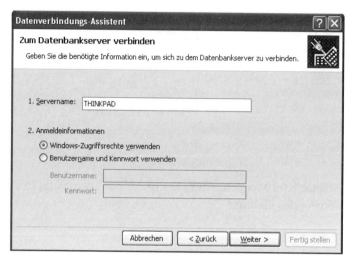

Abb. 13.10:   Der Datenverbindungs-Assistent

Hier geben Sie den Servernamen ein. Zur Anmeldung bestehen zwei Möglichkeiten: Sie können die Windows-Zugriffsrechte verwenden (INTEGRATED SECURITY=SSPI) oder Passwort und Benutzernamen (PASSWORD=37CX24;USER ID=SA) eintippen. Danach klicken Sie auf den Button WEITER.

Sie wählen die Datenbank UMSATZDATENSQL1 aus. Nach Auswahl der Datenbank werden im unteren Teil die Sichten und Tabellen der Datenbank angezeigt. Sie wählen die Sicht VWUMSATZABFRAGE aus und klicken auf den Button WEITER.

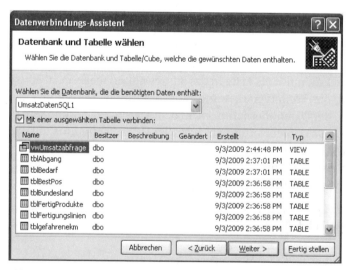

Abb. 13.11:   Datenverbindungs-Assistent Schritt 2

Im dritten Schritt des Datenverbindungs-Assistenten legen Sie den Dateinamen für die Datenverbindungsdatei fest. Er ist an der Dateikennung .odc zu erkennen. Hier im Beispiel wird der Programmvorschlag übernommen. Im unteren Teil können Sie noch Bemerkungen und Informationen eintragen, die eine spätere Identifizierung erleichtern. Auch der Anzeigenname dieser Verbindung kann von Ihnen in diesem Schritt benannt werden. Schlüsselwörter können eingetragen werden.

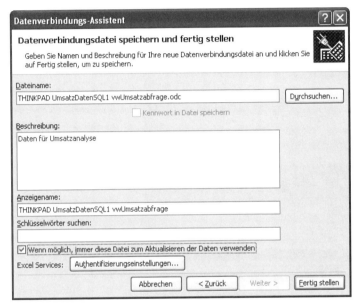

Abb. 13.12: Datenverbindungs-Assistent Schritt 4

Nach dem Klick auf den Button FERTIG STELLEN werden die Daten in das Tabellenblatt übernommen.

Die Daten dieser Verbindung können jetzt zur Datenübernahme verwendet. Diese Verbindung steht auch in neuen Arbeitsmappen zur Verfügung. Mit der Befehlsfolge

```
Externe Daten → abrufen Vorhandene Verbindungen
```

rufen Sie das Fenster VORHANDENE VERBINDUNGEN auf. In diesem Fenster werden alle erstellten und zur Verfügung stehenden Verknüpfungen angezeigt. Hier wählen Sie die markierte Verbindung aus und klicken auf den Button ÖFFNEN. Im Fenster DATEN geben Sie dann nur noch an, wohin die Daten übernommen werden sollen.

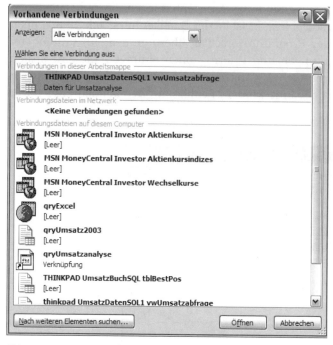

Abb. 13.13: Fenster Vorhandene Verbindungen

Abb. 13.14: Fenster DATEN IMPORTIEREN

13.3 Pivot-Tabelle automatisch erstellen

Nach der Datenübernahme gilt es nun, die Daten mithilfe einer Pivot-Tabelle aus-
zuwerten. Vermutlich werden Sie glauben, dass eine Pivot-Tabelle dazu nicht aus-
reicht. Wenn man dem Nutzer auch noch weitere Möglichkeiten zur Manipulation
der Pivot-Tabelle zur Verfügung stellt, reicht eine Pivot-Tabelle allerdings doch aus.
Dies soll in weiteren Schritten erfolgen.

13.3.1 Aufbau einer Pivot-Tabelle

Eine Pivot-Tabelle weist folgende vier Objekte auf:

Objekt	Bedeutung
PivotCache	Das ist der Zwischenspeicher der Tabellendaten der Pivot-Tabelle.
PivotTables	Container für die Pivot-Tabellen.
PivotFields	Die Felder der Pivot-Tabelle.
PivotItems	Stellt ein Element eines PivotTable-Felds dar. Bei den Elementen handelt es sich um die einzelnen Dateneinträge in einer Feldkategorie.

Von diesen Objekten ausgehend baut sich die Pivot-Tabelle aus den Elementen Seite, Zeile, Spalte und Daten auf. Die nachfolgende Grafik veranschaulicht diesen Aufbau.

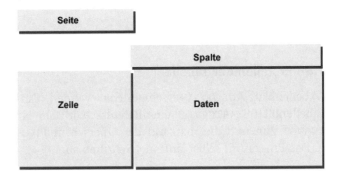

Abb. 13.15: Pivot-Tabellen-Aufbau

Element	Konstante	Bedeutung
Seite	xlPageField	Seitenfelder
Zeile	xlRowField	Anordnung der Daten in Zeilen
Spalte	xlColumnField	Anordnung der Daten in Spalten
Daten	xlDataField	Felder für den berechneten Datenbereich

Da die Pivot-Tabelle beim Erstellen auch gleichzeitig formatiert werden soll, werden in diesem Zusammenhang auch die drei Hauptelemente einer Pivot-Tabelle angesprochen. Die nachfolgende Grafik gibt einen Überblick.

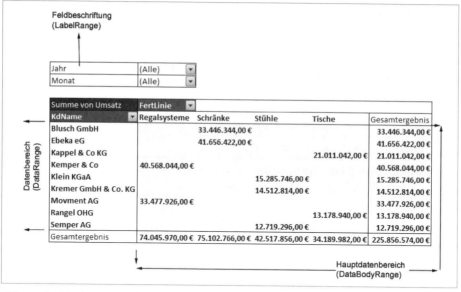

Abb. 13.16: Die drei Hauptelemente einer Pivot-Tabelle

Im Programm wird auf diese drei Bereiche Bezug genommen.

13.3.2 Das Programm zum Erstellen der Tabelle

Die Pivot-Tabelle soll im Tabellenblatt AUSWERTUNG eingerichtet werden. Dazu richtet man zunächst im Tabellenblatt STARTCENTER eine Befehlsschaltfläche ein, der man den Namen CMDPIVOT gibt und die man mit der Überschrift PIVOT-TABELLE ERZEUGEN versieht. Das Programm selbst läuft in 5 Schritten ab.

1. Die alte Pivot-Tabelle im Tabellenblatt AUSWERTUNG wird gelöscht.

2. Die neue Pivot-Tabelle wird erzeugt.

3. Die Pivot-Tabelle wird eingerichtet.

4. Die Pivot-Tabellenbereiche werden formatiert.

5. Die Spalten werden ausgerichtet.

Wie in jedem Programm werden zunächst die Variablen festgelegt.

Variablenname	Bedeutung
PTCACHE	Zwischenspeicher für die Daten der Pivot-Tabelle
PTTAB	Pivot-Tabellenobjekt
INTI	Zählvariable
DATSOURCE	Datenbereich, aus dem die Daten der Pivot-Tabelle stammen

Danach wird das Tabellenblatt AUSWERTUNG aktiviert und dort die Zelle als Startpunkt für die Pivot-Tabelle ausgewählt. Dies geschieht mit den nachfolgenden Befehlszeilen.

```
Private Sub cmdPivot_Click()
Dim ptCache As PivotCache
Dim ptTab As PivotTable
Dim intI As Integer
Dim DatSource As String
Worksheets("Auswertung").Activate
Sheets("Auswertung").Range("C6").Select
```

Es gilt nun, eventuell vorhandene Pivot-Tabellen in diesem Tabellenblatt zu löschen. Dies geschieht mit einer FOR-NEXT-Schleife. Für jede Pivot-Tabelle im aktiven Tabellenblatt soll gelten, dass sie gelöscht wird. Dies geschieht mit dem Befehl TABLERANGE2.DELETE. Damit ist sichergestellt, dass der gesamte Pivot-Tabellenbereich incl. Seitenfelder gelöscht wird. TableRange1 umfasst den Pivot-Tabellenbereich ohne Seitenfelder. Der Auszug aus dem Quellcode lautet wie folgt:

```
'Alte Pivot-Tabellen löschen
With ActiveSheet
    For Each ptTab In .PivotTables
        ptTab.TableRange2.Delete
    Next ptTab
End With
```

Nun wird zunächst der PIVOTCACHE festgelegt. Im Beispiel soll dies der Bereich DATENQUELLE des Tabellenblatts DATEN sein. Die Pivot-Tabelle wird mit dem Befehl PTCACHE.CREATEPIVOTTABLE erstellt. Die Tabelle soll ab Zelle C6 ausgegeben werden. Der Name der Pivot-Tabelle soll PIVOTTAB1 lauten.

```
Set ptCache = ActiveWorkbook.PivotCaches.Add(SourceType:=xlDatabase,
SourceData:="Datenquelle")
Set ptTab = ptCache.CreatePivotTable(TableDestination:=ActiveS-
heet.Range("C6"), TableName:="PivotTab1")
```

Im Anschluss daran wird die Pivot-Tabelle gestaltet. Es wird festgelegt, welches Feld die Spalte, welche Felder die Seite, welches Feld die Zeile und schließlich welches Feld den Datenbereich ausmachen sollen.

```
With ptTab
    .PivotFields("Jahr").Orientation = xlPageField
    .PivotFields("Jahr").Position = 1
    .PivotFields("Monat").Orientation = xlPageField
    .PivotFields("Monat").Position = 1
```

```
    .PivotFields("KdName").Orientation = xlRowField
    .PivotFields("FertLinie").Orientation = xlColumnField
    .PivotFields("Umsatz").Orientation = xlDataField
End With
```

Farbe und Zahlenformate werden im nachfolgenden Listing angesprochen. In einem ersten Block wird das Zahlenformat des Datenbereichs mit dem Währungsformat formatiert. Die Hintergrundfarbe des LABELRANGE soll ein Blauton sein, die Schriftfarbe Weiß. Bei den anderen Bereichen geht man in gleicher Weise vor.

```
With ptTab
    With .PivotFields("Summe von Umsatz")
        .NumberFormat = "#,##0.00 €"
        .LabelRange.Interior.Color = RGB(0, 0, 255)
        .LabelRange.Font.Color = RGB(255, 255, 255)
    End With
    With .PivotFields("KdName")
        .DataRange.Interior.Color = RGB(244, 244, 244)
        .DataRange.Font.Color = RGB(0, 0, 0)
        .DataRange.Font.Bold = True
        .LabelRange.Interior.Color = RGB(102, 102, 255)
        .LabelRange.Font.Color = RGB(255, 255, 255)
        .LabelRange.Font.Bold = True
    End With
    With .PivotFields("FertLinie")
        .DataRange.Interior.Color = RGB(244, 244, 244)
        .DataRange.Font.Color = RGB(0, 0, 0)
        .DataRange.Font.Bold = True
        .LabelRange.Interior.Color = RGB(102, 102, 255)
        .LabelRange.Font.Color = RGB(255, 255, 255)
        .LabelRange.Font.Bold = True
    End With
    With .DataBodyRange
        .Interior.Color = RGB(252, 252, 252)
        .Font.Italic = False
        .Font.Color = RGB(0, 0, 0)
        .Font.Size = 11
        .Font.Bold = True
    End With
End With
ActiveSheet.Range("A1").Select
End Sub
```

Die Pivot-Tabelle ist fertig und kann ausgewertet werden. Dabei stößt man allerdings schnell an Grenzen. Schön wäre es, wenn man schnell zwischen Umsatz und Stückzahlen hin und her schalten könnte. Eine weitere Möglichkeit besteht darin, die Werte prozentual darzustellen als Prozentsatz vom gesamten Umsatz oder als Prozentsatz einer Zeile oder Spalte. Davon handelt das nachfolgende Kapitel. Bevor man allerdings mit der Erstellung des Programms beginnt, richtet man folgende Steuerelemente im Tabellenblatt AUSWERTUNG ein:

Name	Datenbereich	Bedeutung
CBOZAHLENFORMAT	Bereich AUSWAHL im Tabellenblatt Konstante	Ändert die Berechnungsmethoden der Pivot-Tabelle
CBOPROZENT	Bereich DATZAHLEN im Tabellenblatt Konstante	Ändert die Wertfeldeinstellungen der Pivot-Tabelle
OPTBTNSTCK	-	Tauscht den Datenbereich
OPTBTNUMSATZ	-	Tauscht den Datenbereich

Diese Steuerelemente ordnen sie oberhalb der Pivot-Tabelle an.

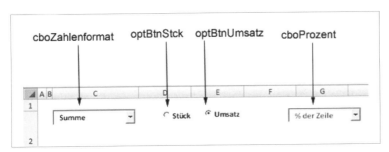

Abb. 13.17: Anordnung der Steuerelemente

Im Bereich des Tabellenblattes KONSTANTE tragen Sie die nachfolgenden Werte ein und benennen sie mit den Namen AUSWAHL und DATZAHLEN.

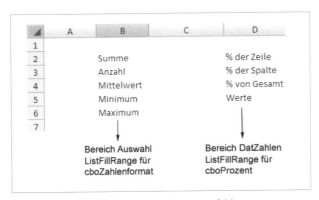

Abb. 13.18: Füllbereiche für Kombinationsfelder

13.3.3 Datenfelder austauschen

Möchte man statt der Umsatzzahlen Stückzahlen im Datenbereich angezeigt bekommen, werden nur die Datenfelder getauscht. Dazu klicken Sie mit der rechten Maustaste auf das Optionsfeld OPTBTNSTCK im Tabellenblatt AUSWERTUNG und wählen die Option CODE ANZEIGEN des Kontextmenüs. Im VBA-Editor wird das Programm

```
Private Sub optBtnStck_Click()
End Sub
```

eingerichtet und dem Optionsfeld zugeordnet. Für dieses Programm werden zwei Variablen benötigt.

Variable	Bedeutung
PIVOTTAB	Sie dient dazu, ein Objekt vom Typ Pivot-Tabelle zu speichern.
NAMLIST	Diese Variable nimmt den Namen des gerade aktuellen Datenfeldes auf. Dies kann zwei Inhalte haben: "Summe von Umsatz", "Summe von Stck".

Danach wird eine Ausgangsbasis für die beiden Kombinationsfelder CBOZAHLEN-FORMAT und CBOPROZENT geschaffen. Das Kombinationsfeld CBOZAHLENFORMAT wird auf den Wert SUMME, das Kombinationsfeld CBOPROZENT auf den Wert WERTE gesetzt. Damit ist gewährleistet, dass im PIVOTFIELD der Pivot-Tabelle entweder SUMME VON STCK oder SUMME VON UMSATZ eingetragen ist.

```
Dim PivotTab As PivotTable
Dim NamList As String
cboProzent.Value = "Werte"
cboProzent_Change
cboZahlenformat.Value = "Summe"
cboZahlenformat_Change
```

Nun wird die Objektvariable PIVOTAB gesetzt, der Name des Pivot-Datenfeldes wird abgefragt und in der Variablen NAMLIST gespeichert.

```
Set PivotTab = Worksheets("Auswertung").PivotTables("PivotTab1")
NamList = PivotTab.DataFields(1).Name
```

Das Tabellenblatt AUSWERTUNG wird aktiviert und die Zelle C6 ausgewählt. Danach wird das Pivot-Datenfeld zurückgesetzt (XLHIDDEN) und das neue Datenfeld STCK in den Datenbereich eingebunden. Es wird an Position 1 gesetzt. Sollten noch andere Datenfelder für eine Auswertung notwendig sein, kommen sie an Position 2 und folgende. Es gilt nun, das Zahlenformat entsprechend einzustellen:

```
Worksheets("Auswertung").Activate
Sheets("Auswertung").Range("C6").Select
    PivotTab.DataFields(NamList).Orientation = xlHidden
    PivotTab.PivotFields("Stck").Orientation = xlDataField
    PivotTab.PivotFields("Daten").PivotItems("Summe von Stck").Position = 1
    If cboProzent.Value = "Werte" Then
        PivotTab.PivotFields("Summe von Stck").NumberFormat = "#,##0 ""Stck"""
    End If
```

Sollen nun die Umsatzdaten im Datenbereich der Pivot-Tabelle angezeigt werden, geht man in gleicher Weise vor.

```
Private Sub optBtnUmsatz_Click()
Dim PivotTab As PivotTable
Dim NamList As String
cboProzent.Value = "Werte"
cboProzent_Change
cboZahlenformat.Value = "Summe"
cboZahlenformat_Change
Set PivotTab = Worksheets("Auswertung").PivotTables("PivotTab1")
NamList = PivotTab.DataFields(1).Name
Worksheets("Auswertung").Activate
Sheets("Auswertung").Range("C6").Select
    PivotTab.DataFields(NamList).Orientation = xlHidden
    PivotTab.PivotFields("Umsatz").Orientation = xlDataField
    PivotTab.PivotFields("Daten").PivotItems("Summe von Umsatz").Position = 1
    If cboProzent.Value = "Werte" Then
        PivotTab.PivotFields("Summe von Umsatz").NumberFormat = "#,##0.00 €"
    End If
End Sub
```

Das Klicken und Ziehen in der PivotTable-Feldliste entfällt. Die Datenbasis lässt sich einfacher und schneller umstellen. Ein User, der sich nicht mit Pivot-Tabellen auskennt, kann ohne große Kenntnisse schnell Änderungen vornehmen.

13.3.4 Berechnungsmodi ändern

Interessant wäre es nun zu wissen:

- Wie viel Prozent macht der Umsatz der Fertigungslinie X vom Gesamtumsatz aus?

- Wie viel Prozent vom Gesamtumsatz hat das Unternehmen mit dem Kunden A mit welcher Fertigungslinie erzielt?

- Hier sind viele Auswertungsmöglichkeiten denkbar. Pivot-Tabellen bieten neben vielen anderen Möglichkeiten die Option, die Zahlenwerte als Prozentsatz der Zeile, als Prozentsatz der Spalte oder als Prozentsatz vom Gesamtwert darzustellen. Diese Änderungen sollen nun programmiert werden. Die Einstellungen können Sie natürlich auch von Hand vornehmen. Dazu gehen Sie wie folgt vor:

1. Klicken Sie im Bereich WERTE mit der linken Maustaste auf SUMME VON..

2. Wählen Sie aus dem Kontextmenü die Option WERTFELDEINSTELLUNGEN.

3. Im Fenster WERTFELDEINSTELLUNGEN aktivieren Sie die Registerkarte WERTE ANZEIGEN ALS aus.

4. Im Kombinationsfeld WERTE ANZEIGEN suchen Sie sich die gewünschte Option aus.

Mit dem Programm kann man diesen Ablauf wesentlich schneller gestalten. Dazu richten Sie im Tabellenblatt AUSWERTUNG ein Kombinationsfeld CBOPROZENT ein. In der Zeile LISTFILLRANGE tragen Sie DATZAHLEN ein. Diesem Kombinationsfeld wird das Programm

```
Private Sub cboProzent_Change()
End Sub
```

zugeordnet. Für dieses Programm wird nur die Objektvariable PVTTAB benötigt. Ausgangspunkt ist das Tabellenblatt AUSWERTUNG. Es wird aktiviert und im Tabellenblatt wird die Zelle C6 ausgewählt. Danach wird die Objektvariable gesetzt. Je nach Auswahl im Kombinationsfeld wird nun verzweigt, und die entsprechenden Einstellungen werden vorgenommen.

```
Dim PvtTab As PivotTable
Worksheets("Auswertung").Activate
Sheets("Auswertung").Range("C6").Select
Set PvtTab = Worksheets("Auswertung").PivotTables("PivotTab1")
```

Je nach Auswahl wird die Berechnungsmethode (CALCULATION) eingestellt. Excel unterscheidet u. a. folgende Einstellungen:

Berechnungsmodus	Bedeutung
xlPercentOfColumn	Prozent der Spalte; die Summe der Spalte bildet 100 %. Die einzelnen Werte der Spalte werden als Prozentsatz dieser Summe angegeben.
xlPercentOfRow	Prozent der Spalte; die Summe der Zeile macht 100 % aus. Die einzelnen Elemente der Zeile werden als Prozentsatz der Zeilensumme berechnet.

Berechnungsmodus	Bedeutung
xlPercentOfTotal	Prozent von Gesamt; jedes Element des Datenbereichs wird als Prozentsatz der Gesamtsumme ausgegeben.
xlNormal	Normale Zahlendarstellung als Summe etc.

Innerhalb der Auswahl wird der Berechnungsmodus angepasst mit dem Befehl

```
PvtTab.DataFields(1).Calculation = Berechnungsmodus
```

Dann wird das Zahlenformat festgelegt. Das sollte man vorsichtshalber tun, um keine unliebsamen Überraschungen zu erleben. Excel stellt gelegentlich das Zahlenformat nicht um, sodass im Datenbereich 0,481 € oder 0,481 Stck erscheint, wenn eines der beiden Formate eingestellt war.

```
Select Case cboProzent.Value
Case "% der Spalte"
    PvtTab.DataFields(1).Calculation = xlPercentOfColumn
    PvtTab.DataFields(1).NumberFormat = "0.00 %"
Case "% der Zeile"
    PvtTab.DataFields(1).Calculation = xlPercentOfRow
    PvtTab.DataFields(1).NumberFormat = "0.00 %"
Case "% von Gesamt"
    PvtTab.DataFields(1).Calculation = xlPercentOfTotal
    PvtTab.DataFields(1).NumberFormat = "0.00 %"
Case "Werte"
    PvtTab.DataFields(1).Calculation = xlNormal
    If optBtnStck = True Then
        PvtTab.DataFields(1).NumberFormat = "#,##0 ""Stck"""
    Else
        PvtTab.DataFields(1).NumberFormat = "#,##0.00 €"
    End If
End Select
Sheets("Auswertung").Range("A1").Select
```

Wird die Option WERTE des Kombinationsfeldes gewählt, hängt das Zahlenformat davon ab, welchen Inhalt der User gerade im Datenbereich gewählt hat. Wurde das Optionsfeld OPTBTNSTCK aktiviert, lautet das Zahlenformat im Datenbereich der Pivot-Tabelle STCK, andernfalls muss das Währungsformat € erscheinen.

Neben diesen Wertfeldeinstellungen bietet Excel im Fall von Pivot-Tabellen noch weitere Berechnungsmodi. Neben der bekannten Summation der jeweiligen Werte kann auch deren Anzahl, deren Mittelwert, deren Minimum und Maximum bestimmt werden. Excel unterscheidet folgende Konstante:

Konstante	Ergebnis
xlSum	Berechnet die Summe der zusammengehörigen Werte.
xlCount	Zählt das Vorkommen der jeweiligen Werte mit gemeinsamen Merkmalen.
xlMax	Sucht das Maximum der entsprechenden Werte heraus.
xlMin	Sucht das Maximum der entsprechenden Werte heraus.
xlAverage	Bildet den Durchschnitt über alle Wert mit entsprechenden Merkmalen.

Für das Programm zum Einstellen der entsprechenden Berechnungsmodi werden die nachfolgenden Variablen benötigt:

Variable	Bedeutung
PTTAB	Definiert eine Objektvariable vom Typ Pivot-Tabelle.
UEBERTEXT	Da der Benutzer zwischen Stück und Umsatz wählen kann, lautet die Überschrift im LabelRange mal "SUMME VON UMSATZ" oder "SUMME VON STCK" etc. Je nach Wahl von Stück oder Umsatz wird in der Variablen UEBERTEXT der Wert STCK oder UMSATZ gespeichert. Damit kann der Text "SUMME VON " & UEBERTEXT variabel gestaltet werden. Die Variable ist vom Typ String.
STRNAMEDATEN	Die String-Variable enthält den LabelRange des Datenfeldes; z.B. SUMME VON UMSATZ

Zunächst wird wieder das Tabellenblatt AUSWERTUNG aktiviert und die Zelle C6 ausgewählt. Danach wird die Objektvariable bestimmt und der Wert des LABEL-RANGE des Datenfeldes in die Variable STRNAMEDATEN eingelesen. Wurde das Optionsfeld OPTBTNSTCK aktiviert, erhält die Variable UEBERTEXT den Wert STCK, andernfalls wird der Wert UMSATZ an die Variable UEBERTEXT übergeben.

```
Private Sub cboZahlenformat_Change()
Dim strNameDaten, UeberText As String
Dim ptTab As PivotTable
Worksheets("Auswertung").Activate
Sheets("Auswertung").Range("C6").Select
Set ptTab = Worksheets("Auswertung").PivotTables("PivotTab1")
strNameDaten = ptTab.DataFields(1).Name
If btnOptstck = True Then
    UeberText = "Stck"
Else
    UeberText = "Umsatz"
End If
```

Je nach Auswahl im Kombinationsfeld CBOZAHLENFORMAT wird nun die Function-Eigenschaft des PIVOTFIELDS eingestellt. Dies geschieht mit dem Befehl

```
PivotFields(strNameDaten).Function = Konstante z.B. xlMin
```

Danach wird die Caption-Eigenschaft des PIVOTFIELDS angepasst.

```
.PivotFields(strNameDaten).Caption = "Summe von " & UeberText
```

Der Wert, der in der Variablen UEBERTEXT zu Anfang des Programms je nach Wahl des Benutzers gespeichert wurde, wird nun zum LABELRANGE des Datenfeldes zusammengesetzt.

```
With ptTab
    Select Case cboZahlenformat.Value
        Case "Summe"
          .PivotFields(strNameDaten).Function = xlSum
          .PivotFields(strNameDaten).Caption = "Summe von " & UeberText
        Case "Anzahl"
          .PivotFields(strNameDaten).Function = xlCount
          .PivotFields(strNameDaten).Caption = "Anzahl von " & UeberText
        Case "Mittelwert"
          .PivotFields(strNameDaten).Function = xlAverage
          .PivotFields(strNameDaten).Caption = "Mittelwert von " & UeberText
        Case "Minimum"
            .PivotFields(strNameDaten).Function = xlMin
            .PivotFields(strNameDaten).Caption = "Minimum von " & UeberText
        Case "Maximum"
            .PivotFields(strNameDaten).Function = xlMax
            .PivotFields(strNameDaten).Caption = "Maximum von " & UeberText
    End Select
End With
```

Nun werden zwar die richtigen Werte angezeigt, die Formatierung dieser Werte lässt aber zu wünschen übrig. Sie muss noch per VBA angepasst werden. Dazu wird zuerst noch einmal der Inhalt des LABELRANGE des Datenfeldes abgefragt und in der Variablen STRNAMEDATEN festgehalten. Das ist notwendig, da sich dieser ja in der Zwischenzeit z.B. von SUMME VON UMSATZ in ANZAHL VON UMSATZ geändert hat. Je nach Inhalt dieser Variablen wird nun das Zahlenformat festgelegt.

```
strNameDaten = ptTab.DataFields(1).Name
With ptTab
Select Case strNameDaten
```

```
   Case "Summe von Umsatz", "Mittelwert von Umsatz", "Minimum von Umsatz",
"Maximum von Umsatz"
       ptTab.PivotFields(strNameDaten).NumberFormat = "#,##0.00 €"
   Case "Summe von Stck", "Mittelwert von Stck", "Minimum von Stck", "Maximum
von Stck"
       ptTab.PivotFields(strNameDaten).NumberFormat = "#,##0 ""Stck"""
   Case "Anzahl von Umsatz", "Anzahl von Stck"
         .PivotFields(strNameDaten).NumberFormat = "#,##0"
End Select
End With
Sheets("Auswertung").Range("A1").Select
```

Das Programm ist fertig; vielleicht fragen Sie sich, ob dieser Aufwand lohnt. Alle Einstellungen kann man in Excel von Hand einstellen. Der einmalige Aufwand des Programmierens macht zunächst Arbeit, erleichtert aber wesentlich den Umgang mit Pivot-Tabellen und beschleunigt ihn.

13.3.5 Pivot-Tabelle aktualisieren

Die Access-Abfrage enthält 1914 Datensätze. Im betrieblichen Alltag werden Daten hinzugefügt, gelöscht und geändert. Für die Auswertung mittels Pivot-Tabelle aber ist es unerlässlich, dass sich immer die aktuellen Daten im PIVOT-CACHE befinden. Ist das nicht der Fall, liefern alte Daten falsche Ergebnisse. Deshalb müssen die Quelldaten der Pivot-Tabelle immer auf dem aktuellsten Stand sein. Deshalb wurde im Tabellenblatt STARTCENTER eine Befehlsschaltfläche eingerichtet, damit durch Klick auf den Button jederzeit die neuesten Daten der Datenbank abgerufen werden können. Im Programm wird dieser Datenbereich durch den Befehl

```
Sheets("Daten").Range("A6").CurrentRegion.Name = "Datenquelle"
```

automatisch an die geänderte Umgebung von Zelle A6 angepasst – egal, ob mehr als 1914 Datensätze oder weniger als 1914 Datensätze übernommen wurden. Der Datenbereich der Pivot-Tabelle arbeitet aber weiterhin so lange mit den alten Quelldaten, bis diese angepasst werden. Sie muss also ausdrücklich aktualisiert werden. Hierzu wird die Methode REFRESHTABLE verwendet.

Wenn die Pivot-Tabelle bei jeder Änderung der Quelldaten aktualisiert werden soll, verbindet man die Aktualisierung mit dem WORKSHEET_CHANGE-Ereignis. Bei 1914 Datensätzen spielt die Neuberechnung zeitlich gesehen keine große Rolle. Bei sehr viel größeren Datenmengen kann die Neuberechnung jedoch viel Zeit in Anspruch nehmen. In diesem Fall wird der Bereich Quelldatenbereich mittels INTERSECT eingeschränkt. Außerdem wird die Bildschirmaktualisierung zu Anfang des Programms ab- und am Ende wieder angeschaltet.

Schalten Sie zunächst mit ⌈Alt⌉+⌈F11⌉ in den VBA-Editor und klicken im Projekt-explorer mit der linken Maustaste doppelt auf das Tabellenblatt DATEN. Dort stellen Sie das Change-Ereignis für das Tabellenblatt ein.

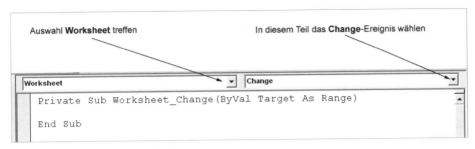

Abb. 13.19: Change-Ereignis festlegen

Das Programm greift auf die aktuelle Umgebung von Zelle A6 zurück. Der Datenbereich erhält den Namen DATENQUELLE. Er wird zur Bestimmung des Datenbereichs der INTERSECT-Methode verwendet.

```
Private Sub Worksheet_Change(ByVal Target As Range)
'Pivot-Tabelle aktualisieren
Sheets("Daten").Range("A6").CurrentRegion.Name = "Datenquelle"
Application.ScreenUpdating = False
If Not (Application.Intersect(Range(Datenquelle), Target) Is Nothing) Then
    Worksheets("Auswertung").PivotTables("PivotTab1").RefreshTable
End If
Application.ScreenUpdating = True
End Sub
```

Damit ist sichergestellt, dass immer mit aktuellen Daten gearbeitet wird.

13.4 Auswertungen erweitern

Neben der zuvor angelegten Pivot-Tabelle sollen weitere Auswertungen programmiert werden.

Zunächst stellt sich die Frage: Welche Auswertungen sind möglich und auch sinnvoll beim vorhandenen Datenbestand? Mögliche Fragestellungen könnten sein:

■ In welchem Bundesland wurde welcher Umsatz erzielt? Weitere Auswertungskriterien könnten Jahr, Monat und Land sein. Diese Kombination soll unter dem Stichwort REGION – PRODUKTE im Kombinationsfeld erscheinen. Grafisch könnte die Pivot-Tabelle so aussehen:

Jahr	
Monat	
Land	

Summe von Umsatz	FertLinie			
Bundesland	Regalsysteme	Schränke	Stühle	Tische

Abb. 13.20: Pivot-Tabellen-Entwurf

- Welcher Vertreter hat mit welchem Produkt welche Umsätze erzielt? Zeitliche Kriterien der Auswertung sollen Jahr und Monat sein. Diese Pivot-Tabelle soll im Kombinationsfeld CBOWECHSEL unter dem Stichwort VERTRETER – PRODUKTE abrufbar sein. Der Entwurf könnte so ausfallen:

Jahr
Monat

Summe von Umsatz	FertLinie			
Vertreter	Regalsysteme	Schränke	Stühle	Tische

Abb. 13.21: Pivot-Tabellen-Entwurf

- Mit welchem Kunden wurde welcher Umsatz erzielt? Die zeitlichen Komponenten könnten Jahr und Monat sein. Diese Möglichkeit befindet sich im Kombinationsfeld CBOWECHSEL unter dem Stichwort KUNDE – PRODUKTE. Der Entwurf könnte so aussehen:

Jahr
Monat

Summe von Umsatz	FertLinie			
Kunden	Regalsysteme	Schränke	Stühle	Tische

Abb. 13.22: Pivot-Tabellen-Entwurf

- Ein letzter Entwurf soll die Frage beantworten: Wie viel Umsatz wurde mit welchem Produkt in welchem Monat erzielt? Ein weiteres Kriterium soll das Jahr sein. Im Entwurf könnte diese Pivot-Tabelle so aussehen:

Jahr

Summe von Umsatz	Monat			
FertLinie	Januar	Februar	März	April

Abb. 13.23: Pivot-Tabellen-Entwurf

Die vorgestellten Entwürfe stellen die Basis für die Programmierung dar. Bevor allerdings das Programm erstellt wird, müssen Sie noch ein Kombinationsfeld im Tabellenblatt AUSWERTUNG einrichten. Da das Kombinationsfeld mit Daten gefüllt werden muss, tragen Sie im Tabellenblatt KONSTANTE in den Zellen B9:B12 folgende Daten ein:

Zelle	Text
B9	Vertreter - Produkte
B10	Region - Produkte
B11	Kunde - Produkte
B12	Produkte - Monat

Den Zellbereich versehen Sie mit dem Namen WECHSEL, indem Sie im NAMEN-FELD des Tabellenblattes den Text WECHSEL eintragen und die Eingabe mit [Enter] abschließen. Danach richten Sie im Tabellenblatt AUSWERTUNG ein weiteres Kombinationsfeld ein und weisen diesem die Eigenschaften

Eigenschaft	Wert
(Name)	cboWechsel
LISTFILLRANGE	Wechsel

zu. Danach klicken Sie mit der rechten Maustaste auf das Steuerelement und wählen aus dem Kontextmenü die Option CODE ANZEIGEN aus. Excel wechselt in den VBA-Editor und fügt dort die Programmzeilen

```
Private Sub cboWechsel_Change()
End Sub
```

ein. Dazwischen kommen nun die Codezeilen des Programms. Die Programmidee kann in sechs Schritten beschrieben werden:

1. Startpunkt für die geänderte Pivot-Tabelle im Tabellenblatt Auswertung festlegen.

2. Alle im Tabellenblatt vorhandenen Pivot-Tabellen löschen.

3. Den PIVOTCACHE festlegen.

4. Die Pivot-Tabelle definieren.

5. Gemäß der Auswahl im Kombinationsfeld CBOWECHSEL die neue Pivot-Tabelle gestalten.

6. Das Layout der neuen Pivot-Tabelle festlegen.

Im ersten Schritt werden zunächst die Variablen definiert.

Name der Variablen	Bedeutung
PTCACHE	Datenpuffer der Pivot-Tabellen-Daten
PTTAB	Die Pivot-Tabelle
STRZEILE	Nimmt den Namen der Zeile der Pivot-Tabelle auf. Da beim Formatieren der Pivot-Tabelle auf den Namen des PivotFields zugegriffen wird, wird dieser Name gemäß Auswahl in der Variablen festgehalten.
STRSPALTE	Nimmt den Namen der Spalte der Pivot-Tabelle auf.

Danach wird der Startpunkt, Zelle C6 im Tabellenblatt AUSWERTUNG, festgelegt. Im Anschluss daran werden alle Pivot-Tabellen im Tabellenblatt AUSWERTUNG gelöscht.

```
Dim ptCache As PivotCache
Dim ptTab As PivotTable
Dim strZeile, strSpalte As String
Worksheets("Auswertung").Activate
Sheets("Auswertung").Range("C6").Select
'Alte Pivottabellen löschen
'TableRange1 löscht nur Zeilen, Spalten und Daten
'TableRange2 löscht alles incl. Seitenfelder
With ActiveSheet
    For Each ptTab In .PivotTables
        ptTab.TableRange2.Delete
    Next ptTab
End With
```

Nun wird der Datenpuffer für die Pivot-Tabelle bereitgestellt, und die Pivot-Tabelle wird eingerichtet. Dies geschieht mit den Befehlen:

```
Set ptCache = ActiveWorkbook.PivotCaches.Add(SourceType:=xlDatabase,
SourceData:="Datenquelle")
Set ptTab = ptCache.CreatePivotTable(TableDestination:=ActiveS-
heet.Range("C6"), TableName:="PivotTab1")
```

Gemäß Auswahl im Kombinationsfeld CBOWECHSEL wird nun das Layout der Pivot-Tabelle definiert. Welche Felder werden Seitenfelder, welches Feld soll das Zeilen- und welches das Spaltenfeld werden? Entsprechend der Festlegung von Spalten- und Zeilenfeld werden die Namen in den Variablen STRZEILE und STRSPALTE gespeichert. Bei der Formatierung der Pivot-Tabelle wird auf diese beiden Variablen zugegriffen.

```
'Pivot-Tabellen gemäß Auswahl erstellen
Select Case cboWechsel
Case "Vertreter - Produkte"
With ptTab
    .PivotFields("Jahr").Orientation = xlPageField
    .PivotFields("Jahr").Position = 1
    .PivotFields("Monat").Orientation = xlPageField
    .PivotFields("Monat").Position = 1
    .PivotFields("Vertreter").Orientation = xlRowField
    .PivotFields("FertLinie").Orientation = xlColumnField
    .PivotFields("Umsatz").Orientation = xlDataField
```

```
End With
    strZeile = "Vertreter"
    strSpalte = "FertLinie"
Case "Region - Produkte"
With ptTab
    .PivotFields("Jahr").Orientation = xlPageField
    .PivotFields("Jahr").Position = 1
    .PivotFields("Monat").Orientation = xlPageField
    .PivotFields("Monat").Position = 1
    .PivotFields("Land").Orientation = xlPageField
    .PivotFields("Land").Position = 1
    .PivotFields("Bundesland").Orientation = xlRowField
    .PivotFields("FertLinie").Orientation = xlColumnField
    .PivotFields("Umsatz").Orientation = xlDataField
End With
strZeile = "Bundesland"
strSpalte = "FertLinie"
Case "Kunde - Produkte"
With ptTab
    .PivotFields("Jahr").Orientation = xlPageField
    .PivotFields("Jahr").Position = 1
    .PivotFields("Monat").Orientation = xlPageField
    .PivotFields("Monat").Position = 1
    .PivotFields("KdName").Orientation = xlRowField
    .PivotFields("ArtBez").Orientation = xlColumnField
    .PivotFields("Umsatz").Orientation = xlDataField
End With
strZeile = "KdName"
strSpalte = "ArtBez"
Case "Produkte - Monat"
With ptTab
    .PivotFields("Jahr").Orientation = xlPageField
    .PivotFields("Jahr").Position = 1
    .PivotFields("ArtBez").Orientation = xlRowField
    .PivotFields("Monat").Orientation = xlColumnField
    .PivotFields("Umsatz").Orientation = xlDataField
End With
strZeile = "ArtBez"
strSpalte = "Monat"
End Select
```

Nun kann mit der Formatierung der Pivot-Tabelle begonnen werden. Spalten- und Zeilenüberschriften werden gestaltet. Hintergründe werden festgelegt.

```
With ptTab
    With .PivotFields("Summe von Umsatz")
        .NumberFormat = "#,##0.00 €"
        .LabelRange.Interior.Color = RGB(0, 0, 255)
        .LabelRange.Font.Color = RGB(255, 255, 255)
        .LabelRange.Font.Bold = True
    End With
    With .PivotFields(strZeile)
        .DataRange.Interior.Color = RGB(244, 244, 244)
        .DataRange.Font.Color = RGB(0, 0, 0)
        .DataRange.Font.Bold = True
        .LabelRange.Interior.Color = RGB(102, 102, 255)
        .LabelRange.Font.Color = RGB(255, 255, 255)
        .LabelRange.Font.Bold = True
    End With
    With .PivotFields(strSpalte)
        .DataRange.Interior.Color = RGB(244, 244, 244)
        .DataRange.Font.Color = RGB(0, 0, 0)
        .DataRange.Font.Bold = True
        .LabelRange.Interior.Color = RGB(102, 102, 255)
        .LabelRange.Font.Color = RGB(255, 255, 255)
        .LabelRange.Font.Bold = True
    End With
    With .DataBodyRange
        .Interior.Color = RGB(252, 252, 252)
        .Font.Italic = False
        .Font.Color = RGB(0, 0, 0)
        .Font.Size = 11
        .Font.Bold = True
    End With
End With
ActiveSheet.Range("A1").Select
End Sub
```

13.5   Landkarten einfärben

Neben der Auswertung mittels Pivot-Tabellen sollen nun Landkarten so eingefärbt werden, dass die regionale Verteilung der Umsätze deutlich wird. Dazu benötigt man Landkarten, die als Zeichnungsobjekte vorliegen. Auf der beiliegenden CD befindet sich unter KAPITEL 13 eine Arbeitsmappe mit dem Namen KARTEN.XLSM.

Im Tabellenblatt KARTE_BRD befindet sich eine Karte der BRD. Alle Bundesländer liegen als Zeichnungsobjekt (SHAPE) vor. Im zweiten Tabellenblatt mit dem Namen KARTE_USA befindet sich ein Teilausschnitt der USA. Markieren Sie nun die einzelnen Bundesländer bzw. Bundesstaaten und kopieren Sie diese in die entsprechenden Tabellenblätter der aktuellen Arbeitsmappe. Alle Zeichnungsobjekte (Shapes) wurden mit dem jeweiligen Namenskürzel des Bundeslandes versehen. So heißt das Shape des Bundeslandes Nordrhein-Westfalen NW, das von Hamburg z.B. HH usw. Die Bezeichnungen der Bundesstaaten wurden belassen. Das Shape des Bundesstaates Oregon wurde mit dem Namen Oregon belegt.

Im Tabellenblatt KARTE_BRD legen Sie nun eine Liste mit den Namen der Bundesländer an. Diese Liste legen Sie ab Zelle A5 an. Die Namen der Bundesländer müssen Sie nicht eintippen. Starten Sie Access und laden die Datenbank UMSATZDATEN.MDB. Sie befindet sich ebenfalls auf der CD. Öffnen Sie die Tabelle TBLBUNDESLAND, markieren dort die Bundesländer der BRD und fügen Sie diese entsprechend im Tabellenblatt ein. Die Zellen neben der Liste versehen Sie mit dem Namen des jeweiligen Bundeslandes mit angefügter Ergänzung DATEN. So heißt die Zelle B6 BYDATEN, die neben Baden-Württemberg BWDATEN usw. Diese Arbeiten sind notwendig, um die korrekten Zahlenwerte an die Funktion zum Einfärben der Karten zu übergeben. Außerdem soll der Hintergrund der jeweiligen Zelle entsprechend der Umsatzhöhe des im Bundesland erzielten Umsatzes eingefärbt werden. Hier gilt: je höher der Umsatz, je tiefer das Blau. Wurde kein Umsatz gemacht, bleibt die Hintergrundfarbe Weiß. Das Bundesland ist somit ein weißer Fleck auf der Landkarte.

5	Bundesländer	Umsatz 2009
6	BAYERN	€
7	BADEN-WÜRTTEMBERG	€ 1.524.805,00
8	BERLIN	€ -
9	BRANDENBURG	€ -
10	BREMEN	€ -
11	HAMBURG	€ -
12	HESSEN	€ 4.911.690,00
13	MECKLENBURG-VORPOMMERN	€ -
14	NIEDERSACHSEN	
15	NORDRHEIN-WESTFALEN	€ 1.818.735,00
16	RHEINLAND-PFALZ	€ 3.872.996,00
17	SAARLAND	€ -
18	SACHSEN	€ 3.039.172,00
19	SACHSEN-ANHALT	€ -
20	SCHLESWIG-HOLSTEIN	€ 6.169.962,00
21	THÜRINGEN	€ 4.661.315,00

Abb. 13.24: Liste mit Bundesländern

Für das Programm KARTENFAERBEN sind folgende Einstellungen notwendig:

Shape (Karte des Bundeslandes)	Zelle	Name der Zelle
BY (Bayern)	B6	BYDaten
BW (Baden-Württemberg)	B7	BWDaten
BE (Berlin)	B8	BEDaten
BB (Brandenburg)	B9	BBDaten
HB (Bremen)	B10	HBDaten
HH (Hamburg)	B11	HHDaten
HE (Hessen)	B12	HEDaten
MV (Mecklenburg-Vorpommern)	B13	MVDaten
NI (Niedersachsen)	B14	NIDaten
NW (Nordrhein-Westfalen)	B15	NWDaten
RP (Rheinland-Pfalz)	B16	RPDaten
SL (Saarland)	B17	SLDaten
SN (Sachsen)	B18	SNDaten
ST (Sachsen-Anhalt)	B19	STDaten
SH (Schleswig-Holstein)	B20	SLDaten
TH	B21	THDaten

Nun sollen diese Zellen mit der Summe der Umsätze in den jeweiligen Bundesländern gefüllt werden. Excel stellt für derartige Aufsummierungen großer Datenmengen die Datenbankfunktion DBSUMME zur Verfügung. Diese Funktion benötigt drei Angaben:

- **Datenbank:** der Tabellenbereich, in dem die Daten zu finden sind. Dieser Bereich muss Spaltenüberschriften enthalten.

- **Datenbankfeld: Der Name der Spaltenüberschrift wird in "" gesetzt.**

- **Suchkriterien:** Das sind die Spaltenüberschriften und Werte, nach denen die Datenbank ausgewertet werden soll.

Für die Berechnung des Umsatzes sind das Jahr und das Bundesland ausschlaggebend. Deshalb wird im Bereich L1:M32 der nachfolgend abgebildete Kriterienbereich eingerichtet:

L	M
Jahr	Bundesland
2009	BAYERN
Jahr	Bundesland
2009	BADEN-WÜRTTEMBERG
Jahr	Bundesland
2009	BERLIN
Jahr	Bundesland
2009	BREMEN
Jahr	Bundesland
2009	BRANDENBURG
Jahr	Bundesland
2009	HAMBURG
Jahr	Bundesland
2009	HESSEN
Jahr	Bundesland
2009	MECKLENBURG-VORPOMMERN
Jahr	Bundesland
2009	NIEDERSACHSEN
Jahr	Bundesland
2009	NORDRHEIN-WESTFALEN
Jahr	Bundesland
2009	RHEINLAND-PFALZ
Jahr	Bundesland
2009	SAARLAND
Jahr	Bundesland
2009	SACHSEN
Jahr	Bundesland
2009	SACHSEN-ANHALT
Jahr	Bundesland
2009	SCHLESWIG-HOLSTEIN
Jahr	Bundesland
2009	THÜRINGEN

Abb. 13.25: Tabellenausschnitt mit Kriterien

Bei der Datenübernahme wurde im Tabellenblatt DATEN der Bereich, der mit den übertragenen Daten gefüllt wurde, mit dem Namen DATENQUELLE versehen. Dieser Bereich bildet die Datenbank für die Auswertung. Die auszuwertende Spalte heißt Umsatz. Dementsprechend wird die Funktion DBSUMME wie folgt aufgebaut:

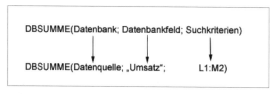

Abb. 13.26: Funktion DBSUMME

Diese Formel tragen Sie entsprechend angepasst in die Zellen von B7 bis B21 ein.

Das Einfärben der Karten soll nun so variabel gestaltet werden, dass der Benutzer ein Jahr in einem Formular auswählen kann. Entsprechend der Auswahl wird dann der Kriterienbereich angepasst, sodass dann die berechneten Umsätze für das gewählte Jahr in den Zellen B1:B21 angezeigt und die Landkarten entsprechend eingefärbt werden.

Dazu richten Sie im Tabellenblatt KARTE_BRD eine Befehlsschaltfläche ein, der Sie den Namen CMDEINFAERBEN geben. Die Schaltfläche verknüpfen Sie mit dem Programm

```
Private Sub cmdEinfaerben_Click()
frmForm_1.Show
End Sub
```

Dieses Programm ruft das Formular FRMFORM_1 auf. Richten Sie nun im VBA-Editor ein leeres Formular ein mit der Befehlsfolge

`Alt`+`F11` VBA-Editor aufrufen → Einfügen → Userform

In das leere Formular fügen Sie

- 1 Bezeichnungsfeld (Caption: Bitte legen Sie das Auswertungsjahr fest)

- 1 Kombinationsfeld

- 1 Befehlsschaltfläche

ein. Im Eigenschaftsfenster des Steuerelementes nehmen Sie folgende Eintragungen vor:

Steuerelement	Caption	Name
Bezeichnungsfeld	Bitte legen Sie das Auswertungsjahr fest	
Kombinationsfeld		CBOJAHR
Befehlsschaltfläche	Schliessen	COMMANDBUTTON1

Abb. 13.27: Das Formular in der Entwurfsansicht

Die Befehlsschaltfläche verknüpfen Sie mit dem Programm

```
Private Sub CommandButton1_Click()
frmForm_1.Hide
End Sub
```

Anschließend rufen Sie im VBA-Editor das Objekt USERFORM auf und die Methode ACTIVATE. In den VBA-Editor werden die Befehlszeilen

```
Private Sub UserForm_Activate()
End Sub
```

eingefügt. Das Programm zum Füllen des Kombinationsfeldes soll so ablaufen, dass beim Aktivieren des Formulars das Kombinationsfeld mit den Jahreszahlen gefüllt wird. Für das Programm werden zwei Variable benötigt. Die Variable TAB-NAME speichert den Namen des aktuellen Tabellenblattes. Das ist notwendig, da auch mit diesem Formular die Karte der USA eingefärbt werden soll. Die Variable INTI dient als Zählvariable.

Zuerst werden die Variablen deklariert. Danach wird der Name des aktiven Tabellenblattes in TABNAME gespeichert. Die Bildschirmaktualisierung wird abgeschaltet und das Kombinationsfeld von alten Daten gesäubert.

```
Dim intI As Integer
Dim TabName As String
TabName = ActiveSheet.Name
Application.ScreenUpdating = False
cboJahr.Clear
```

Im Anschluss daran wird das Kombinationsfeld mithilfe einer FOR-NEXT-Schleife mit Jahreszahlen gefüllt. Dazu werden die VBA-Funktionen YEAR() und NOW benutzt. LISTINDEX fügt dem Kombinationsfeld einen Eintrag hinzu. Danach wird das Tabellenblatt aktiviert und in die Zelle B5 des aktuellen Tabellenblatts der Text UMSATZ 2009 eingetragen. Die Bildschirmaktualisierung wird wieder aktiviert.

```
For intI = 0 To 2
    cboJahr.AddItem (Year(Now) - intI)
    cboJahr.ListIndex = intI
Next
cboJahr.ListIndex = 0
Worksheets(TabName).Activate
Sheets(TabName).Range("B5") = "Umsatz " & cboJahr.Value
Application.ScreenUpdating = True
End Sub
```

Bei Änderung der Auswahl im Kombinationsfeld sollen auch die Daten geändert werden. Dazu wird ein kleines Programm mit dem Change-Ereignis des Kombinationsfeldes verbunden. Das Programm cboJahr_Change() benötigt folgende Variable:

Variable	Typ	Bedeutung
WS	Worksheet	Definiert eine Objektvariable vom Typ WORKSHEET. Damit kann man auf Elemente des Tabellenblattes zugreifen.
TabName	String	Die Variable nimmt den Namen des aktiven Tabellenblattes auf.
KartenName	String	Sie enthält den aktuellen Namen der Karte; z.B. NW für Nordrhein-Westfalen.
DatenWert	Double	In ihr wird der Umsatz des aktuellen Landes gespeichert; z.B. NWDaten.
intI	Integer	Zählvariable

Nach der Deklaration der Variablen wird der Name des aktuellen Tabellenblattes der Variablen TabName zugewiesen und die Objektvariable WS wird definiert. In die Zelle B5 des aktuellen Tabellenblattes wird z.B. der Text UMSATZ 2008 geschrieben.

```
Private Sub cboJahr_Change()
Dim WS As Worksheet
Dim TabName, KartenName As String
Dim DatenWert As Double
Dim intI As Integer
TabName = ActiveSheet.Name
Set WS = Worksheets(TabName)
Sheets(TabName).Range("B5") = "Umsatz " & cboJahr.Value
```

Danach muss im Kriterienbereich das dort vorhandene Jahr durch das im Kombinationsfeld gewählte Jahr ersetzt werden. Excel hält für derartige Fälle die Option SUCHEN UND ERSETZEN bereit. Dies in VBA zu programmieren, dürfte nicht so einfach sein. Für solche Fälle hilft der Makrorekorder weiter. Mit seiner Hilfe kann man den Code aufzeichnen. Allerdings muss der Quellcode hinterher entsprechend angepasst werden. Auch im vorliegenden Fall kommt man an einer Anpassung nicht vorbei. Zunächst soll der Code aufgezeichnet werden. Bevor man allerdings den Makrorekorder startet, sollte man sich die Schritte überlegen, die aufgezeichnet werden sollen. Das aufgezeichnete Makro enthält nämlich alle Klicks und Eingaben, die man während der Aufzeichnung macht. Da auch falsche Wege aufgezeichnet werden, kann das aufgezeichnete Makro sehr viel Code enthalten, der unnütz ist und in die Irre führt.

Im vorliegenden Fall soll die Option ERSETZEN aufgerufen und durchgeführt werden. Das Suchen und Ersetzen läuft wie folgt ab:

■ Der Tabellenbereich wird markiert, in dem gesucht und ersetzt werden soll.

■ Das Menü START wird ausgewählt.

■ Die Option SUCHEN UND AUSWÄHLEN wird angeklickt.

■ Im Menü wird der Punkt ERSETZEN gewählt.

Mit dieser Schrittfolge wählen Sie nun im Menü ENTWICKLERTOOLS die Option MAKRO AUFZEICHNEN. Das Fenster MAKRO AUFZEICHNEN öffnet sich.

Abb. 13.28: Fenster MAKRO AUFZEICHNEN

Die Voreinstellungen können Sie so belassen. Die nachfolgenden Schritte werden nun als VBA-Code aufgezeichnet und in einem Modul des VBA-Editors gespeichert. Führen Sie nun das Suchen und Ersetzen durch. Nach Abschluss des Vorgangs schalten Sie im Menü ENTWICKLERTOOLS die Makroaufzeichnung durch Klicken auf den Menüpunkt wieder ab. Im Modul wurde folgender Quellcode abgelegt:

```
Sub Makro1()
' Makro1 Makro
    Selection.Replace What:="2009", Replacement:="2008", LookAt:=xlPart, _
        SearchOrder:=xlByRows, MatchCase:=False, SearchFormat:=False, _
        ReplaceFormat:=False
End Sub
```

Dieser Quellcode muss nun noch angepasst werden. Im vorliegenden Fall werden "2009" und "2008" durch Variable ersetzt, um ein dynamisches Suchen und Ersetzen zu ermöglichen. Der zu ersetzende Wert befindet sich in Zelle L2 des Kriterienbereichs. Dieser Wert wird in die Variable STRWHAT eingelesen. Den Wert für REPLACEMENT liefert die Auswahl des Kombinationsfeldes. Hier muss nur noch CBOJAHR eingefügt werden. Als Auswahl wird die aktuelle Umgebung der Zelle LI des Kriterienbereichs gewählt. Der Quellcode lautet dann:

```
Sheets(TabName).Range("L1").CurrentRegion.Select
strWhat = Sheets(TabName).Range("L2").Value
Selection.Replace What:=strWhat, Replacement:=cboJahr, LookAt:= _
    xlPart, SearchOrder:=xlByRows, MatchCase:=False, SearchFor-
mat:=False, _
    ReplaceFormat:=False
```

Nun werden alle Shapes des Tabellenblatts KARTE_BRD durchlaufen. Da auch die Befehlsschaltfläche zu den Zeichnungsobjekten zählt, da sich aber auch andere Grafiken im Tabellenblatt befinden können, greifen wir nur auf die Zeichnungsobjekte vom Typ MSOFREEFORM zu. Alle Typen aufzuführen, würde den Rahmen sprengen. Hier muss auf den Objektkatalog im VBA-Editor verwiesen werden. Als Stichwort genügt die Eingabe von SHAPES. Zunächst werden alle Zeichnungsobjekte gezählt, um ein Endekriterium für die FOR-NEXT-Schleife zu finden, mit der die Zeichnungsobjekte durchlaufen werden. Wenn das Element vom Typ MSOFREEFORM ist, wird der Name der Karte in die Variable KARTENNAME, der Name des Datenbereichs (z.B. NWDaten) in die Variable DATENNAME und der Wert des Datenbereichs in die Variable DATENWERT geschrieben. Alle drei Variablen werden dann an die Funktion KARTENFAERBEN übergeben. Anschließend wird der Zähler um 1 erhöht.

```
With WS.Shapes
    numShapes = .Count
    If numShapes > 1 Then
        numAutoShapes = 1
        For intI = 1 To numShapes
            If .Item(intI).Type = msoFreeform Then
                KartenName = .Item(intI).Name
                DatenName = .Item(intI).Name & "Daten"
                DatenWert = Sheets(TabName).Range(DatenName).Value
                Kartenfaerben TabName, KartenName, DatenName, DatenWert
                numAutoShapes = numAutoShapes + 1
            End If
        Next
    End If
End With
WS.Range("A1").Select
End Sub
```

Die Funktion KARTENFAERBEN beschränkt sich im Wesentlichen auf zwei Funktionen: Die erste färbt die Linienfarbe der Karte schwarz ein, und dann wird die Fläche entsprechend der Umsatzhöhe farbig hinterlegt. Die geschieht mit den Befehlen

```
Worksheets(TabName).Shapes(KartenName).Line.ForeColor.RGB = RGB(0, 0, 0)
Worksheets(TabName).Shapes(KartenName).Fill.ForeColor.RGB = RGB(255, 255,
255)
```

Die beiden nachfolgenden Befehle färben den Datenbereich entsprechend ein. Je nach gewählter Farbe wird auch die Schriftfarbe angepasst, um die Lesbarkeit der Werte zu erhöhen. Die Schriftauszeichnung wird auf Fett gesetzt.

```
Worksheets(TabName).Range(DatenName).Interior.Color = RGB(255, 255, 255)
Worksheets(TabName).Range(DatenName).Font.Color = RGB(0, 0, 0)    Works-
heets(TabName).Range(DatenName).Font.Bold = True
```

Das Listing:

```
Public Function Kartenfaerben(ByVal TabName As String, ByVal KartenName As
String, ByVal DatenName As String, ByVal DatenWert As Double)
Select Case DatenWert
Case Is = 0
Worksheets(TabName).Shapes(KartenName).Fill.ForeColor.RGB = RGB(255, 255,
255)
Worksheets(TabName).Shapes(KartenName).Line.ForeColor.RGB = RGB(0, 0, 0)
Worksheets(TabName).Range(DatenName).Interior.Color = RGB(255, 255, 255)
Worksheets(TabName).Range(DatenName).Font.Color = RGB(0, 0, 0)    Works-
heets(TabName).Range(DatenName).Font.Bold = True
Case 0.01 To 1000000    Worksheets(TabName).Shapes(KartenName).Fill.Fore-
Color.RGB = RGB(219, 229, 241)    Worksheets(TabName).Shapes(Karten-
Name).Line.ForeColor.RGB = RGB(0, 0, 0)
Worksheets(TabName).Range(DatenName).Interior.Color = RGB(219, 229, 241)
Worksheets(TabName).Range(DatenName).Font.Color = RGB(0, 0, 0)    Works-
heets(TabName).Range(DatenName).Font.Bold = True
Case 1000000.01 To 2000000    Worksheets(TabName).Shapes(Karten-
Name).Fill.BackColor.RGB = RGB(198, 217, 240)    Worksheets(Tab-
Name).Shapes(KartenName).Line.ForeColor.RGB = RGB(0, 0, 0)
Worksheets(TabName).Range(DatenName).Interior.Color = RGB(198, 217, 240)
Worksheets(TabName).Range(DatenName).Font.Color = RGB(255, 153, 51)
Worksheets(TabName).Range(DatenName).Font.Bold = True
Case 2000000.01 To 3000000    Worksheets(TabName).Shapes(Karten-
Name).Fill.ForeColor.RGB = RGB(141, 179, 226)    Worksheets(Tab-
Name).Shapes(KartenName).Line.ForeColor.RGB = RGB(0, 0, 0)
Worksheets(TabName).Range(DatenName).Interior.Color = RGB(141, 179, 226)
Worksheets(TabName).Range(DatenName).Font.Color = RGB(255, 153, 51)
Worksheets(TabName).Range(DatenName).Font.Bold = True
```

```
Case 3000000.01 To 4000000    Worksheets(TabName).Shapes(Karten-
Name).Fill.ForeColor.RGB = RGB(84, 141, 212)    Worksheets(Tab-
Name).Shapes(KartenName).Line.ForeColor.RGB = RGB(0, 0, 0)
Worksheets(TabName).Range(DatenName).Interior.Color = RGB(84, 141, 212)
Worksheets(TabName).Range(DatenName).Font.Color = RGB(255, 153, 51)
Worksheets(TabName).Range(DatenName).Font.Bold = True
Case 4000000.01 To 5000000    Worksheets(TabName).Shapes(Karten-
Name).Fill.ForeColor.RGB = RGB(31, 73, 125)    Worksheets(Tab-
Name).Shapes(KartenName).Line.ForeColor.RGB = RGB(0, 0, 0)
Worksheets(TabName).Range(DatenName).Interior.Color = RGB(31, 73, 125)
Worksheets(TabName).Range(DatenName).Font.Color = RGB(255, 153, 51)
Worksheets(TabName).Range(DatenName).Font.Bold = True
Case 5000000.01 To 6000000    Worksheets(TabName).Shapes(Karten-
Name).Fill.ForeColor.RGB = RGB(23, 54, 93)    Worksheets(Tab-
Name).Shapes(KartenName).Line.ForeColor.RGB = RGB(0, 0, 0)
Worksheets(TabName).Range(DatenName).Interior.Color = RGB(23, 54, 93)
Worksheets(TabName).Range(DatenName).Font.Color = RGB(255, 153, 51)
Worksheets(TabName).Range(DatenName).Font.Bold = True
Case Is > 6000000.01    Worksheets(TabName).Shapes(KartenName).Fill.Fore-
Color.RGB = RGB(15, 36, 62)    Worksheets(TabName).Shapes(Karten-
Name).Line.ForeColor.RGB = RGB(0, 0, 0)
Worksheets(TabName).Range(DatenName).Interior.Color = RGB(15, 36, 62)
Worksheets(TabName).Range(DatenName).Font.Color = RGB(255, 153, 51)
Worksheets(TabName).Range(DatenName).Font.Bold = True
End Select
End Function
```

13.6 Kundenanalyse

Im Rahmen einer Umsatzanalyse stellt sich die Frage, wie es um die monatliche Entwicklung des Umsatzes im laufenden Jahr im Vergleich zum Vorjahr steht. Im vorherigen Kapitel wurde eine Möglichkeit aufgezeigt, wie man mit Excel eine Umsatzüberwachung artikelbezogen durchführen kann. In diesem Kapitel geht es um die Auswertung bzgl. der Kunden. Erreicht mein Unternehmen den Umsatz des Vorjahres mit dem Kunden, liegt der Umsatz über oder unter dem des Vorjahres? Inwieweit weichen Planvorgaben von Ist-Werten ab? Diese Fragen sollen zahlenmäßig wie auch grafisch kundenorientiert gelöst werden.

Dazu richten Sie ein neues Tabellenblatt in der Arbeitsmappe ein. In dieses Tabellenblatt mit dem Namen KUNDENANALYSE fügen Sie folgende Steuerelemente ein:

Typ	Name
Kontrollkästchen	CHK2009
Optionsfeld	OPTBTN2007
Optionsfeld	OPTBTN2008
Kombinationsfeld	CBOKUNDEN

Diese Steuerelemente platzieren Sie entsprechend der Grafik in Abbildung 13.25 im Tabellenblatt KUNDENANALYSE. Unterhalb richten Sie die Tabelle mit entsprechenden Beschriftungen ein. KdNr, KdName, Jahr und Vorjahr sollen programmmäßig eingefügt werden. Lediglich der Prozentsatz für die Planwerte muss per Hand eingegeben werden. Die Werte in der Tabelle werden wieder mit der Excel-Funktion DBSUMME ermittelt. Deshalb müssen im hinteren Bereich des Tabellenblattes Kriterienbereiche eingerichtet werden. Diese Bereiche werden so gestaltet, dass Änderungen des laufenden Jahres bzw. des Vorjahres in diesem Bereich ebenfalls vorgenommen werden.

	KdNr	KdName	Jahr	Vorjahr
☑ Jahr 2009 3001	3001	Semper AG	2009	2008
◉ Jahr 2008	Plan	1,10%		
○ Jahr 2007				

Lfd. Jahr	Jan	Feb	Mrz	Apr	Mai	Jun	Jul	Aug	Sep	Okt	Nov	Dez
2009	336.568,00 €	424.028,00 €	331.328,00 €	473.102,00 €	418.260,00 €	238.356,00 €	270.736,00 €	277.156,00 €	280.076,00 €	#NV	#NV	#NV
Kum. Lfd. Jahr 2009	336.568,00 €	760.596,00 €	1.091.924,00 €	1.565.026,00 €	1.983.286,00 €	2.221.642,00 €	2.492.378,00 €	2.769.534,00 €	3.049.610,00 €	#NV	#NV	#NV
Planwerte 2009	336.582,12 €	423.427,02 €	330.920,52 €	472.672,83 €	417.482,34 €	238.656,66 €	270.381,84 €	276.265,86 €	279.708,26 €	795.232,38 €	859.531,98 €	665.268,33 €
Planabweichung	-14,12 €	600,98 €	407,48 €	429,17 €	777,66 €	-300,66 €	354,16 €	890,14 €	972,74 €	#NV	#NV	#NV
Vorjahr												
2008	332.920,00 €	418.820,00 €	327.920,00 €	467.530,00 €	412.940,00 €	236.060,00 €	267.440,00 €	273.260,00 €	276.660,00 €	786.580,00 €	850.180,00 €	658.090,00 €
Kum. 2008	332.920,00 €	751.740,00 €	1.079.060,00 €	1.546.590,00 €	1.959.530,00 €	2.195.590,00 €	2.463.030,00 €	2.736.290,00 €	3.012.950,00 €	3.799.530,00 €	4.649.710,00 €	5.307.740,00 €
Gesamt Vorjahr	5.307.740,00 €	5.307.740,00 €	5.307.740,00 €	5.307.740,00 €	5.307.740,00 €	5.307.740,00 €	5.307.740,00 €	5.307.740,00 €	5.307.740,00 €	5.307.740,00 €	5.307.740,00 €	5.307.740,00 €

Abb. 13.29: Tabelle für Kundenanalyse

Den Aufbau der Kriterienbereiche entnehmen Sie bitte der nachfolgenden Grafik:

S	T	U
KdNr	Jahr	Monat
3001	2009	Jan
KdNr	Jahr	Monat
3001	2009	Feb
KdNr	Jahr	Monat
3001	2009	Mrz
KdNr	Jahr	Monat
3001	2009	Apr
KdNr	Jahr	Monat
3001	2009	Mai
KdNr	Jahr	Monat
3001	2009	Jun
KdNr	Jahr	Monat
3001	2009	Jul
KdNr	Jahr	Monat
3001	2009	Aug
KdNr	Jahr	Monat
3001	2009	Sep
KdNr	Jahr	Monat
3001	2009	Okt
KdNr	Jahr	Monat
3001	2009	Nov
KdNr	Jahr	Monat
3001	2009	Dez

Abb. 13.30: Kriterienbereich für DBSumme

Für die Auswertung des laufenden Jahres erstreckt sich der Bereich von S1:U24, für das Vorjahr von W1:Y24 und für die Planwerte von AA1:AC24.

Nun können die Formeln in die Tabelle eingetragen werden. Sie lauten:

Zelle	Formel
B8	=DBSUMME(Datenquelle;"Umsatz";S1:U2)
B9	=B8
B10	=DBSUMME(Datenquelle;"Umsatz";AA1:AC2)*(1+$F$5)
B11	=B8-B10
B13	=DBSUMME(Datenquelle;"Umsatz";W1:Y2)
B14	=B13
B16	=DBSUMME(Datenquelle;"Umsatz";W1:X2)
C9	=B9+C8
C14	=B14+C13

Die Formeln werden in die weiteren Zellen eingetragen und entsprechend angepasst. Im Anschluss daran werden nun die Steuerelemente programmiert. In einem ersten Schritt wird das Kombinationsfeld mit den Kundendaten gefüllt. Die Daten stammen aus der Access-Tabelle TBLKUNDEN der Datenbank UMSATZDATEN.MDB. Zum Einlesen der Daten verwenden wir das ACTIVATE-Ereignis des Tabellenblattes. Die Eigenschaften des Kombinationsfeldes richten wir per VBA-Code ein.

Schalten Sie zum Erstellen des Programms mit der Tastenkombination Alt+F11 in den VBA-Editor. Klicken Sie im Projektexplorer doppelt auf den Namen des Tabellenblattes KUNDENANALYSE. Es wird ein leeres Codefenster angezeigt. Wählen Sie im linken Kombinationsfeld – Anzeige (Allgemein) – die Option WORKSHEET aus. Im rechten Kombinationsfeld die Methode ACTIVATE. Es werden die beiden Codezeilen

```
Private Sub Worksheet_Activate()
End Sub
```

angezeigt. Für das Programm werden wieder die üblichen Variablen verwendet.

Name der Variablen	Bedeutung
Cnn	Connection-String
Rs	Recordset

Name der Variablen	Bedeutung
TabName	Tabellenname
intI	Zählvariable

Nach der Variablendeklaration wird die Verbindung zur Datenbank hergestellt und das Recordset geöffnet. Die alten Daten des Kombinationsfelds werden mit dem Befehl CBOKUNDEN.CLEAR gelöscht.

```
Dim intI As Integer
Dim cnn As New ADODB.Connection
Dim rs As New ADODB.Recordset
Dim TabName As String
TabName = ActiveSheet.Name
Application.ScreenUpdating = False
cnn.Open "Provider=Microsoft.ACE.OLEDB.12.0;Data Source=C:\Excel-
Buch\Kapitel13\UmsatzDaten.mdb;"
'Bis Office 2003
'cnn.Open "Provider=Microsoft.JET.OLEDB.4.0;Data Source=C:\Excel-
Buch\Kapitel13\UmsatzDaten.mdb;"
rs.Open "Select * from tblKunden", cnn, adOpenStatic, adLockOptimistic
cboKunden.Clear
```

Nun werden die Eigenschaften wie BOUNDCOLUMN, COLUMNCOUNT, COLUMN-WIDTHS per VBA-Code festgelegt.

```
intI = 0
With cboKunden
    .BoundColumn = 1
    .ColumnCount = 2
    .ColumnWidths = "0,3"
End With
```

Die Daten werden eingelesen.

```
Do While Not rs.EOF
cboKunden.AddItem
cboKunden.List(intI, 0) = rs!fldKdNr
cboKunden.List(intI, 1) = rs!fldKdName
intI = intI + 1
rs.MoveNext
Loop
cboKunden.ListIndex = 0
Application.ScreenUpdating = False
```

```
Worksheets(TabName).Activate
Application.ScreenUpdating = True
End Sub
```

Die beiden Optionsfelder wurden deshalb eingerichtet, weil sich nur eines der beiden Optionsfelder aktivieren lässt. Der Benutzer kann also nur zwischen den Vor-
jahren 2007 und 2008 wählen. Beide können nicht gleichzeitig aktiviert werden.
Für das Jahr 2009 wurde ein Kontrollkästchen eingerichtet, weil es eine Mehr-
fachauswahl zulässt, sodass neben der Auswahl des Vorjahres auch das aktuelle
Jahr gewählt werden kann.

Der Programmcode für das Optionsfeld OPTBTN2007 bewirkt, dass im Kriterienbereich das vorher eingetragene Jahr durch das Jahr 2007 ersetzt wird. Dazu wird
die bereits beschriebene Prozedur Suchen und Ersetzen benutzt.

```
Private Sub optBtn2007_Click()
Dim intJahr As Integer
Dim TabName As String
Dim WS As Worksheet
TabName = ActiveSheet.Name
Set WS = Worksheets(TabName)
Application.ScreenUpdating = False
intJahr = 2007
Sheets(TabName).Range("W1").CurrentRegion.Select
strWhat = Sheets(TabName).Range("W2").Value
Selection.Replace What:=strWhat, Replacement:=intJahr, LookAt:= _
    xlPart, SearchOrder:=xlByRows, MatchCase:=False, SearchFormat:=False, _
    ReplaceFormat:=False
Sheets(TabName).Range("I4") = intJahr
Sheets(TabName).Range("A1").Select
Application.ScreenUpdating = True
End Sub
```

Das Programm für das Optionsfeld OPTBTN2008 hat den gleichen Programmcode.
Das Programm für das Kontrollkästchen hat einen ähnlichen Programmcode.

Die Auswahl im Kombinationsfeld wird nun dazu benutzt, die Spaltenwerte der
ausgewählten Zeile in die Tabelle einzutragen. Dazu wird zunächst der Wert der
gewählten Zeile abgefragt. Der Wert wird gebraucht, um den Wert der zweiten
Spalte (Kundenname) auszulesen.

```
Private Sub cboKunden_Change()
Dim Zeile As Variant
Dim TabName As String
On Error Resume Next
```

```
TabName = ActiveSheet.Name
Zeile = cboKunden.ListIndex
Sheets(TabName).Range("E4") = cboKunden.Value
Sheets(TabName).Range("F4") = cboKunden.List(Zeile, 1)
Sheets(TabName).Range("A1").Select
End Sub
```

Die Zeile Planabweichung noch bedingt formatieren. Wenn der eingetragene Wert größer als Null ist, soll die Zelle grün eingefärbt werden, ansonsten soll die Hintergrundfarbe Rot sein.

Unter die Tabelle können Sie die nachfolgende Grafik platzieren.

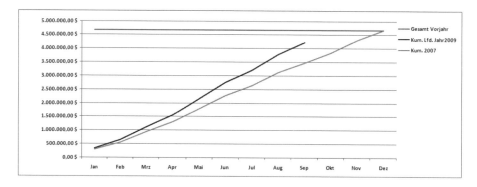

Abb. 13.31: Grafik für Analyse

Diese Grafik enthält drei Datenreihen:

■ Die kumulierten Werte für das Jahr 2009; Datenbereich: B9:M9

■ Die kumulierten Werte des gewählten Vorjahres; Datenbereich B14:M14

■ Der Gesamtumsatz des gewählten Vorjahres; Datenbereich B16:M16

Anhand der Grafik ist gut zu erkennen, dass der Umsatz des laufenden Jahres auf dem besten Weg ist, den Umsatz des gewählten Vorjahres zu übertreffen.

13.7 ABC-Analyse von Kunden

Auch im Kundenbereich lohnt sich eine ABC-Analyse. Kunden der A-Gruppe erhalten die volle Aufmerksamkeit des Key-Account-Managers. Auf diese Gruppe richtet sich das Hauptaugenmerk der Abteilung Marketing. Die anderen Gruppen werden von der Marketingabteilung weniger intensiv gepflegt. Gleichzeitig mit der ABC-Analyse wird noch eine Pivot-Tabelle der Top-5-Kunden erstellt.

Die Vorgehensweise einer Kunden-ABC-Analyse unterscheidet sich nicht wesentlich von einer ABC-Analyse im Einkaufsbereich. Die Daten liegen in der Datenbank UMSATZDATEN.MDB in Form von Tabellen vor. Im Unternehmen wird es sich um die Tabellen Kunden, Artikel, Auftragskopf und Auftragsdetails handeln.

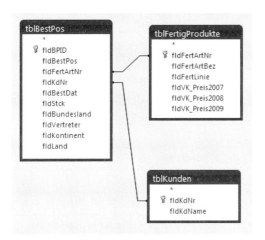

Abb. 13.32: Access-Tabellen zur Umsatzberechnung von Kunden

Im vorliegenden Beispiel werden die obigen Access-Tabellen verwendet. Die Vorgehensweise läuft in folgenden Schritten ab:

1. In Access wird eine Abfrage mit dem Namen QRYKUNDEN erstellt. Die Daten der Abfrage werden in das Excel-Tabellenblatt KUNDEN_ABC per VBA-Programm übernommen.

2. Der %-Anteil des jeweiligen Kunden am Gesamtumsatz wird berechnet.

3. Die Daten werden nach der Größe des Prozentanteils absteigend sortiert.

4. Die %-Anteile werden kumuliert.

5. Die Wertgruppe wird für jeden einzelnen Kunden festgelegt. Der Wertanteil der A-Klasse reicht bis 75 %, die B-Klasse umfasst ca. 20 %, und die C-Klasse macht ca. 5 % aus.

Im Tabellenblatt STARTCENTER richten Sie nun eine Befehlsschaltfläche mit dem Titel KUNDEN ABC-ANALYSE DURCHFÜHREN ein. Dieser Schaltfläche weisen Sie den Namen CMDKUNDENABC zu. Sie verknüpfen die Schaltfläche mit dem Programm:

```
Private Sub cmdKundenABC_Click()
KundenABC "Kunden_ABC"
End Sub
```

Mit Klick auf den Button CMDKUNDENABC rufen Sie die Funktion KUNDENABC auf und übergeben gleichzeitig den Namen des Tabellenblattes KUNDEN_ABC. In diesem Tabellenblatt soll die ABC-Analyse erscheinen. Für die Funktion werden folgende Variablen benötigt:

Name der Variable	Bedeutung
CNN	Connection zur Datenbank
RS	Recordset
PTCACHEI	Datenpuffer für Pivot-Tabelle Top 5
PTTABI	Pivot-Tabelle Top 5
INTI	Zählvariable
VNTDATEN	Anzahl der Datensätze des Recordsets
STRBEREICH	Tabellenbereich der ABC-Analyse ohne Summen
STRSORTBEREICH	Die Pivot-Tabelle Top 5 muss sortiert werden.
WERTI	Nimmt den Wert der Inputbox auf und dient als Auswahlkriterium des SQL-Strings für die SQL-Abfrage des Recordsets.
SQL	SQL-String der Access-Abfrage.

Die Funktion startet mit einer INPUTBOX. In diese INPUTBOX kann der User das Auswertungsjahr eingeben. Wird die Schaltfläche ABBRECHEN angeklickt, wird die Funktion ebenso verlassen wie bei Eingabe einer Jahreszahl, die kleiner als 2008 ist. Allerdings wird dann die Meldung ausgegeben, dass keine Daten mehr vorhanden sind. Voreingestellt ist das aktuelle Jahr. Wird eine Auswertung für das nächste Jahr gewünscht (dafür sind noch keine Daten vorhanden), wird die Funktion ebenfalls mit einer Meldung verlassen.

Abb. 13.33: Inputbox zur Eingabe des Auswertungsjahres

Der Quellcode lautet wie folgt:

```
Mldg = "Btte das Jahr eingeben"    ' Aufforderung festlegen.
Titel = "Jahreseingabe"    ' Titel festlegen.
```

```
Voreinstellung = Year(Now)    ' Voreinstellung festlegen.
Wert1 = InputBox(Mldg, Titel, Voreinstellung, 100, 100)
Select Case Wert1
Case IsNull(Wert1)
    Exit Function
Case 2005 To 2007
    MsgBox "Keine Daten vorhanden! "
    Exit Function
Case Is >= 2010
    MsgBox "Noch keine Daten vorhanden!"
    Exit Function
End Select
```

Danach wird der SQL-String zusammengestellt. Es sollen alle Daten der Abfrage QRYKUNDEN in das Recordset übernommen werden, für die das Jahr dem Wert der Eingabe entsprechen. Danach wird die Verbindung zur Datenbank hergestellt, das Recordset aufgerufen und in die Variable VNTDATEN die Anzahl der Datensätze gespeichert.

Der Startpunkt für die Datenübernahme wird festgesetzt und die alten Daten gelöscht. Die Spaltenüberschriften für die Kunden-ABC-Analyse werden gesetzt. Anschließend werden die Daten Kundennummer, Kundenname und Kundenumsatz mit einer DO-WHILE-Schleife eingelesen.

```
SQL = "select * from qryKunden where Jahr=" & Wert1
'Verbindung zur Datenbank herstellen
cnn.Open "Provider=Microsoft.ACE.OLEDB.12.0;Data Source=C:\Excel-
Buch\Kapitel13\UmsatzDaten.mdb;"
'Bis Office 2003
'cnn.Open "Provider=Microsoft.JET.OLEDB.4.0;Data Source=C:\Excel-
Buch\Kapitel13\UmsatzDaten.mdb;"
rs.Open SQL, cnn, adOpenStatic, adLockOptimistic
vntDaten = rs.RecordCount
Worksheets(TabName).Activate
Sheets(TabName).Range("A5").Select
Sheets(TabName).Range("A5").CurrentRegion.ClearContents
'Überschriften setzen
ActiveCell.Offset(0, 0) = "KdNr"
ActiveCell.Offset(0, 1) = "KdName"
ActiveCell.Offset(0, 2) = "Umsatz"
ActiveCell.Offset(0, 3) = "Umsatz %"
ActiveCell.Offset(0, 4) = "Umsatz kum."
ActiveCell.Offset(0, 5) = "Gruppierung"
ActiveCell.Offset(1, 0).Select
```

```
intI = 0
Do While Not rs.EOF()
ActiveCell.Offset(0, 0) = rs!KdNr
ActiveCell.Offset(0, 1) = rs!KdName
ActiveCell.Offset(0, 2) = CCur(rs!Umsatz)
rs.MoveNext
intI = intI + 1
ActiveCell.Offset(1, 0).Select
Loop
```

Nun beginnt die eigentliche ABC-Analyse. Dazu wird zunächst die Spalte mit den Umsätzen addiert. Die Summe soll dann in der Zeile unter dem letzten Kundenumsatz erscheinen. Im Beispiel ist das die Zelle C15 des Tabellenblattes KUNDEN_ABC. Der Zellzeiger befindet sich Übernahme des letzten Datensatzes unterhalb der letzten Kundennummer. In unserem Beispiel handelt es sich um die Zelle A15. Die Zelle, die die Umsatzsumme aufnehmen soll, befindet sich zwei Spalten weiter rechts und soll die Summenformel aufnehmen. Deshalb lautet der Befehl ACTIVECELL.OFFSET(0, 2).FORMULAR1C1. Der zu summierende Bereich geht von der Zeile oberhalb (R[-1]C) bis zum ersten Datensatz (R[-VNTDATEN]C). Danach wird der prozentuale Umsatzanteil des jeweiligen Kunden am Gesamtumsatz mit einer FOR-NEXT-Schleife berechnet. Dazu muss der Zellzeiger auf die erste zu berechnende Zelle gesetzt werden (ACTIVECELL.OFFSET(-VNTDATEN, 3).SELECT). Die Zelle mit dem jeweiligen Kundenumsatz (RC[-1]) wird durch die Gesamtsumme (R[vntDaten + 6] & "C3") dividiert. Der Quellcode für diese Aktion lautet:

```
ActiveCell.Offset(0, 2).FormulaR1C1 = "=sum(R[-1]C:R[" & -vntDaten & "]C)"
ActiveCell.Offset(-vntDaten, 3).Select
For intI = 0 To vntDaten - 1 ActiveCell.Offset(intI, 0).FormulaR1C1 =
"=RC[-1]/R" & vntDaten + 6 & "C3"    ActiveCell.Offset(intI, 0).NumberFor-
mat = "0.00%"
Next
```

Danach muss der gesamte Datenbereich nach Prozentwerten absteigend sortiert werden. Dazu muss der bis zu diesem Zeitpunkt vorhandene Datenbereich mit einem Namen belegt werden. Dieser Bereich geht von Spalte A bis Spalte F. Da die Daten ab Zeile 5 eingelesen werden, wird als Startpunkt die Zelle A5 gewählt und als Endpunkt F & VNTDATEN + 5. Dieser Tabellenabschnitt erhält den Namen TOP-FUENF. Die Sortierspalte ist die Spalte D. Als Sortierbereich gilt der Abschnitt D6 bis D & VNTDATEN + 5. Zur Anzahl der Datensätze (VNTDATEN) muss noch die Anzahl der Zeilen addiert, die oberhalb des Starts nicht belegt sind. Auf diese Bereiche wird das Sortieren angewendet. Die Daten der Spalte D (Umsatzanteile in Prozent) werden absteigend sortiert.

```
strBereich = "A5:F" & vntDaten + 5
Sheets(TabName).Range(strBereich).Name = "TOPFUENF"
strSortBereich = "D6:D" & vntDaten + 5
'Sortieren der Daten absteigend nach Prozentanteilen
Sheets(TabName).Range(strBereich).Select
    Range(strBereich).Select
    ActiveWorkbook.Worksheets(TabName).Sort.SortFields.Clear
    ActiveWorkbook.Worksheets(TabName).Sort.SortFields.Add Key:=Range( _
        strSortBereich), SortOn:=xlSortOnValues, Order:=xlDescending,
DataOption:= xlSortNormal
    With ActiveWorkbook.Worksheets(TabName).Sort
        .SetRange Range(strBereich)
        .Header = xlYes
        .MatchCase = False
        .Orientation = xlTopToBottom
        .SortMethod = xlPinYin
        .Apply
    End With
```

Nun kann die Berechnung fortgesetzt werden. In Spalte E werden die kumulierten
Prozentanteile berechnet. In Spalte F wird die Eingruppierung vorgenommen.

```
ActiveCell.Offset(1, 4).Select
For intI = 0 To vntDaten - 1
    If intI = 0 Then
        ActiveCell.Offset(intI, 0).FormulaR1C1 = "=RC[-1]"
    Else
        ActiveCell.Offset(intI, 0).FormulaR1C1 = "=RC[-1]+R[-1]C"
    End If
Next
ActiveCell.Offset(0, 1).Select
For intI = 0 To vntDaten - 1
    ActiveCell.Offset(intI, 0).FormulaR1C1 = "=IF(RC[-1]<=75%,""A-
Kunde"",IF(RC[-1]<=95%,""B-Kunde"",""C-Kunde""))"
Next
```

Damit ist die Kunden-ABC-Analyse abgeschlossen. Nun wird die Pivot-Tabelle Top
5 eingerichtet. Dazu wird das Tabellenblatt KUNDEN_ABC aktiviert und die Zelle
als Startpunkt die Pivot-Tabelle gewählt. Die alten Pivot-Tabellen des Tabellenblatts
werden gelöscht. Der Datenpuffer für diese Pivot-Tabelle wird eingerichtet, und
die Pivot-Tabelle selbst wird erstellt. Der Tabellenbereich TOPFUENF bildet den
Datenbereich der Pivot-Tabelle. Danach wird die Spalte KDNAME als Zeilenfeld
festgelegt und die Spalte UMSATZ als Datenfeld bestimmt. Für den Datenbereich
wird das Zahlenformat € eingerichtet. Anschließend wählt man als Wertefilter die

Option TOP 5. Die nun erstellte Pivot-Tabelle ist noch nicht nach Kundenumsätzen der Größe nach abwärts sortiert. Dazu wird auf das Pivot-Field KDNAME zugegriffen und der Datenbereich SUMME VON UMSATZ sortiert.

```
'Top-5-Liste erstellen
Worksheets(TabName).Activate
Sheets(TabName).Range("H5").Select
'Alte Pivottabellen löschen
'TableRange1 löscht nur Zeilen, Spalten und Daten
'TableRange2 löscht alles incl. Seitenfelder
With ActiveSheet
    For Each ptTab In .PivotTables
        ptTab.TableRange2.Delete
    Next ptTab
End With
Set ptCache1 = ActiveWorkbook.PivotCaches.Add(SourceType:=xlDatabase,
SourceData:="TOPFUENF")
Set ptTab1 = ptCache1.CreatePivotTable(TableDestination:=ActiveS-
heet.Range("H5"), TableName:="PivotTab2")
With ptTab1
    .PivotFields("KdName").Orientation = xlRowField
    .PivotFields("Umsatz").Orientation = xlDataField
End With
With ptTab1
    .PivotFields("Summe von Umsatz").NumberFormat = "#,##0.00 €"
End With
ptTab1.PivotFields("KdName").AutoShow xlAutomatic _
    , xlTop, 5, "Summe von Umsatz"
        Range("H5").Select
    ActiveWorkbook.ShowPivotTableFieldList = False
ActiveSheet.PivotTables("PivotTab2").PivotFields("KdName").AutoSort _
xlDescending, "Summe von Umsatz", ActiveSheet.PivotTables("PivotTab2")._
PivotColumnAxis.PivotLines(1), 1
    Range("H6").Select
End Function
```

13.8 Aufträge filtern

Häufig stellt sich auch die Frage: Welcher Kunde hat welche Bestellungen im laufenden Jahr getätigt? Wie hoch ist der Umsatz mit diesem Kunden im laufenden Jahr? In welchem Bundesland hat das Unternehmen welchen Umsatz erzielt? Welche Bestellungen wurden von welchen Kunden in diesem Bundesland vorgenommen?

Bei derartigen Fragen bietet sich die Programmierung eines erweiterten Filters an. Dann kann man auch mit der Excel-Funktion TEILERGEBNIS abhängig von der Auswahl den Gesamtumsatz sowie den mittleren Umsatz berechnen. Dazu richten Sie zwei Tabellenblätter ein. In das Tabellenblatt AUFTRAGSDATEN kommen die auszuwertenden UMSATZDATEN, während im Tabellenblatt GEFILTERTE_DATEN der erweiterte Filter eingerichtet wird. Ab Zelle A11 des Tabellenblattes sollen dann die gefilterten Daten ausgegeben werden. Damit der Spezialfilter erkennt, welche Daten gefiltert werden sollen, müssen die Spaltenüberschriften im Kriterienbereich mit denen des Datenbereichs übereinstimmen. Die Abbildung 13.34 zeigt den Aufbau des Tabellenblattes GEFILTERTE_DATEN.

Zunächst werden die Daten bereitgestellt. Dies geschieht mit der Funktion AUFTRAGSANALYSE. Sie befindet sich im Modul 3 und erwartet als Argument den Namen des Tabellenblattes, in das die Daten eingetragen werden sollen. Die Datenübernahme geschieht auf demselben Weg wie die in den Kapiteln zuvor besprochenen Programme. Im Startcenter richten Sie eine Befehlsschaltfläche ein, die als Titel den Text AUFTRAGSANALYSE DURCHFÜHREN erhält. Diese Schaltfläche ruft mit dem Click-Ereignis die Funktion AUFTRAGSANALYSE auf und übergibt als Parameter den Namen des Tabellenblattes. Den Quellcode zu dieser Funktion finden Sie im Modul 3.

```
Private Sub cmdAuftrag_Click()
Auftragsanalyse "AuftragsDaten"
End Sub
```

Im Tabellenblatt AUFTRAGSDATEN richten Sie eine weitere Befehlsschaltfläche ein. Für diese Befehlsschaltfläche legen Sie folgende Eigenschaften fest:

Eigenschaft	Text
(Name)	cmdAutofilter
CAPTION	Autofilter setzen

Danach klicken Sie mit der rechten Maustaste auf diese Befehlsschaltfläche und wählen aus dem Kontextmenü die Option CODE ANZEIGEN aus. Auf diese Weise verknüpfen Sie die Befehlsschaltfläche mit dem nachfolgenden Programm:

```
Private Sub cmdAutofilter_Click()
ActiveSheet.Rows(6).AutoFilter
End Sub
```

Durch Klick auf den Button wird der Autofilter aktiviert. Beim zweiten Klick wird er wieder deaktiviert.

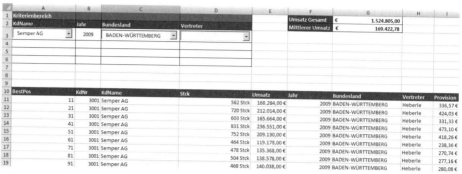

Abb. 13.34: Tabellenblatt GEFILTERTE_DATEN

Wie in Abbildung 13.34 zu sehen ist, müssen im Tabellenblatt 3 Kombinationsfelder eingerichtet werden. Diese Kombinationsfelder erhalten folgende Eigenschaften:

Inhalt	Name	LinkedCell
Kundennamen	CBOKDAUSWAHL	A3
Bundesländer	CBOBULAUSWAHL	C3
Vertreter	CBOVERTRAUSWAHL	D3

Die Kombinationsfelder werden bei Aktivierung des Tabellenblatts GEFILTERTE_DATEN mit den Daten der jeweiligen Tabelle der Access-Datenbank UMSATZDATEN gefüllt. Dieses kleine Programm wird weiter unten beschrieben. Im Tabellenblatt GEFILTERTE_DATEN nehmen Sie nun folgende Eintragungen vor:

Zelle	Text
A2	KdName
B2	Jahr
C2	Bundesland
D2	Verteter

Das Kombinationsfeld CBOKDAUSWAHL ziehen Sie auf die Zelle A3 und passen die Zellgröße dem Kombinationsfeld an. So verdeckt man den ausgewählten Wert des Kombinationsfeldes. Der Wert der der BOUNDCOLUMN der ausgewählten Zeile des Kombinationsfeldes (Spalte 1 des Kombinationsfeldes) wird in die LINKEDCELL (A3) eingetragen. Liegt das Kombinationsfeld über der Zelle, sieht der Benutzer den Eintrag nicht. Mit den anderen Kombinationsfeldern verfahren Sie in gleicher Weise.

Danach markieren Sie den Bereich von A2 bis D3 und weisen diesem ausgewählten Tabellenbereich im Namenfeld den Namen SUCHKRITERIEN zu.

In Zeile 10 des Tabellenblattes tragen Sie nun die Überschriften für die gefilterten Daten ein.

Zelle	Text
A10	BestPos
B10	KdNr
C10	KdName
D10	Stck
E10	Umsatz
F10	Jahr
G10	Bundesland
H10	Vertreter
I10	Provision

Diese Einträge müssen mit den Einträgen der Zeile 6 im Tabellenblatt AUFTRAGS-DATEN übereinstimmen.

Der Ausgabebereich wie auch der Filterbereich sind eingerichtet. Nun können die Kombinationsfelder mit Daten gefüllt werden. Dies wird mit dem ACTIVATE-Ereignis des Tabellenblattes GEFILTERTE_DATEN verknüpft. Das Füllen der Kombinationsfelder läuft für alle drei Kombinationsfelder in gleicher Weise ab.

1. Zunächst wird die Verbindung zur Datenbank hergestellt. Dies geschieht mit dem Befehl CNN.OPEN"......"

2. Danach wird das Recordset mit dem Befehl RST.OPEN "TABELLENNAME", CNN, ADOPENSTATIC, ADLOCKOPTIMISTIC geöffnet.

3. Das Kombinationsfeld wird durch den Befehl CBOXYZ.CLEAR geleert.

4. Der Zählvariablen INTI wird der Wert Null zugewiesen.

5. Nun werden die Eigenschaften Kombinationsfeldes wie BOUNDCOLUMN, COLUMNCOUNT, COLUMNWIDTHS und LINKEDCELL festgelegt.

6. In einer DO-WHILE-Schleife wird nun das Kombinationsfeld mit Daten gefüllt. Dabei wird zunächst mit CBOXYZ.ADDITEM eine Zeile zugefügt. Danach wird der Wert von INTI abgefragt. Hat INTI den Wert 0 (erste Zeile im Kombinationsfeld) soll eine Leerzeile CBOKDAUSWAHL.LIST(0, 0) = "" zugefügt werden. Ist der Wert von intI von Null verschieden, wird der Inhalt des Datenfeldes mit CBO-

XYZ.LIST(INTI, 0) = RST!FLDXYZ zugefügt. Die Zählvariable wird um 1 heraufgesetzt (INTI = INTI +1), und der Datensatzzeiger wird in der Tabelle der Access-Datenbank mit RST.MOVENEXT auf den nächsten Datensatz gesetzt.

7. Zum Abschluss wird die Auswahl im Kombinationsfeld auf den ersten Eintrag gesetzt mit CBOXYZ.LISTINDEX = 0 und das RECORDSET geschlossen mit RST.CLOSE.

Das Listing des gesamten Programms:

```
Private Sub Worksheet_Activate()
Dim cnn As New ADODB.Connection
Dim rst As New ADODB.Recordset
'Verbindung zur Datenbank herstellen
cnn.Open "Provider=Microsoft.ACE.OLEDB.12.0;Data Source=C:\Excel-
Buch\Kapitel13\UmsatzDaten.mdb;"
'Bis Office 2003
'cnn.Open "Provider=Microsoft.JET.OLEDB.4.0;Data Source=C:\Excel-
Buch\Kapitel13\UmsatzDaten.mdb;"
rst.Open "tblKunden", cnn, adOpenStatic, adLockOptimistic
cboKdAuswahl.Clear
intI = 0
With cboKdAuswahl
    .BoundColumn = 1
    .ColumnCount = 1
    .ColumnWidths = "3"
    .LinkedCell = "A3"
End With
Do While Not rst.EOF
cboKdAuswahl.AddItem
If intI = 0 Then
    cboKdAuswahl.List(0, 0) = ""
    intI = intI + 1
Else
    cboKdAuswahl.List(intI, 0) = rst!fldKdName
    intI = intI + 1
    rst.MoveNext
End I
Loop
cboKdAuswahl.ListIndex = 0
rst.Close
rst.Open "tblVertreter", cnn, adOpenStatic, adLockOptimistic
cboVertrAuswahl.Clear
intI = 0
With cboVertrAuswahl
```

```
        .BoundColumn = 1
        .ColumnCount = 1
        .ColumnWidths = "3"
        .LinkedCell = "D3"
End With
Do While Not rst.EOF
cboVertrAuswahl.AddItem
If intI = 0 Then
    cboVertrAuswahl.List(0, 0) = ""
    intI = intI + 1
Else
    cboVertrAuswahl.List(intI, 0) = rst!fldVertrName
    intI = intI + 1
    rst.MoveNext
End If
Loop
cboVertrAuswahl.ListIndex = 0
rst.Close
rst.Open "tblBundesLand", cnn, adOpenStatic, adLockOptimistic
cboBuLAuswahl.Clear
intI = 0
With cboBuLAuswahl
    .BoundColumn = 1
    .ColumnCount = 1
    .ColumnWidths = "3"
    .LinkedCell = "C3"
End With
Do While Not rst.EOF
cboBuLAuswahl.AddItem
If intI = 0 Then
    cboBuLAuswahl.List(0, 0) = ""
    intI = intI + 1
Else
    cboBuLAuswahl.List(intI, 0) = rst!fldBuLand
    intI = intI + 1
    rst.MoveNext
End If
Loop
cboBuLAuswahl.ListIndex = 0
rst.close
End Sub
```

Nun soll das Filtern der Daten programmiert werden. Dies wird dem CHANGE-Ereignis der Kombinationsfelder und des Tabellenblattes verknüpft. Wenn der

Benutzer die Auswahl eines Kombinationsfeldes ändert, sollen die Daten gemäß geändertem Kriterium gefiltert und angezeigt werden. Beim Ändern der Jahreszahl würde nichts geschehen, wenn nur diese drei Ereignisse zum Filtern der Daten herangezogen würden. Für Änderungen in Zellen wird das Change-Ereignis des Tabellenblatts herangezogen. Eigentlich müsste auch ein geänderter Eintrag eines Kombinationsfeldes das Change-Ereignis des Tabellenblatts auslösen. Leider geschieht nichts, wenn eine neue Auswahl in die jeweilige Zelle eingetragen wird. Deshalb wurden die Programme eingerichtet.

Für das Filtern der Daten werden folgende Variablen benötigt:

Name	Bedeutung
WS	Eine Objektvariable vom Typ WORKSHEET. Sie bezieht sich auf das Tabellenblatt AUFTRAGSDATEN.
RNGLISTE	Eine Objektvariable vom Typ RANGE. Sie bezieht sich auf den Datenbereich AUFTRAGSDATEN im Tabellenblatt AUFTRAGSDATEN. Dieser Bereich wurde bei der Datenübernahme mit diesem Namen belegt.
RNGKRITERIEN	Eine Objektvariable vom Typ RANGE. Sie bezieht sich auf den Datenbereich im Tabellenblatt GEFILTERTE_DATEN, der mit den Filterkriterien gefüllt wurde.

Nachdem die Datenbereiche festgelegt wurden, wird der VBA-Befehl ADVANCED-FILTER angewendet. Die gefilterten Daten werden anhand der CRITERIARANGE RNGKRITERIEN gefiltert und dann in das Tabellenblatt GEFILTERTE_DATEN in den Bereich unterhalb von A10:I10 kopiert. Das nachfolgende Listing gilt für das Kombinationsfeld CBOBULAUSWAHL.

```
Private Sub cboBuLAuswahl_Change()
Dim WS As Worksheet
Dim rngListe, rngKriterien As Range
Set WS = Worksheets("AuftragsDaten")
Set rngKriterien = Sheets("Gefilterte_Daten").Range("A2:D3")
Set rngListe = WS.Range("Auftragdaten")
WS.Range("AuftragDaten").AdvancedFilter _
   Action:=xlFilterCopy, _
   criteriarange:=rngKriterien, _
   copytorange:=Range("A10:I10")
End Sub
```

Die anderen Programme laufen in gleicher Weise ab.

```
Private Sub cboKdAuswahl_Change()
Dim WS As Worksheet
Dim rngListe, rngKriterien As Range
```

```
Set WS = Worksheets("AuftragsDaten")
Set rngKriterien = Sheets("Gefilterte_Daten").Range("A2:D3")
Set rngListe = WS.Range("Auftragdaten")
WS.Range("AuftragDaten").AdvancedFilter _
    Action:=xlFilterCopy, _
    criteriarange:=rngKriterien, _
    copytorange:=Range("A10:I10")
End Sub
Private Sub cboVertrAuswahl_Change()
Dim WS As Worksheet
Dim intZeilenZahl As Integer
Dim rngListe, rngKriterien As Range
Set WS = Worksheets("AuftragsDaten")
Set rngKriterien = Sheets("Gefilterte_Daten").Range("A2:D3")
Set rngListe = WS.Range("Auftragdaten")
WS.Range("AuftragDaten").AdvancedFilter _
    Action:=xlFilterCopy, _
    criteriarange:=rngKriterien, _
    copytorange:=Range("A10:I10")
End Sub
```

Für das Change-Ereignis des Tabellenblattes GEFILTERTE_DATEN wurde folgendes Programm erstellt:

```
Private Sub Worksheet_Change(ByVal Target As Range)
Dim WS As Worksheet
Dim rngListe, rngKriterien As Range
Set WS = Worksheets("AuftragsDaten")
Set rngKriterien = Sheets("Gefilterte_Daten").Range("A2:D3")
Set rngListe = WS.Range("Auftragdaten")
WS.Range("AuftragDaten").AdvancedFilter _
    Action:=xlFilterCopy, _
    criteriarange:=rngKriterien, _
    copytorange:=Range("A10:I10")
End Sub
```

Zum Abschluss sollen nun der Gesamtumsatz und der mittlere Umsatz für die gefilterten Daten berechnet werden. Hierzu verwendet man die Excel-Funktion TEILERGEBNIS. Diese Funktion gibt ein Teilergebnis in einer Liste oder Datenbank zurück. Die Syntax für diese Funktion lautet:

```
TEILERGEBNIS(Funktion; Bezug1; Bezug2; ...)
```

Die Option FUNKTION legt fest, welche Funktion bei der Berechnung des Teilergebnisses innerhalb einer Liste verwendet werden soll. Folgende Werte kann diese Option annehmen:

Funktion (bezieht ausgeblendete Werte ein)	Funktion (ignoriert ausgeblendete Werte)	Funktion
1	101	MITTELWERT
2	102	ANZAHL
3	103	ANZAHL2
4	104	MAX
5	105	MIN
6	106	PRODUKT
7	107	STAW
8	108	STABWN
9	109	SUMME
10	110	VARIANZ
11	111	VARIANZEN

In die Zelle G1 des Tabellenblatts GEFILTERTE_DATEN tragen Sie deshalb die Formel

```
=TEILERGEBNIS(109;E11:E601)
```

ein. Die Zahl 109 steht für Summe. Der Bereich bezieht sich auf die Zellen E11 bis E601 des Tabellenblatts AUFTRAGSDATEN. Für die Berechnung des Mittelwerts gilt:

```
=TEILERGEBNIS(101;E11:E601)
```

Es bleibt Ihnen nun überlassen, diese Filterkriterien zu ändern und zu erweitern.

Kapitel 14

Bericht erstellen

In der heutigen Zeit wird das papierlose Büro propagiert. Der Datenaustausch soll nur noch elektronisch erfolgen, um Papier und Druckkosten zu sparen. Nach wie vor bevorzugen allerdings viele Vorgesetzte den schriftlichen Bericht in Papierform. Deshalb wird in diesem Kapitel aufgezeigt, wie man ausgewählte Daten einer Excel-Arbeitsmappe mittels Formular auswählt und sie anschließend in einen Word-Bericht einbindet. Dazu benötigt man ein VBA-Programm, das diese Aufgaben automatisch erledigt. Nur die Auswahl der Excel-Objekte muss vom Benutzer vorgenommen werden.

Eine Excel-Arbeitsmappe kann Diagramme, Zeichnungsobjekte (z.B. Landkarten), Pivot-Tabellen/Pivot-Charts und mit einem Namen belegte Tabellenbereiche enthalten. Damit das Programm auf diese unterschiedlichen Objekte korrekt zugreifen kann, müssen für die Namensgebung der Objekte bestimmte Namenskonventionen festgelegt werden:

- **Tabellenblätter**: Der Name eines Tabellenblattes besteht aus den drei Buchstaben USA mit zwei nachgestellten Ziffern, z.B. USA10.

- **Diagramme**: Dem Namen des Diagramms werden die drei Buchstaben cht vorangestellt; z.B. CHTTop5. Excel unterscheidet eingebettete Diagramme (VBA: CHARTOBJECTS), die in einem Tabellenblatt zu finden sind, und Diagrammblätter, VBA: CHART). Letztere sind direkt dem Objekt WORKBOOK untergeordnet.

- **Sonstige Namen**: Sie sollten darauf achten, insgesamt mnemotechnische Namen zu vergeben, da alle Namen per VBA-Programm eingelesen werden müssen, um diese Objekte auswählen zu können.

In diesem Kapitel sollen die Umsatzdaten der USA ausgewertet werden. Dazu werden wieder die Daten aus einer Accessdatenbank eingelesen. Die Daten bilden die Grundlage für die Top-5-Auswertung der Reisenden. Eine Pivot-Tabelle wird erstellt, die als Ergebnis die 5 Vertreter anzeigt, die die größten Umsätze erzielt haben. Ein eingebettetes Säulendiagramm stellt den Sachverhalt grafisch dar. Das Tabellenblatt heißt USA30.

In das Tabellenblatt USA40 kommen eine eingefärbte Karte der USA und die Umsatzdaten der Bundesstaaten. Die Einfärbung der Karte geschieht mittels VBA-Programm und richtet sich nach der Umsatzhöhe.

Außerdem wird eine mehrspaltige Pivot-Tabelle per VBA-Code angelegt, die eine monatsweise Soll-Ist-Auswertung nach Vertretern und Umsätzen ermöglicht. Die Monate sollen zu Quartalen zusammengefasst werden, um einen besseren Überblick über das Zahlenmaterial zu erhalten. In diese Pivot-Tabelle werden zwei berechnete Spalten eingefügt. In Spalte 1 wird der Plan-Umsatz berechnet. Spalte 2 gibt die Abweichung zwischen dem tatsächlich erzielten Umsatz und dem Plan-Umsatz an. Sie wird im Tabellenblatt USA31 angelegt.

Im Tabellenblatt USA50 wird eine Pivot-Tabelle angelegt, die eine Auswertung der Umsatzzahlen nach Monaten und Quartalen ermöglicht.

Im Tabellenblatt USA10 werden fünf Befehlsschaltflächen angelegt. Die nachfolgende Tabelle listet die Eigenschaften und Aufgaben der Befehlsschaltflächen auf.

(Name)	Caption	Aufgabe
CMDBERICHT	Bericht erstellen	Das Klick-Ereignis ruft das Formular zum Erstellen des Berichtes auf.
CMDDATEN	Daten übernehmen	Ein Klick auf diese Schaltfläche löst das Programm zur Datenübertragung aus.
CMDJAHRE	Umsatz nach Jahren	Das Programm ruft die monatlichen Umsätze eines jeden Reisenden ab.
CMDTOP5	Top 5	Erstellt eine Pivot-Tabelle mit den besten fünf Reisenden.
CMDAUSWERTUNG	Soll-Ist-Auswertung	Das VBA-Programm erstellt eine Pivot-Tabelle mit einer monatsweisen Soll-Ist-Auswertung.

Für das Anlegen des Berichts werden die Namen der Tabellenblätter benötigt. Die Tabellen, Diagramme, Zeichnungsobjekte werden mit ihrem Namen in eine LIST-BOX eines Formulars eingelesen. Der Benutzer hat somit die Möglichkeit, mittels Formular einen Word-Bericht zu erstellen. Dazu werden die entsprechenden Elemente wie z.B. Diagramme, Zeichnungsobjekte und Pivot-Tabellen in eine Listbox eingelesen. Der Benutzer wählt die Objekte aus, die in den Bericht eingefügt werden sollen. Dies geschieht dadurch, dass die ausgewählten Elemente in eine zweite Listbox per Mausklick übertragen werden. Die in die zweite Listbox eingetragenen Pivot-Tabellen, Datenbereiche, Diagramme und Zeichnungselemente werden dann per VBA-Programm nach Word übertragen und zu einem Bericht zusammengefasst.

14.1 Daten übernehmen

Das Programm zur Datenübernahme aus Kapitel 13 kann komplett übernommen werden. Allerdings fallen einige kleinere Änderungen an. Diese Änderungen wurden mit der Schriftauszeichnung FETT hervorgehoben. Im Tabellenblatt USA10 richten Sie eine Befehlsschaltfläche ein, die den Namen CMDDATEN erhält und deren Titel DATEN ÜBERNEHMEN lautet. Klicken Sie nun mit der rechten Maustaste auf den Button und wählen aus dem Kontextmenü die Option CODE ANZEIGEN aus. Excel richtet im VBA-Editor die beiden Befehlszeilen

```
Private Sub cmdDaten_Click()
End Sub
```

ein. Die Befehlsschaltfläche ist nun mit Klick-Ereignis des Buttons verknüpft. Zwischen diese Zeilen kopieren Sie den Quellcode des Programms zur Datenübernahme. Die Zeilen, die Sie ändern müssen, werden mit der Textauszeichnung **fett** hervorgehoben.

```
Dim cnn As New ADODB.Connection
Dim rst As New ADODB.Recordset
Dim intI As Long
'Verbindung zur USA20bank herstellen
cnn.Open "Provider=Microsoft.ACE.OLEDB.12.0;Data Source=C:\Excel-
Buch\Kapitel13\UmsatzUSA20.mdb;"
'Bis Office 2003
'cnn.Open "Provider=Microsoft.JET.OLEDB.4.0;Data Source=C:\Excel-
Buch\Kapitel13\UmsatzUSA20.mdb;"
rst.Open "qryExcel_1", cnn, adOpenStatic, adLockOptimistic
'Startpunkt wählen für USA20übernahme
Worksheets("USA20").Activate
Sheets("USA20").Range("A6").Select
'USA20 löschen
Worksheets("USA20").Range("A6").CurrentRegion.ClearContents
'Überschriften setzen
For intI = 0 To rst.Fields.Count - 1
    ActiveCell.Offset(0, intI).Value = rst.Fields(intI).Name
    ActiveCell.Offset(0, intI).Interior.ColorIndex = 37
    ActiveCell.Offset(0, intI).Font.ColorIndex = 2
    ActiveCell.Offset(0, intI).Font.Bold = True
Next
ActiveCell.Offset(1, 0).Select
intI = 0
Do While Not rst.EOF
        ActiveCell.Offset(0, 0).Value = rst.Fields(0)
        ActiveCell.Offset(0, 1).Value = rst.Fields(1)
```

```
        ActiveCell.Offset(0, 2).Value = rst.Fields(2)
        ActiveCell.Offset(0, 3).Value = rst.Fields(3)
        ActiveCell.Offset(0, 4).Value = rst.Fields(4)
        ActiveCell.Offset(0, 5).Value = rst.Fields(5)
        ActiveCell.Offset(0, 6).Value = rst.Fields(6)
        ActiveCell.Offset(0, 7).Value = rst.Fields(7)
        ActiveCell.Offset(0, 8).Value = rst.Fields(8)
        ActiveCell.Offset(0, 9).Value = rst.Fields(9)
        ActiveCell.Offset(0, 10).Value = rst.Fields(10)
        ActiveCell.Offset(0, 11).Value = rst.Fields(11)
        ActiveCell.Offset(0, 12).Value = rst.Fields(12)
        ActiveCell.Offset(0, 12).NumberFormat = "0.00%"
        ActiveCell.Offset(0, 13).Value = rst.Fields(13)
        ActiveCell.Offset(0, 13).NumberFormat = "#,##0.00 ""Stck"""
        ActiveCell.Offset(0, 14).Value = CCur(rst.Fields(14))
        ActiveCell.Offset(0, 15).Value = CCur(rst.Fields(15))
        intI = intI + 1
        rst.MoveNext
        ActiveCell.Offset(1, 0).Select
Loop
    rst.Close
    Set cnn = Nothing
MsgBox "Es wurden " & intI & " Datensätze übernommen!!!"
ActiveWorkbook.Names.Add Name:="Stueck", RefersToR1C1:="=USA20!R7C14:R" &
intI + 6 & "C14"
ActiveWorkbook.Names.Add Name:="Umsatz", RefersToR1C1:="=USA20!R7C15:R" &
intI + 6 & "C15"
Sheets("USA20").Range("A6").CurrentRegion.Name = "Datenquelle"
Sheets("USA20").Columns("A:P").Select
Selection.Columns.AutoFit
'Pivot-Tabelle aktualisieren
    Worksheets("USA30").PivotTables("TOP5").RefreshTable
    Worksheets("USA50").PivotTables("Quartal").RefreshTable
```

14.2   USA-Karte einfügen

Wie man eine Landkarte einfärbt, wurde in Kapitel 13 ausführlich beschrieben. Für
den Bericht greift man nun auf die für das Jahr 2009 eingefärbte Karte aus Kapitel
13 zurück. Dabei geht man wie folgt vor:

■ Zunächst wertet man die Umsatzdaten für das Jahr 2009 im Tabellenblatt
KARTE_USA der Arbeitsmappe UMSATZANALYSE.XLSM im Tabellenblatt
KARTE_USA aus. Ein Klick auf den Button AUSWERTUNGSJAHR FESTLEGEN startet die Auswertung. Im Formular wählen Sie das Jahr 2009 aus. Die Auswertung geschieht nun programmmäßig.

- Nun markieren Sie alle Bundesstaaten der Landkarte der USA, indem Sie den jeweiligen Bundesstaat bei gedrückter Taste ⌨Strg mit der linken Maustaste anklicken. Haben Sie alle Bundesstaaten markiert, kopieren Sie mit der Tastenkombination ⌨Strg+⌨C die Zeichnungsobjekte in den Zwischenspeicher.

- Dann schalten Sie in das Tabellenblatt USA40 der Arbeitsmappe BERICHTER-STELLEN.XLSM und fügen mit der Tastenkombination ⌨Strg+⌨V den Inhalt des Zwischenspeichers ein.

- Mit den Daten verfahren Sie in gleicher Weise. Zunächst markieren Sie im Tabellenblatt KARTE_USA der Arbeitsmappe UMSATZANALYSE.XLSM den Bereich A5:B15. Mit ⌨Strg+⌨C kopieren Sie die Daten in den Zwischenspeicher.

- Dann schalten Sie in das Tabellenblatt USA40 der Arbeitsmappe BERICHTER-STELLEN.XLSM und fügen mit der Tastenkombination ⌨Strg+⌨V den Inhalt des Zwischenspeichers ein.

- Danach markieren Sie im Tabellenblatt USA40 den Bereich von A5:B15 und weisen diesem Datenbereich den Namen USA_UMSATZ zu.

- Für die Übernahme der kompletten Karte müssen die einzelnen Zeichnungsobjekte (Oregon, Nevada, Arizona etc.) markiert werden. Dies geschieht wieder bei gedrückter Taste ⌨Strg und Klick mit der linken Maustaste auf das Objekt. Danach gruppieren Sie mit der Befehlsfolge

```
Zeichentools → Gruppieren
```

die markierten Zeichnungsobjekte. Dieser Gruppe weisen Sie dann im NAMEN-FELD den Namen USA zu.

Abb. 14.1: Name USA eingeben und Eingabe mit ⌨Enter abschließen

14.3 Pivot-Tabelle TOP5 anlegen

Für das Programm zur Erstellung der Top-5-Pivot-Tabelle werden die nachfolgenden Variablen benötigt:

Name	Typ	Bedeutung
PTCACHE	PivotCache	Arbeitsspeicher für die Pivot-Tabelle
PTTAB	PivotTable	Pivot-Tabelle
INTI	Integer	Zählvariable

Dieses Programm wird mit dem Button cmdTop5 des Tabellenblatts USA10 verknüpft. Im ersten Abschnitt des Programms werden dann die oben angeführten
Variablen initialisiert. Danach wird das Tabellenblatt USA30 aktiviert und die Zelle
C2 als Startpunkt ausgewählt. Wenn das geschehen ist, werden alle Pivot-Tabellen
im Tabellenblatt USA30 gelöscht. Das Listing lautet:

```
Private Sub cmdTop5_Click()
Dim ptCache As PivotCache
Dim ptTab As PivotTable
Dim intI As Integer
Worksheets("USA30").Activate
Sheets("USA30").Range("C2").Select
ActiveSheet.ChartObjects(1).Delete
With ActiveSheet
    For Each ptTab In .PivotTables
        ptTab.TableRange2.Delete
    Next ptTab
End With
```

Nun wird die Pivot-Tabelle eingerichtet. Sie besteht nur aus dem Zeilenfeld VER-
TRETER. Das Datenfeld ist UMSATZ. Als Seitenfelder werden JAHR und LAND
bestimmt. Der Name der Pivot-Tabelle lautet TOP5. Die Daten bezieht die Pivot-
Tabelle aus dem Tabellenbereich DATENQUELLE, der schon bei der Datenübernahme festgelegt wurde. Das Listing lautet wie folgt:

```
Set ptCache = ActiveWorkbook.PivotCaches.Add(SourceType:=xlDatabase,
SourceData:="Datenquelle")
Set ptTab = ptCache.CreatePivotTable(TableDestination:=ActiveS-
heet.Range("C2"), TableName:="Top5")
With ActiveSheet.PivotTables("Top5").PivotFields("Vertreter")
    .Orientation = xlRowField
    .Position = 1
End With
With ActiveSheet.PivotTables("Top5").PivotFields("Umsatz")
    .Orientation = xlDataField
    .Position = 1
    .NumberFormat = "#,##0.00 €"
End With
With ActiveSheet.PivotTables("Top5").PivotFields("Land")
    .Orientation = xlPageField
    .Position = 1
End With
With ActiveSheet.PivotTables("Top5").PivotFields("Jahr")
```

```
    .Orientation = xlPageField
    .Position = 2
End With
```

Im Anschluss daran wird der Filter Top 5 gesetzt:

```
ActiveSheet.PivotTables("Top5").PivotFields("Vertreter").AutoShow xlAu-
tomatic, _
      xlTop, 5, "Summe von Umsatz"
```

Nachdem die Pivot-Tabelle fertiggestellt wurde, kann nun das zur Tabelle gehörige Diagramm erstellt werden. Dazu wird zunächst ein eingebettetes Diagramm eingefügt (ADDCHART). Der Diagrammtyp soll ein Säulendiagramm (XLCOLUMN-CLUSTERED) sein und als Diagrammtitel (CHARTTITLE.CHARACTERS.TEXT) TOP 5 haben. Als Name für das Diagramm (CHARTOBJECTS(1).NAME) wird CHTTOP5 bestimmt. Es soll keine Legende besitzen. Das Listing:

```
ActiveSheet.Shapes.AddChart.Select
ActiveChart.ChartType = xlColumnClustered
ActiveChart.HasLegend = False
ActiveChart.ChartTitle.Characters.Text = "Top 5"
ActiveSheet.ChartObjects(1).Name = "ChtTop5"
ActiveWorkbook.ShowPivotChartActiveFields = False
ActiveWorkbook.ShowPivotTableFieldList = False
Sheets("USA30").Range("C4").Select
End Sub
```

Die Pivot-Tabelle sollte danach so aussehen:

◢	A	B	C	D
1	Vertriebsanalyse XYZ GmbH - Top 5		Jahr	(Alle) ▼
2			Land	(Alle) ▼
3				
4			Summe von Umsatz	
5			Vertreter ▼	Ergebnis
6			Bohns	20.828.211,00 €
7			Castro	20.828.211,00 €
8			Kremper	19.317.302,00 €
9			Morales	16.738.963,00 €
10			Scherzer	16.738.963,00 €
11			Speichler	19.317.302,00 €
12			Gesamtergebnis	113.768.952,00 €

Abb. 14.2: Pivot-Tabelle Top5

Die Grafik hat folgendes Aussehen:

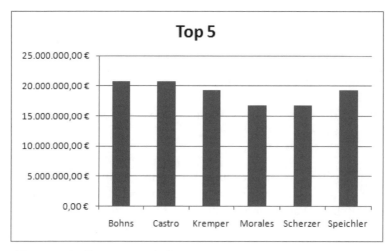

Abb. 14.3: Grafik zur Pivot-Tabelle Top 5

14.4 Soll-Ist-Abweichung erstellen

Soll-Ist-Analysen werten einen Bericht immer auf. Deshalb soll die nachfolgende Pivot-Tabelle per Programm erstellt werden:

	A	B	C	D	E	F	G	H
1	Soll-Ist-Abweichung		Land		USA ▾			
2								
3						Daten		
4			VertreterName ▾	Quartal ▾	Mon ▾	Summe von 2009	Summe von Plan 2009	Summe von Abweichung
5			⊞ Castro			6.169.962,00 €	8.180.615,80 €	-24,58%
6			⊞ Clinton			1.524.805,00 €	2.693.678,05 €	-43,39%
7			⊞ Figure			3.872.996,00 €	7.163.900,45 €	-45,94%
8			⊞ Hammer			2.452.827,00 €	3.198.011,25 €	-23,30%
9			⊞ Kennedy			1.818.735,00 €	2.692.744,25 €	-32,46%
10			⊞ Kremper			4.661.315,00 €	8.019.119,15 €	-41,87%
11			⊞ Leacher			2.258.243,00 €	3.066.238,88 €	-26,35%
12			⊞ McArthur			3.039.172,00 €	4.125.944,55 €	-26,34%
13			⊞ Morales			4.911.690,00 €	6.558.696,55 €	-25,11%
14			Gesamtergebnis			30.709.745,00 €	45.698.948,93 €	-32,80%

Abb. 14.4: Pivot-Tabelle Soll-Ist-Abweichung

Diese Pivot-Tabelle setzt eine andere Datenstruktur voraus. Neben den Namen der Vertreter müssen Spalten mit den einzelnen Umsätzen des jeweiligen Jahres vorhanden sein. Dazu finden Sie in der Datenbank Umsatzdaten.mdb des Kapitels 13 eine Abfrage mit dem Namen qryUmsatzJahre. Diese Abfrage basiert auf der Abfrage qryUmsatz. Den Aufbau dieser Abfrage zeigt die Abbildung 14.5 auf der nächsten Seite.

14.4.1 Daten übernehmen

Für die Datenübernahme richten Sie im Tabellenblatt eine Befehlsschaltfläche mit dem Namen CMDJAHRE und dem Titel UMSATZ NACH JAHREN ein. Diese Befehlsschaltfläche verbinden Sie mit dem nachfolgenden Programm:

```
Private Sub cmdJahre_Click()
Dim cnn As New ADODB.Connection
Dim rst As New ADODB.Recordset
Dim intI As Long
'Verbindung zur Datenbank herstellen
cnn.Open "Provider=Microsoft.ACE.OLEDB.12.0;Data Source=C:\Excel-
Buch\Kapitel13\UmsatzDaten.mdb;"
'Bis Office 2003
'cnn.Open "Provider=Microsoft.JET.OLEDB.4.0;Data Source=C:\Excel-
Buch\Kapitel13\UmsatzDaten.mdb;"
rst.Open "qryUmsatzJahre", cnn, adOpenStatic, adLockOptimistic
'Startpunkt wählen für Datenübernahme
Worksheets("USA21").Activate
Sheets("USA21").Range("A6").Select
'Daten löschen
Worksheets("USA21").Range("A6").CurrentRegion.ClearContents
```

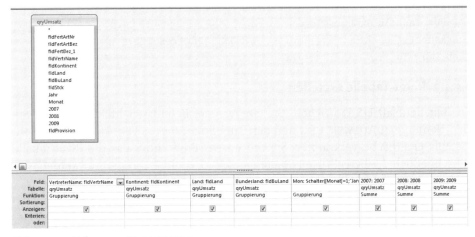

Abb. 14.5: Abfrage QRYUMSATZJAHRE

```
'Überschriften setzen
For intI = 0 To rst.Fields.Count - 1
    ActiveCell.Offset(0, intI).Value = rst.Fields(intI).Name
    ActiveCell.Offset(0, intI).Interior.ColorIndex = 37
    ActiveCell.Offset(0, intI).Font.ColorIndex = 2
```

```
        ActiveCell.Offset(0, intI).Font.Bold = True
Next
ActiveCell.Offset(1, 0).Select
intI = 0
Do While Not rst.EOF
        ActiveCell.Offset(0, 0).Value = rst.Fields(0)
        ActiveCell.Offset(0, 1).Value = rst.Fields(1)
        ActiveCell.Offset(0, 2).Value = rst.Fields(2)
        ActiveCell.Offset(0, 3).Value = rst.Fields(3)
        ActiveCell.Offset(0, 4).Value = rst.Fields(4)
        ActiveCell.Offset(0, 5).Value = CCur(rst.Fields(5))
        ActiveCell.Offset(0, 6).Value = CCur(rst.Fields(6))
        ActiveCell.Offset(0, 7).Value = CCur(rst.Fields(7))
        intI = intI + 1
        rst.MoveNext
        ActiveCell.Offset(1, 0).Select
Loop
rst.Close
Set cnn = Nothing
MsgBox "Es wurden " & intI & " Datensätze übernommen!!!"
Sheets("USA21").Range("A6").CurrentRegion.Name = "Jahresumsaetze"
Sheets("USA21").Columns("A:P").Select
Selection.Columns.AutoFit
'Pivot-Tabelle aktualisieren
Worksheets("USA31").PivotTables("SollIst").RefreshTable
End Sub
```

14.4.2 Pivot-Tabelle erstellen

Im Tabellenblatt USA10 richten Sie eine weitere Befehlsschaltfläche ein, der Sie den Namen CMDAUSWERTUNG und den Titel SOLL-IST-AUSWERTUNG geben. Diese Befehlsschaltfläche verknüpfen Sie mit einem Programm, das die Pivot-Tabelle einschließlich der berechneten Spalten erstellt. Für dieses Programm werden wieder die üblichen Variablen benötigt:

Name	Typ	Bedeutung
PTCACHE	PivotCache	Arbeitsspeicher für die Pivot-Tabelle
PTTAB	PivotTable	Pivot-Tabelle
INTI	Integer	Zählvariable

In Abbildung 14.6 wird deutlich, wie die Pivot-Tabelle aufgebaut sein soll.

C	D	E	F	G	H
Land	USA 🔽				
			Daten		
VertreterName 🔽	Quartal 🔽	Mon 🔽	Summe von 2009	Summe von Plan 2009	Summe von Abweichung
⊞Castro			6.169.962,00 €	8.180.615,80 €	-24,58%
⊞Clinton			1.524.805,00 €	2.693.678,05 €	-43,39%
⊞Figure			3.872.996,00 €	7.163.900,45 €	-45,94%
⊞Hammer			2.452.827,00 €	3.198.011,25 €	-23,30%
⊞Kennedy			1.818.735,00 €	2.692.744,25 €	-32,46%
⊞Kremper			4.661.315,00 €	8.019.119,15 €	-41,87%
⊞Leacher			2.258.243,00 €	3.066.238,88 €	-26,35%
⊞McArthur			3.039.172,00 €	4.125.944,55 €	-26,34%
⊞Morales			4.911.690,00 €	6.558.696,55 €	-25,11%
Gesamtergebnis			30.709.745,00 €	45.698.948,93 €	-32,80%

Abb. 14.6: Pivot-Tabelle Soll-Ist

Die Abbildung zeigt, dass als PageField die Spalte LAND fungiert. Das ROWFIELD bildet die Spalte VERTRETERNAME. Für das DATAFIELD wird die Spalte UMSATZ genommen. Bei den Spalten SUMME VON PLAN 2009 und SUMME VON ABWEICHUNG handelt es sich um berechnete Spalten. Die Spalte QUARTAL gruppiert die Monate zu Quartalen.

Das Programm startet mit der Deklaration der Variablen, dem Aktivieren des Tabellenblattes USA31, der Auswahl des Datenpunktes C2 und dem Löschen aller Pivot-Tabellen im Tabellenblatt. Danach wird die Pivot-Tabelle SOLLIST angelegt. Der Quellcode lautet:

```
Private Sub cmdAuswertung_Click()
Dim ptCache As PivotCache
Dim ptTab As PivotTable
Dim intI As Integer
Worksheets("USA31").Activate
Sheets("USA31").Range("C2").Select
With ActiveSheet
    For Each ptTab In .PivotTables
        ptTab.TableRange2.Delete
    Next ptTab
End With
Set ptCache = ActiveWorkbook.PivotCaches.Add(SourceType:=xlDatabase,
SourceData:="Jahresumsaetze")
Set ptTab = ptCache.CreatePivotTable(TableDestination:=ActiveS-
heet.Range("C2"), TableName:="SollIst")
With ActiveSheet.PivotTables("SollIst").PivotFields("VertreterName")
    .Orientation = xlRowField
    .Position = 1
End With
```

```
With ActiveSheet.PivotTables("SollIst").PivotFields("Mon")
    .Orientation = xlRowField
    .Position = 2
End With
With ActiveSheet.PivotTables("SollIst").PivotFields("2009")
    .Orientation = xlDataField
    .Position = 1
    .NumberFormat = "#,##0.00 €"
End With
With ActiveSheet.PivotTables("SollIst").PivotFields("Land")
    .Orientation = xlPageField
    .Position = 1
End With
```

Danach werden die Pivot-Felder zurückgesetzt. Es sollen der besseren Übersicht wegen die einzelnen Monate nicht angezeigt werden. Dies geschieht mit dem nachfolgenden Quellcode:

```
ActiveWorkbook.ShowPivotTableFieldList = False
ActiveSheet.PivotTables("SollIst").PivotFields("Land").CurrentPage = "USA"
With ActiveSheet.PivotTables("SollIst").PivotFields("VertreterName")
    .PivotItems("Castro").ShowDetail = False
    .PivotItems("Clinton").ShowDetail = False
    .PivotItems("Figure").ShowDetail = False
    .PivotItems("Hammer").ShowDetail = False
    .PivotItems("Kennedy").ShowDetail = False
    .PivotItems("Kremper").ShowDetail = False
    .PivotItems("Leacher").ShowDetail = False
    .PivotItems("McArthur").ShowDetail = False
    .PivotItems("Morales").ShowDetail = False
End With
```

Im Anschluss daran erfolgt die Gruppierung der Monate:

```
ActiveSheet.PivotTables("SollIst").PivotFields("VertreterName").PivotI-
tems("Castro").ShowDetail = True
ActiveSheet.Range("D5:D7").Select
Selection.Group
ActiveSheet.PivotTables("SollIst").PivotFields("Mon2").PivotI-
tems("Gruppe1").Caption = "Quartal 1"
ActiveSheet.Range("D8:D10").Select
Selection.Group
ActiveSheet.PivotTables("SollIst").PivotFields("Mon2").PivotI-
tems("Gruppe2").Caption = "Quartal 2"
ActiveSheet.Range("D11:D13").Select
Selection.Group
```

```
ActiveSheet.PivotTables("SollIst").PivotFields("Mon2").PivotI-
tems("Gruppe3").Caption = "Quartal 3"
ActiveSheet.Range("D14:D16").Select
Selection.Group
ActiveSheet.PivotTables("SollIst").PivotFields("Mon2").PivotI-
tems("Gruppe4").Caption = "Quartal 4"
ActiveSheet.PivotTables("SollIst").PivotFields("VertreterName").PivotI-
tems("Castro").ShowDetail = False
ActiveSheet.PivotTables("SollIst").PivotFields("Mon2").Caption = "Quartal"
```

Mit dem Befehl CALCULATEDFIELDS" .ADD wird nun das erste berechnete Feld in die Pivot-Tabelle unter Angabe der Formel eingefügt. Die Formeln finden Sie im Tabellenblatt FORMELN. Der Planumsatz soll 101,5 % des Umsatzes von 2008 betragen. In der Formel wird der Spaltenname in Hochkommata gesetzt. Die Formel lautet demnach: '2008' *1.015. Als Formel für die Abweichung gilt: '2009'/ 'Plan 2009'-1.

```
ActiveSheet.Range("F5").Select
    ActiveSheet.PivotTables("SollIst").CalculatedFields.Add "Plan 2009", _
        "='2008' *1.015", True
    ActiveSheet.PivotTables("SollIst").PivotFields("Plan 2009").Orientation = _
        xlDataField
    ActiveWorkbook.ShowPivotTableFieldList = True
    With ActiveSheet.PivotTables("SollIst").DataPivotField
        .Orientation = xlColumnField
        .Position = 1
    End With
    ActiveSheet.PivotTables("SollIst").CalculatedFields.Add "Abweichung", _
        "='2009'/'Plan 2009'-1", True
    ActiveSheet.PivotTables("SollIst").PivotFields("Abweichung").Orientation = _
        xlDataField
    With ActiveSheet.PivotTables("SollIst").PivotFields("Summe von Abweichung")
        .NumberFormat = "0.00%"
    End With
    ActiveWorkbook.ShowPivotTableFieldList = False
ActiveSheet.Columns("D:D").EntireColumn.AutoFit
ActiveSheet.Range("E1").Select
End Sub
```

14.4.3 Formular Bericht anlegen

Zunächst erstellen Sie das in den Abbildungen 14.7 und 14.8 abgebildete Formular. Dazu schalten Sie in den VBA-Editor mit der Tastenkombination $\boxed{\text{Alt}}$+$\boxed{\text{F11}}$. Mit der Befehlsfolge

```
Einfügen → Userform
```

fügen Sie eine leere Formularfläche ein. Diese bestücken Sie mit

- einer Multipage, die aus zwei Seiten besteht,

- den Befehlsschaltflächen BERICHT ANLEGEN, ABBRECHEN und SCHLIESSEN,

- den Befehlsschaltflächen >, <, >>, <<,

- zwei Listenfeldern,

- den Bezeichnungsfeldern TITEL DES BERICHTS, ÜBERSCHRIFT und SPEICHERORT DES BERICHTS,

- den drei Textfeldern für den Titel, die Überschrift und den Speicherort des Berichtes.

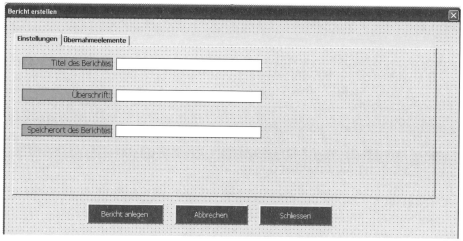

Abb. 14.7: Multipage 1 des Formulars

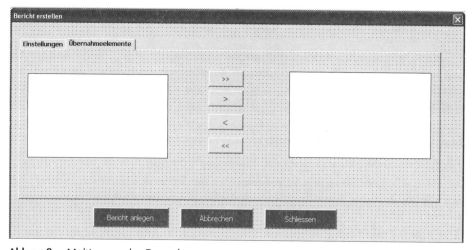

Abb. 14.8: Multipage 2 des Formulars

Diese Steuerelemente des Formulars werden nun mit Namen belegt. Die nachfolgende Tabelle zeigt, welches Steuerelement welchen Namen erhält:

Steuerelement	Name
Button BERICHT ANLEGEN	CMDWORD
Button ABBRECHEN	CMDABBRUCH
Button SCHLIESSEN	CMDENDE
Button >	CMDEINZELNR
Button <	CMDEINZELNZ
Button >>	CMDUEBER
Button <<	CMDZUERUECK
Linkes Listenfeld	LSTWOHER
Rechtes Listenfeld	LSTWOHIN
Textfeld TITEL DES BERICHTS	TXTTITEL
Textfeld ÜBERSCHRIFT	TXTUEBERSCHRIFT
Textfeld SPEICHERORT DES BERICHTS	TXTSPEICHERN
Name des Formulars	FRMBERICHT

Der Multipage weist man keinen ausdrücklichen Namen zu.

14.4.4 Formularprogrammierung

Zunächst richtet man im Tabellenblatt USA10 eine Befehlsschaltfläche mit dem Namen CMDBERICHT und dem Titel BERICHT ERSTELLEN ein. Dieser Befehlsschaltfläche weist man das nachfolgende Programm zu:

```
Private Sub cmdBericht_Click()
frmBericht.Show vbModeless
End Sub
```

Wenn das Formular angezeigt wird, kann das Tabellenblatt solange nicht bearbeitet werden, bis das Formular wieder geschlossen wird. Öffnet man das Formular mit der Option VBMODELESS, lässt man eine Bearbeitung zu. Im Eigenschaftsfenster des Formulars kann man die Option SHOWMODAL auf FALSE setzen. Dies hat die gleiche Wirkung.

Nun wird die ACTIVATE-Methode des Formulars programmiert. Mit diesem Programm wird die Listbox LSTWOHER mit den Namen der Tabellenblätter eingetragen, in denen sich benannte Datenbereiche, Zeichnungsobjekte, Pivot-Tabellen und Diagramme befinden. Dies geschieht in Spalte 1 des Listenfeldes. Die zweite

Spalte nimmt den Typ des übernommenen Objektes auf. Die Buchstaben PIV stehen für Pivot-Tabelle. DIA bezeichnet ein Diagrammobjekt. Mit SHP wird ein Zeichnungsobjekt gekennzeichnet. RNG steht für einen mit einem Namen belegten Datenbereich in einem Tabellenblatt. In die dritte Spalte wird der Name des Objektes eingefügt. Da die Pivot-Tabelle TOP 5 mit dem Namen TOP5 versehen wurde, findet man z.B. in dieser Spalte den Namen TOP5. Deshalb sollten die Namen der Objekte so gewählt werden, dass man auf deren Inhalt schließen kann. Das Programm startet mit der Deklaration der Variablen.

Name der Variablen	Bedeutung
WS	Sie ist vom Typ WORKSHEET und wird für Zugriff auf unterschiedliche Tabellenblätter benötigt.
INTI	Zählvariable für FOR-NEXT-Schleife.
INTN	Zählvariable für FOR-NEXT-Schleife.
TXTTITELN,	Speichert den Titel des Berichtes auf.
TXTPFAD	Nimmt den Pfad des Speicherortes des Berichtes auf
PTTAB	Sie ist vom Typ PIVOTTABLE und wird für den Zugriff auf unterschiedliche Pivot-Tabellen in einem Tabellenblatt benötigt.

Danach werden die beiden Listenfelder des Formulars geleert, und den Zählvariablen wird der Wert Null zugewiesen. Der Quellcode lautet:

```
Private Sub UserForm_Activate()
Dim WS As Worksheet
Dim ptTab as PivotTable
Dim intI, intN As Integer
Dim txtTitelN, txtPfad As String
txtTitelN = Sheets("USA30").Range("A1")
txtPfad = "C:\Excelbuch\Kapitel14\Bericht.dotx"
frmBericht.txtSpeichern = txtPfad
frmBericht.txtTitel = txtTitelN
lstWoher.Clear
lstWohin.Clear
intI = 0
intN = 0
```

Danach werden alle Tabellenblätter der Arbeitsmappe mit einer FOR-NEXT-Schleife durchlaufen. Das Tabellenblatt wird aktiviert. Alle Pivot-Tabellen des aktiven Tabellenblatts werden mit dem Namen, dem Typ und dem Namen der Pivot-Tabelle in das Listenfeld LSTWOHER geschrieben.

```
For Each WS In ActiveWorkbook.Sheets
WS.Activate
With ActiveWorkbook
    For Each ptTab In WS.PivotTables
        frmBericht.lstWoher.AddItem
        frmBericht.lstWoher.List(intI, 0) = WS.Name
        frmBericht.lstWoher.List(intI, 1) = "Piv"
        frmBericht.lstWoher.List(intI, 2) = ptTab.Name
        intI = intI + 1
    Next ptTab
End With
Next WS
```

Nach den Pivot-Tabellen wird die Landkarte der USA aus dem Tabellenblatt USA40 mit Namen des Tabellenblatts, Typ und dem Namen des Zeichnungsobjekts in das Listenfeld LSTWOHER des Formulars übernommen. Nach der Übernahme wird die Anzahl der Zeilen des Listenfeldes in der Variablen INTI festgehalten. Der Wert wird für den richtigen Zeileneintrag der nachfolgenden Elemente benötigt.

```
For Each WS In ActiveWorkbook.Sheets
WS.Activate
If WS.Name = "USA40" Then
    Set pgShape = ActiveSheet.Shapes(1).GroupItems(1).ParentGroup
    lstWoher.AddItem
    frmBericht.lstWoher.List(intI, 0) = WS.Name
    frmBericht.lstWoher.List(intI, 1) = "Shp"
    frmBericht.lstWoher.List(intI, 2) = pgShape.Name
End If
intI = frmBericht.lstWoher.ListCount
```

Nach den Zeichnungsobjekten werden die in Tabellenblättern eingebetteten Diagramme mit Namen des Tabellenblattes, Typ und dem Diagrammnamen in das Listenfeld des Formulars eingetragen. In die Zählvariable INTI wird wieder die Zahl der Listeneinträge gespeichert.

```
For intN = 1 To WS.ChartObjects.Count
    If ActiveSheet.ChartObjects.Count > 0 Then
        frmBericht.lstWoher.AddItem
        frmBericht.lstWoher.List(intI, 0) = WS.Name
        frmBericht.lstWoher.List(intI, 1) = "Dia"
        frmBericht.lstWoher.List(intI, 2) = WS.ChartObjects(intN).Name
        intI = intI + 1
    End If
Next intN
```

```
Next WS
intI = frmBericht.1stWoher.ListCount
```

Falls sich weitere Zeichnungsobjekte in der Arbeitsmappe befinden, werden nur die Zeichnungsobjekte vom Typ MSOFREEFORM übernommen. Unter anderem gehören auch Kommentare, Formularsteuerelemente etc. zu den Zeichnungsobjekten. Es soll aber nur die Karte der USA, die vom Typ MSOFREEFORM ist, übernommen werden.

```
For Each WS In ActiveWorkbook.Sheets
WS.Activate
With WS.Shapes
    numShapes = .Count
    If numShapes > 1 Then
        numAutoShapes = 1
        For intN = 1 To numShapes
            If .Item(intN).Type = msoFreeform Then
                frmBericht.1stWoher.AddItem
                frmBericht.1stWoher.List(intI, 0) = WS.Name
                frmBericht.1stWoher.List(intI, 1) = "Shp"
                frmBericht.1stWoher.List(intI, 2) = .Item(intN).Name
                intI = intI + 1
            End If
        Next intN
    End If
End With
Next WS
intI = frmBericht.1stWoher.ListCount
```

Zum Abschluss werden die Tabellenbereiche in das Listenfeld eingelesen, die mit einem Namen versehen worden sind:

```
If Names.Count > 0 Then
    For i = 1 To Names.Count
        frmBericht.1stWoher.AddItem
        frmBericht.1stWoher.List(intI, 0) = Mid(ActiveWorkbook.Names(i), 3, 5)
        frmBericht.1stWoher.List(intI, 1) = "Rng"
        frmBericht.1stWoher.List(intI, 2) = ActiveWorkbook.Names(i).Name
        intI = intI + 1
    Next i
End If
End Sub
```

Das Listenfeld LSTWOHER ist nun mit Daten gefüllt. Nun sollen die Befehlsschaltflächen programmiert werden, die die ausgewählten Elemente aus LSTWOHER in das Listenfeld LSTWOHIN überträgt. Die eingetragenen Elemente des Listenfeldes LSTWOHIN werden dann in den Word-Bericht übernommen.

■ Der Button ⟩⟩ :

Er übernimmt alle Elemente aus LSTWOHER und überträgt diese nach LSTWOHIN.

```
Private Sub cmdUeber_Click()
Dim intI As Integer
For intI = 0 To lstWoher.ListCount - 1
    lstWohin.AddItem
    frmBericht.lstWohin.List(intI, 0) = frmBericht.lstWoher.List(intI, 0)
    frmBericht.lstWohin.List(intI, 1) = frmBericht.lstWoher.List(intI, 1)
    frmBericht.lstWohin.List(intI, 2) = frmBericht.lstWoher.List(intI, 2)
Next
lstWoher.Clear
End Sub
```

■ Der Button ⟩ :

Er überträgt nur das gerade ausgewählte Element des Listenfeldes LSTWOHER.

```
Private Sub cmdEinzelnR_Click()
Dim intI, intN As Integer
intN = frmBericht.lstWohin.ListCount
For intI = 0 To lstWoher.ListCount - 1
    If lstWoher.Selected(intI) = True Then
        lstWohin.AddItem
        frmBericht.lstWohin.List(intN, 0) = frmBericht.lstWo-
    her.List(intI, 0)
        frmBericht.lstWohin.List(intN, 1) = frmBericht.lstWo-
    her.List(intI, 1)
        frmBericht.lstWohin.List(intN, 2) = frmBericht.lstWo-
    her.List(intI, 2)
        lstWoher.RemoveItem intI
    End If
Next
End Sub
```

Falls man sich bei der Übernahme vertan und ein Element ausgewählt hat, das nicht in den Bericht übernommen werden, gibt es zwei Befehlsschaltflächen, mit denen man Elemente des Listenfeldes LSTWOHIN wieder nach LSTWOHER zurück übertragen kann.

■ Der Button ⟨ :

Beim Klick auf diese Befehlsschaltfläche wird das Element des Listenfeldes LSTWOHIN wieder zurück nach LSTWOHER übertragen.

```
Private Sub cmdEinzelnZ_Click()
Dim intI, intN As Integer
intN = frmBericht.lstWoher.ListCount
For intI = 0 To lstWohin.ListCount - 1
    If lstWohin.Selected(intI) = True Then
        lstWoher.AddItem
        frmBericht.lstWoher.List(intN, 0) = frmBericht.lstWo-
    hin.List(intI, 0)
        frmBericht.lstWoher.List(intN, 1) = frmBericht.lstWo-
    hin.List(intI, 1)
        frmBericht.lstWoher.List(intN, 2) = frmBericht.lstWo-
    hin.List(intI, 2)
        intN = intN + 1
        lstWohin.RemoveItem intI
    End If
Next
End Sub
```

■ Der Button   «   :

Alle Elemente von LSTWOHIN werden zurück nach LSTWOHIN geschrieben.

```
Private Sub cmdZuerueck_Click()
Dim intI, intN As Integer
intN = frmBericht.lstWoher.ListCount
For intI = 0 To lstWohin.ListCount - 1
    lstWoher.AddItem
    frmBericht.lstWoher.List(intN, 0) = frmBericht.lstWohin.List(intI,
    0)
    frmBericht.lstWoher.List(intN, 1) = frmBericht.lstWohin.List(intI,
    1)
    frmBericht.lstWoher.List(intN, 2) = frmBericht.lstWohin.List(intI,
    2)
    intN = intN + 1
Next intI
lstWohin.Clear
End Sub
```

■ Der Button ABBRECHEN ist schnell programmiert. Es schließt das Formular ebenso wie die Befehlsschaltfläche SCHLIESSEN.

```
Private Sub cmdAbbruch_Click()
frmBericht.Hide
End Sub
Private Sub cmdEnde_Click()
frmBericht.Hide
End Sub
```

14.4.5 Word-Bericht erzeugen

Nun soll ein Word-Bericht angelegt werden. Dazu starten Sie das Formular im Tabellenblatt USA10 durch Klick auf den Button BERICHT ERSTELLEN. Dieser Bericht soll die folgenden Einstellungen haben:

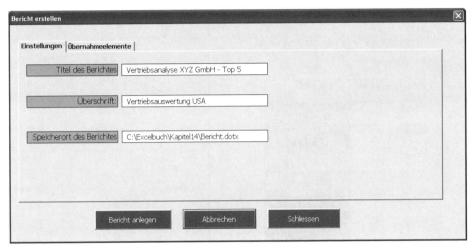

Abb. 14.9: Einstellungen der Multipage 1

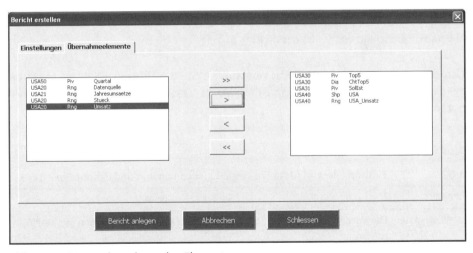

Abb. 14.10: Die zu übernehmenden Elemente

Wenn Sie nun den Button BERICHT ANLEGEN anklicken, wird folgender Bericht generiert:

| 1 | XYZ GmbH Hüingser Ring 77 58710 Menden | |

Bericht: Vertriebsanalyse XYZ GmbH - Top 5

Erzeugt von: Karl Josef Klein

Erzeugt am: Sonntag, 1. November 2009

Thema: Vertriebsauswertung USA

Bundesstaaten	Umsatz 2009
Utah	€ 2.452.827,00
Kalifornien	€ 3.039.172,00
Oregon	€ 1.524.805,00
Washington	€ 1.818.735,00
Montana	€ 4.911.690,00
Colorado	€ 3.872.996,00
Idaho	€ 6.169.962,00
Wyoming	€ 2.258.243,00
Arizona	€ 4.661.315,00

Abb. 14.11: Ausschnitt von Seite 1 des Bericht

Um diesen Bericht zu generieren, verknüpfen Sie den Button BERICHT ANLEGEN des Formulars mit dem Programm CMDWORD_CLICK(). Dieses Programm benötigt folgende Variable:

Variable	Bedeutung
INTI	Zählvariable wird für in For-Next-Schleifen benötigt und ist vom Typ INTEGER.
WDTEXT	
STRTABNAME	Die Variable ist vom Typ String und nimmt den Tabellennamen aus LSTWOHIN auf.
STROBJTYP	Die Variable ist vom Typ String und nimmt den Objekttyp wie PIV, DIA etc. aus LSTWOHIN auf.
STROBJNAME	Die Variable ist vom Typ String und nimmt den Namen des übernommenen Objektes aus von LSTWOHIN auf. (TOP5, CHTTOP5 etc.)
WORDAPP	Definiert ein Word-Dokument.
PGSHAPE	Definiert ein Zeichnungsobjekt.

Im Programmablauf wird im ersten Schritt der Berichtskopf erstellt. Dazu wird das Word-Objekt BERICHT.DOTX im Verzeichnis C:\EXCELBUCH\KAPITEL14 aktiviert. Mit dem Word-Befehl TYPEPARAGRAPH wird ein neuer Absatz eingefügt. In diesen neuen Absatz wird mit dem Befehl TYPETEXT TEXT:="ERZEUGT VON: " & VBTAB & "KARL JOSEF KLEIN" Text eingefügt. VBTAB fügt einen Tab-Sprung ein.

```
Public Sub cmdWord_Click()
Dim intI As Integer
Dim wdText, strTabName, strObjTyp, strObjName As String
Dim chtObj As ChartObject
Dim WordApp As New Word.Application
Dim pgShape As Shape
'Word Berichtsvorlage einrichten
With WordApp
    .Visible = True
    .Documents.Open Filename:="C:\ExcelBuch\Kapitel14\Bericht.dotx"
    .Activate
End With
With WordApp
   With .Selection
      With .Font
            .Name = "Calibri"
            .Size = 11
            .Color = wdColorBlack
      End With
      .TypeText Text:="Bericht: " & vbTab & frmBericht.txtTitel
      .TypeParagraph
      .TypeText Text:="Erzeugt von: " & vbTab & "Karl Josef Klein"
      .TypeParagraph
      .TypeText Text:="Erzeugt am: " & vbTab & Format(Now, "Long Date")
      .TypeParagraph
      With .Font
         .Name = "Calibri"
         .Size = 14
         .Color = wdColorBlack
      End With
      .TypeText Text:="Thema: " & frmBericht.txtUeberschrift
      .TypeParagraph
      With .Font
         .Name = "Calibri"
         .Size = 8
         .Color = wdColorBlack
      End With
```

```
        .TypeParagraph
     End With
  End With
```

Jedem Abschnitt wird dann noch die Schriftart Calibri mit der Schriftgröße 11 bzw. 14 zugewiesen. Als Schriftfarbe wird Schwarz festgelegt. Der Befehl VBTAB erzeugt einen TAB.

Danach wird die Arbeitsmappe von Excel aktiviert und die Daten des Listenfeldes LSTWOHIN mit einer FOR-NEXT-Schleife eingelesen. Diese Werte werden den Variablen STROBJNAME (z.B. TOP5 oder CHTTOP5), STRTABNAME (z.B. USA30, USA31 etc.), STROBJTYP (z.B. PIV, DIA, SHP, RNG) zugewiesen. Danach erfolgt eine Fallunterscheidung nach Objekttyp.

```
'Daten übernehmen
Application.ActiveWorkbook.Activate
For intI = frmBericht.lstWohin.ListCount - 1 To 0 Step -1
    strObjName = frmBericht.lstWohin.List(intI, 2)
    strTabName = frmBericht.lstWohin.List(intI, 0)
    strObjTyp = frmBericht.lstWohin.List(intI, 1)
```

In der Fallunterscheidung wird zunächst der Fall Piv abgearbeitet. In diesem Fall handelt es sich um eine Pivot-Tabelle. Das Tabellenblatt wird aktiviert (WORKSHEETS(STRTABNAME).ACTIVATE). Danach wird die Pivot-Tabelle mit dem Befehl (WORKSHEETS(STRTABNAME). PIVOTTABLES(STROBJNAME). PIVOTSELECT.'"", XLDATAANDLABEL, TRUE) ausgewählt. Die Auswahl wird kopiert (SELECTION.COPY). Die Pivot-Tabelle wird mit dem Befehl WORDAPP.SELECTION.PASTE in das Word-Dokument eingefügt. Unterhalb der eingefügten Pivot-Tabelle wird noch eine Textzeile mit dem Namen des Objektes eingefügt. Danach setzt man den Kopiermodus zurück (APPLICATION.CUTCOPYMODE = FALSE). Das Element, das abgearbeitet worden ist, wird aus dem Listenfeld mit dem Befehl FRMBERICHT.LSTWOHIN.REMOVEITEM (INTI) entfernt.

```
Select Case strObjTyp
   Case "Piv"
      Worksheets(strTabName).Activate
      Worksheets(strTabName).PivotTables(strObjName).PivotSelect "",
xlDataAndLabel, True
      Selection.Copy
      WordApp.Selection.Paste
      With WordApp
         With .Selection
         .TypeText "Tab.: " & strObjName
         .TypeParagraph
         End With
```

```
      End With
      Application.CutCopyMode = False
      Worksheets(strTabName).Range("B1").Select
      frmBericht.lstWohin.RemoveItem (intI)
Case "Dia"
      Worksheets(strTabName).Activate
      Sheets(strTabName).ChartObjects(strObjName).Activate
   Sheets(strTabName).ChartObjects(strObjName).CopyPicture xlScreen, xlBitmap
      WordApp.Selection.Paste
    If Sheets(strTabName).ChartObjects(strObjName).Chart.HasTitle = True Then
      Sheets(strTabName).ChartObjects(strObjName).Activate
      With WordApp
         With .Selection
            .TypeParagraph
            .TypeText "Abb.: " & ActiveChart.ChartTitle.Text
            .TypeParagraph
         End With
      End With
      Else
      With WordApp
         With .Selection
            .TypeParagraph
            .TypeText "Abb.: Eigener Text"
            .TypeParagraph
         End With
      End With
      End If
         Application.CutCopyMode = False
         Sheets(strTabName).Range("B1").Select
         frmBericht.lstWohin.RemoveItem (intI)
Case "Rng"
      Worksheets(strTabName).Activate
      Worksheets(strTabName).Range(strObjName).Select
      Selection.Copy
      WordApp.Selection.Paste
      With WordApp
         With .Selection
         .TypeText "Tab.: " & strObjName
         .TypeParagraph
         End With
      End With
      Application.CutCopyMode = False
      Worksheets(strTabName).Range("B1").Select
```

```
        frmBericht.lstWohin.RemoveItem (intI)
    Case "Shp"
        Worksheets(strTabName).Activate
      Set pgShape = sheets(strTabName).Shapes(strObjName).GroupItems(1).ParentGroup
        pgShape.Select
        pgShape.Copy
        WordApp.Selection.Paste
        With WordApp
            With .Selection
            .TypeParagraph
            .TypeText "Abb.: " & strObjName
            .TypeParagraph
            End With
        End With
        Application.CutCopyMode = False
        Worksheets(strTabName).Range("B1").Select
        frmBericht.lstWohin.RemoveItem (intI)
End Select
Next intI
End Sub
```

Denken Sie bitte daran, im VBA-Editor die Word-Befehlsbibliothek zu aktivieren.
Ohne diese Aktivierung können die Word-Befehle nicht abgearbeitet werden. Dies
geschieht im VBA-Editor mit der Befehlsfolge

```
Extras → Verweise
```

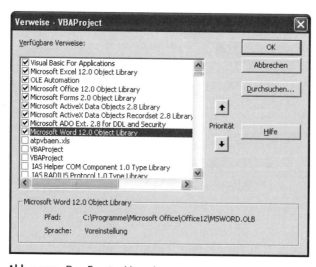

Abb. 14.12: Das Fenster Verweise

Daten-CD

Dem Buch liegt eine CD mit den Arbeitsmappen der jeweiligen Kapitel bei. In einigen Kapiteln wird die Datenübernahme von Daten aus Textdateien und Access-Datenbanken beschrieben. In der betrieblichen Praxis wird der Anwender bzw. Controller keinen direkten Zugang zur Datenbank haben. Der Datenbank-Administrator wird dem Benutzer ein Verzeichnis auf dem Server zuweisen und dort eine Textdatei mit den erforderlichen Daten zur Verfügung stellen. Dies ist Alltag. Deshalb wird im Buch und in den Arbeitsmappen darauf verzichtet, den Pfad der Datenbank per VBA zu ermitteln. Werden in einer Datenbank aus einer Textdatei oder einer Datenbank Daten nach Excel übernommen, lautet die Pfadangabe:

```
C:\ExcelBuch\KapitelX\Name_der_Datenbank.txt
```

oder

```
C:\ExcelBuch\KapitelX\Name_der_Datenbank.accdb
```

oder

```
C:\ExcelBuch\KapitelX\NamederDatenbank.mdb
```

Der Buchstabe X steht für die Kapitelnummer. Sollten Sie die Arbeitsmappe und die Datenbank in einem anderen Verzeichnis speichern, müssen Sie die Pfade entsprechend anpassen.

Im KAPITEL 3 wird beschrieben, wie Sie einen Verbindungsstring zur Datenbank bei einem beliebigen Verzeichnis ermitteln. Dieses kleine Programm setzt allerdings voraus, dass sich *Arbeitsmappe und Datenbank oder Textdatei in einem Verzeichnis* befinden. Dies müssen Sie beachten, wenn Sie eine eigene Verzeichnisstruktur verwenden. Der Programmcode wird noch einmal aufgelistet:

```
Dim strFile As String, strEndung As String, strPath, strName, cnnString
    As String
strPath = ThisWorkbook.Path
If Right(strPath, 1) <> "\" Then strPath = strPath & "\"
    strEndung = "*.*"
```

```
        strFile = Dir(strPath & strEndung)
        Do Until strFile = ""
            If Right(strFile, 3) = "mdb" Or Right(strFile, 5) = "accdb" Then
                strName = strPath & strFile & ";"
            End If
          strFile = Dir()
        Loop
If Right(strFile, 3) = "mdb" Or Right(strFile, 3) = "txt" Then
    cnnString = "Provider=Microsoft.Jet.OLEDB.4.0; Data Source=" & str-
    Name
End If
If Right(strFile, 3) = "accdb" Then
    cnnString = "Provider=Microsoft.ACE.OLEDB.12.0; Data Source=" & str-
    Name
End If
```

Sollten Ihre Daten auf dem SQL-Server liegen, spielt das Verzeichnis keine Rolle mehr. Das System ist darüber informiert, wo sich die Daten befinden. In diesem Fall lautet der Verbindungsstring:

```
Set cnn = New ADODB.Connection
cnn.Open "Provider=SQLOLEDB.1;Data Source=THINKPAD;" & _          "Pass-
    word=37cx24;User ID=sa;Initial Catalog=UmsatzDatenSQL1"
Set rs = New ADODB.Recordset
rst.CursorLocation = adUseClient
rst.Open "vwUmsatzabfrage", cnn
```

Das setzt allerdings voraus, dass Sie bestimmte Zugriffsrechte besitzen, die Ihnen einen Zugriff auf den SQL-Server erlauben. Im vorliegenden Beispiel hätten Sie die Rechte eines Administrators (SA) und kennen das Passwort (37CX24) für den Zugriff.

Stichwortverzeichnis

Thomas Gäßner

Microsoft Office

Excel

Die professionelle Referenz

- Von Excel 97 bis 2007: Effektives Arbeiten mit Formeln, Funktionen, Listen

- Praktische Tipps, Lösungen und Anwendungsbausteine

- Tastenkombinationen und Befehlsvarianten

Mit diesem Buch erhält der ambitionierte Excel-Anwender komprimiertes Wissen in zahlreichen übersichtlichen Tabellen und Darstellungen zusammengefasst. Auf Doppelseiten werden alle Informationen zu einer Aufgabe oder Funktion mit Beispiel und allen Befehlsvarianten erläutert. Durch eine parallele Darstellung verschiedener Ausführungsvarianten über Tastenkombinationen, Symbole, Menüoptionen oder Mausaktionen werden Ihnen Zusammenhänge deutlich gemacht. Diese helfen Ihnen, die für Sie effektivsten Möglichkeiten und Bearbeitungstechniken schnell zu finden.

Alle Befehle sind versionsübergreifend ab Excel 97 erörtert. Um den Umstieg von den Vorgängerversionen auf 2007 zu erleichtern, zeigen Ihnen zusätzlich Befehlsvergleiche, wie und wo Sie Befehle älterer Versionen in Excel 2007 wiederfinden.

Zahlreiche übersichtliche Tabellen zu allen Tastenkombinationen in Excel und ein Kapitel mit häufig verwendbaren Anwendungsbausteinen runden diese Referenz ab.

Dieses Buch wendet sich an alle, die Excel zwar schon kennen, ihr Wissen jedoch einerseits vertiefen und erweitern sowie andererseits den umfassenden Funktionsumfang von Excel gerne effektiver nutzen möchten. Es kann nicht nur als Nachschlagewerk während der Arbeit mit Excel benutzt werden – es eignet sich auch hervorragend zum Schmökern! Der Autor zeigt Ihnen unzählige Tipps und Tricks, meist in Form von Beispielen, die Sie nur noch an Ihre eigenen Bedürfnisse anpassen müssen.

ISBN 978-3-8266-1791-1

George Peck

Crystal Reports 2008

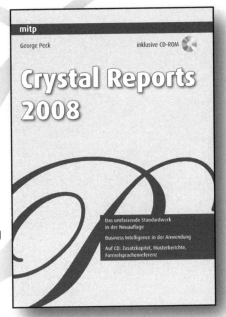

- Das umfassende Standardwerk in der Neuauflage

- Business Intelligence in der Anwendung

- Auf CD: Zusatzkapitel, Musterberichte, Formelsprachenreferenz

Bei allen Turbulenzen und Umwälzungen der letzten beiden Jahrzehnte in der IT hat sich der SQL-Datenbankserver zu einer tragenden Säule vieler dezentraler Anwendungen entwickelt und ist auch während der Rückkehr zu einer zentralisierten Webumgebung nach wie vor ein elementarer Teil der meisten Systeme.

Egal, was die Benutzerschnittstelle einer Anwendung mit der Datenbank verbindet: Ein vielseitiges Berichts-tool ist immer noch eine der beliebtesten Möglichkeiten, einer Datenbank die gesuchten Daten zu entlocken. Crystal Reports 2008 setzt die Tradition seiner Vorgängerversionen im Hinblick auf dieses Ziel konsequent fort.

Konzipiert wurde Crystal Reports für mehrere Benutzergruppen, an die sich auch dieses Buch richtet, u.a.:

- Analysten, Assistenten der Geschäftsleitung und Marketingleiter, die Berichte auf Grundlage von Unternehmensdaten erstellen müssen, um die Weichen für die Zukunft richtig stellen zu können;

- fortgeschrittene Berichtverfasser, deren regelmäßige Berichte mit komplexen Formatierungen und Logiken auf die Berichtserfordernisse in ihren Unternehmen reagieren müssen;

- Programmierer, die mit Crystal Reports ihre eigenen Microsoft Windows-Programme berichtsfähig machen wollen;

- Webmaster, die mithilfe von Crystal Reports druckreife Berichte und Grafiken in Intranets oder im Internet veröffentlichen wollen.

Dieses Buch, das sich schon in zwei Auflagen bewährt hat, bietet nachweisbar wertvolle Unterstützung bei der täglichen Arbeit.

Probekapitel und Infos erhalten Sie unter:
www.mitp.de/5964

ISBN 978-3-8266-5964-5

Dan Volitich

IBM Cognos 8 Business Intelligence

- **Deutsche Ausgabe des Official Guide**
- **Business Performance Management aus einer Hand**
- **Leistungsüberwachung mit Dashboards und Scorecards**

Dieses Buch richtet sich an alle Nutzer von Cognos 8: Poweruser, Administratoren und nicht zuletzt auch Führungskräfte, die an einem Performance Management- oder Business Intelligence-Projekt beteiligt sind. Wenn Cognos 8 für Sie als Nutzer oder Administrator völlig neu ist, bietet dieses Buch Ihnen einen guten Einstieg. Wenn Sie bereits mit vorhergehenden Versionen dieser Software Erfahrungen gemacht haben und überlegen, zu Cognos 8 zu migrieren, können wir Ihnen dieses Buch ebenfalls wärmstens empfehlen. Die realitätsnahen Beispiele und Anwendungskontexte, die Ihnen hier präsentiert werden und die auf langjährigen Erfahrungen des Autors mit Cognos beruhen, werden Ihre Kenntnisse bereichern und vertiefen.

IBM Cognos 8 gehört deshalb zu den Besten der Branche, weil sie den Nutzern wertvolle Instrumente für die Entscheidungsfindung an die Hand gibt. Es steht aber auch außer Zweifel, dass die Software in die Hände kluger, gewissenhafter Leute gehört, die einen schlüssigen Plan mit Engagement verfolgen. Technische Erfahrung und Geschäftssinn sind weitere wichtige Voraussetzungen für eine erfolgreiche Implementierung von Cognos 8. Ob Sie nun als Systemadministrator für das Framework Manager-Modell verantwortlich sind oder als Endnutzer mit Analysis Studio Unternehmensdaten analysieren, dieses Buch wird Ihnen helfen, Ihre Fähigkeiten auszubauen und diese mächtige Technologie zum Wohle Ihres Unternehmens einzusetzen.

Probekapitel und Infos erhalten Sie unter:
www.it-fachportal.de/5526

ISBN 978-3-8266-5526-5